LA VISION DE DIEU AUX MULTIPLES FORMES

DANS LA MÊME COLLECTION

ABÉLARD Pierre : *Des intellections.* Texte établi (latin en vis-à-vis), introduit, traduit et commenté par Patrick MORIN, 176 pages.

ABÉLARD Pierre : *De l'unité et de la trinité divines (Theologia summi boni).* Introduction, traduction et notes par Jean JOLIVET, 144 pages.

AVERROÈS : *La béatitude de l'âme.* Édition, traduction annotée, études doctrinales et historiques d'un traité d'"Averroès" par Marc GEOFFROY et Carlos STEEL, 336 pages.

AVERROÈS : *Commentaire moyen sur le* De interpretatione. Introduction, traduction et notes par Ali BENMAKHLOUF et Stéphane DIEBLER, 208 pages.

GUILLAUME D'AUVERGNE : *De l'âme* (chap. VII, parties 1 à 9), Introduction, traduction et notes par J.-B. Brenet, 168 pages.

GUILLAUME HEYTESBURY : *Sophismata asinina. Une introduction aux disputes médiévales.* Présentation, édition critique et analyse par Fabienne PIRONET, 644 pages.

JEAN BURIDAN : *Sophismes.* Texte introduit, traduit et annoté par Joël BIARD, 304 pages.

LA CONDAMNATION PARISIENNE DE 1277. Texte latin, traduction, introduction et commentaire par David Piché, 352 pages.

LANGAGE, SCIENCE, PHILOSOPHIE, AU XIIe SIECLE. Actes réunis par Joël Biard, 256 pages.

MICHON Cyrille : *Nominalisme. La théorie de la Signification de Guillaume d'Occam,* 528 pages.

NICOLAS D'AUTRÉCOURT : *Correspondance, Articles condamnés.* Édition critique par L. M. de RIJK, introduction, traduction, et notes par Ch. GRELLARD, 192 pages.

PORPHYRE : *Isagoge.* Texte traduit (grec en vis-à-vis, latin à la suite) par Alain de LIBERA et Alain-Philippe SEGONDS, introduction et notes par Alain de LIBERA, 268 pages.

ROSIER Irène : *La parole comme acte. Sur la grammaire et la sémantique au XIIIe siècle,* 368 pages.

EN PRÉPARATION

ALBERT LE GRAND : *Sur l'Intellect.* Texte introduit, traduit et annoté par Alain de LIBERA.

ROGER BACON : *Sur les signes.* Texte introduit, traduit et annoté par Irène ROSIER-CATACH, Joël BIARD et Alain de LIBERA.

Sic et Non

Collection dirigée par Alain de LIBERA

GUIRAL OT

LA VISION DE DIEU AUX MULTIPLES FORMES

QUODLIBET TENU À PARIS
EN DÉCEMBRE 1333

Édition, traduction, introduction et notes
par

Christian TROTTMANN

PARIS
LIBRAIRIE PHILOSOPHIQUE J. VRIN
6, Place de la Sorbonne, Ve
—
2001

Imprimé en France
ISSN 1248-7279
ISBN 2-7116-1495-6

AVANT-PROPOS

Je dédie ce livre à la mémoire du Père M. Dykmans et d'A. Maier. L'un et l'autre avaient entrepris la lecture, voire l'édition partielle de ce texte. C'est à moi qu'il appartient désormais d'en donner l'édition complète et la traduction. J'ai le sentiment d'apporter là une humble contribution à l'œuvre immense qu'ils avaient entreprise sous l'impulsion du pape Jean XXIII et la direction de Mgr G. De Luca, visant à rendre disponibles tous les textes de la controverse de la vision béatifique.

J'ai l'agréable devoir de remercier Mgr Louis Duval-Arnould de ses conseils paléographiques et bibliographiques, le père Pierre-Marie Gy et Philippe Bernard pour leur aide dans l'identification des références à la liturgie; Dominique Poirel qui a eu raison des dernières références patristiques offrant quelque résistance; ainsi qu'Olivier Boulnois, Zénon Kaluza, Dominique et Alain de Libera, Marijo Roy et Antoine Côté pour leurs relectures attentives.

INTRODUCTION

I
LE CONTEXTE HISTORIQUE ET DOCTRINAL

1. L'auteur : un penseur original encore mal connu

Guiral Ot[1] est décidément un penseur très original, en même temps qu'un personnage influent dans son ordre et au-delà. Sur les débuts de sa vie, pourtant, les détails manquent. Il naquit vers 1285 à Camboulit, dans le Lot, près de Figeac où il fit profession chez les Frères Mineurs. Il dut mener une carrière d'enseignant dans les diverses écoles de son ordre, en particulier à Toulouse. Bachelier ès arts semble-t-il dès avant 1315, il conquit la licence en théologie à l'Université de Paris qu'il dit être sa mère, selon la formule rituelle, dans le manuscrit que nous éditons ici. C'est là qu'il lut les *Sentences* et devint maître régent du Studium des Frères Mineurs en 1326. De son activité fort riche comme maître ès arts durant ces dix années, l'édition de ses œuvres philosophiques devrait nous donner une idée plus précise.

Les découvertes récentes de L.M. De Rijk[2] permettent d'avoir sur elles un regard plus complet. Ses responsabilités importantes à la tête de son ordre et auprès du Saint-Siège à partir de 1329 laissent penser que c'est avant cette période plus active qu'il composa son œuvre spéculative très

1. Geraldus ou Gerardus Odonis en latin. Le nom de ce Méridional a été adapté dans notre langue par certains qui l'appellent Gérard Eudes ou Gérald Odon, ce qui semble moins heureux. Nous optons pour Guiral Ot à la suite de C.-V. Langlois.

2. L.M. De Rijk, « Works by Gerald Ot (Gerardus Odonis) on Logic, Metaphysics and Natural Philosophy rediscovered in Madrid, Bibl. nac. 4229 », dans *A.H.D.L.M.A.*, 1993, p. 173-193.

riche et singulière. Nous disposons déjà d'une édition complète des œuvres de logique, donnée par L.M. De Rijk[1].

Mais la logique n'était pas la principale spécialité philosophique de celui qui fut appelé *Doctor Moralis*. Son *Commentaire sur les dix Livres de l'Éthique* semble être parmi ses œuvres philosophiques, celle qui exerça la plus grande influence. La tradition manuscrite assez abondante en témoigne, mais aussi les éditions incunables (Brescia 1482 et Venise 1500), que cite en particulier Pierre Pomponazzi au chapitre 16 de son *Defensorium de animae immortalitate*. J.J. Walsh a montré de manière fort détaillée la dépendance de Jean Buridan par rapport à Guiral Ot[2]. Ce dernier semble représenter pour le grand logicien un « classique » de l'époque, comparable en éthique à ce que pouvait être en logique Pierre d'Espagne, dont Buridan s'inspire aussi largement dans ses *Summulae*.

Sans attester une affinité idéologique entre les deux auteurs, J.J. Walsh suggère, à la suite de E. Faral, mais avec plus de prudence, une connivence politique de Buridan avec Guiral Ot et Jean XXII dans la controverse sur la vision béatifique. Il faut pourtant rappeler que les bénéfices attribués par Jean XXII à Buridan remontent à 1329-1330, donc avant la Toussaint de 1331 où s'ouvre la controverse.

Les passages incriminés du *Commentaire de l'Éthique* de Buridan suggérant qu'on ne pourrait dire un homme vraiment heureux qu'après la résurrection sont d'ailleurs probablement encore antérieurs, et ceux de Guiral Ot le sont aussi certainement. Ils ne mentionnent nullement le jugement dernier. Or c'est à ce moment-là, et non simplement à la résurrection finale que le pontife avignonnais plaçait la vision béatifique définitive[3].

Un homme ne peut être dit bienheureux avant sa mort car un retour de fortune peut toujours survenir, rappelait Aristote après Solon (*Ethique à Nicomaque* X, 2, 1100 a 10 *sq.*). Faut-il s'étonner de trouver chez un lecteur chrétien cet ajout : « avant sa mort et avant sa résurrection » ? Une telle

1. Giraldus Odonis OFM, *Opera Philosophica, I Logica*, L.M. De Rijk ed., Leiden ... Brill, 1997. Ce n'est pas le lieu de dresser ici un tableau complet de l'œuvre philosophique et théologique de Guiral Ot. Nous renvoyons pour cela à l'article cité à la note 2 qui permet de réactualiser pour les œuvres philosophiques du moins, celui déjà très complet de C.V. Langlois, « Guiral Ot, frère mineur », dans *Histoire littéraire de la France*, XXXVI (1927), p. 203-225.

2. J. J. Walsh, « Some relationships between Gerard Odo's and John Buridan's Commentaries on Aristotle's Ethics », dans *Fr. St.* 35 (1975), p. 237-275, du même auteur, Cf. « Nominalism and the *Ethics*: Some Remarks about Buridan's Commentary », dans *Journal of the History of Philosophy*, 4 (1966), p. 1-13, et « Buridan and Seneca », dans *Journal of the History of Ideas*, 27 (1966), p. 23-40.

3. On sait que ce sujet préoccupait déjà Guiral Ot bien avant la controverse puisqu'il professa dès avant 1329 chez les Frères Mineurs de Toulouse une leçon *Sur les signes du Jugement dernier* Guiral Ot, *Lectio de signis diei judicii*, ms. B.N. lat. 8023, f. 59 *sq.*

remarque doit-elle nécessairement être rapportée à la controverse déclenchée par Jean XXII? Ce retour de fortune pourrait être interprété comme le jugement final décidant de la béatitude ou de la damnation éternelle de chacun. Mais c'est la résurrection qui est ici invoquée, non le jugement. De plus la raison se veut aristotélicienne: la béatitude éternelle pensée en termes philosophiques comme vision intellectuelle de l'essence divine, constituant l'ultime perfection de l'homme ne requiert-elle pas un sujet complet? Cela ne saurait être le cas de l'âme séparée jusqu'à la résurrection finale [1].

Parmi les œuvres de Guiral Ot, celles de physique et de métaphysique restent les moins connues et étudiées. Pourtant, ce sont elles qui ont l'impact le plus direct sur notre traité relatif à la vision béatifique, ainsi que nous le verrons bientôt. Sa question sur le continu avait fait l'objet d'une étude comparative avec Gautier de Chatton et Nicolas Bonet où V.P. Zoubov voyait aussi en Nicolas d'Autrecourt un héritier de Guiral Ot [2]. A. Maier [3] avait repris le problème du continu dans une perspective plus large. J. Murdoch apporta encore des précisions ainsi que des textes qui étaient restés inédits [4]. Mais les découvertes récentes de L.M. De Rijk font apparaître que la théorie atomiste de Guiral Ot concernant le continu doit être replacée dans le cadre plus vaste de sa réflexion sur les formes, leur augmentation, leur intensification ou leur relâchement, ce qui intéresse notre sujet théologique au premier chef comme nous le verrons. Ici encore cette philosophie originale relative à la forme s'inscrit dans le cadre d'une physique qui touche aussi aux problèmes du lieu, du temps et du mouvement.

Enfin, l'œuvre théologique du maître franciscain comprend les commentaires de plusieurs livres de la Bible, en particulier de diverses Lettres de saint Paul et du Livre de la Sagesse. Nous avons déjà évoqué plus haut sa leçon sur l'Apocalypse. Nous relevons en particulier que dans ce commentaire, Guiral Ot distingue lors du jugement dernier quatre ordres

1. Derrière le prétendu aristotélisme d'une telle idée, nous reconnaissons les arguments favorables à l'augmentation d'intensité de la vision béatifique au jugement dernier, et en particulier celui d'Augustin au *De Genesi ad litteram* 12, 35. Cf. Ch. Trottmann, « Deux interprétations contradictoires de saint Bernard : les sermons de Jean XXII sur la vision béatifique et les traités inédits du cardinal Jacques Fournier », dans *M.E.F.R.M.*, 1993 (1), p. 327-379.

2. V.P. Zoubov, « Walter Chatton, Gérard Odon et Nicolas Bonet », dans *Physis*, I (1959), p. 261-278.

3. Cf. A. Maier, *Studien zur Naturphilosophie, der Spätscholastik, Rome, 1949-1958*, Traduction italienne, *Scienza e filosofia nel Medioevo, saggi sui seccli XIII e XIV*, M. Parodi et A. Zoerle (trad.), Rome, 1984, en particulier, p. 277 *sq.* ; *Ausgehendes Mittelalter I*, Rome, 1964, p. 72 *sq.* et 462 *sq.*

4. Cf. notamment, J. Murdoch, E. Synan, « Two questions on the continuum : Walter Chatton (?) O.F.M. and Adam Wodeham O.F.M. », dans *Fr. St.*, 1966, p. 212-288.

aux destins distincts. Parmi eux deux échappent au jugement. Les saints et les enfants baptisés morts en bas âge, donc sans péché, sont appelés à siéger à la droite du Christ sans avoir à passer par son tribunal. De même, le sort des démons qui péchèrent dans le paradis est déjà fixé. Leur damnation ne requiert pas une nouvelle sentence. Le jugement concerne donc ceux qui ont fait le bien et le mal. Selon que l'un ou l'autre l'emporte, ils se dirigeront eux-mêmes respectivement vers le paradis ou vers l'enfer[1]. Cette répartition en quatre cas et non trois (enfer, purgatoire, paradis) est assez primitive et remonte à Grégoire le Grand et Isidore de Séville[2].

De plus, elle se complique de deux particularités. Tout d'abord elle exclut du jugement, voire du salut, les saints et les enfants baptisés morts en bas âge. Comme s'ils avaient mérité leur béatitude sans la médiation du Rédempteur ! On peut supposer en tout cas que cette théologie scabreuse, sans exclure la médiation par l'unique Rédempteur, suggère que le sort de ces âmes saintes est déjà fixé avant le jugement[3]. De même la damnation des démons commence dès leur chute et n'attend pas le jugement dernier. Mais le schème se complique de limbes spécialement adaptés aux juifs. Faute d'avoir reçu le baptême, ils ne peuvent accéder au paradis. Mais leur connaissance de la Loi ancienne leur assure un séjour en des limbes où

1. « Unde nota quod in die iudicii erunt quatuor ordines. Ita quod primo ordine erunt illi qui non iudicabuntur et salvabuntur, ut pueri baptisati qui immediate post baptismum suum, vel paulo post decesserunt, similiter omnes sancti. In secundo ordine erunt illi qui iudicabuntur et salvabuntur, ut illi qui mala fecerunt et bona; in quibus tamen bona exedunt plus quam mala. In tertio ordine erunt illi qui non iudicabuntur et dampnabuntur ut demones et mali spiritus qui peccaverunt in Paradiso ab Lucifero. In quarto ordine erunt illi qui iudicabuntur et dampnabuntur, ut erunt illi quorum mala excedunt bona. Unde nota quod illi qui erunt in primo ordine non timebunt sed spem habebunt salvationis. Et etiam nota quod illi qui erunt in secundo ordine timebunt et etiam habebunt spem salvandi. Et etiam nota quod illi qui erunt in tertio ordine non timebunt nec spem salvationis habebunt. Sed etiam nota quod illi qui erunt in quarto ordine dolebunt quia viam dampnationis expectabunt. Modo uidendum est ubi omnes isti movabuntur [...] Ubi autem erunt Judaei non baptisati et Primi non baptisati? Dico quod erunt in aliqua parte cum Judaeis tenentibus primam legem, ubi non habebunt aliquam penam tamen videbunt calritatem solis et lune, sed carebunt visionem Christi. Et salvati erunt in paradiso cum Christo. Et dampnati erunt in infimo terre, id est in inferno, ubi maxima pena sustinebunt », Guiral Ot, *Lectio de signis diei judicii*, ms. Paris, B.N. lat. 8023, f. 60 r-v.

2. On trouve une telle division primitive en quatre ordres chez Grégoire le Grand, *Moralia in Job*, XXVI, 27, 50-51 (S.C. 143 B, p. 1304-1306) et Isidore de Séville, *Sent.* I, 27, 10 (PL. 83, 596-597).

3. Cela pourrait être rapproché de la théorie développée dans sa question disputée en curie vers la fin de l'année 1332 par Armand de Belvézer, alors Maître du Sacré Palais. Selon lui, les saints n'ont plus à être jugés, mais sont appelés eux-mêmes à juger lors du jugement dernier. De même, ceux qui refusent le Christ sont déjà jugés. « Ex premissis et compluribus aliis, brevitatis causa omissis, patet aperte quod sancti in futurum erunt iudices aliorum imperfectorum et infirmorum et per consequens ante ipsum iudicium et finalem iudicii sententiam, Deum clare videbunt », Armand de Belvezer, Question disputée, ms. Cambridge, Ii, III, 10, f. 103.

certes, ils ne peuvent encore jouir de la vision du Christ. Là, ils ne souffrent pas d'autre peine et voient encore la lumière du soleil et de la lune[1].

L'œuvre exégétique de Guiral Ot se prolonge même d'un *De figuris Bibliorum*[2] dont le ton reste très allégorique et qui comprend un chapitre sur la vision spirituelle. On lui attribue également dans un registre liturgique, la paternité de l'office bonaventurien des *Stigmates de saint François*. C'est aussi en vers qu'il rédigea un catéchisme dédié à André de Hongrie[3]. Mais il est surtout l'auteur d'un *Commentaire des Sentences* et de *Questions* où la théologie se mêle souvent à la physique et à la métaphysique. Leur édition nous éclairerait sur la pensée généralement très originale de notre auteur[4]. Mais bientôt, les responsabilités devaient l'appeler à une vie active où la place de la spéculation fut nécessairement plus réduite.

C'est le 10 juin 1329 qu'il succéda comme Ministre général des Frères Mineurs à Michel de Césène, destitué par un chapitre général tenu à Paris sous la présidence du cardinal franciscain Bertrand de la Tour. Originaire de Camboulit comme Guiral Ot, le cardinal avait été le principal artisan de son élection, agréable au pape cahorsin. Elle résultait d'un vote dont tous les opposants à Jean XXII avaient été évincés. Elle déclencha parmi eux de vives polémiques contre le nouveau ministre général, en particulier de la part de celui qu'il remplaçait : Michel de Césène[5]. Celui-ci adressa notamment au chapitre général de Perpignan en 1331 une lettre qui fit scandale, dénonçant non seulement son successeur à la tête de l'ordre, mais encore les « hérésies » de Jean XXII.

La même année, Guiral Ot s'acquitta encore avec habileté d'une mission en Sicile contre les « spirituels » dont l'influence atteignait même le roi Robert d'Anjou et son épouse la reine Sancia. Nous reviendrons sur le rôle joué par notre auteur dans la controverse de la vision béatifique. Notons que, succédant à Jean XXII, Benoît XII lui conserva sa confiance. Malgré leur désaccord doctrinal sur lequel nous reviendrons aussi, le

1. S'agit-il du paradis terrestre ? Cela serait cohérent avec ce que nous lirons à son propos dans le texte du *Quodlibet* que nous éditons. Toutefois, le contexte de la leçon toulousaine ne se prête guère à ce rapprochement. Par ailleurs, on notera que le sort des Anciens Pères préoccupait aussi Jacques Fournier, bien que ses considérations développées à leur sujet dans ses traités ne transparaissent pas dans la Constitution *Benedictus Deus*. Cf. Jacques Fournier, *De statu animarum sanctorum ante generale judicium*, I, c. 12, ms. Vat. lat. 4006, f. 23 D-25 A.

2. Ms. B.N. lat. 590, f. 1-72.

3. *Catechismus scolarium novellorum*, ms. Chartres, 341.

4. Signalons en particulier son opinion sur le divorce en cas d'adultère du conjoint : il le considère comme légal de droit divin, et entravé seulement par le droit ecclésiastique. Cf. A.M. Mruk, « Singularis opinio Gerardi Odonis O.F.M. circa naturam divortii in casu adulterii », dans *Gregorianum*, 41, 2, p. 273-283.

5. Cf. en particulier : A. Heysse, « Duo documenta de polemica inter Gerardum Odonem et Michaelem de Caesena », dans *A.F.H.*, IX (1916), p. 134-183.

général des Franciscains siégea ainsi parmi les maîtres réunis à Pont-de-Sorgues durant l'été 1335, en vue de la préparation de la Bulle *Benedictus Deus*. Le nouveau pape fit même de Guiral Ot l'artisan des réformes de son ordre, entreprises dans les constitutions de novembre 1336. Il lui confia également une nouvelle mission diplomatique en Bosnie, où il devait encourager, en collaboration avec le roi de Hongrie, la lutte contre les hérétiques.

C'est le pape Clément VI récemment élu qui le récompensa de ses services auprès du Saint-Siège et dans son ordre en le nommant patriarche d'Antioche, le 27 novembre 1342. Il lui conféra le riche siège épiscopal de Catane. Guiral Ot y mourut de la peste en 1349 et fut enterré dans sa cathédrale.

Nous comprenons ainsi combien il pouvait être redevable aux papes d'Avignon de ces sommets atteints par sa carrière, et en particulier à son compatriote Jean XXII pour sa promotion à la tête de son ordre. Nous voudrions donc maintenant rappeler le contexte historique dans lequel fut rédigé le texte que nous éditons : celui de la controverse de la vision béatifique.

2. La controverse de la vision béatifique

Le texte que nous éditons et traduisons ici est en effet une des pièces maîtresses de la controverse déclenchée par Jean XXII sur la vision béatifique. Rappelons que dans son sermon de la Toussaint 1331, le second pape d'Avignon avait avancé à ce sujet une hypothèse qui déclencha une controverse théologique mettant bientôt aux prises les plus grandes universités et les cours les plus prestigieuses d'Europe. Il avait même développé sa thèse dans plusieurs homélies prononcées à la fin de l'année 1331 et au début de 1332[1].

Selon sa compréhension de divers sermons de saint Bernard pour la fête de la Toussaint[2], les âmes des saints, bien que parvenues au ciel, n'y pouvaient bénéficier de la vision de Dieu avant le jugement dernier. En attendant, elles trouvaient refuge sous l'autel de l'Agneau[3] signifiant l'humanité du Christ. C'est elle qu'elles devaient se contenter de contempler, en attendant le face-à-face avec sa divinité au jugement dernier.

Jean XXII, en juriste conséquent, ne pouvait accepter qu'une même cause fût jugée deux fois. Il niait donc l'existence d'un jugement particulier

1. Cf. M. Dykmans, *Les Sermons de Jean XXII sur la vision béatifique*, M.H.P., 34, Rome, P.U.G., 1973.

2. Cf. « Deux interprétations… », art. cité.

3. *Ap.* 6, 9.

et renvoyait la récompense ou la peine éternelle au seul jugement final. En attendant de passer sous la coupe directe du Père, devenu tout en tous, les âmes séparées demeuraient sous la juridiction de l'humanité du Christ. N'était-il pas le chef de son corps mystique encore incomplet? Le pouvoir des clés ne devait-il pas se prolonger ainsi jusqu'au dernier jour, tant sur les morts que sur les vivants, membres encore souffrants de ce corps? Le pape mit les théologiens en demeure de se prononcer sur une question eschatologique et ecclésiologique si grave.

Leurs réactions, tant favorables que plus critiques, ne tardèrent pas à lui être adressées [1]. Les toutes premières furent les plus courtoises. Plusieurs questions furent en effet disputées sur le sujet dans le cadre même de la curie, d'abord par le cardinal Annibal de Ceccano, le plus farouche partisan du pape. Ce fut ensuite le tour de maîtres prestigieux comme le cardinal cistercien Jacques Fournier qui succéda à Jean XXII sous le nom de Benoît XII, ou comme le Dominicain Armand de Belvézer, alors maître du Sacré Palais. L'un comme l'autre n'hésitèrent pas à prendre clairement position contre l'opinion de Jean XXII.

Peu après, dès le début de l'année 1332, les Franciscains schismatiques réfugiés à la cour de l'empereur à Munich, parmi lesquels se trouvaient Michel de Césène, Guillaume d'Ockham et Bonagrazia de Bergame, avaient voulu tirer argument de cette nouvelle «hérésie» du pontife, s'ajoutant aux précédentes concernant la pauvreté du Christ, pour convoquer un concile qui le destituerait. Le ton de ces attaques bavaroises n'était évidemment pas aussi diplomate que celui des premières disputes menées en curie. Mais, dans la ville même d'Avignon celui-ci ne fut bientôt plus de mise.

Au cours d'un sermon prononcé le 3 janvier 1333, dans la chaire avignonnaise du couvent de son ordre, Thomas Waleys, un frère prêcheur de la province d'Angleterre, n'hésita pas à traiter lui aussi l'opinion pontificale d'hérésie, ni à accuser ses défenseurs d'un clientélisme impénitent. Emprisonné, poursuivi par une inquisition avignonnaise aux mains des Franciscains ralliés à la thèse du pape, il fut finalement condamné [2], en même temps que son confrère Durand de Saint-Pourçain. Le vieil évêque de Meaux avait en effet adressé au pape un petit livre où il avait l'audace

1. Nous donnons une analyse exhaustive des documents inédits et édités dans la dernière partie de notre thèse de doctorat: *La Vision béatifique, des disputes scolastiques à sa définition par Benoît XII*, Université de Paris I-Sorbonne, janvier 1993, 1491 pages dactylographiées, dont nous avons édité l'essentiel sous le même titre, *op. cit.*, B.E.F.A.R., Rome, 1995.

2. Cf. Th. Käppeli, *Le Procès contre Thomas Waleys O.P. Étude et documents*, Institutum Historicum Fratrum Praedicatorum, Dissertationes historicae, VI, Rome, Sainte-Sabine, 1936... et M. Dykmans, « A propos de Jean XXII et de Benoît XII. La libération de Thomas Waleys », dans *A.H.P.*, 7 (1969), p. 115-130.

d'assimiler son opinion à celle des Cathares[1]. Onze propositions qui en avaient été extraites furent examinées le 6 septembre 1333 et condamnées le 15, en même temps que sept autres visant Thomas Waleys, par un tribunal d'inquisition dirigé par Guillaume de Montrond, sous les bons offices du cardinal de Ceccano. Il était entouré d'une équipe de théologiens favorables au pape, principalement des Frères Mineurs, parmi lesquels se trouvait leur général. Signalons que le cardinal Jacques Fournier avait refusé d'y siéger. Il rendit plus tard un rapport nuancé sur les propositions reprochées à Durand, comme aussi Armand de Belvézer, qui ne s'y résolut pourtant qu'à la veille de Noël, sous la menace d'excommunication brandie par Ceccano !

Mais la controverse gagnait l'Europe entière. Nous avons déjà évoqué le rôle des Franciscains schismatiques réfugiés à Munich auprès de l'empereur, à qui ils fournissaient de nouveaux arguments dans sa lutte contre le pouvoir pontifical. Dès la fin de l'année 1332, devant une trentaine de bacheliers, un maître en théologie de l'Université de Paris y avait tenu une question de *quodlibet.* Lui aussi considérait l'opinion du pape comme hérétique. Enfin c'est aussi très tôt, semble-t-il, que le roi de Sicile Robert d'Anjou fit parvenir à Jean XXII une première version de son *Traité de la vision bienheureuse*[2] exprimant, courtoisement quant à lui, son désaccord avec le pontife. La cour de Naples s'intéressait donc à son tour à son opinion et le Dominicain Jean de Naples qui s'y trouvait soutint également une question fort critique à son égard.

Le pape vit alors affluer d'horizons fort divers toutes sortes d'écrits qu'il avait suscités. Cela allait d'une lettre hautaine du jeune patriarche d'Alexandrie, Jean d'Aragon, à un volumineux traité adressé par un prêtre nommé Ulrich, appartenant à l'ordre Teutonique[3].

C'est à Paris, en cette fin d'année 1333, point culminant de la crise déclenchée par Jean XXII, que se situe le document que nous éditons.

En septembre 1333, Jean XXII avait envoyé Guiral Ot et Arnaud de Saint-Michel en mission en Angleterre et en Écosse afin d'y négocier la paix. Passant par Paris, ils devaient exposer au roi l'objet de leur mission et lui proposer d'y joindre un émissaire. Là, les envoyés du pape se prononcèrent sans doute en quelque sermon en faveur de son opinion sur la vision béatifique. Le roi de France Philippe de Valois menaça alors les

1. Durand de Saint-Pourçain, *Libellus de visione Dei*, G. Cremascoli (éd.), « Il *Libellus de visione Dei* di Durando di S. Porziano », dans *S.M.*, serie terza, 25 (1984), p. 393-442.

2. M. Dykmans (éd.), *Robert d'Anjou, roi de Sicile et de Jérusalem, La vision bienheureuse. Traité envoyé au pape Jean XXII*, M.H.P., 30, Rome, P.U.G., 1970.

3. Cf. M. Dykmans, « Lettre de Jean d'Aragon, patriarche d'Alexandrie, au pape Jean XXII sur la vision béatifique », dans *Analecta sacra Tarraconensia*, 42 (1969), p. 143-168, et Ulrich, *Traité*, 1333, ms. Vat. lat. 4005, 139 f.

prédicateurs de sa capitale qui ne voudraient pas tenir la vision béatifique pour immédiate, de poursuites par l'inquisition.

Il prenait ainsi position dans la dispute et entendait bientôt entraîner derrière lui l'université la plus prestigieuse d'Europe abritée par sa capitale. Jean XXII ne tarda pas à riposter[1], par une lettre datée du 18 novembre 1333 où il reprochait précisément à Philippe VI de Valois d'avoir réprimandé les prédicateurs qui ne tenaient pas la vision pour immédiate. Il s'agissait pourtant d'une doctrine qu'il avait lui-même soumise à l'examen des théologiens en vue de parvenir à une définition dogmatique. Qui, plus que Guiral Ot, voire peut-être son compagnon Arnaud de Saint-Michel, pouvait être concerné par cette première escarmouche entre le roi et le pape?

Le général des Franciscains fut convié au début de l'Avent à tenir une dispute de *quodlibet*. Dans un exercice de ce type, dont les questions n'étaient pas fixées à l'avance, mais proposées par l'assistance, il était facile d'amener le maître à se prononcer sur le sujet brûlant. Le texte que nous éditons ici est présenté dans sa «protestation» initiale comme l'*exemplar* de cette question, remis à l'éditeur par l'auteur. Celui-ci dut se rétracter en privé, peu après la dispute publique, le 17 décembre, en présence d'une dizaine de théologiens réunis par le roi. Deux jours plus tard, ils siégeaient au nombre de vingt-neuf à Vincennes, en séance solennelle, pour condamner deux des thèses défendues par Guiral Ot lors de son *Quodlibet*. Avait-il été amené sur le terrain brûlant de la vision béatifique à l'initiative de théologiens missionnés par le roi et disséminés dans l'assistance? C'est ce que suggère A. Maier[2]. Leurs questions insidieuses auraient ainsi fait dévier vers le sujet litigieux la question d'abord centrée sur le thème classique du statut spéculatif ou pratique de la science théologique. Les billets qu'ils lui faisaient parvenir, et dont l'auteur fait mention à la fin, n'avaient-ils pas pour but de lui faire préciser l'originalité de sa position sur la vision béatifique?

Car elle était effectivement originale. Guiral Ot distinguait trois visions de Dieu différentes et successives : en cette vie pour les sages et les saints, dans l'autre pour les âmes séparées, enfin, après le jugement pour les élus

1. Lettre de Jean XXII au roi de France le 18 novembre 1333. Cf. H. Denifle et E. Chatelain, *Chartularium Universitatis Parisiensis*, II, 1, 1891, n° 978, p. 426.

2. A. Maier, « Die pariser Disputation des Geraldus Odonis über die Visio beatifica Dei », dans *Archivio italiano per la storia della pietà*, 4, 1965, p. 213-251 ; repris dans *Ausgehendes Mittelalter, Gesammelte Aufsätze zur Geistesgeschichte des 14. Jahrhunderts*, III, Rome, Storia e Letteratura, 138, 1977, p. 371. Il est possible que le général des franciscains ait ainsi dû, à la demande du public, recentrer son propos. Toutefois, après Duns Scot, les trois thèmes de la vision béatifique, de la théologie comme science et de la théorie de la connaissance intuitive et abstractive sont étroitement imbriqués.

ressuscités. Seule cette dernière vision était pour lui faciale, ultime et parfaite. Toutefois, fort de cette distinction, il accordait ainsi une certaine vision de Dieu aux âmes séparées et même dès cette vie pour les plus spirituels d'entre les hommes. Il reconnaissait pourtant que ces deux visions requéraient encore la médiation d'espèces intelligibles abstraites ou infuses. Pour Guiral Ot donc, comme pour Jean XXII, seule la vision finale et faciale était définitivement béatifique.

Pourtant, s'il soutenait que les âmes séparées n'ont pas la vision la plus ultime, s'il déniait aux détracteurs du pape la capacité de prouver le contraire, il considérait aussi que ses partisans n'étaient pas en mesure de démontrer que ces mêmes âmes n'avaient pas la vision intermédiaire entre celle des élus au dernier jour et celle des spirituels en cette vie. A. Maier suggère donc que le général des Frères Mineurs défendait une position originale lui permettant de renvoyer dos à dos partisans et adversaires du pape. Certes, contrairement au pontife, il accordait bien une vision aux âmes séparées, mais elle n'était ni ultime ni définitive. Et nous venons de montrer sa connivence avec le parti de Jean XXII[1]. De plus un examen plus approfondi du texte montrera que la dernière conclusion défavorable au pape pourrait être un ajout de circonstance. La version du *Quodlibet* que nous éditons, d'après le seul manuscrit qui nous le transmet, pourrait constituer une réélaboration de la pensée du maître après les premières intimidations du roi de France.

Avaient-elles quelque lien avec l'intérêt porté par le souverain au sort de Thomas Waleys emprisonné à Avignon qui n'était pourtant pas son sujet? Il faut noter que Guiral Ot quitta cette ville précisément au lendemain du procès de Thomas Waleys et Durand de Saint-Pourçain dans lequel il avait dû jouer un rôle important au sein d'une commission de théologiens majoritairement issus de l'ordre qu'il dirigeait. Sa prédication parisienne se situe au moment précis où Waleys en avait appelé au pontife et échappait à l'inquisiteur. Le pape aurait pu libérer le Dominicain, mais ses ennemis relancèrent son procès en rédigeant un *Libellus famosus* contre son traité *De instantibus et momentis* rédigé en prison. Il passa donc simplement de celle où l'inquisiteur le retenait depuis plus de neuf mois à celle du palais pontifical. On comprend dans ces conditions que le roi n'ait

1. Pas plus que ses contemporains, la plupart des historiens qui ont étudié la controverse déclenchée par Jean XXII ne se sont trompés sur le rôle qu'y joua le général des Franciscains. Th. Käppeli, qui certes veut réhabiliter son collègue Prêcheur persécuté, écrit par exemple : « Voilà pour les adversaires du pape. Dans le camp opposé, on trouve des Frères Mineurs en grand nombre groupés autour du ministre général Gérard Eudes (Odonis). A côté d'eux, les Dominicains sont l'exception », *Le Procès contre Thomas Waleys, op. cit.*, p. 10; cf. aussi p. 46-50, où les événements parisiens qui intéressent Guiral Ot sont mis en relation avec le procès de Thomas Waleys et de Durand de Saint-Pourçain à Avignon.

pas voulu faire preuve, à l'égard du Franciscain, d'une miséricorde plus grande que celle qu'il constatait chez le pape pour le malheureux Frère Prêcheur.

D'ailleurs, l'ordre des Dominicains était le mieux représenté parmi les maîtres en théologie réunis par le souverain le 19 décembre à Vincennes. La condamnation de Guiral Ot, visant peut-être aussi le pape, ne constitue-t-elle pas la réplique des Frères Prêcheurs aux théories et pratiques franciscaines de l'inquisition avignonnaise? Le *Tractatus Universitatis Parisiensis*[1] anonyme, outre la réponse officielle des maîtres de l'Université de Paris aux deux questions du roi, reprend textuellement les arguments de Durand condamnés par l'inquisiteur avignonnais. Le vieux théologien dominicain ne se trouve-t-il pas ainsi implicitement réhabilité par ses pairs? Notons cependant que cette réhabilitation dépasse le conflit entre les ordres mendiants, puisque nous la retrouvons en des termes rigoureusement identiques sous la plume du Franciscain Nicolas de Lyre[2].

Mais si l'opposition entre Mendiants joua un rôle indéniable dans cette affaire, il faut aussi faire ressortir ici celui du roi de France, Philippe VI de Valois. Il prit soin de poser lui-même les deux questions sur lesquelles les théologiens eurent à se prononcer à Vincennes. Les âmes des saints qui sont au ciel voient-elles l'essence divine face à face avant de retrouver leur corps et avant le jugement général? La vision de l'essence divine qu'elles ont actuellement disparaîtra-t-elle au jugement dernier pour laisser place à une autre[3]? La seconde vise explicitement et exclusivement la thèse personnelle de Guiral Ot préférant à une augmentation de la même vision béatifique au jugement dernier, la succession de visions de Dieu distinctes. En revanche, la première question ne pouvait-elle chercher à atteindre à travers lui l'opinion même du pape?

A. Maier écarte cette possibilité au prix de suppositions philologiques subtiles mais peu convaincantes. Pour elle, le roi ignorait tout de l'opinion précise de Jean XXII. Philippe VI n'aurait pu en prendre connaissance, lui qui ne savait que la langue vulgaire, puisque le pontife, malgré ses demandes répétées notamment à Gauthier de Dijon, confesseur de la reine, n'avait pu obtenir que la liste de ses « autorités » fût traduite en cette langue.

1. *Tractatus Universitatis Parisiensis*, ms. Paris, B.N. lat. 12971, f. 74-104.

2. Nicolas de Lyre, *De visione divine essencie ab animabus sanctis a corpore separatis*. On connaît 14 versions manuscrites de ce traité, nous avons travaillé sur les manuscrits suivants : ms. B.N. lat., 17260, f. 7 D-17 C (désigné par P) et ms. Vat. Saint-Pierre D. 202, f. 74-84 (désigné par V).

3. « Prima utrum anime sancte in celo existentes videant divinam essentiam facie ad faciem ante resumptionem corporum et ante judicium generale. Secunda utrum visio quam de essentia divina nunc habent evacuabitur in die extremi judicii, alia succedente », *Chartularium…*, *op. cit.*, n. 981, p. 430.

Mais le roi avait-il besoin qu'on lui donnât lecture de cette longue liste de citations pour comprendre l'opinion soutenue par le pape et le danger qu'elle représentait pour la foi ?

C'est donc dans sa langue que le roi aurait posé ses questions. Dans la première, il aurait seulement voulu demander si la vision dont jouissaient les âmes séparées était faciale. Ainsi formulée, sa question n'aurait alors concerné que Guiral Ot, et non le pape qui ne reconnaissait aucune vision de Dieu aux âmes des saints. Mais la traduction imprécise en latin aurait déplacé la portée de la question de l'adjectif sur le verbe. Elle demandait en effet simplement si les âmes séparées des saints voyaient Dieu d'une vision faciale. Or qui pourrait croire qu'une telle imprécision de la traduction latine, aux conséquences si graves ait pu échapper à tous les trente théologiens réunis en présence du roi, eux qui étaient parmi les plus brillants de la plus fameuse université de la Chrétienté ? A supposer qu'ils n'aient péché alors que par omission, qui peut croire qu'aucun d'entre eux ne se soit aperçu que cette légère modification du sens de la phrase en passant d'une langue à l'autre mettait en cause l'opinion du pape ? Ils en furent d'ailleurs bien gênés et certains demandèrent la possibilité de développer une réponse personnelle. C'est d'ailleurs ce que fit ensuite Nicolas de Lyre. Mais les maîtres interrogés, sommés d'assumer une position collégiale, le firent dans une lettre commune [1] : leur réponse était positive pour la première question, et négative pour la seconde.

Ils ne se contentaient donc pas de prendre exactement le contre-pied de la position de Guiral Ot. L'opinion du pape se trouvait ainsi réfutée *a contrario* par une définition officielle des maîtres de l'Université de Paris. Le roi de France ne tentait-il pas d'ériger ainsi en arbitre d'un conflit dans lequel le pape et l'empereur s'opposaient le troisième pouvoir qu'il abritait en sa capitale : celui de l'Université de Paris ? Le fond du problème n'était-il pas avant tout d'ordre théologique ? Dans ces conditions, le *studium* ne s'offrait-il pas comme le seul contre-pouvoir susceptible de trancher l'antagonisme traditionnel entre *imperium* et *summum pontificium* [2] ?

Nous comprenons que dans la coulisse, ou peut-être plutôt sur l'avant-scène de la lutte théologique que se livraient les Mendiants, s'en déroulait

1. « Sed omnes in hac sententiam convenimus [...] minime evacuabitur alia succedente, sed ipsamet in eis, cum sit earum vita eterna, perpetuo remanebit », *Chartularium..., ibid.*

2. Le thème de la *translatio studii* faisait pendant à celui de la *translatio imperii*. Il avait été utilisé dès les débuts du développement de l'université, par les théologiens soucieux de faire valoir son indépendance à l'égard de la hiérarchie ecclésiastique. Comme l'Empire fut transféré de Rome à l'Allemagne, le savoir qui trouvait en Grèce son origine devait échoir à partir du XIIIe siècle à l'Université de Paris. Le roi de France, son protecteur, ne cherchait-il pas à en profiter ? A. Maier, citant F. Bock, parle d'ailleurs elle-même, à propos de l'Assemblée de Vincennes du 19 novembre, d'un *Nazionalkonzil* dirigé non seulement contre Guiral Ot, mais aussi contre le pape, cf. « Die pariser Disputation... », art. cité, p. 370.

une autre opposant les plus puissants souverains d'Europe. La discussion, en s'élevant au problème des fins dernières, avait-elle vraiment quitté le terrain politique du rapport entre les deux pouvoirs, spirituel et temporel qui avait mis aux prises Philippe le Bel et Boniface VIII ? Nous nous sommes efforcé de montrer au contraire, que l'étendue du pouvoir pontifical demeurait un enjeu implicite, mais fondamental dans la querelle sur la vision béatifique [1].

Nous constatons simplement que Philippe VI usa d'une stratégie moins brutale que celle de son oncle, Philippe le Bel. Remarquons que ce conflit qui l'opposait à Boniface VIII avait également suscité d'importantes contributions gallicanes à la théorie du pouvoir royal. Il n'est que de songer à celle de Jean de Paris. Mais on se souvient que la pratique politique qui accompagna cet effort théorique louable, aboutit à la fin tragique du soufflet reçu par le pape à Anagni. La manœuvre du neveu ne visait-elle pas aussi le pape à travers Guiral Ot ? Jean XXII pourrait-il s'entêter à soutenir une thèse condamnée par l'Université de Paris ? La détermination parisienne devait permettre de condamner dorénavant ceux qui, comme lui, refuseraient la vision immédiate aux âmes saintes. Philippe de Valois ne cherchait sans doute pas, comme l'empereur, à faire déposer le pape en tant qu'hérétique. Il fournissait pourtant un argument supplémentaire que les Munichois n'exploitèrent guère que contre Guiral Ot. Mais le roi de France tentait, en tout cas, d'imposer au pape une théologie élaborée dans la capitale royale.

Y parvint-il ? A. Maier suggère que non et que ce serait la raison pour laquelle l'initiative du roi de France tourna court. Selon elle, nous l'avons vu, les questions posées par le roi n'atteignaient que le général des Franciscains. Mais nous venons de montrer que si cela est vrai de la seconde, tel n'est pas le cas de la première. Le pape nous semble au contraire avoir pris très au sérieux l'avertissement du roi de France et de l'Université de Paris.

La réplique d'Avignon fut en effet immédiate, puisque le 28 décembre, c'est-à-dire sans attendre l'arrivée en cette ville de la lettre commune des théologiens datée du 27 décembre, ratifiant leur décision orale du 19 de ce même mois, le pape convoqua un consistoire où il reprit les questions du roi. L'urgence d'une telle procédure ne lui échappait pas, et il en attendait probablement une définition dogmatique conforme à son opinion. Mais il ne l'obtint pas non plus. Pourtant la réplique du pape eut au moins une portée diplomatique. Elle rappelait que les décisions du Magistère ne pouvaient se prendre qu'à Avignon. C'est là plutôt que dans l'imprécision

1. Cf. Ch. Trottmann, *La Vision béatifique…*, *op. cit.*, II, chap. 1, p. 450-470.

des questions qu'il posa, qu'il faut à notre avis reconnaître la raison pour laquelle la démarche entreprise par le roi tourna court.

Dès lors, les trois pouvoirs se neutralisaient, la controverse devenait sans issue et elle n'en trouva aucune jusqu'à la mort de Jean XXII le 4 décembre 1334. Celui-ci n'avait pas obtenu du consistoire la définition qu'il en attendait sur le temps de la vision béatifique. Les appels de Bonagrazia de Bergame et du parti des Munichois réunis autour de l'empereur à un synode qui déposerait le pape comme hérétique étaient restés sans réponse. Enfin, la tentative du roi de France pour s'ériger – par un abus du pouvoir que lui donnait la *translatio studii* à Paris – en arbitre de cette controverse, avait, elle aussi, échoué.

C'était à Benoît XII, successeur de Jean XXII, élu le 20 décembre 1334, qu'il appartiendrait de dénouer la crise. C'est lui qui donna à l'Église la définition qu'elle attendait sur la vision béatifique dans la bulle *Benedictus Deus*, le 29 janvier 1336.

3. Originalités doctrinales de Guiral Ot

C'est pourtant bien à la thèse avancée par Benoît XII, mais comme théologien privé alors qu'il n'était encore que le cardinal Jacques Fournier que s'oppose la position soutenue par Guiral Ot dans notre texte. On sait que devenu pape, le cardinal cistercien demeura discret et ne fit pas mention de son opinion personnelle dans la détermination dogmatique *Benedictus Deus* qu'il adopta en 1336 au nom de l'Eglise universelle[1]. Dans ses traités sur la vision béatifique rédigés en tant que cardinal, cherchant une issue pacifiante à la crise déclenchée par Jean XXII, il avait développé une position conciliante. Elle consistait à dire que la vision de Dieu déjà atteinte par les âmes séparées des bienheureux qui sont au ciel, augmenterait non seulement en extension, mais en intensité lors de la résurrection finale et même du jugement dernier.

Jacques Fournier rappelle en effet qu'une fois le corps mystique du Christ réuni au complet, les bienheureux peuvent connaître les mérites de chacun ainsi que la prédestination et la prescience divines. Car les mérites jugés en jugement particulier ne deviendront publics qu'au jugement dernier. Mieux, la sagesse et la justice de Dieu encore cachées dans sa liberté transcendante ne sauraient paraître au grand jour qu'une fois terminée l'histoire complète du salut. Il en résulte une augmentation de la vision en extension, du fait que plus de choses sont vues en Dieu. Mais la vision augmente également en intensité dans la mesure où découvrir la sagesse éternelle à l'œuvre dans le plan de salut, ainsi que les mérites des

1. Cf. Ch. Trottmann, *La vision béatifique*, *op. cit.*, p. 745 *sq.*

membres du corps mystique de son Christ, c'est mieux connaître le Dieu qu'on contemple en son essence. Mais cela suppose pour le futur Benoît XII que ce soit la même vision de Dieu commencée pour les âmes des saints en l'absence de leurs corps, qui s'intensifie lors de la résurrection et du jugement final. Or c'est précisément cette augmentation en intensité de la vision que Guiral Ot refuse. En cela, il ne se conforme pas à la tradition théologique de son ordre qui bien avant la querelle de la vision béatifique défendait déjà une augmentation en intensité de la vision béatifique lors de la résurrection [1].

Or les raisons de son refus sont philosophiques. Selon lui, l'atteinte d'une forme parfaite suppose la disparition de toute forme moins parfaite qui aurait précédé. Il s'appuie pour cela sur une citation de Paul en *I Cor.* 13, 10, généralement interprétée par les théologiens de son temps comme annonçant le remplacement de la foi par la vision de Dieu : « ce qui est partiel disparaîtra ». Mais Guiral Ot applique ce verset à la vision finale du jugement dernier relevant d'une forme en tout parfaite. Ce qu'il refuse c'est qu'une telle vision soit atteinte par intensification d'une forme préexistante à l'état relâché chez les âmes séparées. Selon le maître franciscain, il faut que la forme précédente, imparfaite, disparaisse totalement pour que la forme parfaite puisse advenir.

En fait son texte [2] n'exclut pas totalement *a priori* l'intensification de la forme de la vision imparfaite. Mais cela lui semble improbable, voire peu souhaitable. Cela ne peut se passer ainsi car dans la nature même, la perfection des êtres n'est jamais atteinte par intensification de leur forme. Cela ne doit pas se passer ainsi, car Dieu ne donnera la rétribution finale et parfaite de la vision ultime qu'au jugement dernier. En attendant la vision reste imparfaite. Or ce qui est partiel doit disparaître. Il y va de la justice de Dieu. Car la vision ultime qu'il donnera aux bienheureux lors du jugement dernier devra les rassasier pleinement [3].

Derrière cette conception de la Béatitude plénière, fin ultime de tous les désirs, est en fait présente non la seule autorité explicite du psalmiste, mais aussi la conception du bonheur trouvée chez Aristote, en particulier ce qu'il en dit en *Ethique à Nicomaque*, X, 3-4, 1174 a 12- 1175 a 17. Le plaisir doit être un tout parfait. Il ne saurait, comme une activité transitive, être mené à sa perfection au terme d'une prolongation dans le temps voire au terme d'un mouvement. Relevons cette formule d'Aristote : "Du plaisir au contraire, la forme est parfaite à n'importe quel moment" (1174, b. 5). Or

1. Cf. Ch. Trottmann, *La vision béatifique*..., *op. cit.*, p. 417-432.
2. Cf. f. 25 v, p. 170.
3. Cf. f. 4v, p. 100.

l'exemple d'activité immanente proposé par Aristote est la vision, et cela n'échappe pas au *Doctor Moralis* qui argue de ce passage [1].

Cela doit être spécialement vrai de la vision qui constitue la béatitude finale, précisément parce qu'elle est éternelle. Nous osons ici l'hypothèse que ce sont les exigences mêmes de sa philosophie du plaisir qui amènent le théologien à refuser l'augmentation en intensité de la forme de la vision béatifique. Car cette intuition de l'éternité comme acte pur et parfait, exige une forme définitivement parfaite et non susceptible d'intensification ou de relâchement. D'où l'insistance de Guiral Ot : la vision définitive devra être parfaite en tout. Pour tenter de comprendre comment une forme créée peut parvenir à une telle perfection, il devra mobiliser les définitions du "parfait" trouvées chez le Maître des *Sentences* et chez le Philosophe en *Métaphysique* 5.

Du premier [2] il retient la distinction entre trois perfections. Comme lui, il réserve la perfection la plus élevée, universelle et source de toutes les autres, au Dieu incréé. Mais entre elle et la perfection de la nature créée, il est encore une perfection de la nature glorifiée, atteinte par les anges dès leur confirmation. Comprenons que la perfection des anges avant leur confirmation ou leur chute n'était que selon le temps, et non encore selon la nature. Car celle-ci, pour peu du moins qu'elle soit spirituelle est finalisée à la gloire. Elle requiert donc pour atteindre cette fin, tout ce qui y est ordonné. Pourtant, cette perfection des anges avant leur glorification, perfection qui n'était encore que selon le temps et non selon la nature, ne mérite-t-elle pas, en notre époque où il manque tellement, qu'on prenne le temps de la contempler? Les anges créés avant le temps physique qui mesure le mouvement cosmique, étaient donc parfaits selon le temps en leur *aevum*. Là, ils n'étaient pas à l'étroit en un temps limité, ni d'ailleurs trop au large en une durée qui les conduirait à l'ennui. Dans l'*aevum*, les anges ne sont pas pressés, ils ne s'ennuient pas, ils ont juste le temps, ou plutôt l'éviternité qu'il leur faut.

Voilà qui est déjà parfait, mais une telle perfection reste en deçà de celle d'une nature glorifiée. Cette perfection selon la nature et non plus seulement selon le temps, les anges l'ont atteinte dès leur confirmation. Or les hommes ne pourront l'atteindre selon Guiral Ot qu'à la résurrection finale. Jusqu'alors, il manquera quelque chose à leur nature en vue de leur glorification ultime : leur corps glorieux. Mais dès lors qu'il sera ressuscité, rien ne fera plus obstacle à ce qu'ils reçoivent la forme définitive de la vision béatifique.

1. Cf. f. 20, p.152.
2. Cf. f. 5v, p. 104.

Après celle du Lombard, la définition aristotélicienne du parfait[1] permet d'insister encore sur la nécessité d'avoir atteint sa fin ultime pour pouvoir être dit parfait. Pour Guiral Ot, il y a bien une perfection incréée qui reste le privilège de Dieu, mais aussi une perfection créée, en tout parfaite. La créature l'atteint en entrant dans sa béatitude éternelle. Car précise immédiatement le maître franciscain, une telle vision est vie éternelle. Or y parvenir, c'est pour la créature revêtir sa forme définitive et nous avons vu que selon Guiral Ot cela suppose que la forme imparfaite disparaisse.

La vision des âmes séparées n'est d'ailleurs qu'une forme imparfaite parmi celles qui seront dépassées dans la béatitude définitive. Guiral Ot dénombre sept actes qui sont encore imparfaits chez les âmes saintes séparées : l'existence partielle, le savoir partiel, ainsi que la prophétie, la domination et la possession, mais encore la vision et la jouissance. Comment ces sept actes partiels disparaîtront-ils lorsqu'adviendra la perfection de la vision ultime ? Voilà qui donne lieu à des distinctions qui ne manquent pas de subtilité[2].

Disons en bref que les formes imparfaites peuvent disparaître de quatre manières : comme un *habitus* perdu faute d'exercice (la science), comme un usage devenu inutile (comme la foi en la samaritaine devenue inutile après la rencontre directe du Christ), comme un degré inférieur laissant place au supérieur (la charité *in via* et *in patria*), enfin comme une vérité (dépassée à la suite d'un changement survenu dans la réalité sur laquelle elle porte).

Or on se souvient que la référence à *I Cor*. 13, 8 *sq*., selon laquelle les prophéties disparaîtront, mais la charité, elle, ne passera pas, permettait depuis longtemps aux Franciscains volontaristes d'affirmer la supériorité de la charité, même *in via* sur la louange ou la vision dans la Patrie[3]. Si la charité ne passe pas c'est qu'elle atteint dès ici-bas sa forme parfaite. Fort de sa distinction entre les quatre manières pour l'imparfait de disparaître, Guiral Ot va pouvoir penser comment chacun des sept actes encore imparfaits chez les âmes séparées des saints tireront leur révérence lors de la résurrection et du jugement dernier.

Tout ce qui relève de la connaissance intellectuelle doit disparaître selon les deux premiers modes ou selon le dernier : ces actes sont devenus inutiles ou dépassés portant sur des vérités changeantes. De même les puissances disparaissent comme les préséances, faute d'utilité. Mais les

1. Cf. f. 5-6, p. 104-106, citant Aristote, *Métaphysique* 5, 16, 1021 b 12 *sq.*

2. Cf. f. 25-26, p. 166-170.

3. Cf. à titre d'exemple, Gonzalve d'Espagne, "Quaestio magistri Gonsalvi continens rationes Magistri Eckhardi, utrum laus dei in patria sit nobilior eius dilectione in via", Dans Maître Eckhart à Paris, PUF, 1984, p. 200 *sq*. Ces arguments font rage en fait depuis la querelle des Correctoires.

actes qui concernent au premier chef la volonté : possession et jouissance ne disparaissent que selon le troisième mode, c'est-à-dire selon le degré seulement. Car c'est la même charité qui demeure en augmentant seulement de degré entre la « Voie » et la « Patrie ». Elle seule peut atteindre sa perfection par une intensification de la même forme encore relâchée chez les âmes séparées.

Au contraire, la vision qui est l'acte intellectuel par excellence doit faire l'objet, non d'un simple accroissement, mais d'une substitution, d'un « échange standard », sinon du moteur, du moins de la forme. Le maître franciscain conçoit volontiers que l'on passe d'un amour imparfait ici-bas à la perfection de la charité créée dans la Patrie par un accroissement simplement quantitatif de la même forme vertueuse. Mais dans le cas de la connaissance, l'intensification de la forme ne peut conduire à la perfection. L'ancienne vision de Dieu doit donc disparaître : aussi bien celle des sages ici-bas que celle des âmes séparées avant le jugement dernier, pour laisser place à la vision définitive des bienheureux.

Ce sont ici les positions de Guiral Ot sur la question de l'intensification et du relâchement des formes qui ont un impact direct sur sa théologie de la vision béatifique. Or notre texte ne semble pas, à première vue, aller dans le sens de l'interprétation avancée par A. Maier[1]. Elle suggérait en effet sans doute avec raison que notre Franciscain s'en serait tenu en la matière aux positions scotistes. Mais elle ne pouvait expliquer comment une critique de Jean le Chanoine attribuait à Guiral Ot une opinion qui pourtant cadre parfaitement avec notre traité sur la vision béatifique :

« L'opinion de Guiral Ot est que lorsque quelque chose de blanc devient plus blanc ou en sens inverse, moins blanc, la forme précédente disparaît tout entière, et un nouvel exemplaire de forme est engendré[2] ».

Ne trouvant pas qu'une telle opinion fût défendue par Guiral Ot en d'autres occasions, A. Maier supposait une erreur de lecture des premiers éditeurs vénitiens qui ayant lu « *opinio godi* » auraient interprété *g. od. i<s>*, soit *Gerardi Odonis* là où il suffisait de lire *Go<dofre>di* pour Godefroid de Fontaines. Elle trouvait d'ailleurs des exemples de manuscrits de la Bibliothèque Vaticane où le nom du « philosophe belge » avait été ainsi complété par des mains plus récentes. Les vénitiens n'auraient pas bénéficié de telles précisions. L'argument plutôt alambiqué, ne prouve pourtant pas leur faute, mais en imagine seulement une possible origine.

1. Cf. A. Maier, Zwei Grundprobleme der scholastischen Naturphilosophie, Das Problem der intensiven Grösse ; Die Impetustheorie, Rome, Storia e Litteratura, 1951.

2. « Quod est opinio Gerardi Odonis quod cum aliquid fit de albo albius vel de albo minus album, tota forma praecedens corrumpitur et novum individuum formae generatur », Johannes Canonicus, Quaestiones super octo libros Physicorum aristotelis, lib. V, Q. 3, Venise, 1492, cité par A. Maier, *ibid.*, p. 69.

Comment donc accorder cette critique de Jean le Chanoine avec les écrits de physique et de métaphysique où Guiral Ot ne défend pas, mais rejette au contraire la succession des formes ? Tel est le cas par exemple dans sa question « *utrum lumen augeatur per adventum novae partis ad priorem utraque remanente* », qui se trouve à la fois dans le manuscrit Vatican Latin 3066 et dans le manuscrit de Madrid. L'on sait aujourd'hui que cette question n'est que la première d'un traité *De augmento forme* qui se trouve au complet dans le manuscrit de Madrid, et qui y est suivi par un *De remissione et intensione formarum*. Or là[1], Guiral Ot semble rejeter explicitement la thèse que lui attribue Jean le Chanoine. L'augmentation en intensité d'une forme ne peut, selon le maître franciscain, provenir de l'adjonction d'une nouvelle réalité, et cela aussi bien si la précédente se retire que si elle demeure. Il ne saurait donc y avoir dans ce cas création d'une forme nouvelle. Si la forme doit augmenter en intensité ou en extension, il faut au contraire pour Guiral Ot, que la même essence demeure. Elle sera ainsi augmentée ou diminuée par l'adjonction ou le retrait de parties constitutives possédant la même raison de genre et d'espèce. L'augmentation d'intensité de la forme ne saurait résulter de l'adjonction quantitative d'une autre réalité de forme différente. Notons que notre auteur n'exclut pas explicitement le cas de figure que lui attribue Jean le Chanoine, où l'augmentation de la qualité (la blancheur) est telle qu'une nouvelle forme, de genre et d'espèce identique soit créée.

Pour autant il n'est pas aisé d'accorder une telle physique classiquement scotiste de l'intensification de la forme avec la remarque de Jean le Chanoine ni surtout avec la théologie de la vision de Dieu que nous trouvons dans notre traité. Car nous ne devons pas oublier que pour tout penseur du XIIIe et du XIVe siècles, le cas par excellence auquel s'applique l'augmentation d'intensité de la forme est la charité, en particulier au passage *via/patria*. Ainsi, la réflexion scolastique sur l'intensification et le relâchement des formes se nourrit à une double source : celle des commentaires des *Catégories* d'Aristote, mais aussi celle des commentaires des *Sentences*. Rappelons que c'est à la distinction 17 du Livre I que le Lombard s'interroge sur l'augmentation de la grâce dans l'âme. Ne faisant pas la différence entre grâce créée et grâce increée, il formule ainsi la

1. « Queritur utrum forma suscipiat magis et minus ex nova realitate adveniente et antiqua recedente vel ipsa semper manente. Arguitur quod non (…) quia ergo habet essentiam simplicem, non habet realitatem novam et antiquam, quia tunc esset composita. Et quia habet invariabilem essentiam, non intenditur nec remittitur. (…) Pro solutione huiusmodi questionis pono sex conclusiones. Prima talis est, quod in omni augmento vel decremento extensivo vel intensivo necesse est manere realitatem aliquam forme preexistentem (…) Sexta est quod pars adveniens est eiusdem rationis secundum genus vel secundum speciem cum parte preexistente. », L.M. De Rijk, « Works by Gerald Ot… », art. cit., p. 185.

question qui sera reprise à sa suite par tous ses commentateurs : « S'il faut concéder que l'Esprit Saint est augmenté dans l'âme de l'homme ou s'il est plus ou moins possédé ou donné ». Le problème se pose en particulier dans le cas du passage de ce monde à la Patrie céleste, puisque « la charité ne passe jamais » (*I Cor.* 13, 8). Selon cette autorité centrale pour notre traité, c'est bien la même charité qui demeure, sans adjonction extérieure, mais par intensification.

Or précisément, nous avons vu dans notre texte que si le Docteur Moral applique un tel schème à la charité, il refuse de le faire fonctionner aussi dans le cas de la vision, car dans ce cas, « ce qui est imparfait doit disparaître». C'est alors que le schème évoqué par Jean le Chanoine prend son sens, appliqué, certes, non plus à une blancheur matérielle, mais à celle plus lumineuse de la Gloire. Pour Guiral Ot, le jugement dernier apporte une lumière supplémentaire telle que l'augmentation d'intensité de la vision ne saurait y suffire. Il faut qu'alors le Père des lumières et donateur des formes crée une nouvelle forme qui éclipse la précédente. Ce qui pouvait être vécu dans l'amour selon le mode de la continuité, ne peut l'être dans l'ordre de la connaissance.

Guiral Ot a-t-il appliqué à d'autres cas que la vision béatifique un tel schème de l'intensification de la forme à partir d'une succession de formes distinctes ? La réponse (probablement négative) sera aisément donnée grâce à l'édition attendue du traité complet *De augmento forme*. Pour autant nous ne concluons pas à une erreur de Jean le Chanoine car nous savons par notre traité que dans le cas des visions de Dieu, il distingue au moins trois formes : celle des sages ici-bas, celle des âmes séparées au ciel et celle des ressuscités après le jugement dernier. Or il refuse une simple augmentation par intensification et préfère y voir un « échange standard de la forme », (sinon du moteur ou du mouvement).

Si l'indulgence du lecteur est requise pour l'humour de cette analogie notons qu'elle n'est pas indifférente. Car le mouvement est au cœur de la réflexion des maîtres contemporains de Guiral Ot sur l'intensification des formes [1]. Le rapprochement dépasse d'ailleurs la simple analogie et repose sur l'adage scolastique « *termini motus sunt incompatibiles* ». Il faudrait donc que pour le changement qui nous intéresse : celui de l'intensification / relâchement de la forme, comme pour celui du mouvement local, l'état final soit différent de celui du départ. D'où la thèse selon laquelle la forme précédente devait être totalement détruite afin qu'advienne une forme toute nouvelle au degré supérieur.

1. Cf. A. Maier, *Zwei Grundprobleme ...*, *op. cit.*, chap. 7, Die Analogie zur Bewegung, p. 59-73.

Or c'est précisément cette thèse que l'école scotiste s'évertue à combattre et pour une raison principalement théologique : « la charité ne passera jamais ». C'est donc la même qui doit demeurer et augmenter seulement par addition. En cela la théologie de la charité trouvée dans notre traité de Guiral Ot est bien parfaitement scotiste. Mais de même un mouvement physique continu peut passer par des phases d'accélération ou de décélération. Au total, ce n'en sera pas moins le même mouvement qui s'est prolongé d'un terme à l'autre. Il faut donc penser l'augmentation d'intensité de la forme par addition venant non de l'extérieur, mais de l'intérieur. Cela suppose dans le domaine qualitatif comme dans le domaine quantitatif une marge (*latitudo*) permettant de telles élongations ou de tels rétrécissements. Une telle latitude est thématisée dans les commentaires scolastiques aux *Catégories* et souvent reprise dans ceux aux *Sentences*.

Dans ces conditions, la position de Guiral Ot s'explique dans le cadre même de l'école scotiste. Partisan de l'augmentation d'intensité de la charité sans destruction ni rénovation de la forme, le volontariste franciscain retourne contre l'ennemi intellectualiste ses propres arguments. Prophéties, principautés et même visions imparfaites doivent disparaître complètement dans le domaine de la pure intellection pour laisser place à la forme ultime et parfaite, éternelle de la connaissance de Dieu. La clarté intellectuelle ne souffre pas une augmentation graduelle et progressive consentie par l'amour.

Nous en venons ici à une seconde originalité de la pensée physique de Guiral Ot : sa conception du continu. La question de ses contemporains est de savoir si le continu est formé d'un nombre fini ou infini de points divisibles ou indivisibles. La plupart des scolastiques répondent, conformément à l'orthodoxie aristotélicienne, qu'il est composé d'une infinité de points toujours divisibles. Guiral Ot se retrouve ainsi plutôt isolé dans sa conception d'un continu composé d'un nombre fini de points indivisibles [1].

Ici encore, en attendant l'édition de son traité *De continuo*, contenu dans le manuscrit de Madrid, les textes de Guiral Ot ne sont accessibles que de manière partielle ainsi que par les critiques de ses adversaires. Dans les termes de l'époque, la position selon laquelle le continu serait composé d'un nombre fini d'atomes semble mathématiquement et physiquement insoutenable. *A posteriori* elle peut nous sembler annonciatrice d'une physique atomiste voire du recours à l'infinitésimal dans le calcul intégral. Toutefois cette conception de l'intensification de la forme par adjonction

1. Selon V. P. Zubov, il est ainsi en compagnie d'Henri de Harclay, Gautier de Chatton, Nicolas Bonet et de Nicolas d'Autrecourt, qui toutefois ne donne cette opinion que comme probable ; cf. V. P. Zubov, « Walter Catton, Gérard d'Odon et Nicolas Bonet », dans *Physis*, 1(1959), p. 261-278.

interne et du continu comme formé d'indivisibles peut s'éclairer au regard de la conception du temps mise en œuvre par Guiral Ot[1].

A. Maier lui attribue une conception du temps absolu qu'elle rapproche de celui de la physique moderne de Newton[2]. Il nous semble plutôt que l'originalité du Docteur Moral consiste à tenter de penser une durée commune aux anges dans l'*aevum* et aux corps dans le temps. Il se situe dans la droite ligne d'une contestation franciscaine de la définition aristotélicienne du temps, passant par Roger Bacon, et Pierre de Jean Olivi en particulier.

Guiral Ot estime quant à lui, du moins si l'on en croit en attendant l'édition de son *De tempore* également contenu dans le manuscrit de Madrid, le rapport de Jean le Chanoine, que même en l'absence de tout mouvement, de toute créature susceptible d'y être soumise, il pourrait déjà y avoir du temps[3]. C'est qu'il s'attache à penser le temps dans son existence, et conclut qu'il ne saurait être un simple accident du mouvement. Nous comprenons au passage une première influence du cas des anges. Ce n'est pas leur éventuel mouvement que mesure l'*aevum*, mais leur être. Olivi y insiste déjà et Godefroid de Fontaines va plus loin en voyant dans l'*aevum* l'essence même des anges. Ce temps des êtres et non de leurs mouvements accidentels, cette mesure de la durée qui se rapporte à l'être doit pouvoir concerner aussi bien les anges que les corps. Le temps doit donc avoir une réalité qui préexiste au mouvement, et sort directement de l'éternité. Guiral Ot en vient ainsi à penser un temps préexistant au mouvement et dans lequel celui-ci pourrait venir s'inscrire et se mesurer.

Mais ce temps est-il celui d'une physique qui annoncerait celle de Newton comme le suggère A. Maier? Il procède plutôt d'une tentative de penser une unité de toutes les durées : éternité divine transcendante, durée des anges dans l'*aevum*, durée du mouvement dans la création matérielle[4]. Penser séparément l'unité de l'*aevum* ou celle du temps n'est déjà pas chose

1. Nous résumons ici les résultats de notre article : « Guiral Ot, De l'éternité au temps et retour. Conjectures à partir du *De multiformi visione Dei* », dans *The medieval concept of time, the scolastic debate and its reception in early modern philosophy*, P. Porro ed., Leiden, Brill, 2001, p. 287-317 et remercions l'éditeur de nous le laisser faire sans jalousie.

2. A. Maier, *Scienza e filosofia…*, *op. cit.*, p. 263 *sq.*

3. « Sciendum quod est una opinio Gerardi ponens duas conclusiones. Prima est quod tempus habuit esse ante mundi initium et inceptione cuiuslibet creaturae, sic quod fuit ab aeterno… Secunda conclusio quam ponit est ista, quod tempus non est passio nec sequela motus », Jean le Chanoine, *Phys. IV*, q. 5, a. 3, dub. 4, cité par A. Maier, *Scienza…*, *op. cit.*, p. 264.

4. Il appartient à P. Porro d'avoir attiré l'attention sur le fait que la question de l'unité du temps sublunaire devrait s'inscrire dans le contexte plus vaste de l'unité de l'ensemble des types de durée. Cf. en particulier, P. Porro, « Enrico di Gand e il problema dell'unicità dell'aevum », *Medioevo* XIII (1987), p. 123-193, et la synthèse la plus récente, « Il vocabolario filosofico medievale del tempo e della durata », dans *Il tempo nel Medioevo*, R. Capasso, P. Piccari eds., Academia Europea per gli studi storici, Rome, 2000, p. 63-102.

aisée, mais vouloir les réunir sous une durée commune, c'est aggraver la difficulté. S'il y a de la succession dans l'*aevum*, la durée qui s'y trouve n'a pas pour autant la continuité du mouvement que mesure le temps des réalités matérielles. Toutefois, elle n'a pas non plus l'unité d'une éternité conçue comme « *tota simul* » depuis Boèce. Dans ces conditions, plutôt que de renoncer à une unité de l'*aevum*, il vaut peut-être mieux au contraire effacer sa différence avec le temps. Cela conduirait à les réunir en un temps unique sortant de l'éternité même.

Si l'on s'en tient une fois encore à ce que rapporte Jean le Chanoine[1], Guiral Ot se place dans la situation où Dieu n'a pas encore créé le monde matériel. Il commence cependant à créer des anges, l'un après l'autre. Certes, cette succession n'a pas lieu dans notre temps, mais dans l'*aevum*. Pourtant, lorsque le second ange fut créé, le premier existait déjà. Il y a donc de l'antérieur et du postérieur antérieurement à la création des réalités matérielles sujettes au mouvement. Il faut donc à la sortie même de l'éternité, un cadre temporel dans lequel s'inscrira la création successive des anges. Mais ce cadre doit être présent avant ou « au plus tard » simultanément à la création du premier. Non seulement donc le temps ne saurait être rapporté au seul mouvement, mais il doit encore comprendre tout *aevum*.

Par ce refus de rapporter le temps au seul mouvement, le maître franciscain se montre encore fidèle à Duns Scot qui en donne une illustration paradoxale[2]. N'explique-t-il pas qu'une fois ressuscité, Pierre marchera, alors qu'il n'y aura plus de mouvement astral? Mais ce mouvement de Pierre, vécu par un ressuscité en son éternité ne durera-t-il pas un certain temps ? Ce temps unique que Duns Scot va chercher à la fin des temps, Guiral Ot y remonte avant leur commencement, à partir de l'*aevum* angélique.

La réalité du temps d'avant le mouvement et qui sort directement de l'éternité c'est donc d'abord l'*aevum*, pour Guiral Ot, qui le détache ainsi de l'éternité dont il était plus proche dans l'esprit de ses contemporains. S'il est une révolution newtonienne amorcée par Guiral Ot, ce serait peut-être cette chute de l'*aevum* en direction du temps, ou cette remontée du temps hors du monde du mouvement, vers les successions éviternelles. Son point

1. « Hoc probatur sic : ante mundi initium Deus potuit angelum solum producere alio non producto; tunc ponitur quod producatur unus alius angelus qui non fuit tunc productus. Tunc vel ille angelus secundus fuit productus cum primo vel posterius. Non simul, quoniam unus prius existit alio non existente; ergo posterius et alter prius. Sed prius et posterius sunt ipsum tempus, ut patet per Commentatorem 4° huius, ergo etc. », Jean le Chanoine, *Phys. IV*, q. 5, a. 3, cité par A. Maier, *Scienza e filosofia*, *op. cit.*, p. 265.

2. Cf. Duns Scot, *Ordinatio II*, dist. 2, par. 502, t. 7, p. 381, cité par O. Boulnois, dans « La présence chez Duns Scot », dans *Via Scoti*, L. Sileo ed., Rome, 1995, p 103.

de départ est donc bien théologique. Dans ces conditions, le temps conçu par Guiral Ot comme cadre de toute succession éviternelle et temporelle est-il comparable au temps absolu newtonien ?

Si nous tentons de synthétiser les originalités métaphysiques que nous avons relevées chez Guiral Ot, disons qu'il ne consent pas à penser « en deux temps », la sortie de l'éternité : un premier où c'est une éviternité (ou plusieurs successivement, quasi éternités, « éternité participée », disait Thomas), qui sort(ent) des mains du Créateur, avant que les créatures temporelles ne soient jetées en un second, dans le temps dès lors qu'elles sont créées. Le cadre temporel précède toute création successive fût-elle éviternelle. La véritable frontière métaphysique passe ainsi entre le créé et l'incréé, entre l'éternité et la succession créée qui suppose une temporalité. Entre elles, nulle solution de continuité n'est pensable, fût-elle angélique. L'éviternité perd ainsi ses ailes. De même dans l'espace, la continuité doit se rapporter à quelque indivisible et en nombre fini, même si cette finitude ne renvoie pas explicitement à la condition de créature.

Enfin, quant au retour de la créature en direction de l'éternité, si l'amour de charité permet de rétablir la continuité, celle-ci demeure impensable dans l'ordre de la connaissance. L'intensification des formes que Guiral Ot pense sans doute selon la tradition franciscaine par addition, ne saurait rendre compte de l'accès de la créature à son ultime connaissance de Dieu. Passer déjà, de la connaissance de Dieu ici-bas à celle atteinte par les âmes séparées dans la Patrie, suppose la création divine d'une forme nouvelle. Mais celle-ci ne saurait s'intensifier au point de donner la vision atteinte par la créature précisément au moment où elle (ré)intègre l'éternité. Ici encore est requis un « échange standard de la forme » et donc un nouvel acte créateur.

Qu'on nous permette enfin, en rapprochant ces deux originalités de Guiral Ot de penser une application de sa conception du continu non plus au seul espace, mais au temps. Ne suggère-t-il pas ainsi un engendrement du temps, non selon la mesure d'un mouvement, eût-il l'inexorable régularité de celui de la sphère, mais plutôt comme une suite discrète d'actes éternels, créateurs, et disposés simplement de ce fait, selon l'antérieur et le postérieur ? Pour lui reprendre une image bien imparfaite, la continuité de la ligne engendrée par le contact d'une sphère roulant sur un plan résulte de la succession de leurs points de contact. Mais cette succession de points de contact ne prend-elle pas un relief nouveau si l'on voit en la sphère un symbole de l'éternité, et en chacun de ces points de contact finis, ses actes créateurs ? Leur ordonnancement dans le temps, comme autant de baisers d'éternité, n'exige-t-il pas alors la discontinuité même de leur succession ?

Dans l'absolu, ne sommes-nous pas ainsi conduits à dire que seule l'éternité est vraiment continue ?

Mais quel peut être notre point de vue de créature sur l'éternité ? C'est ici que nous rejoignons notre question sur la vision de Dieu. Car si le problème du continu croise celui de la sortie du temps de la Création à partir de l'éternité, la vision béatifique donne à penser le retour de la créature vers l'éternité ou du moins son accès à la vie éternelle. Ce retour peut-il s'effectuer individuellement dès la mort, voire après un temps spirituel de purification, ou doit-il attendre précisément la fin de tous les temps ? Telle est la question posée par le pape Jean XXII et que rencontre notre physicien et métaphysicien du continu et du temps.

Or il refuse la position de compromis trouvée par le cardinal Jacques Fournier qui succédera à Jean XXII sous le nom de Benoît XII. Pour ce dernier la vision béatifique est bien atteinte dès la mort par les âmes séparées des saints dûment purifiées. C'est cette vision définitive obtenue dès avant la résurrection qui doit augmenter en intensité au jour du jugement dernier car alors le corps mystique du Christ sera au complet. La solution a le mérite de sauver à la fois la vision immédiate des âmes séparées des saints et le sens rappelé par Jean XXII du supplément de béatitude apporté par le jugement dernier. Mais malgré ces avantages théologiques, Guiral Ot n'en veut pas pour des raisons éthiques et métaphysiques. Selon le général des Franciscains, l'augmentation d'intensité de la forme de connaissance de Dieu atteinte par les âmes séparées ne saurait les mener jusqu'à leur fin ultime, la vision définitive réservée par Lui aux bienheureux ressuscités après le jugement dernier.

Comme la sortie des créatures hors de l'éternité suppose un acte discret de l'Eternel qui les soumet immédiatement à la mesure du temps, de même leur sortie du temps exige un acte nouveau qui les installe définitivement dans l'éternité. Leur amour pourra bien en être augmenté selon la même forme, parvenue à son intensité ultime, la connaissance qu'ils en auront devra être toute nouvelle pour devenir définitive. Certes, la vision des âmes séparées installe entre celle des ressuscités et celle des sages ici-bas, un intermédiaire qui n'est pas sans rappeler le rôle de l'*aevum* entre temps et éternité. Mais le passage de l'une à l'autre forme de connaissance exige la disparition de la précédente, en particulier pour accéder de la vision des âmes séparées à celle des ressuscités. Ici encore, le fait que Guiral Ot, malgré la subtilité de sa thèse, ait été considéré par ses contemporains comme un partisan de Jean XXII nous laisse penser que dans le sens du retour comme à l'aller, la coupure principale se trouve selon lui à la frontière de l'éternité increéée. Mais après cette introduction historique et doctrinale, il est temps d'en venir à la description du manuscrit où est recueillie cette opinion théologique, ainsi que de son contenu.

II
LE TEXTE ET SA STRUCTURE

1. Le manuscrit

Le traité de Guiral Ot, intitulé *De multiformi visione Dei* ne nous est connu que par un seul exemplaire se trouvant à la bibliothèque du Vatican, le manuscrit Ottoboni Latin, 280. Il comprend 53 folios numérotés en haut à droite, qui ne sont plus solidaires.

La page de garde comporte une marque de propriété du duc d'Altemps indiquant le titre : *Ex codicibus Maximi et excellentissimi Domini Johannis Angeli, Ducis ab Altaemps, De multiformi visione Dei.* On y lit en haut à droite deux cotes rayées: A.X.36 et Q.V.34. A.Maier[1] suggère que ce manuscrit aurait été la propriété du cardinal Sirleto avant de passer dans la bibliothèque Ottoboni en compagnie d'un certain nombre d'autres manuscrits du XIVe siècle. En effet, le duc Giovanni Angelo d'Altemps racheta en 1611 la bibliothèque du cardinal Ascanio Colonna, qui avait lui-même acquis celle de Sirleto en 1588[2]. Or on sait aujourd'hui que cet ancien assistant de Cervini reçut effectivement sa collection, non par un legs, mais comme dépositaire, alors qu'il était devenu *custos* de la Bibliothèque Vaticane au moment où Grégoire XIII la racheta aux héritiers de Cervini. Si notre manuscrit avait appartenu, ce qui est probable, au noyau constitutif du fonds Ottoboni provenant de la collection du cardinal Marcello Cervini, bibliothécaire de la Vaticane qui devint pape sous le nom de Marcel II, il aurait connu ce trajet complexe attesté par la marque de possession du duc d'Altemps[3]. Mais il peut aussi bien être une acquisition

1. A. Maier, « Die Pariser disputation... », art. cité, p. 329; cf. L. Dorez, « Recherches et documents sur la bibliothèque du cardinal Sirleto », dans *M.E.F.R.*, 11 (1891), p. 457-491; G. Andres Martinez, « Gestiones de Felipe II en torno a la compra de la biblioteca del Cardenale Sirleto para el Escorial », dans *Revista de Archivos, bibliotecas y museos*, 67, 1959, p. 635-660.

2. Cf. *Les Manuscrits classiques latins de la Bibliothèque vaticane*, catalogue établi par E. Pellegrin, J. Fohlen, C. Jeudy, Y.-F. Riou, avec la collaboration d'A. Marucchi, t. I, Documents études et répertoires publiés par l'I.R.H.T., Paris, Éditions du C.N.R.S., 1975, p. 437 *sq*.

3. Cf. G. Mercati, *Codici latini Pico Grimani...*, 1938, p. 75-143, 169-202, 245-264; J. Bignami-Odier, *Guide au département des manuscrits...*, 1934, p. 219-221 ; *id.*, *Premières Recherches sur le fonds Ottoboni*, Studi e testi 245, Vatican, 1966; *id.*, « Les collections d'un

personnelle du duc ou de Sirleto avant lui. Dans les deux cas l'enquête sur le fonds Ottoboni ne nous permet pas de remonter en deçà du XVIe siècle [1].

Quant au papier, son filigrane est proche de C.M. Briquet 703. Cela semble indiquer une provenance de la région de Bologne. Il est également proche de V.A. Mosin, Traljic, *Filigranes des XIIIe-XIVe siècles*, Zagreb 1957, 204-206. Cela permet de préciser la date : entre 1332 et 1336, ce qui correspond précisément à celle de la rédaction suggérée par le contexte historique – immédiatement après décembre 1333, à Paris même, si l'auteur s'exécuta sans délai ou plus probablement à son retour à Avignon [2].

Leurs feuillets n'étant plus solidaires, les quatre premiers cahiers semblent, d'après les réclames, être des binions (f. 1 à 17). Notons que le troisième comprend une feuille collée à la fin (f. 13), dont le verso n'est d'ailleurs utilisé qu'à moitié. Aux folios 18 à 23 on trouve un ternion, suivent trois binions (f. 24 à 35), de nouveau un ternion (f. 36-41), et enfin trois binions (f. 42 à 53). Les réclames permettent d'établir que le texte est complet [3].

Les trois premiers cahiers comportent des pages de 230 × 150 mm écrites sur une colonne de 170 × 105 mm. Les pages des quatrième et cinquième cahiers (f. 14-23), ainsi que celles des septième, huitième et neuvième, mesurent 220 × 150 mm., écrites sur une colonne de 145 × 100 mm. Les mensurations du sixième cahier sont les suivantes : 220 × 150 mm, colonnes de 160 × 110 mm. Enfin, les trois derniers cahiers présentent des pages de 230 × 150 mm., écrites sur des colonnes de 160 × 105 mm.

Ces variations de taille ne recoupent pas exactement celles des mains qui ont copié ce manuscrit. Les écritures sont au nombre de trois : une première moins soignée des folios 1 à 13 ; une autre main reprend des folios 14 à 23 et on la retrouve des folios 32 à 41 ; une troisième couvre les folios 24 à 31 et finit le manuscrit aux folios 42 à 53.

pape juriste », *Studia Gratiana 13, Collectanea* St. Kuttner, 3, Bologne, 1967, p. 257-272 ; R. Devresse, « Les manuscrits grecs de Cervini », dans *Scriptorium*, 22 (1968), p. 250-270.

1. Nous n'avons pas trouvé trace de notre manuscrit dans les catalogues d'Avignon et Peniscola, cf. M.-H. Julien de Pommerol, J. Monfrin, *La Bibliothèque pontificale à Avignon et à Peniscola*, Collection de l'École française de Rome, 141, Rome 1991. Nous n'avons pas mené plus loin l'enquête. Elle requérait des recherches qui n'intéressent pas seulement notre manuscrit et dépassent le cadre de cette édition. La suite des transferts de propriété aboutissant au fonds Ottoboni à partir de la bibliothèque d'Altemps est mieux connue. Pietro Ottoboni acheta en effet la bibliothèque du duc avant de devenir le pape Alexandre VIII, et c'est à son petit-neveu et homonyme que le pape Benoît XIV racheta en 1748 la bibliothèque des Ottoboni et l'incorpora à celle du Vatican.

2. Celui-ci ne tarda pas car après ses prouesses parisiennes, le maître franciscain vit annuler sa mission en Écosse.

3. Notons qu'on trouve collé au folio 8 un ajout tardif (probablement du XVIe siècle) sur papier bible. Il est numéroté 8a, par une main différente de celle qui numérota les autres folios, mais ne présente pas d'intérêt pour le texte, qui est complet sans lui.

Selon les scribes, les titres sont intégrés au texte (f. 1 à 13, 14 à 23 et 32 à 41) ou indiqués en marge (f. 24 à 31 et 42 à 53). Nous avons fait le choix de les présenter comme des titres qui viennent rythmer le texte. Rédigé en de petites écritures relativement soignées, le texte n'est pas orné. Seules les majuscules correspondant aux changements de paragraphes sont plus grandes, plus grasses et comportent de courtes antennes.

Nous avons le plus possible laissé la graphie originale, restituant seulement quelques v ou t afin de faciliter la lecture, tout en allégeant l'apparat critique de ce qui pouvait concerner les extravagances orthographiques de l'un ou l'autre copiste, en particulier dans l'usage des consonnes et leur redoublement : *obtimus* pour *optimus* (f. 6 *sq.*); *deffectus* (f. 18); *adiessisset* pour *adjecisset* (f. 27 v); *suppremus* (f. 30v *sq.*) et *suppremam* (f. 52); *dificilium* (f. 31 v); *set* pour *sed* (f. 32 *sq.*); *ewangelium* et *reditio* (f. 33 *sq.*); *difusa* et *indescentia* (f. 33 v); *occulus* (f. 34 *sq.*); *condam* pour *quondam* (f. 38)... Nous avons aussi homogénéisé la numérotation des références en nous en tenant sobrement aux chiffres arabes, sans restituer les o ou les a généralement omis par les scribes, et marquant parfois les chapitres (indiqués par un c. sans o en cas de mention explicite). De même, nous avons traduit les chiffres romains le plus souvent dispersés sans loi parmi une numérotation à dominante arabe. Nous avons ajouté entre < > les numéros des versets de l'Écriture afin d'alléger l'apparat.

2. Polémiques autour du texte

Il s'agit du dernier texte découvert se rapportant à la controverse. Aussi n'est-il pas mentionné par N. Valois ni par F. Hoffmann[1]. C'est A. Pelzer qui le découvrit en 1923 dans le Manuscrit Ottoboni latin 280. Il donna lieu à une polémique avec P. Glorieux[2]. A. Pelzer le citait en exemple de *reportatio* écrite, par l'auteur, d'une *disputatio* orale[3]. P. Glorieux se refusait à y voir un *quodlibet*. Il y reconnaissait seulement le traité de Guiral Ot sur la vision de Dieu mentionné par les historiens[4].

1. Cf. N. Valois, « Jacques Duèse, pape sous le nom de Jean XXII », dans *Histoire littéraire de la France*, 34, 1915, p. 391-630; G. Hoffmann, *Der Streit über die selige Schau Gottes (1331-1338)*, Leipzig, 1917.

2. P. Glorieux, *La Littérature quodlibétique*, II, Paris, 1935, p. 312 *sq.* et A. Pelzer, dans *R.H.E*, 23 (1936), p. 981 *sq.*

3. A. Pelzer, « Le Premier Livre des reportata Parisiensia de Jean Duns Scot », dans *Annales de l'Institut supérieur de philosophie*, 5, 1923, p. 450-451, repris dans *Études d'histoire littéraire sur la scolastique médiévale*, Philosophes médiévaux, Louvain-Paris, 1964, p. 422-467.

4. « Quoi qu'il en semble, ce n'est pas là un *quodlibet*, mais seulement une allusion à une dispute quodlibétique soutenue jadis à Paris, par laquelle débute ce traité qui n'est autre que le « *De multiplici visione Dei* », composé par Guiral Ot à la fin de 1333 », P. Glorieux, *La Littérature quodlibétique*, *op. cit.*, p. 321.

Il s'agit bien en fait d'une reprise du *Quodlibet* de Guiral Ot, mais qui a pu faire l'objet d'importants remaniements à la suite des poursuites engagées par le roi de France contre son auteur. Le texte correspondait-il à la dispute prononcée en public lors de la première séance? Ou lors d'une seconde? Entre le moment de la première dispute tenue à l'université et celui où l'auteur rédigea son texte, peut-être même avant la séance de détermination, on sait qu'il avait déclenché un scandale et sans doute dû se rétracter en présence du roi et de dix théologiens convoqués à cet effet le 17 décembre.

A. Maier qui en édite une brève partie[1] et sans apparat, suggère que le texte est bien celui de la dispute originelle, comme le revendique l'auteur. Celui-ci désavoue en effet dans sa «protestation» les reportations qui circulaient et n'étaient pas conformes à l'exemplaire qu'il remet au copiste. Mais on peut retourner l'argument. S'il se défiait des écarts qui pourraient exister entre les reportations et son exemplaire, n'était-ce pas justement que l'auteur avait opéré d'importants changements dans la version écrite de son *Quodlibet*, par rapport à la dispute orale? Avait-il cependant vraiment besoin d'y changer quelque chose? Il suffisait qu'il y ajoutât la «protestation» que l'on trouve au début de son texte : il avait parlé comme théologien privé et non comme général des Franciscains. Il exprimait sa soumission au Saint-Siège et aux théologiens de l'Université de Paris. Après sa rétractation en présence du roi, qu'étaient-ils en mesure d'exiger de plus de cet envoyé du pape, qui après tout, avait disputé une question sur laquelle le dogme n'était pas encore fixé?

3. Structure et portée de la dispute

Le thème explicite de la dispute n'est pas la vision béatifique elle-même. Il s'agit de savoir si la théologie est spéculative ou pratique. C'est une interrogation que nous trouvons dès les premières questions disputées sur la théologie, chez Eudes Rigaud par exemple[2]. L'auteur commence par nouer le problème dans l'esprit de Dun Scot, à partir des mêmes autorités et de raisonnements identiques[3]. Mais rapidement, il soulève deux questions préalables : Quelle est la finalité de la doctrine théologique? Quelle est la différence entre la doctrine spéculative et la doctrine pratique? Elles

1. A. Maier, «Die pariser Disputation…», art. cité, p. 335 *sq*.

2. Eudes Rigaud, *Quaestio de scientia theologiae*, I, q. 6, L. Sileo (éd.), *Teoria della scienza teologica*, Studia Antoniana cura Pontificii Athenaei Antoniani edita, 27, t. II, Rome, 1984, p. 49-53.

3. Cf. Ch. Trottmann, «Vision béatifique et science théologique. Interférences scotistes dans le *quodlibet* parisien de Guiral Ot (décembre 1333)», C.I.S., *Via Scoti*, Rome, 9-11 mars 1993, Rome 1996, t. II, p. 739-748.

reçoivent un traitement bien inégal : alors que la seconde est abordée rapidement dans le dernier folio, et d'une manière très scolaire[1], la première occupe les 52 premiers folios et donne lieu à des développements très originaux !

Pour y répondre, Guiral Ot pose en effet six conclusions qu'il va successivement s'attacher à prouver. Sans doute est-ce cette structure en conclusions et non en questions qui a pu laisser penser qu'il s'agissait d'un traité plutôt que d'un *Quodlibet.* A la regarder de plus près, on peut distinguer dans cette structure deux séries de trois conclusions.

Celles de la première série établissent trois finalités de la théologie. La plus ultime de ces finalités est la vision bienheureuse par excellence et en tout parfaite dont jouiront les bienheureux après le jugement dernier. Une fin au contraire plus immédiate sera la vision de l'essence divine atteinte dès la vie présente par les hommes sages et les saints. Enfin entre les deux, une fin intermédiaire de la théologie sera la vision à laquelle parviennent les âmes saintes encore séparées de leurs corps.

La seconde série de trois conclusions a un contenu polémique plus directement en relation avec la querelle avignonnaise. La quatrième conclusion s'attache en effet à démontrer positivement une thèse qui n'est guère distincte de celle de Jean XXII. Elle veut prouver que les âmes séparées n'ont pas encore la vision posée précédemment comme fin ultime de la théologie. La cinquième entend établir que les *rationes* avancées en vue de prouver le contraire ne permettent pas de conclure. Elle s'attache ainsi à réfuter les principaux arguments de la position adverse.

La structure en *pro* et *contra* des cinquième et sixième conclusions semble revenir à plus de classicisme. Mais la sixième suggère que les *rationes* avancées en vue de prouver que les âmes saintes n'ont pas encore la vision qui constitue (selon l'auteur) la fin intermédiaire de la théologie ne sont pas plus probantes que celles des partisans du pape. L'auteur paraît ainsi renvoyer dos à dos partisans et opposants de Jean XXII, et tirer habilement son épingle d'un jeu qui avait mal tourné pour lui à Paris. Un examen plus approfondi du texte nous amènera pourtant à revoir cette première impression.

Mais en plus de son intérêt historique, la question de Guiral Ot s'avère révélatrice de la prise de conscience, pour un théologien du début du XIVe siècle, du lien qui unit intimement la question de la finalité de la théologie à celle de la vision béatifique. Avant même de pouvoir dire si la théologie est une science spéculative ou pratique, il faut en penser la finalité qui ne saurait être que la vision de Dieu.

1. Manière rencontrée aussi au début du texte, très dépendant des problématiques scotistes de l'époque.

En réservant la vision de Dieu à l'autre vie, dans le face-à-face de la béatitude, les théologiens pouvaient facilement maintenir ici-bas la finalité pratique de leur science. La mesure de la vision béatifique des élus étant le degré de charité auquel ils parviennent lorsque s'achève leur vie terrestre, la seule finalité de la théologie serait ainsi de faire croître leur amour de Dieu, en les instruisant dans la foi qui les incite aux œuvres méritoires. La foi formée reste ainsi finalisée aux œuvres de la charité, et la théologie demeure une science pratique. Si elle peut comporter une dimension spéculative, celle-ci reste au service d'une finalité pratique. Tous les théologiens jusqu'à Thomas d'Aquin, y compris son maître Albert le Grand, en sont d'accord. Et ce dernier insiste précisément dans son plaidoyer pour une conception d'abord pratique et non spéculative de la science théologique, sur sa finalisation à la vision béatifique[1]. Il ne s'agit pas de réduire la théologie à une morale du salut, il faut conserver son ouverture sur la contemplation de Dieu, mais dans l'autre monde.

Toute l'originalité de Thomas d'Aquin consiste précisément à inverser les finalités. La théologie est d'abord spéculative, mieux vaudrait dire contemplative, et ce n'est que de manière seconde qu'elle est aussi pratique. Il faut donc la penser comme une science subalternée, non à la lettre morte de l'Écriture, mais à un savoir actuel: la vision même des bienheureux[2].

Le texte de Guiral Ot nous semble alors symptomatique de la résonance de cette thèse dans un milieu franciscain du début du XIVe siècle plutôt inspiré par Duns Scot. Guiral Ot, revenant au dernier folio sur sa seconde question, qui reste embryonnaire et peu personnelle, conclut bien à une finalité ultimement pratique de la science théologique. Pourtant, les cinquante-deux premiers folios, et en particulier les trois premières conclusions, ont été consacrés à en penser la finalité contemplative (sinon spéculative), voire à la démultiplier à trois niveaux de vision.

C'est ici qu'intervient l'impact de la controverse déclenchée par Jean XXII. En dédoublant la béatitude: celle des âmes séparées dont la vision béatifique est mise en cause, et celle des ressuscités après le jugement, la thèse du pontife incite Guiral Ot à les ordonner par rapport à la contemplation de Dieu possible en ce monde. Et comme il refuse d'y voir

1. Cf. Ch. Trottmann: *Théologie et noétique au XIIIe siècle*, Vrin, Paris, 1999; *idem*, « La théologie comme pieuse science visant la béatitude selon Albert le Grand », Revue Thomiste, 1998, 3, p. 387-410; *idem*, « La théologie des théologiens et celle des philosophes, selon Albert le Grand, Siger de Brabant, Thierry de Friberg et Ulrich de Strasbourg », Revue Thomiste, 1998, 4, p. 531-561.

2. Cf. *idem*, « Prologues à la théologie. La question du statut de la Théologie dans les Prologues des Commentaires des Sentences avant saint Thomas d'Aquin », dans *Entrer en matière*, Paris, 1998, p. 293-306.

des degrés d'une même vision qui s'intensifierait progressivement, il en fait trois finalités distinctes de la théologie, trois visions différentes et successives de Dieu.

Cela l'amène à développer des thèses originales, parfois périlleuses sur la vision de Dieu en ce monde. Par ailleurs, cela lui permet, comme nous le disions, de se démarquer en apparence aussi bien des partisans du pape que de ses détracteurs ; ce qui faisait dire à A. Maier que Guiral Ot avait une position originale, incomprise d'un roi de France inculte et des théologiens parisiens par qui ce souverain avait entrepris de le faire condamner.

En réalité, un examen plus attentif des trois conclusions de la seconde série fait ressortir que les soupçons du roi qui voyait en ce général des Franciscains un partisan du pape, sont loin d'être sans fondement. Certes, après avoir mis en place sa théorie personnelle des trois visions, Guiral Ot va s'attacher, en bon aristotélicien à écarter les positions qu'il juge trop extrêmes : attribuer la vision ultime aux âmes séparées, ou leur refuser toute vision. Son opinion personnelle est ainsi présentée comme un juste milieu. Pourtant, si l'on y regarde de plus près, une fois mise en place dans la première série de trois conclusions, la distinction des trois visions, la conclusion qui ouvre la seconde série (c'est-à-dire la quatrième des six conclusions) est consacrée à faire usage de ce schème ternaire pour refuser aux âmes séparées la vision ultime de Dieu, c'est-à-dire pour justifier la position du pontife. Quant à la conclusion qui suit (soit la cinquième des six conclusions), elle est destinée à réfuter la position des adversaires du pape. Au-delà de l'emploi, pour désigner leur opinion, des pronoms dépréciatifs *(ista)*, par un théologien qui ne semble pas tout à fait détaché dans cette dispute, la méthode utilisée est plus révélatrice encore.

L'essentiel de cette cinquième conclusion s'attache à une réfutation systématique des arguments tirés du libelle que Durand de Saint-Pourçain avait adressé au pape, et cela, dans l'ordre même retenu par l'inquisiteur avignonnais. N'oublions pas que la condamnation du vieil évêque de Meaux et de son frère dans l'ordre des Prêcheurs, Thomas Waleys, est la dernière tâche dont Guiral Ot s'est acquitté à Avignon, chez le cardinal de Ceccano puis chez le camérier du pape, Gasbert de Laval, dans la première moitié du mois de septembre, juste avant son départ pour Paris.

Il est intéressant de remarquer qu'il n'évoque pas les arguments de Waleys. Mais on sait que le roi avait manifesté à plusieurs reprises par lettres au pape son souci du sort du frère prêcheur emprisonné. On sait aussi que c'est autant et peut-être plus que sur celles de ce malheureux, sur les « erreurs » de Durand que le pape avait voulu attirer l'attention du roi, dans un courrier rédigé le jour même de leur condamnation avignonnaise[1]. Cette missive prend ainsi des allures de défi auquel le roi et les théologiens parisiens n'ont pas tardé à répondre. La précision des citations du vieil évêque dominicain par le général des Franciscains laisse penser qu'il avait à sa disposition ses notes du procès de Durand au moment où il rédigea son *exemplar*.

Par ailleurs, la réhabilitation systématique de Durand de Saint-Pourçain que nous trouvons dans le *Traité de l'Université de Paris*[2] développant la réponse des maîtres de l'Université de Paris aux deux questions que leur avait posées le roi de France, prouve qu'eux-mêmes ne se faisaient aucune illusion sur le camp choisi par le général des Frères Mineurs. Cela est d'autant plus remarquable que nous trouvons la même réhabilitation du vieux maître dominicain dans le traité *De visione divinae essentiae ab animabus sanctis a corpore separatis*, de l'éminent exégète franciscain Nicolas de Lyre[3]. Il n'hésita pas non plus d'ailleurs à désavouer le général de son ordre, tant sur le fond de la question du délai de la vision, que sur son usage scabreux des Apocryphes. Au défi du pape condamnant les deux Dominicains, le roi de France et ses théologiens parisiens répondaient donc en réhabilitant le vieil évêque de Meaux, et en condamnant le général des Franciscains qu'ils considéraient clairement comme un partisan de la thèse de Jean XXII. Sa manière de procéder dans cette question peut-elle nous laisser des doutes à ce sujet ?

Enfin, si tel était le cas, considérons la dernière conclusion qui est censée permettre à Guiral Ot de se démarquer de la position du pape en affirmant que les arguments avancés par ses partisans ne permettent pas de refuser aux âmes la vision constituant la finalité intermédiaire de la théologie. Il est indéniable qu'avec cette dernière conclusion Guiral Ot se démarque explicitement de l'opinion du pape. Sa construction des trois premières conclusions le laissait déjà comprendre : il concède, quant à lui, une certaine vision aux âmes séparées. Mais cette vision n'est pas la rétribution des mérites acquis en cette vie, reléguée par le général des Frères Mineurs, comme par le pape au jugement dernier[4]. Cette vision intermédiaire est pure grâce donnée par Dieu aux âmes élues en attendant le dernier jour.

1. « In quot errores ille in suo sermone inciderit quotque etiam Meldensis Episcopus dogmatizaverit in quodam libello quem hiis diebus praeteritis ordinasse dicitur et a quot magistris sint errores praedicti damnati », ms. Vat. Reg. lat., 117, f. 188, cité par M. Dykmans, *Les Sermons…*, *op. cit.*, p. 180.

2. *Tractatus Universitatis Parisiensis*, ms. Paris, B.N. lat. 12971, f. 74-104.

3. Nicolas de Lyre, *De visione divinae essentiae ab animabus sanctis a corpore separatis*, que nous lisons dans les manuscrits B.N. lat., 17260, f. 7 D-17 C (P), et Vat. Saint-Pierre D. 202, f. 74-84 (V).

4. En ce sens, il ne donne nullement satisfaction aux raisons de théologie morale avancées par les Dominicains thomistes, et qui constituaient l'opposition la plus sérieuse à

Au vu de la faiblesse, tant des arguments que du volume de cette dernière conclusion (elle n'occupe qu'un petit folio 51 v-52 v), force est de conclure qu'elle n'était pas un objectif principal de l'auteur. Au contraire, les conclusions IV (f. 21 v-f. 38) et V (f. 38-51 v), favorables à l'opinion du pape, constituent l'essentiel de cette deuxième partie du traité, et couvrent plus de la moitié de son volume total. La structure en *pro et contra* est décidément trop déséquilibrée (un seul folio contre l'opinion du pape et plus de trente en sa faveur) pour qu'on puisse se contenter d'y voir le souci aristotélicien d'un juste milieu. Nous nous demandons même si la dernière conclusion n'a pas été ajoutée à la hâte, au moment de la détermination, précisément en raison du scandale déclenché à Paris par ce soutien affiché de la thèse du pape, et dans le but principalement d'échapper à la censure. Même si Guiral Ot était assez fin scolastique pour tirer habilement son épingle de ce jeu qui tournait mal pour lui, il n'en demeure pas moins un partisan de Jean XXII. Si elle est une manière oblique de soutenir l'opinion du pape, la thèse personnelle du Docteur Moral sur les formes multiples de la vision de Dieu n'en est pas moins originale.

III
LES TROIS VISIONS SELON GUIRAL OT
ANALYSE DES TROIS PREMIÈRES CONCLUSIONS

L'originalité de la thèse de Guiral Ot est le développement qu'il donne à cette théorie d'une triple vision de Dieu par les âmes saintes : celle en cette vie par les spirituels, celle des âmes séparées, celle enfin, définitive, des élus après le jugement. Remarquons qu'on trouve de manière moins explicite des conceptions tripartites assez proches chez John Lutterell et dans le dernier sermon de Guillaume d'Alnwick, voire chez Robert d'Anjou qui en tire cependant des conclusions différentes. Nous reconnaissons là en fait un héritage de la théologie franciscaine, plus généreuse que celle des Dominicains à accorder une vision de Dieu en ce monde aux « spirituels », mais moins prête à concéder aux âmes leur béatitude définitive avant le jugement. Guiral Ot la développe toutefois de manière originale et exceptionnellement approfondie.

l'opinion de Jean XXII. Si l'on cesse de mériter à la mort, qu'est-ce qui peut s'opposer à ce que des âmes dûment purifiées bénéficient dès lors de la vision béatifique ? Sûrement pas la justice divine ! Cf. Ch. Trottmann, *La Vision...*, *op. cit.*, p. 553 *sq.*

1. La vision après le jugement, fin ultime de la théologie : première conclusion

La première conclusion s'organise en quatorze *particulae* précisant chacune l'une des caractéristiques de cette vision ultime définies au départ par l'auteur. En fait ces développements sont l'occasion de montrer le caractère ultime de cette vision. Cela prépare les conclusions 4 et 5, excluant qu'elle puisse être partagée par les âmes séparées.

Le point de départ n'est pas indifférent. Cette vision de Dieu est l'égale de celle dont jouissent les anges, Guiral Ot entend le prouver en s'appuyant sur Mt. 18, 10 : « les anges » des tout-petits « contemplent sans cesse la face de Dieu »; mais aussi sur Augustin. La référence a une importance polémique que Guiral Ot ne développe d'ailleurs pas ici, mais qui est sans doute implicite pour son auditoire de théologiens. Augustin avait en effet précisé en *De Genesi ad litteram*, 12, 35 que la contemplation des âmes séparées restait inférieure à celle des anges du fait de leur état imparfait et de leur désir de régir leur corps. Le maître franciscain le sait bien : considérer la vision ultime comme égale à celle des anges c'est donc d'emblée la refuser aux âmes séparées.

Dans cette vision, nous connaîtrons Dieu comme nous sommes connus de lui [1]. Cette seconde *particula* donne l'occasion de développements intéressant la théorie de la connaissance. Après avoir rappelé combien il est difficile de penser comment une créature peut connaître son Créateur, Guiral Ot propose quatre divisions, entre connaissance universelle et connaissance des singuliers, médiate ou immédiate, parfaite ou imparfaite, variable ou invariable. Ces quatre distinctions posées, il ne reste qu'à faire remarquer qu'évidemment l'homme est connu de son Créateur selon un mode singulier, immédiat, parfait et invariable, et ne pourra connaître Dieu de la même manière que dans la vision la plus ultime.

La troisième et la quatrième *particulae* surenchérissent, glosant *I Jn.* 3, 2 : ce n'est qu'après le jugement que « Nous le verrons tel qu'il est », que « Nous lui serons semblables ». La troisième donne lieu à une nouvelle distinction noétique non moins intéressante entre connaissance de la réalité en elle-même, ou par sa représentation. Il est remarquable que l'analogie employée par Guiral Ot soit justement celle du soleil. Celui-ci, trop éblouissant, n'est pas connu en lui-même, mais par l'entremise d'une espèce sensible dans l'œil, dont la valeur représentative varie avec la distance par rapport au soleil et la densité du milieu qui sépare de lui. Chez ce savant Frère Mineur, venant après Bacon et Peckham, se retrouve

1. Il y a là une allusion à l'autorité de saint Paul, *I Cor.* 13, 12, qui sera invoquée explicitement à la neuvième *particula*.

l'influence de la théorie aristotélicienne de la vision et de l'optique arabe, sur la théologie de la vision béatifique.

Mais il envisage encore un autre mode de connaissance de Dieu en soi, cette fois à l'aide d'une autre analogie : celle du sceau que son essence imprime en l'âme pour la transformer. Le support de la représentation est alors purement subjectif, mais il laisse persister, selon la tradition franciscaine institutionnalisée par le *Correctoire* de Guillaume de la Mare, une espèce dans la vision béatifique[1]. Pour Guiral Ot, c'est la transformation même de l'âme opérée par Dieu, qui sert d'espèce subjective de la vision ultime. Remarquons que l'image se trouve très tôt chez les Pères de l'Église : Dieu imprime par le baptême en sa créature le sceau de sa charité[2]. Mais elle trouve un écho tout particulier de la part des théologiens franciscains, héritiers, à la suite de Bonaventure, de la mystique victorine et cistercienne du siècle précédent. La ressemblance avec Dieu se prend en effet alors dans l'âme, du côté de l'amour de charité et donc de la volonté, non de l'intelligence. C'est ainsi que l'objection de l'interposition d'un *medium* représentatif va être contournée, par un détour que nous observions dès Bonaventure, hors de la noétique de l'intellect, dans la mystique de l'amour. Ainsi transformée par lui, l'âme devient semblable à Dieu et voit en elle-même la Trinité. C'est évidemment Augustin qui est invoqué dans notre texte.

C'est encore d'une connaissance face à face, sans miroir, qu'il est question (cinquième *particula*), d'une connaissance incluant celle de tout bien (sixième *particula*). Une fois de plus, l'affirmation est chargée de références implicites. Les bienheureux voient-ils donc tout bien en Dieu ? Ou seulement ceux qui sont nécessaires à leur louange et à leur intercession pour nous ? Augustin et Grégoire ne s'accordent pas sur ce point, et lors de la controverse déclenchée par Jean XXII, les théologiens des deux camps en tirèrent argument. Guiral Ot prend ici implicitement parti aux côtés de Grégoire en faveur d'une omniscience des saints (hommes et anges), mais seulement après le jugement évidemment[3]. Ce n'est aussi qu'alors que la

1. « Et si lumen naturale quod non est Deus potest ex se gignere vel facere lumen intentionale quasi speciem sui in quo videatur, quare non eodem modo potest essentia divina generare vel facere similitudinem sui in qua videatur ? », Guillaume de la Mare, *Correctorium fratris Thomae*, P. Glorieux (éd.), *Les Premières Polémiques thomistes* : I. *Le Correctorium Corruptorii « Quare »*, B.T. IX, Kain, 1927, p. 3.

2. Cf. par exemple Maxime le Confesseur, *Ambiguorum liber*, 121, P.G. 91, 1076 C, C.C.S.G. 18, p. 27.

3. Remarquons qu'il est en accord sur ce point avec Jacques Fournier. Mais le Cardinal voit dans la révélation de la prescience et de la prédestination divines la raison d'une augmentation d'intensité de la vision au jugement dernier. En revanche Guiral Ot ne précise pas les limites de la vision en Dieu des autres réalités par les âmes séparées.

gloire des fils de Dieu pourra être révélée (septième *particula*), pas avant[1] puisque jusque-là leur vision n'aura pas été parfaite. Au contraire avec la fin ultime, c'est la complétude de tout désir qui est atteinte (huitième *particula*). Ici encore, cette prise de position est lourde d'allusions aux discussions précédentes autour de la question de Jean XXII. Elle utilise la téléologie aristotélicienne mise en œuvre notamment par saint Thomas dans le *Contra Gentiles*, mais au service de l'usage que fait le pontife de la définition de la béatitude par Boèce[2]. Les bienheureux ne doivent-ils pas posséder l'agrégation de tous les biens? Tant qu'il reste du désir comme celui de régir le corps, ou celui exprimé par la clameur des martyrs, la fin ultime n'est donc pas atteinte. La parfaite béatitude au sens boécien est ainsi renvoyée après le jugement.

Précisant, dans la neuvième *particula* que cette vision sera parfaite en tout, Guiral Ot apporte à propos de la notion de parfait des développements intéressants sur lesquels nous ne reviendrons pas ici. Paradoxalement, cela lui donne surtout l'occasion de justifier pour la créature finie, une connaissance de son Créateur infini. La démonstration assez technique vient sans doute de Duns Scot, recueillant lui-même l'héritage d'Anselme[3]. Elle est mise en œuvre pour prouver que l'Apôtre n'oppose pas en *I Cor*. 13, 12, la perfection à l'imperfection, mais seulement une perfection partielle à la perfection totale. Cela permet à Guiral Ot de sauver à la fois la connaissance de Dieu par Paul *in via* et celle des bienheureux, tout en en reléguant la perfection totale après le jugement.

Dans la *particula* suivante (10), pour fonder l'équivalence entre vision ultime et vie éternelle, le recours à Aristote est massif. C'est au *De anima* que l'auteur reprend la distinction entre vie en puissance, en acte premier *(habitus)* et en acte second *(operatio)*. Il suffit ensuite d'un détour par le livre 8 de la *Physique* pour prouver que c'est bien de ce dernier type d'acte qu'il s'agit dans le cas de la vision de Dieu. La félicité décrite dans l'*Éthique à Nicomaque* n'est-elle pas une opération vitale? Aristote parle du bonheur en ce monde du philosophe contemplatif. Sans lui retirer ce bonheur, Guiral Ot place, quant à lui, la béatitude ultime de la vie éternelle, après la résurrection. Mais les deux actes sont-ils comparables? La vie éternelle ne consiste-t-elle pas en un acte définitif, et non fugitif comme la contemplation métaphysique en ce monde?

1. Il y a ici aussi un sous-entendu eschatologique. Au jugement dernier, la gloire que les âmes pouvaient déjà posséder est rendue manifeste à tous, en même temps que leurs mérites et leurs démérites.

2. Boèce, *De consolatione philosophiae*, III, 2, 3, C.C.S.L. 94, p. 38, P.L. 63, 724.

3. Voir les remarques d'O. Boulnois, dans son introduction à *Duns Scot : Sur la connaissance de Dieu et l'univocité de l'étant*, Paris, P.U.F., 1988.

Après ce détour philosophique, les quatre *particulae* qui suivent font plus simplement retour aux Pères et à l'Écriture pour établir un enseignement moralisateur. Cette fin ultime de la vie est aussi celle de toutes les bonnes actions, selon Augustin (*particula* 11). Elle est la récompense de la foi (*particula* 12), le « denier » de la parabole des ouvriers de la dernière heure (*particula* 13), la « récompense abondante » de ceux qui persévèrent dans le bien (*particula* 14). Remarquons pourtant au passage la très belle Glose auxerroise, que Guiral Ot est à notre connaissance le seul à citer dans toute la controverse déclenchée par Jean XXII. Il s'agit du denier journalier remis dans la parabole des ouvriers de la dernière heure par le Père de famille, maître de la vigne, dans l'Évangile selon saint Matthieu, chapitre 20. Un denier, précise Haymon d'Auxerre, s'échange contre dix as et arbore le portrait de l'empereur. La récompense du mérite moral découlant du respect des dix commandements sera de même la vision de la face de Dieu. La médaille a un revers, mais elle a aussi un avers. Le salaire suppose une peine, mais qui mérite un face-à-face. Celui-ci est cependant toujours renvoyé après le jugement.

Nous voyons ainsi que ces développements sur la vision des ressuscités comme fin ultime de la théologie tendent à en exclure les âmes séparées. Pourtant, en concevant la possibilité d'une connaissance parfaite, quoique partielle, Guiral Ot prépare aussi celle d'une vision de Dieu dès ici-bas proposée dans la conclusion suivante.

2. La vision des saints et des sages dès cette vie, finalité immédiate de la théologie : deuxième conclusion

Le second article, plus bref que ceux qui l'entourent, concerne la vision de Dieu en cette vie, fin prochaine de la théologie selon Guiral Ot. Il précise d'emblée que cette vision est encore *per speculum*, et selon une tradition marquée par Avicenne, il distingue trois miroirs qu'il va successivement examiner : celui de l'Écriture, celui de la Création, celui des espèces infuses.

A partir des Écritures nous avons une vision de foi

Le maître franciscain intègre d'abord la réflexion théologique du siècle précédent sur la foi : celle-ci comporte une compréhension intellectuelle du Verbe divin qu'il distingue de l'adhésion, rapportée au Saint-Esprit.

Il propose de cette part d'adhésion, une autre analogie fort intéressante. Reprise à Avicenne, elle se trouve déjà appliquée à la foi dans la *Summa*

Aurea de Guillaume d'Auxerre[1]. Instinctivement, dès qu'il sort du sein de sa mère, l'agneau la suit et fuit le loup. De même, le croyant renaissant des eaux du baptême, serait doté d'un instinct nouveau lui permettant d'estimer vraies les propositions conformes à la foi catholique et d'y adhérer, de juger fausses les propositions contraires. Nous avons reconnu l'analogie avicennienne. Le loup et l'agneau sont l'exemple même du *Liber de anima*, au chapitre consacré à l'estimative. Notons que cette puissance vitale relève pour Avicenne de la dimension sensible de l'âme, non de sa partie intellective.

Ce qui est décrit ici de la partie appréhensive de la foi n'a d'ailleurs rien de la contemplation des mystiques, mais relève plutôt du *sensus fidei*, ou de la foi implicite des fidèles, ne requérant aucune éducation théologique. Certes, c'est la part d'intellection que comporte la foi qui constitue pour Guiral Ot la vision de Dieu dans le miroir des Écritures. Toutefois, c'est selon une modalité qui demeure tout instinctive qu'il l'attribue aux croyants. Mais après celle des simples fidèles, c'est la vision de Dieu par les philosophes qui fait l'objet de son investigation.

Le second miroir est celui de la Création

Le miroir de la Création peut être contemplé en une vision de science de sagesse et d'intelligence. Plus exactement, ces trois *habitus* peuvent être acquis, selon Guiral Ot, par l'étude, comme c'est le cas chez les philosophes, mais ils peuvent aussi être infus chez les théologiens. Ce qui est ici identifié, ce sont les trois vertus intellectuelles suprêmes de l'*Éthique à Nicomaque*, et les trois dons ultimes du saint Esprit. L'identité des termes qui les désignent pouvait sembler y inciter. Remarquons que pour Guiral Ot, de la philosophie à la théologie, ces dispositions intellectuelles ne semblent pas varier selon la nature, mais seulement selon le mode d'acquisition. En ce qui concerne la science (on remarquera en effet qu'il laisse de côté les deux autres *habitus*, dans la suite de son exposé), le Docteur Moral entend le prouver en trois temps : toute science comporte une vision, il y a ainsi une vision de Dieu à partir de la science acquise, comme à partir de la science infuse.

La première proposition donne lieu à des développements intéressants sur la théorie de la connaissance et du langage. Par une lecture croisée d'Augustin et d'Aristote, Guiral Ot voit dans la vision de science un *habitus*, acte premier, tandis que la cogitation qui l'accompagne, en une verbalisation qui peut rester tout intérieure, constituerait, elle, l'acte second d'une telle vision. Certes, une verbalisation extériorisée par la parole

1. Cf. Guillaume d'Auxerre, *Summa Aurea*, J. Ribailler ed., Spicilegium Bonaventurianum, Quaracchi, Paris, Rome, 1980-1987, t. 18 A, p. 199.

implique un nouvel acte. Toutefois l'*habitus* de la science et la cogitation qui l'accompagnent constituent pour Guiral Ot, les actualisations première et seconde d'une seule et même vision de science.

Mais une telle science, même si elle reste dans l'ordre naturel et profane, pourra-t-elle atteindre Dieu ? C'est ce que s'attache à examiner la proposition suivante, plus spécialement consacrée aux philosophes. Elle montre que cette vision de science n'était pas seulement possible, mais qu'elle s'est réalisée, et elle précise dans quelle mesure et par quels moyens. Ce plan en quatre points sera d'ailleurs repris peu après à propos des saints.

La possibilité de droit d'une telle vision philosophique est établie, à partir des Écritures. *Sagesse* 13, 5, et *Romains* 1, 20, balisent ce chemin ouvert aux païens en direction de l'invisible, à partir du visible de la Création. La révélation de l'étendue d'une telle connaissance est empruntée à Augustin. Remarquons qu'elle présente le Dieu des Philosophes, non seulement comme cause de l'univers physique et lumière de la vérité, mais aussi comme source d'une félicité qui peut relever davantage du domaine de l'éthique. Si cette dernière science remonte aussi bien vers Dieu que la logique et la physique, pour Guiral Ot, qui suit en cela la leçon d'Augustin, les philosophes ont emprunté trois voies à cet effet.

En fait cette structure en trois voies (et non cinq comme chez Thomas) vient probablement de Duns Scot qui en fait l'architecture de sa réponse aux questions 1 et 2 de l'*Ordinatio*, distinction 2, sur l'existence de Dieu[1]. On remarquera que le texte donné en apparat comme interpolé par l'édition vaticane commence par rétablir les cinq causalités : matérielle, efficiente, formelle ou exemplaire et finale, distinguées par les scolastiques en leur lecture d'Aristote. Mais il distingue l'éminence de la causalité. Par ailleurs, il assimile la primauté prise selon la causalité exemplaire et selon la causalité efficiente[2]. On comprend dans ces conditions qu'il ne reste plus

1. « In primo articulo principali, tria principaliter ostendam. Primo ergo ostendam quod aliquid est in effectu inter entia quod est simpliciter primum secundum efficientiam, et aliquid est quod etiam est simpliciter primum secundum rationem finis, et aliquid quod est simpliciter primum secundum eminentiam… illa triplex primitas uni soli naturae convenit », Duns Scot, Ordinatio I, dist. 2, Pars 1, q. 1-2, édition vaticane, p. 149-150.

2. « Aliae autem sunt primitates, quae non includunt aliquam imperfectionem ut primitas eminentiae et triplicis causalis independentiae scilicet efficientis formalis vel exemplaris et finalis. Primitas autem eminentiae non est primitas causalitatis, non enim ex hoc quod unum ens praeminet alteri est causa illius, nam primum et summum in quolibet genere praeminet alteri posteriori in illo genere et tamen non est causa illius. Primitas etiam exemplaris non distinguitur a primitate efficientiae, quia principium exemplans alia in esse intelligibili non est nisi principium efficiens per intellectum ; sicut enim naturale efficiens non distinguit efficiens sed continetur sub eo, sic nec exemplans distinguitur ab efficiente. Sunt ergo duae causalitates contra se distinctae, scilicet causa efficientis et finalis », *Id.*, *ibid.*

que trois voies et non cinq : prises selon l'éminence, l'efficience et la finalité. Mais ces voies conduisent pour Scot à la découverte de l'existence de l'être infini, tandis que Guiral Ot se contente ici comme Thomas d'Aquin de la découverte de son existence comme être premier. Il ne passe pas de sa primauté considérée pour elle-même en un degré supérieur d'abstraction, à son unité et à son infinité. En revanche, il ne reprend pas comme Thomas d'Aquin à Aristote le refus d'une régression infinie dans l'ordre des causes. Toutefois c'est par le même genre d'induction à partir des effets qu'il fait remonter les philosophes vers une cause première en laquelle ils reconnaissent le Dieu des traditions religieuses auxquelles ils appartiennent.

Il procède de même dans l'ordre de la causalité finale qui n'est pas sans rappeler la cinquième voie de la *Somme théologique*. Guiral Ot, toutefois, ne nous égare pas comme pourrait le faire le texte de Thomas d'Aquin, qui utilise en ce domaine l'analogie pratique de l'amour de la pierre pour son lieu, faisant référence à une physique aujourd'hui dépassée. La preuve par les fins est avant tout éthique pour Guiral Ot qui fait implicitement allusion au début de la *Nicomachie* lorsqu'il distingue avec elle les fins désirées pour elles-mêmes ou pour autre chose. Le Dieu découvert par les philosophes comme fin désirable pour elle-même exclusivement, est bien cette source d'une félicité vers laquelle ils remontent par une voie éthique.

Quant à la preuve par les degrés de perfection correspondant à la *quarta via* de Thomas d'Aquin, elle est indéniablement la moins aristotélicienne, la plus platonicienne, et Guiral Ot en a bien conscience. La *tertia via*, la plus métaphysique, mettant en œuvre cette fois une causalité formelle, mais non exemplaire, pour remonter des êtres contingents vers l'unique nécessaire, manque à l'exposé du franciscain, sans doute à cause de la réduction de la causalité formelle à la causalité exemplaire que nous venons de relever chez Scot. Mais en citant les *Confessions* d'Augustin, Guiral Ot manifeste qu'il a conscience, comme l'évêque d'Hippone, que ce sont les philosophes platoniciens qui ont emprunté cette voie d'accès. Le maître franciscain remarque d'ailleurs qu'ils remontent ainsi vers Dieu selon un ordre de perfection non seulement ontologique, mais aussi noétique. Or si la science acquise des philosophes leur confère une vision de Dieu, il en est aussi une, atteinte par les saints grâce à une science infuse, ce qui assure à Guiral Ot une transition avec son troisième point.

La connaissance de Dieu par les saints

Une fois de plus, sa possibilité et son effectivité seront prouvées par un recours à l'autorité. Mais les considérations sur l'étendue et les moyens de cette connaissance sont plus intéressantes encore. En une vision qualifiée de scientifique par Guiral Ot, les saints atteignent Dieu, selon lui, dans sa vie, sa puissance et sa sagesse. Arrêtons-nous seulement sur la référence à

Job. Il sait que son Rédempteur est vivant, bien avant que celui-ci se soit incarné. La vie du Christ est alors celle de sa seule divinité, et c'est elle qu'atteint Job. Cet argument nous semble à rapprocher d'un autre, absolument fondamental pour la controverse de la vision béatifique. Il repose sur Jean 17, 24, et se trouve chez les deux plus brillants opposants de la thèse de Jean XXII, au cœur même de sa cour d'Avignon : le Cardinal cistercien Jacques Fournier qui lui succédera et le maître du Sacré Palais, Armand de Belvézer[1].

La gloire qu'en sa prière sacerdotale, le Christ demande au Père de révéler à ses disciples est celle qu'il avait « avant la fondation du monde ». Il ne saurait donc s'agir de celle de son humanité qui n'était pas encore créée, mais bien de la gloire de sa divinité. Pour les deux opposants c'est cette gloire divine que le Christ demande au Père de révéler aux âmes des Apôtres, mais seulement lorsqu'elles seront bienheureuses. Il est intéressant de voir ici fonctionner de la même manière le recours à l'autorité chez un partisan du pape comme Guiral Ot, mais cette fois pour affirmer la vision de Dieu, non par les âmes séparées, mais par les saints dès cette vie.

Quant au moyen d'une telle vision, la réponse de Guiral Ot, qui exclut toute connaissance naturelle au profit du seul Saint-Esprit, pourrait sembler manquer d'originalité. En réalité, il s'agit encore d'une connaissance de Dieu obtenue à partir du miroir des créatures. Simplement, l'ordre qu'y perçoivent les saints n'est plus celui des causes nécessaires par où les philosophes remontaient à l'existence de Dieu, mais celui de la justice divine qui sous-tend celui des causes. Voyant la créature rationnelle et son destin de salut ou de perdition, les saints seraient capables dans l'Esprit, de deviner Celui qui la prédestine ou la réprouve ainsi !

L'opposition entre un ordre des causes naturelles et celui de la justice divine qui le sous-tend révèle encore une influence scotiste que nous avons également relevée chez Jacques Fournier. Mais celui-ci réservait la connaissance définitive de la justice divine, fixant le destin de chacun en fonction de ses mérites et démérites, au dernier jour. Il faisait même de sa révélation lors d'un jugement général la raison principale de l'augmentation de la vision des bienheureux en intensité. Certes, il n'excluait pas que Dieu puisse ponctuellement leur révéler auparavant tel aspect partiel de sa justice, ou des mérites des humains, utile à leur louange ou à leur intercession. Mais il envisageait une telle connaissance pour les âmes séparées

1. Armand de Belvézer, Question disputée : *Utrum anime sanctorum ante suorum corporum resurrectionem et diem iudicii videant presentialiter seu facialiter divinam naturam sicut est in se*, ms. Cambridge, Ii III 10, f. 106 ; Jacques Fournier, *De statu animarum sanctorum ante generale iudicium*, ms. Vat. lat. 4006, f. 22 A.

ou pour les anges dans la Patrie, non pour les saints en ce monde, à partir d'une révélation privée et non à partir du miroir des créatures.

Reste pourtant, après les miroirs des Écritures et des créatures, à considérer la vision que les saints peuvent atteindre avec le secours d'espèces infuses. Ce troisième et dernier point est l'occasion d'une reprise assez classique de la typologie augustinienne de la prophétie avec ses trois niveaux de vision : corporelle, imaginative et intellectuelle, et les exemples même du *De Genesi ad litteram*, 12.

Les rois Balthazar et Nabuchodonosor jouirent de visions respectivement corporelle ou imaginaire que seul sut interpréter Daniel, bénéficiant de la vision intellectuelle. Jacob y accéda aussi, mais à travers les deux premiers types de vision prophétique. Paul fut élevé, quant à lui, à une extase purement intellectuelle. Les trois visions se rapportent à la prophétie, mais seule la troisième qui donne le sens divin de ce qui est vu, rend vraiment prophète. Toutefois, la dimension intellectuelle de la prophétie suggère encore à Guiral Ot des développements noétiques originaux.

Il distingue en effet trois modalités de la vision intellectuelle : par la médiation de fantasmes imaginatifs (le songe de David), par des espèces présentées d'une autre manière à l'intellect (dernier chapitre de Job), sans oublier enfin la vision continue par l'âme du Christ de l'essence divine (sans médiation par une image). Certes, il précise bien que le mode de vision du Christ n'est ni spéculatif ni prophétique, mais facial. N'est-ce pas le privilège de sa vision béatifique, découlant de celui de son union hypostatique ? Mais certains en déduisent que toutes les visions précédemment décrites n'atteignent pas l'essence divine puisqu'elles sont médiatisées par quelque espèce. Guiral Ot ne prend pourtant pas la peine de répondre à une objection si fondamentale à la construction qu'il tente de mettre en place. Pour le maître franciscain, intuition et représentation dans une espèce sont compatibles dans un même acte de connaissance. Il veut, quant à lui, prendre à la lettre la parole des prophètes lorsqu'ils disent avoir vu Dieu. S'ils le prétendent c'est qu'ils n'ont pas atteint seulement des images de sa gloire, et c'est cette fois la *Glose* du martyre de saint Étienne, relaté dans les *Actes des apôtres*, qui est invoquée.

Cette manière d'assigner à la théologie comme fin prochaine la vision de Dieu en ce monde, peut sembler apologétique. Pourtant, en accordant dès cette vie la vision de Dieu aussi bien au simple fidèle qu'au philosophe ou au mystique, ne risque-t-elle pas de perdre la spécificité de la vision béatifique ? Il est vrai que Guiral Ot la réserve pour après la résurrection finale. Selon lui, tous voient Dieu, mais personne ne s'en trouve bienheureux avant la résurrection. Cette apparente libéralité sert en fait la thèse du pape. En effet, les âmes séparées verront aussi Dieu, mais elles n'auront pas la vision béatifique parfaite pour autant, ainsi que nous allons le voir avec la troisième conclusion avancée par notre auteur.

3. La vision des âmes séparées, fin intermédiaire de la théologie : troisième conclusion

Pour établir le caractère intermédiaire de la fin de la théologie relative aux âmes séparées, il suffit de montrer que leur vision est inférieure à celle réservée aux ressuscités (ce que l'auteur renvoie en fait à l'article suivant), et qu'elle est supérieure à celle obtenue en ce monde par les sages et les savants. Afin de fonder cette hiérarchie, il va développer des considérations anthropologiques et noétiques fort intéressantes.

Séparée, l'âme est selon lui, plus habile et plus libre, tant dans ses modes que dans ses objets de connaissance. Quant aux modes de connaissance, elle est libérée des servitudes et des infirmités que lui imposait le corps. Mais surtout elle peut, pour notre auteur, se passer de la médiation des sens. Ainsi, selon lui, bien des intelligibles qui lui échappaient tant qu'elle était unie au corps, comme les qualités médicinales des plantes ou les influences des astres, lui deviennent directement accessibles. C'est donc aussi du point de vue des objets de connaissance que sa condition s'est améliorée par la séparation d'avec le corps corruptible.

Avant de faire concourir en ce sens des citations patristiques assez originales et variées (Cassien, Cassiodore) avec Algazel en une « convergence des platonismes » plus ample encore que celle envisagée naguère par É. Gilson, le maître entend lever une objection d'esprit plus aristotélicien. Hors du corps dans lequel elle est créée, l'âme devrait être incapable de comprendre et de spéculer. Mais répond-il, elle possède encore les puissances intellectuelles et même sensibles nécessaires à ces opérations. Elles sont simplement rendues plus libres par la séparation d'avec la grossièreté du corps, et ses déficiences décrites avec un réalisme presque médical. Ces considérations psychosomatiques sur la vision de Dieu ne négligent ainsi aucune des sources d'erreurs: illusions d'optique lorsque le nerf est endommagé, voire troubles plus graves, lorsque la maladie en vient à affecter le cerveau.

La séparation de l'âme d'avec le corps n'apparaît donc pas comme un obstacle à la spéculation, bien au contraire, et l'auteur entend aussi le montrer à partir de l'expérience même. L'âme est unie au corps, dont elle est la perfection, la vie, la source du mouvement. N'observe-t-on pas certains hommes que leur âme anime encore sans pour autant que leur corps ou leur sensation ne manifestent aucun mouvement?

Sans doute l'auteur qui ici encore ne se départit nullement de son réalisme, invoque-t-il des expériences de coma. Mais, affirmant évidemment sans preuve que l'on spécule dans cet état, il le rapproche immédiatement de celui des mystiques que leur insensibilité apparente ne détourne pas, au contraire, d'un commerce avec les intelligences séparées. Notons que nous sommes ainsi revenus, en passant par une citation d'Algazel, de ce qui concernait les âmes séparées, à des états d'âmes encore unies, même de manière ténue, à leur corps en ce monde. N'hésitant pas à rapprocher ces expériences comateuses contemporaines, de celles relatées par Augustin, Guiral Ot donne plus exactement trois raisons de cette capacité des âmes encore unies au corps à spéculer comme si elles étaient des substances séparées : un repos parfait, un amour ou une douleur excessifs.

Nous avons ici un exemple intéressant de la manière dont les thèses philosophiques sur l'âme séparée pouvaient être nourries de l'expérience médicale ou mystique. La quiétude du moine, disposé par sa vie régulière au commerce des intelligences séparées, serait, selon Guiral Ot, ce que décrit Algazel. Mais la ferveur de l'amour du croyant, désirant dialoguer avec Dieu, voire seulement avec l'un ou l'autre de ses anges ou de ses saints, serait encore capable de vaincre l'amour naturel de l'âme à l'égard du corps propre. De même, une douleur excessive peut séparer l'âme du corps de manière totale dans la mort, mais aussi seulement sous un certain rapport, comme celui du moteur au mu dans le cas des comateux.

Le jeune homme souffrant des parties génitales dont parlait Augustin dans le *De Genesi ad litteram* se retrouve ainsi promu par Guiral Ot au même niveau de spéculation sur les intelligences séparées que le mystique chrétien ou le paisible moine de toute obédience. Ce détour par des cas extrêmes, considérés en ce monde et ainsi amalgamés, veut conduire à la conclusion que, quittant cette fois définitivement le corps après la mort, l'âme est, selon la nature, plus libre et plus habile pour contempler les intelligences séparées.

N'en sera-t-il pas de même *a fortiori* pour une connaissance par grâce ? Cela est attesté par plusieurs chapitres de l'Apocalypse relatant la vie bienheureuse des âmes des élus. On relèvera aussi les longues citations sous le nom d'Augustin, de Jean de Fécamp, d'ailleurs cité plus haut sous le patronage de saint Anselme et que nous n'avons rencontré qu'une fois dans tous les autres textes de la controverse déclenchée par Jean XXII.

La troisième conclusion s'achève sur deux séries de doutes et d'instances qui sont peut-être autant d'objections présentées au maître au cours de la dispute de quodlibet. Cinq doutes tout d'abord : la vision des âmes séparées est-elle faciale, parfaite en tout ou en partie, bienheureuse ? Fait-elle nombre avec celle d'après le jugement final ? Est-elle de la même espèce ?

La réponse à la première interrogation reprend une idée déjà avancée dans la première conclusion. Mais elle la précise par une distinction subtile entre trois types de face-à-face : le premier entre une face qui voit et une qui est vue, le deuxième entre deux faces qui se voient mutuellement, le troisième entre deux faces qui se voient non seulement mutuellement, mais encore selon un même mode. La vision n'est plus alors seulement réciproque, mais semblable. Or voir Dieu comme il nous voit, semble pour Guiral Ot réservé à la connaissance finale après le jugement. Celle qui précède ne sera donc pas en tout parfaite, ce qui répond à la seconde interrogation.

On remarquera que le terme *facies* laisse bientôt place à celui d'*acies* qui désigne aussi bien le regard que la fine pointe de l'intelligence. Nous avons ainsi *in via* un regard bienveillant de Dieu sur les hommes dont l'intelligence, même en sa fine pointe, n'est pas encore capable de voir la sienne. Dans le cas des âmes séparées, les regards se croisent, mais si la fine pointe de l'intelligence ainsi séparée du corps atteint effectivement celle de Dieu, ce n'est pas encore avec la perfection du regard que Dieu porte sur elle. Ce n'est que lorsqu'elle aura retrouvé son corps et sa perfection de sujet qu'elle pourra atteindre une telle perfection. Les âmes séparées peuvent bien voir Dieu, mais pour le voir comme il les voit, il leur faut retrouver leur corps glorifié.

Alors seulement les regards qui se croisent ont la même profondeur amoureuse. N'est-ce pas là l'intuition de saint Bernard pour qui le dernier degré de l'amour suppose non seulement d'aimer Dieu pour lui-même, mais aussi de s'aimer soi-même selon cette même mesure ? N'est-ce pas la raison pour laquelle il n'est possible, selon lui en plénitude, qu'aux ressuscités ? Les âmes qui ne louchent plus sur leur corps, libérées du désir de le régir accaparant une partie de leur attention, peuvent alors contempler Dieu en plénitude, du regard même qu'il porte sur la face de leur sujet humain reconstitué par la résurrection. Cette insistance de Guiral Ot sur la réciprocité non seulement objective, mais subjective dans le mode de connaissance face à face des bienheureux, n'est pas seulement un profond recours à une mystique déjà ancienne à son époque.

Il revêt à nos yeux une surprenante modernité que l'on ne rencontre pas chez les autres grands théologiens qui prirent part à la controverse déclenchée par Jean XXII. Ne pouvons-nous y lire une annonce des développements de Nicolas de Cues sur la face [1] ? En passant de l'autre côté du miroir, ou plutôt de l'icône, ne renverse-t-il pas le regard de la vision de Dieu ? Elle

1. Nicolas de Cues, *De visione Dei sive de Icona*, 1453, trad. fr. A. Minazzoli, Paris, Cerf, 1986 ; cf. Ch. Trottmann « "*Facies*" et "*essentia*" dans les conceptions médiévales de la vision de Dieu », Colloque international de Lausanne, *Vue et vision au Moyen Age*, Octobre 1995, *Micrologus* V (1997), p. 3-17.

n'est plus la parfaite vision de l'essence de Dieu promise pour l'autre monde aux élus, elle est son regard même porté sur eux dès maintenant et qu'il leur faut épouser pour le contempler. En renversant ainsi la perspective, et en adoptant le point de vue de Dieu, Nicolas de Cues n'ouvre-t-il pas la voie de la modernité philosophique? Guiral Ot n'en est évidemment pas là, mais comme le Cusain, et à la différence de ses contemporains, il s'intéresse plus à la modalité réciproque de la vision face à face qu'à son contenu divin!

La réponse au troisième doute met en place une nouvelle distinction entre trois béatitudes: celle proposée par le Sermon sur la montagne, que rend possible la vie vertueuse, celle de la certitude de ceux qui sont morts dans le Seigneur (*Apoc.* 14, 13), celle enfin de la compréhension finale. Nous retrouvons ici implicitement le schéma ternaire cher à Guiral Ot. La première béatitude est en effet possible dès cette vie, comme l'atteste l'*Éthique* aristotélicienne. La seconde est réservée aux âmes séparées et purifiées. La troisième n'est accessible qu'après le jugement final.

Aux deux derniers doutes, le maître répond conjointement, et par une argumentation dont on retiendra en particulier la comparaison entre la vision de Pierre et celle d'un nouveau-né baptisé et mort dans la foi de ses parents. Supposons qu'elles ne diffèrent que par le degré de perfection, et non en nombre et en espèce. Supposons encore que la vision de Pierre avant le jugement vaille dix degrés tandis que celle du nouveau-né en vaut cinq. Si toutes deux sont doublées au jugement, nous arrivons au résultat que la vision de Pierre avant est simplement la même que celle qu'aura le nouveau-né après. Ce raisonnement peut être rapproché de celui avancé par Lutterell[1], à ceci près que là où le maître d'Oxford se contentait de rapports de proportions simplifiés, Guiral Ot use du système décimal pour quantifier les visions. Il est pourtant capable de penser une différence de degré entre les visions, qui ne soit pas seulement quantitative, mais aussi qualitative. Nous retrouvons sans doute ici l'écho d'une dispute tenue en curie sur l'augmentation en intensité de la vision, mentionnée par John Lutterell dans sa lettre. Contrairement à la tradition de son ordre, il s'était opposé à une telle augmentation sans doute défendue par Jacques Fournier. Guiral Ot qui dut alors faire front avec ses confrères oxfordiens contre le Cardinal blanc, se refuse ici, à considérer que la vision actuelle n'est qu'une partie imparfaite de celle qui adviendra après le jugement.

1. John Lutterell, *Epistula de visione beata*, F. Hoffmann ed., *dans Die Schriften des Oxforder Kanzlers Iohannes Lutterell*, Erfurter Theologische Studien, 6, Leipzig, 1959, p. 108-109.

C'est à partir de cette opposition que se comprend, nous l'avons montré, l'originalité de la position personnelle de Guiral Ot sur la vision béatifique. Dans sa série de trois visions, la suivante ne saurait découler de la précédente par une simple altération, fût-ce, comme le voulait Jacques Fournier, une augmentation en intensité[1]. Chacune possède une forme spécifique et non susceptible de se transformer en l'autre par simple intensification ou relâchement. C'est pourquoi la vision de Dieu doit être multiforme, elle revêt nécessairement cette multiplicité de formes inconvertibles. Le titre du traité prend ici tout son sens de l'intuition principale de son auteur.

Guiral Ot exclut de faire entrer dans la vision quelque changement que ce soit et s'appuie pour cela longuement sur Aristote et ses distinctions entre les différents types de mouvements. Le premier argument consiste à rappeler que la vision est une activité immanente et non transitive. Elle n'est donc pas, comme la construction d'un édifice, le résultat d'une opération qui la mettrait au point. Elle s'acquiert instantanément : on voit ou on ne voit pas, mais aucun apport complémentaire ne saurait faire passer d'un état à l'autre.

Une des originalités de Guiral Ot serait également de prendre l'immédiateté de la vision en un sens temporel. Depuis la condamnation de 1241, la réflexion sur le *medium* de la vision ne tendait-elle pas à penser l'immédiateté en des termes encore trop spatialisés, ce que suggérait d'ailleurs bien la référence scripturaire ? En donnant au face-à-face promis aux bienheureux par l'Écriture, une traduction métaphysique : ils voient l'essence même de Dieu sans intermédiaire, le texte de la condamnation ne restait-il pas focalisé sur l'objet de la vision dont il excluait tout *medium quod?* Guiral Ot ne va-t-il pas plus loin en pensant cette immédiateté en un sens temporel, mieux en considérant même la vision ordinaire comme une forme qui ne saurait advenir dans le temps ?

Lorsque l'on voit vraiment, il n'y a plus rien à ajouter, aucune forme de la vision qu'il resterait à perfectionner. Il n'y a pas de vision préalable à la vision. Le temps ne saurait donc rien y faire, pas plus que le mouvement. Cela ne doit-il pas être éminemment vrai de la vision de la vie éternelle ? Ne doit-elle pas échapper au temps en même temps qu'au changement qu'il mesure ? Mais c'est précisément parce qu'elle doit être immédiate qu'elle sera reléguée par Guiral Ot au jugement dernier ! La vision plénière qui interviendra alors ne saurait résulter de la simple intensification de celle préalable des âmes séparées qui serait juste un peu plus relâchée. « A vin nouveau outres nouvelles » : la vision ultime et définitive ne saurait pour Guiral Ot tenir en l'intensifiant dans le cadre trop étroit de celle qui

1. Jacques Fournier, *De statu animarum sanctorum ante generale iudicium, Traité* III, cf. Ch. Trottmann, « Deux interprétations... », art. cité, p. 354 *sq.*

précédait chez des âmes dénuées de corps. Il faut donc que les trois visions de Dieu qui se succèdent soient différentes selon l'espèce.

Mais comment alors penser à la fois l'identité et la différence de vision entre les bienheureux? Tous jouissent d'une vision parfaite, mais à des degrés divers. La subtilité des dernières instances avancées dans la troisième conclusion est remarquable, comme aussi celle des réponses recourant même le cas échéant à un article de la condamnation de 1277. Comme les âmes, les visions finales ne seraient pas pour notre auteur de nature différente et seraient pourtant susceptibles de plus ou de moins. Ainsi l'âme de Judas est-elle moins noble que celle du Christ sans être d'une espèce différente. Judas n'est pas un monstre inhumain, mais un homme pécheur. Son âme n'est pas d'une espèce inférieure à celle du Christ, mais elle est ignoble. De même, les visions de bienheureux différents seront plus ou moins nobles, sans être pour autant d'espèce différente. Mais cela n'implique pas selon l'auteur, que la même vision singulière soit susceptible de plus et de moins, de perfectionnement. L'analogie avec la vitesse est éclairante. Celle-ci peut croître ou diminuer dans le cadre d'une même espèce. Mais une vitesse singulière ne saurait changer. Ainsi, la vision béatifique « à deux vitesses » est bien possible, elle est même plus que probable, et à autant de vitesses qu'il y a de bienheureux. Mais chacun vit sa vie éternelle à vitesse constante, déterminée par son niveau de mérite.

De même, les visions finales de personnes distinctes ne sauraient être partielles, ni par une différence d'espèce, ni par l'imperfection des individus. Elles seront toutes d'espèce parfaite, en des sujets ressuscités. Prétendre que la vision est perfectible, c'est en toute rigueur, pour Guiral Ot, affirmer qu'elle est encore partielle. Il ne peut, comme Jacques Fournier, concevoir le paradoxe d'une augmentation en intensité, inscrivant la variation quantitative dans une qualité inaltérable. C'est bien pour le Cardinal blanc la même vision qui augmente en intensité. Pour le physicien rigoureux qu'est aussi le général des Frères Mineurs, si elle est parfaite, elle n'est plus susceptible d'augmentation. Si elle est perfectible, c'est qu'elle est encore partielle.

Mais sa préoccupation est aussi authentiquement métaphysique : l'éternité pourrait-elle résulter d'une altération du temps ? Une vision béatifique, parfaite et éternelle ne peut, pour lui, résulter du changement, du perfectionnement d'une vision d'abord moins parfaite. C'est aussi sur ce type de difficulté qu'avait buté Thomas Waleys, voulant penser les rapports entre temps et éternité dans la résurrection et le jugement. Mais on sait que sa fortune ne fut pas celle du Franciscain.

IV
GUIRAL OT DANS LA DISPUTE SUR LA VISION DE DIEU
ANALYSE DES TROIS DERNIÈRES CONCLUSIONS

Sans affirmer explicitement l'opinion pontificale de la vision différée, Guiral Ot va ici prendre position à ses côtés. Il se refuse, dans la quatrième conclusion, à accorder dès maintenant aux âmes séparées une vision aussi parfaite que celle dont il a fait la fin ultime de la théologie. Il la réserve pour après le jugement. Il critique, dans la cinquième conclusion, les arguments en sens inverse qui ne sont autres que ceux des adversaires du pape. Certes, la dernière conclusion réfute aussi les arguments de qui voudrait nier aux âmes la vision intermédiaire de l'essence de Dieu définie précédemment, mais elle le fait si brièvement !

1. Avant le jugement, les âmes saintes séparées de leur corps ne jouissent pas encore de la vision la plus parfaite : quatrième conclusion

La quatrième conclusion s'organise en cinq arguments, pris *ex tempore perfectionis, visionis, retributionis, spei, requiei*. Remarquons que cette structure, et les distinctions qui la sous-tendent se trouvent aussi chez deux autres partisans de la thèse de Jean XXII qui prirent sa défense à Paris même : Arnaud de Clermont[1] et le bachelier carme, auteur du traité anonyme du manuscrit Vatican Latin 4004. C'est un indice supplémentaire de l'appartenance indéniable de Guiral Ot au parti du pape. Les théologiens parisiens ne pouvaient s'y tromper. C'est sur son argument principal, auquel nous arrivons maintenant, que porte la seconde des questions auxquelles le roi de France les somma de répondre.

Guiral Ot s'appuie, nous l'avons vu, sur *I. Cor.* 13, 10 afin d'affirmer que le temps de la vision parfaite n'est pas encore venu pour les âmes saintes séparées : « Quand viendra ce qui est parfait, ce qui est partiel disparaîtra ». Fort de cette opposition entre le partiel et le parfait, il l'applique en de multiples domaines. L'être des âmes séparées reste évidemment partiel, mais aussi leur science et même les prophéties encore inaccomplies, sans oublier les dominations qui demeurent aussi partielles, mais inévitables, « tant que dure le monde ». Notons que c'est une référence à la Glose auxerroise de ce passage de Paul, qui sert d'autorité à ce fatalisme politique.

La possession de Dieu reste aussi incomplète selon Guiral Ot. Nous retrouvons cette fois le verset de *He.* 11, 40, sur l'attente des Patriarches et

1. Arnaud de Clermont, *Commentaire des Sentences*, ms. Vat. Ottob. lat. 2520, f. 238-245 ; ms. Paris, B.N. lat., 5288, f. 107-111.

des Prophètes de l'Ancien Testament. Il est notoire que, comme le pape, le général des Franciscains ne fait finir ce délai de leur vision qu'au jugement dernier et non à l'Ascension. Remarquons aussi que c'est Origène qui est cité à l'appui de cette exégèse. Son eschatologie, qui influença Ambroise et à travers lui Augustin, avant d'atteindre Bernard de Clairvaux, constitue en effet une source probable de la thèse de la vision différée que Jean XXII prétend lire chez ce dernier. Notons par ailleurs que la lecture classique de ce verset paulinien par les adversaires de Jean XXII est vigoureusement repoussée, à l'aide d'un argument historique qui n'est pas dénué de portée, et restera sans réponse. Selon Guiral Ot, il ne s'agit pas, dans l'esprit du docteur des Gentils, de la seule attente des Pères de l'Ancien Testament, mais aussi de celle des martyrs lapidés ou décapités pour le Christ après son avènement. Saint Étienne et saint Jacques le majeur n'avaient-ils pas déjà souffert leur martyre au moment de la rédaction de la dernière Lettre de Paul ?

On relèvera ici la rigueur de Guiral Ot. Il n'hésite pas dans d'autres cas à comparer les versions de la Bible employées par Augustin ou par Origène pour en constater les divergences avec celle dont il dispose, et en tirer habilement les conséquences doctrinales. De même, lorsqu'il s'agira de la liturgie, il insistera sur la nécessité de rapporter la compréhension du texte qu'elle chante à celui de l'Écriture dont elle s'inspire. Ici encore le primat donné au sens historique sera un garde-fou habilement mis en avant par l'auteur. Aussi peut-on s'étonner de l'usage qu'il fera plus loin des Apocryphes ! Peut-on le mettre sur le compte de son entourage avignonnais ? La référence qu'il propose ne se retrouve dans aucun autre écrit relatif à la controverse de la vision béatifique. Par ailleurs, cette autorité fantaisiste est-elle bien cohérente avec le souci qui sera affiché plus loin de s'en tenir à la Lettre de l'Écriture, conformément à l'injonction de Jean XXII lui-même ? Disons que le rapport de Guiral Ot au texte Scripturaire fluctue, et subit des influences. Mais ce qu'il a de meilleur : la rigueur exégétique comparant les versions de l'Écriture et la rapportant en premier lieu à son sens historique ne dénote-t-il pas un discernement intellectuel qui ne relève pas du seul champ de la philosophie ?

Enfin, même la vision imparfaite n'a pas disparu. Notre auteur a ici recours à Pierre Lombard, citant le fameux argument de *De Genesi ad litteram*, 12, 35, sur le désir de l'âme de régir son corps qui distrait une partie de son attention à Dieu. Cela pourrait l'amener à son second point, mais il fait auparavant un long détour dont il faut comprendre la cohérence.

Le maître franciscain rappelle que la jouissance partielle n'a pas encore disparu, puisque la charité doit demeurer. *A fortiori* dans le cas de la foi, ce n'est pas la seule imperfection qui est, selon lui, appelée à disparaître. C'est la vision même des âmes, toujours imparfaite, qui sera remplacée par une autre, parfaite. La charité, elle, demeure (*I Cor.*, 13, 8). Un simple changement de degré suffit dans son cas, au contraire de celui de la foi et de l'espérance. Elles doivent disparaître en leur imperfection pour être remplacées par quelque chose de plus parfait, entendons respectivement par la vision et la possession de Dieu.

Le cardinal Annibal de Ceccano avait défendu la thèse d'une persistance de la foi et de l'espérance dans l'âme des saints jusqu'au jugement, ce qui lui valut maintes critiques. Cela amène une objection à laquelle Guiral Ot prend la peine de répondre[1] : Les anges et les saints sont dits croire et espérer alors qu'ils voient déjà Dieu et en jouissent. C'est, répondra Jacques Fournier, qu'ils ont encore des biens supplémentaires à attendre, quoique les vertus théologales de foi et d'espérance aient disparu en eux comme telles. Pour Guiral Ot aussi, la vision ne saurait porter sur le même objet que la foi et l'espérance qui persistent pourtant, selon lui, dans les âmes. Et cela prouve au contraire, à ses yeux, qu'elles n'ont pas la vision parfaite, en particulier du moment futur et secret du jugement dernier.

Or nous l'avons vu, ce n'est pas de la même manière que les imperfections qui viennent d'être énumérées doivent disparaître. Ainsi l'être des âmes séparées ne disparaîtra qu'en tant que son imperfection lui sera enlevée. La possession et la jouissance charitable que les âmes auront de Dieu ne fera qu'augmenter de degré. La science et les dominations disparaîtront parce qu'elles seront devenues inutiles. Les prophéties disparaîtront aussi, soit pour cette même raison, soit parce qu'elles auront été accomplies. La vision imparfaite, elle, doit disparaître complètement comme *habitus* et comme acte, afin de faire place nette à une vision en tout parfaite.

Ainsi arrivons-nous au cœur du problème : celui du temps de la vision. Et le général des Franciscains part d'une exégèse très précise de I Jn 3, 2 : « lors de cette apparition, nous lui serons semblables, parce que nous le verrons tel qu'il est ». Il remarque avec finesse que d'après le contexte, l'apparition attendue peut être aussi bien celle du Christ que celle de la gloire des fils de Dieu. Mais c'est en même temps que les deux gloires doivent se manifester, c'est-à-dire, selon lui, après le jugement, et il invoque de longues autorités d'Augustin et Grégoire en ce sens. Pourtant, ces autorités scripturaires et patristiques ne suffisent pas. Ne pourraient-elles être interprétées en sens inverse, rapportées par exemple à un jugement particulier ?

1. Elle se trouve chez Jacques Fournier et chez l'anonyme contre Ceccano. Ces développements font sans doute allusion à des questions disputées en Curie, peut-être la seconde d'Armand de Belvézer.

C'est la première d'une série d'objections auxquelles l'auteur répond avant de passer à son troisième point. Il est intéressant de noter que c'est la croyance au purgatoire qu'il oppose à la possibilité d'un jugement particulier. Ce dernier ne suffirait pas à conférer aux âmes la vision ultime, puisqu'un tel détour purificateur est nécessaire. Guiral Ot ajoute à cela une argumentation qui découle plus directement de ce que nous appellerons son « discontinuisme »[1]. Dieu conférerait au jugement particulier une vision de durée limitée, s'étendant jusqu'au jugement général, et non éternelle comme le promet l'Écriture. On comprend qu'en vertu de sa théorie de l'augmentation des formes une telle vision qui doit être immédiate ne saurait être étirée à l'infini pour devenir éternelle.

Mais cet argument n'est-il pas une pétition de principe, dans la mesure où l'auteur n'envisage pas, pour les raisons que nous avons déjà rencontrées, la modification au jugement d'une vision déjà éternelle ? Il est d'ailleurs notable que Guiral Ot recourt précisément à ce moment du texte à une argumentation assez proche de ce que nous avons identifié comme la plus réactionnaire de celles mises au service de l'opinion de Jean XXII par Annibal de Ceccano et son chapelain en particulier[2]. Elle voulait en effet que l'on revînt à la lettre de l'Écriture, abandonnant le recours aux raisonnements philosophiques si chers aux maîtres modernes.

Toutes ces visions n'intervenant pas au jugement dernier ne seraient pas explicitement mentionnées par l'Écriture et seraient donc pour le théologien, aussi faciles à réfuter qu'à affirmer. Il revient d'ailleurs alors directement et explicitement à l'autorité de deux prophètes et de deux apôtres, sans détour patristique. Au contraire, il se contente de la Glose qui rapporte ces passages au jugement dernier. Nous sommes loin, à ce moment du texte, des recours philosophiques à la *Physique*, à l'*Éthique* ou à la *Métaphysique* d'Aristote, voire à celle d'Algazel ! Ne se pourrait-il que l'auteur reprenne ici les éléments d'une défense du pape déjà élaborée, au moins partiellement, dans l'ambiance avignonnaise qui précéda son départ pour Paris ?

1. Notons que tous les théologiens depuis le début de la réflexion scolastique sur la vision béatifique, et en particulier ceux impliqués dans la controverse déclenchée par Jean XXII, qu'ils soient favorables ou non à la thèse du pape sont "discontinuistes", au sens où tous reconnaissent la supériorité de la vision parfaite des bienheureux sur toute autre forme de connaissance de Dieu (à l'exception évidemment de celle qu'il a de lui-même). Cela est d'ailleurs conforme à la tradition patristique dont héritent les scolastiques. A cet égard, dans un contexte fort différent et plus tardif, un auteur comme Denys le Chartreux fera plutôt figure d'exception si toutefois l'on considère que selon lui, la connaissance mystique assure une parfaite continuité entre connaissance de Dieu en ce monde et vision béatifique. Le discontinuisme de Guiral Ot est spécialement ferme, dans la mesure où il exige que la forme intervenant dans la vision éternelle des ressuscités soit radicalement nouvelle par rapport à celle des âmes séparées.

2. Cf. Ch. Trottmann, *La Vision béatifique…*, *op. cit.*, II, chap. 2, p. 495 *sq.*

Lorsqu'il en vient au temps de la rétribution, il reprend les arguments et les autorités tirées par Jean XXII principalement de Matthieu, dans le discours sur la parousie et la parabole des ouvriers de la dernière heure. Il entend ainsi établir que c'est bien le salaire de ses actions qui est remis au sujet reconstitué, véritable ouvrier qui l'a mérité, lors du jugement et non avant, selon une égalité de proportion, et que ce salaire n'est autre que la vision.

Mais il lui faut encore répondre de manière systématique aux arguments adverses qu'il classe selon trois stratégies visant à contester respectivement la remise du salaire, son contenu et ses destinataires. La première consistait à dire qu'au jugement général, seule intervenait la notification de la récompense qui pouvait avoir été remise auparavant. La caractéristique principale du jugement dernier n'est-ce pas qu'il doit être général et public ? Cela n'exclut pas forcément un jugement privé et particulier. Mais Guiral Ot ne saurait se satisfaire d'une telle réponse qui d'ailleurs conteste l'article de foi lui-même.

Quant au contenu, au salaire remis au jugement dernier, l'auteur ne peut se résoudre à accepter qu'il se limite à la seule béatitude du corps, à une vivification spirituelle qui viendrait de lui ou à quelque autre bien accidentel. Elle doit être la béatitude essentielle de la récompense ultime. Le corps et sa glorification ne peuvent suffire à la constituer ni même à la provoquer, puisqu'elle est éminemment spirituelle. Les justes ne sauraient d'ailleurs recevoir seulement un surcroît de joie du fait de celle de leurs semblables. La joie qui doit leur être donnée est celle qu'ils ont méritée eux-mêmes. Il refuse ainsi, d'accord en cela avec les thomistes, que la vision connaisse lors du jugement une augmentation qui aurait des raisons essentiellement sociales. De même il ne saurait accepter qu'elle soit simplement augmentée par un supplément de vitalité reçu par l'âme à la résurrection du corps. Ce serait faire dépendre du corps la vision intellectuelle de la divinité. Mieux vaut décidément penser, selon Guiral Ot, que c'est Dieu qui donne une vision en tout nouvelle comme récompense finale à ses justes.

Quant aux destinataires de la rétribution, remarquons qu'il comprend à sa manière, conforme d'ailleurs à la profondeur de l'objection de Jean XXII, l'argument de Jacques Fournier : la récompense finale serait communautaire quand celle du jugement particulier resterait individuelle. Mais Dieu ne doit-il pas au jugement, selon l'article même du *Credo*, « rendre à chacun » selon ses mérites ? C'est en ce sens individualiste que l'interprètent Athanase et plusieurs Symboles. Guiral Ot est prêt à reconnaître un supplément de joie au jugement final. Mais il faut, pour lui, que la récompense essentielle qui y est reçue, reste, elle, proportionnelle aux mérites individuels.

De plus, supposer que les âmes ont déjà la vision avant qu'intervienne la résurrection, implique qu'à ce moment précis, elles communiquent automatiquement aux corps la vie éternelle. La béatitude finale dans ce cas n'est en rien attribuable au jugement. Nous retrouvons là un argument qui suscita les réflexions de Thomas Waleys sur la concomitance de la résurrection et du jugement. Cela lui valut bien des démêlés avec l'inquisiteur, plus encore à propos de son *Libellus* qu'à celui de son sermon[1]. Mais pour le maître franciscain, qui participa activement à son procès, la récompense ultime doit être donnée au jugement et en vertu de sa puissance propre, non à la résurrection et par sa puissance à elle; comme l'attestent le *Credo*, la prière de l'Église, et bon nombre d'autorités scripturaires qu'il accumule.

Dans le temps (à supposer qu'il y en ait un) qui sépare la résurrection du jugement, les saints ne possèdent donc pas encore, selon lui, la vision définitive dont ils jouissent seulement alors qu'ils s'en vont après le jugement. Ce n'est qu'alors qu'ils passent, pour Guiral Ot comme pour Jean XXII, de la vision de l'humanité à celle de la divinité du Christ. L'auteur tire argument (en s'appuyant sur Augustin) du fait que tout jugement a été remis au Fils, pour conclure que les saints ne verront pas Dieu, au moment du jugement, de la même vision suprême qu'ils en auront après.

Le temps de l'espérance comme enfin celui du repos sera aussi celui du jugement dernier selon notre auteur qui mobilise pour le prouver, deux nouvelles séries d'autorités. La première situe l'espérance dont parlent Paul, Pierre, Job ou le Psalmiste, au dernier jour. Elle s'interroge en passant sur les inégalités de vision entre hommes et anges et même des anges entre eux. Partant d'Augustin, et de l'infériorité de la vision des âmes séparées par rapport à celle des anges, l'auteur rejoint ainsi un thème classique de tous les commentaires des *Sentences* (IV, 49), celui de l'inégalité de la vision entre les élus.

Après le jugement dernier, il ne peut plus y avoir, en matière de vision béatifique, de différence d'espèce (puisque tous, hommes et anges, jouissent de la vision immédiate), mais seulement inégalité entre les individus. L'auteur résout ainsi en son sens, favorable à une vision intuitive obtenue seulement au jugement dernier, la difficulté soulevée plus haut d'une identité d'espèce et de nombre entre vision des âmes séparées et vision finale des élus.

Pour le dernier point, celui du repos, relevons l'exégèse proposée du fameux verset d'Apocalypse (6, 9), où toute la querelle de Jean XXII trouve son origine. Les âmes des martyrs se voient remettre une robe simple, certes, mais le repos ne leur est concédé que pour un temps bref *(modicum)*. Il ne s'agit donc pas du repos éternel, qu'il leur faudra attendre jusqu'au

1. Cf. Th. Käppeli, *Le Procès contre Thomas Waleys…, op. cit.*

jugement. L'argument est plus original que ce qui suit sur le désir encore insatisfait des martyrs exprimé par leur clameur ou la présence de Lazare aux Limbes. On n'est évidemment pas surpris de voir l'auteur invoquer à son secours l'autorité d'Ambroise et d'Augustin.

Cette dernière référence fait naître quelques doutes que l'auteur lève avant de passer à la cinquième conclusion. La destination des âmes des saints avant le jugement, précise Guiral Ot, n'est pas le ciel empyrée, mais le sein d'Abraham. Il stipule encore que celui-ci ne doit pas être entendu au sens propre comme les entrailles du patriarche, ni même comme un lieu physique. Le terme désigne le lieu où le Père des croyants trouve son repos spirituel, selon l'auteur qui le situe donc dans les enfers avant que le Christ y descende, et dans la région supérieure du ciel depuis son Ascension.

2. Les raisons des adversaires du pape ne peuvent prouver que les âmes bienheureuses jouissent déjà de la vision parfaite : cinquième conclusion

La partie précédente suffit à la réfutation des *auctoritates* des adversaires, mais il faut encore répondre à leurs *rationes*. L'auteur en relève douze. Il est remarquable que neuf d'entre elles sont des citations précises des passages du Libelle de Durand de Saint-Pourçain correspondant aux propositions condamnées lors de son procès avignonnais. La onzième vient d'un passage de la Bulle *Cum Marthae*, contraire à la thèse de Jean XXII. Or le pontife avignonnais avait tenté lui-même dans un de ses sermons d'en donner une interprétation qui lui fût favorable.

Quant aux deux premières *rationes*, elles semblent empruntées directement à Thomas d'Aquin. Elles ne sont, en tout cas, pas alléguées par Thomas Waleys dans son sermon. On les retrouve dans la question disputée par Jean de Naples [1] sur la vision béatifique, sans que ces arguments y soient pourtant explicitement rapportés aux passages de Thomas d'Aquin cités dans notre *Quodlibet*. En revanche, Robert d'Anjou, à propos du même sujet, avance des passages immédiatement antérieurs du *Contra Gentiles*. Ces références se situent au début de la seconde partie de son traité *Sur la vision bienheureuse* (premier envoi), qui demeure lacunaire dans le manuscrit de la Biblioteca Angéelica [2]. Il n'est donc pas exclu que Guiral Ot ait trouvé ces arguments dans le traité que le roi de Sicile avait fait parvenir au pape, mais il a aussi bien pu les reprendre directement chez le Docteur

1. Jean de Naples, P.-T. Stella (éd.), dans « Giovanni Regina di Napoli O.P., e la tesi di Giovanni XXII circa la visione beatifica », *Salesianum*, janv.-mars 1973, p. 63-65.

2. Cf. Robert d'Anjou, *De visione beata*, *op. cit.*, p. 24. Comportant la seule version conservée, c'est le ms. 151 de la Biblioteca Angelica qui servit de base à l'édition de Marc Dykmans.

Angélique. Résumons la liste des douze *rationes* en les repérant par leur argument principal et les autorités auxquelles elles font référence.

1. Séparée, l'âme est plus capable de la vision que unie au corps mortel. Il n'y a aucune raison de la faire attendre.

2. L'ouvrier sera récompensé sans délai (*Lev.* 19, 13), et le méchant puni immédiatement (*Joël* 4, 4).

3. Ne pas accorder la vision aux âmes séparées serait nier la descente aux enfers (*Zach.* 9, 11) du Christ en son âme, venu libérer les justes de la peine du dam par son contraire : la vision.

4. Le Christ promet au larron pour le jour même le paradis (*Lc.* 23, 43), entendons, pour son âme, la vision bienheureuse.

5. L'Apôtre suggère que la mort est pour lui un gain (*Ph.* 1, 21) parce qu'il espère voir immédiatement après elle la divinité du Christ, non sa seule humanité qu'une âme séparée ne saurait percevoir faute de sens externes ; sinon, il perdrait en mourant la possibilité de mériter, sans gagner la vision.

6. Une demeure éternelle qui n'est autre que la vision béatifique attend l'âme lorsqu'elle quitte le corps (*II Cor.* 5, 1-5).

7. Les martyrs sont sous l'autel du Christ, sans rien qui les sépare de lui, et reçoivent la robe simple de la vision de l'âme (*Apoc.* 6, 11).

8. Ce vêtement a été obtenu dès le moment du martyre où il fut lavé dans le sang de l'Agneau (*Apoc.* 7, 9 *sq.*) ; la seconde robe – le corps glorifié – devant être reçue au jugement dernier.

9. Dieu est plus prompt à récompenser qu'à punir, or le mauvais riche de la parabole (*Lc.* 16, 22), pâtit immédiatement des souffrances de l'enfer, tandis qu'au même moment Lazare connaît la consolation.

10. La couronne promise à qui vainc la tentation (*Jac.* 1, 12) doit venir immédiatement après la mort qui met un terme à la capacité de mériter.

11. Nos prières ne manquent pas aux saints. Parfaitement bienheureux, ils obtiennent tout ce qu'ils désirent, selon la Bulle *Cum Marthae*.

12. La liturgie de l'Église chante en maintes occasions la gloire déjà donnée aux saints, qui n'est autre que la vision de leur âme, tandis que la gloire du corps sera la seconde robe reçue au jugement final.

Les réponses de Guiral Ot sont d'un intérêt inégal. Il dénonce, dans la première des douze *rationes*, une triple erreur. Ce n'est pas le fait de la séparation d'avec le corps qui rend l'âme capable de voir Dieu. La mort ne lui vaut aucun supplément de nature ou de grâce. De plus, la vision de Dieu est, selon le maître franciscain, déjà possible à l'âme encore unie au corps corruptible, ainsi qu'on l'a vu. L'âme du Christ, bienheureuse en cette vie est à ses yeux un bon contre-exemple.

Enfin, la première des *rationes* affirme, selon lui à tort, qu'il n'y a aucune raison de différer la récompense ou la punition des âmes. On relèvera la richesse de la réponse de Guiral Ot, qui oppose six arguments, deux venant des philosophes, deux des juristes, et deux des théologiens. A supposer que l'auteur s'inspire aussi dans ses réponses de ses notes avignonnaises, cela nous donne une idée de la manière dont chacun des participants au débat mit au service du pape ses compétences particulières.

Le premier argument combine assez classiquement le désir de régir le corps (*De Genesi ad litteram* 12, 35), avec la définition aristotélicienne du bonheur en *Éthique*, 10 : la béatitude est l'opération la plus haute de la puissance la mieux disposée, à l'égard du meilleur des objets. La disposition de l'âme séparée n'étant pas optimale, elle ne peut donc atteindre la béatitude ultime.

D'ailleurs l'âme a deux fins, précise le second argument philosophique. Conviendrait-il qu'elle atteigne sa fin ultime, la compréhension de la divine félicité, alors que sa fin immédiate, l'intégrité de la personne, lui échapperait encore ? Nous retrouvons ici un argument plus classique du pape lui-même.

Le premier argument des juristes concerne le jour fixé par Dieu pour la rétribution. Il peut sembler un peu chicanier, mais suggère en fait simplement que si une date a été établie par un prince tel que Dieu, pour un acte de donation comme celui de la gloire ultime, il est inconvenant pour lui de la changer sans prévenir, ou pour les bénéficiaires de réclamer leur bien avant terme.

Le second est plus riche d'implications philosophiques. Les mérites pour lesquels chacun doit être rétribué ne sont pas encore manifestés, en particulier ceux attenants aux conséquences de ses actes qui ne se sont pas encore produites. Pour illustrer son propos, l'auteur reprend à la *Glose* sur *I. Thess.* 2, 19, l'exemple des bons professeurs : ils doivent, bien qu'après leur mort, être couronnés à cause des mérites de leurs disciples.

Viennent enfin les deux arguments des théologiens. Le premier est intéressant car il reprend l'un des sermons de saint Bernard qui ont inspiré Jean XXII : il ne convient pas que les saints entrent dans la gloire sans le peuple, ni l'esprit sans la chair[1]. De même que le Christ est entré corps et âme dans sa gloire définitive, il convient donc, pour Guiral Ot comme pour Jean XXII, que notre âme attende notre corps pour entrer dans la sienne. Notons que Guiral Ot n'en tire pas pour le corps mystique, les mêmes conséquences sociales, que le pape ou le cardinal qui lui succédera.

1. Bernard de Clairvaux, *Sermon de Toussaint III*, J. Leclercq et H. Rochais (éd.), S.B.O., 5, Rome, 1968, p. 349. Cité par Jean XXII, Sermon I, M. Dykmans (éd.), *Les Sermons...*, *op. cit.*, p. 98.

Le second argument des théologiens est plus faible : Dieu qui diffère la résurrection des corps doit faire de même pour la rémunération des âmes. Il est intéressant de remarquer que l'auteur invoque ici encore le verset de la *Lettre aux Hébreux* (11, 40) sur l'attente des anciens Pères. Nous avons déjà vu le parti qu'il en tirait par une lecture historique.

La seconde des douze *rationes* contrarierait, selon Guiral Ot, non seulement son propos, mais encore ceux-là même du Seigneur promettant au visionnaire de l'*Apocalypse*, qu'il rendra à chacun selon ses œuvres lors de son retour. C'est bien que jusqu'alors, il garde le salaire par-devers lui. Car le mérite et sa rétribution ne reviennent pas à l'âme seule, mais à la personne qui ressuscitera au dernier jour : seul ouvrier digne de récompense.

Les réponses aux *rationes* suivantes nous livrent sans doute quelque chose des débats du procès de Durand de Saint-Pourçain. Guiral Ot voit dans la troisième plusieurs contradictions. Si la seule peine des enfers était celle du dam, ceux qui s'y trouvent ne seraient pas plus « vaincus et enchaînés » que les anges avant leur confirmation, Adam et Ève avant le péché, la Vierge Marie en ce monde... La libération ne saurait être seulement le don de la vision, pour le censeur avignonnais. Il faut un acte positif du Christ retirant les chaînes des prisonniers. N'a-t-il pas, comme Élie avant lui, arraché des morts aux enfers, sans leur conférer la vision bienheureuse ? D'ailleurs aurait-il pu en être lui-même privé lorsqu'il descendit en ces sombres demeures ? A moins qu'il ne s'y soit pas réellement rendu ? Celui-là même qui en accuse le pape, en viendrait donc à nier à son tour l'article de la descente aux enfers. Subtil retournement, mais spécieux écho du procès avignonnais[1] !

Pour répondre à la quatrième des *rationes*, l'auteur du *Quodlibet* se lance dans de subtiles distinctions sur le terme « paradis », assez voisines de celles qu'on peut trouver dans le *Commentaire des Sentences* d'Arnaud de Clermont[2]. Pour Guiral Ot, le paradis où se trouve le larron au lendemain de sa mort ne se restreint ni au ciel empyrée, ni à la vision bienheureuse, ni surtout à la seule présence du corps ou de l'âme du Christ. L'héritier de Bonaventure argue de ce que Adam (et même les anges) ont pu se trouver au paradis (qui terrestre, qui céleste) avant la chute, sans pour autant y jouir de la vision béatifique.

Mais surtout l'inquisiteur franciscain préfère l'*Évangile de Nicodème* et la *Légende dorée* à la théologie dominicaine de la vision intellectuelle de Dieu par l'âme séparée. Il s'attache à la croyance d'un séjour transitoire des

1. Faire entrer les justes dans la vision, n'est-ce pas l'acte positif qui cloue au sol les liens de l'enfer et ceux qui les avaient noués ? Pensons à ce sujet aux fresques de Fra Angelico au couvent Saint-Marc de Florence.

2. Arnaud de Clermont, *Commentaire des Sentences*, ms. Vat. Ottob. lat. 2520, f. 238 *sq*.

âmes libérées des enfers, Adam en tête, au paradis terrestre. Elles y auraient retrouvé Élie et Énoch, ainsi que le larron, en attendant l'Ascension qui leur ouvrirait un autre paradis, céleste cette fois. Il est probable que nous ayons ici un écho de croyances populaires.

Elles reposent sur une difficulté théologique authentique : où sont passés Élie et Énoch, emportés sans mourir vers le ciel, dans un char de feu ? Que faire d'ailleurs des âmes des justes libérées par le Christ lors de sa descente aux enfers, pendant les quarante jours qui suivirent ? Elles ne peuvent le précéder au paradis. Elles doivent l'attendre jusqu'au jour de son Ascension, mais où ? La solution proposée ici privilégie l'imagination, et laisse l'intelligence insatisfaite. Quel intérêt les fruits du paradis terrestre peuvent-ils présenter pour des âmes séparées remontant des enfers ? Qu'ont pu y faire Élie et Énoch pendant tout le temps précédant la Passion ? L'intérêt nous paraît surtout celui d'une salle d'attente commode, sinon pour ceux qui en bénéficient, du moins pour ceux à qui elle fournit une solution imagée à un problème théologique sérieux.

Étrange procès où l'inquisition tombée aux mains des Franciscains préfère les Apocryphes les plus obscurs, à la lumière théologique de scolastiques plus subtils qu'elle et qu'elle veut condamner pour plaire au Souverain Pontife ! On comprend que la réaction des théologiens parisiens au *Quodlibet* du légat pontifical, ait pu être violente, quelques mois après la condamnation de Thomas Waleys et Durand de Saint-Pourçain à Avignon.

Guiral Ot tente de retourner contre lui l'ironie de l'évêque de Meaux contenue dans la cinquième *ratio*. Pour le Franciscain en effet, l'absence de sens externes n'empêche pas la connaissance des singuliers, y compris matériels. La nature n'est-elle pas une cause de louange, même pour les anges ? Il enchaîne en disant qu'il serait impie d'affirmer que Paul n'a que faire de la vision de l'humanité glorifiée du Christ, quand elle réjouit même les anges. Ne peut-il d'ailleurs y avoir quantité de biens, en deçà de la vision ultime, qui mériteraient que l'on quittât ce corps pour les rejoindre ? Ici l'inquisiteur triomphe sur un point où la position du vieil évêque dominicain était plus fragile.

Contre la sixième *ratio*, il se contente même de reprendre des accusations déplacées de Catharisme. Viennent-elles aussi du procès ? Durand voulait-il à ce point opposer demeures matérielles et spirituelles, voire suggérer que ces dernières sont réservées à une élite ?

La septième donne lieu à des développements plus subtils, sinon moins fallacieux. Les robes remises aux martyrs signifient l'*habitus* de gloire, acte premier et non second comme est la vision, à laquelle il ne saurait que disposer. Mais on pourrait se demander ce qui empêche celui qui possède l'*habitus* du *lumen gloriae*, de passer à l'acte de la vision. La difficulté tient peut-être à ce que la gloire est pensée ici plus comme l'ornement *(venustas)* d'un vêtement, que comme un *habitus* intérieur opérationnel.

Ici les réponses aux *rationes* se mêlent. L'auteur anticipe en effet sur la huitième, relative aux robes des martyrs. Pour ce qui concerne l'autel de l'Agneau, dans la septième, il renvoie aux réponses déjà apportées à la quatrième.

La réponse à la neuvième *ratio* est intéressante moins par les arguties relatives à l'exemple que par le raisonnement moral qu'elle met d'abord en œuvre. Ceux que l'auteur considère comme des adversaires disaient que Dieu confère à l'âme sa rémunération pour autant qu'elle est capable de la recevoir. Il leur réplique que Dieu ne rémunère pas selon les capacités naturelles, mais en fonction du mérite. Il est intéressant de relever qu'il met à cet effet en avant un article de la condamnation parisienne de 1241, qu'il déforme toutefois [1]. A cet usage de décisions dogmatiques relativement récentes, il joint une habile exégèse scripturaire qui met celle du parti adverse en contradiction avec elle-même, à propos de la parabole du mauvais riche. Soit il n'a pas reçu sa punition définitive, soit Dieu n'est pas plus prompt à récompenser Lazare qu'à punir le riche de manière ultime !

En réponse à la dixième des *rationes* l'auteur, qui ne veut pourtant pas entendre parler de jugement particulier, oppose à l'épreuve unique trouvée chez saint Jacques une double épreuve qu'il prétend lire dans saint Paul.

La réfutation du onzième argument portant sur la prière due aux saints d'après la bulle *Cum Marthae* met en œuvre des raisonnements plus subtils. L'argument qui n'est pas emprunté à Durand n'en est pas moins au cœur de la controverse. Il met le pape aux prises avec la décrétale d'un de ses prédécesseurs. Guiral Ot reprend tout d'abord la définition de la perfection déjà empruntée plus haut à Pierre Lombard. Selon le temps, les âmes séparées ne manquent de rien qui convienne à leur état et sont donc parfaitement bienheureuses. Mais elles ne sauraient l'être selon la nature qui n'est pas intègre dans leur cas, ni selon la fin puisqu'elles ne possèdent pas encore ce que requiert leur glorification ultime.

Quant à la béatitude des saints, elle peut être diversement entendue selon qu'on y voit une jouissance successive ou éternellement simultanée de tous les biens. La décrétale de Nicolas III évoquant les désirs des saints ne parlerait donc pas ici de la béatitude ultime, du second type encore inaccessible. Cela n'exclut pas que leur béatitude actuelle soit déjà aussi

1. La proposition n° 9 de la condamnation de 1241 dit en effet : « Quod qui habet meliora naturalia, de necessitate plus habebit de gratia et gloria », *Chartularium Universitatis Parisiensis*, H. Denifle, E. Chatelain (éds.), t. I, Paris, 1889, n. 128, p. 172. Ce que Guillaume d'Auvergne veut ici exclure, c'est une corrélation mécanique de la grâce et de la nature. La formule de Guiral Ot suppose plutôt une plus grande responsabilité de ceux qui ont plus reçu de la nature !

parfaite qu'il convient à leur état. Relevons que c'est ensuite la définition du parfait par Aristote, déjà rencontrée également, qui permet de rappeler qu'on ne saurait prétendre qu'il manque quelque chose aux âmes des saints.

La dernière *ratio* donne lieu à des explications sur la liturgie. Sans entrer dans le détail de l'argumentation, retenons qu'il faut, pour Guiral Ot, rapporter toujours le sens de ses chants à celui des textes généralement scripturaires dont ils sont tirés. Faute de quoi l'on s'expose à de graves contresens, comme de croire que la reprise de la salutation angélique annonce que Marie doit encore enfanter. Relevons surtout que toutes les robes, palmes, couronnes, etc., attribuées aux saints en divers hymnes ne signifient nullement pour l'envoyé du pape, qu'ils ont atteint la vision ultime.

3. Les raisons des partisans du pape ne prouvent pas que les âmes n'ont pas dès à présent la vision intermédiaire : sixième conclusion

L'auteur ajoute ici une sixième conclusion, beaucoup plus courte que les précédentes, par laquelle il semble renvoyer les partisans du pape qu'il va critiquer, dos à dos avec ses détracteurs qu'il vient de réfuter. Certes, cette conclusion est la dernière, et l'on pourraît expliquer par le manque de temps, sa faiblesse par rapport aux autres. Mais ne peut-on penser aussi qu'elle a été ajoutée, ou au moins développée comme telle, au dernier moment, pour faire une fin donnant satisfaction au roi et aux maîtres parisiens ?

Le général des Franciscains distingue trois arguments qu'il va successivement réfuter. Le premier qu'il attribue à des négateurs trop audacieux, va bien au-delà de l'opinion du pape, et notre auteur juge même qu'il serait hérétique de le défendre. L'âme séparée serait incapable d'aucune des opérations, de compréhension en particulier, réservées au sujet intègre. Pour Jean XXII, si les âmes des saints ne possèdent pas la vision définitive, elles n'en sont pas pour autant complètement hébétées. On a vu plus haut notre auteur s'évertuer à prouver que les âmes séparées ont une connaissance, même des singuliers matériels. C'est donc moins la position du pape que celle d'un aristotélisme radical qui tombe sous le coup de cette critique.

Le second argument est repris à Jean XXII lui-même. La récompense doit être perçue par qui l'a méritée. L'âme séparée n'en peut donc pas même recevoir une partie. A quoi le théologien franciscain répond que la vision peut être atteinte autrement que comme récompense. Le rapt de Paul n'est-il pas pure grâce ? L'auteur veut préserver une certaine vision de Dieu par les âmes séparées, même si elle n'est pas celle ultime attendue pour le jugement dernier. On remarquera qu'il renonce à en faire la rétribution des mérites renvoyée au dernier jour. En attendant c'est par pure grâce que Dieu consent aux âmes quelque vision.

Il y insiste en un troisième argument. C'est aussi en ce sens qu'il veut interpréter la référence à Augustin invoquée par le pape et ses partisans. L'évêque d'Hippone n'a pas voulu dire que les âmes n'avaient aucune vision au jugement et donc avant lui. Il entendait plutôt signifier qu'elles n'en ont pas une comparable à celle qui les attend après. Guiral Ot précise même, en pleine cohérence avec ce qui précède, que la première devra être suspendue et non augmentée pour faire place à la seconde.

Le maître incriminé par le roi fait ensuite mention de quatre questions qui lui furent posées dans une *cedula*. Lui ont-elles été adressées par des participants à la dispute, désireux de l'entendre sur ce point dans sa détermination finale ? C'est ce que suggère A. Maier. Elle voit là une preuve que le texte ne résulte pas d'un remaniement après censure. Mais ne peut-on retourner l'argument ? Le billet ne peut-il émaner des censeurs qui l'avaient convoqué après la première partie de la dispute ?

La première question porte sur un point qui oppose la théologie des Franciscains concédant une espèce jusque dans la vision béatifique, à celle des Dominicains la voulant sans intermédiaire. Dès le *Correctoire* de Guillaume de la Mare [1], la question est posée : la vision des âmes séparées se fait-elle à l'aide de quelque espèce créée ? La réponse positive de Guiral Ot, conforme à celle du *Correctoire*, nous semble révélatrice de la manière dont les théologiens de son ordre ont pu voir dans la thèse de Jean XXII une issue possible à leurs propres contradictions [2]. Comment en effet penser le rôle d'une espèce dans une vision qui doit être face à face ? Une solution ne serait-elle pas de faire disparaître la médiation de l'espèce intelligible dans la vision béatifique au dernier jour seulement ? Soucieux de réserver la vision de Dieu tel qu'il est *(sicuti est)*, au jugement dernier, Guiral Ot répond, conformément à la théologie franciscaine de la vision béatifique, que pour les âmes séparées l'espèce demeure.

Il est remarquable que toutes les précautions oratoires prises ici ne se retrouvent pas pour les trois questions suivantes. La formule *dixi et dico*, qui suggère la reprise dans la détermination d'un propos tenu lors de la dispute, fait place dans les trois dernières réponses à un simple *dico*. De plus, le passé ne pourrait-il renvoyer à des prises de positions du maître antérieures à son *Quodlibet ?* Certes, il ne peut ignorer que la première

1. Cf. Guillaume de la Mare, *Correctorium fratris Thomae*, Q. 1 *in* I^{a} II^{ae} *op. cit.*, p. 1 *sq.*

2. Cf. Ch. Trottmann, « A propos de la querelle avignonnaise de la vision béatifique : une réponse dominicaine au chancelier John Lutterell », A.H.D.L.M.A., 1994, p. 263-301.

question touche la première proposition condamnée en 1241. Le Franciscain qui n'est pas en position de force dans le milieu parisien plutôt favorable à une théologie dominicaine doit donc rester prudent sur ce premier point.

Il l'est encore sur le second : les âmes voient-elles plus clairement l'humanité ou la divinité du Christ ? Il commence par une analogie. La connaissance vespérale de l'humanité du Christ par les anges livre une vision inférieure à celle matinale qui se fera dans le Verbe. Cela lui permet de répondre, sans s'avancer beaucoup, qu'au regard de la clarté de l'objet, l'âme voit mieux la divinité que l'humanité. Mais quant à la proportion du sujet avec son objet, c'est de l'humanité qu'elle livre une connaissance plus claire.

Sur le troisième point, l'auteur n'a plus d'hésitation. Il affirme sans danger que les âmes jouissent davantage de la divinité du Christ. Il ne manque pas de rappeler qu'elle habite corporellement en lui. Il précise encore, en quatrième lieu, que les âmes saintes voient plus clairement l'âme du Christ que son corps, bien que tous deux soient perçus selon lui par une même vision. La question s'achève sur ces réponses à des objections écrites dont la source reste inconnue.

4. La seconde question reste embryonnaire

Le second article devait traiter de la différence entre doctrine spéculative et doctrine pratique. Mais il ne couvre que le dernier folio, manifestant ainsi par sa taille autant que par son classicisme que la question sur la théologie fut rapidement détournée vers une discussion sur l'opinion du pape. La réponse de Guiral Ot s'articule en trois points. Science spéculative et pratique diffèrent par l'objet, le sujet et la fin.

Par les affirmations sans originalité de cette question d'école, l'auteur reste dans l'esprit de son ordre, plaçant la finalité spéculative de la théologie, la recherche de la vérité pour elle-même, en deçà de sa finalité pratique qui dirige la vie vers la vertu et le bien aimable.

Le théologien ne vient-il pas de consacrer le plus clair de son traité à distinguer trois visions intellectuelles, comme autant de finalités spéculatives de la théologie ? Pour conclure paradoxalement, que la théologie est une science pratique et non spéculative, il considère les trois finalités qu'il vient de lui assigner comme autant de biens, de vies concrètes plus que de connaissances spéculatives. Le volontarisme franciscain reprend ici, in extremis, tous ses droits.

CONCLUSION

Pour conclure sur ce texte, nous voudrions dire que nous ne sommes pas aussi sûrs qu'A. Maier de sa fidélité littérale à la dispute orale. En revanche, nous souscrivons à son insistance sur l'originalité de Guiral Ot. Il tente un authentique compromis entre l'hypothèse du pape et la théologie en vigueur, en mettant à contribution de manière très personnelle la conception scotiste de la théologie. Cependant, nous pensons avoir montré que ce compromis le place encore du côté du pape. Certes, il ne dénie pas toute vision aux âmes séparées, il est même prêt à en accorder une à certaines de celles qui sont encore unies à leur corps en cette vie ! Cependant, et c'est là l'essentiel, il renvoie comme Jean XXII, au-delà du jugement dernier, la vision définitive et la récompense des mérites et démérites de chacun.

En cela, il se heurte de front à l'acquis de la réflexion thomiste sur l'exigence morale de la rétribution. Tout mérite s'arrête pour elle à l'instant de la mort, et Guiral Ot en convient avec Thomas d'Aquin. Il refuse même avec lui que le supplément de joie causé au jugement dernier par la réunion de tous les élus enfin au complet, la révélation publique de leurs mérites et de la grâce de Celui qui les a prédestinés, puisse affecter la béatitude essentielle. Une théologie morale conséquente n'exige-t-elle pas que celle-ci soit strictement proportionnelle au mérite personnel acquis en cette vie ? Dès lors, qu'est-ce qui s'oppose à ce que Dieu récompense les âmes suffisamment saintes dès le moment de la mort ?

Rien, pour les thomistes qui en déduisent la vision immédiate de Dieu par les âmes saintes. Pour Guiral Ot, au contraire, il y a de multiples raisons pour que cette rétribution soit différée jusqu'au jugement dernier. Relevons les trois qui nous paraissent fondamentales. La première concerne encore la théologie morale. Si chacun cesse de mériter activement à la mort, ses actes continuent de fructifier dans ceux de ses descendants charnels ou spirituels. Ainsi, les bons disciples méritent aux bons maîtres une gloire supplémentaire qui ne pourra être comptabilisée de manière définitive qu'au jugement dernier. Guiral Ot réintègre ainsi une certaine dimension sociale du salut, ramenée toutefois à une source individuelle du mérite. Il ne suggère pas pour autant, comme Jacques Fournier, qu'il puisse y avoir un « capital social» thésaurisé par l'Église selon un effet cumulatif des mérites de ses saints, et qui pourrait constituer son supplément de gloire redistribué lors du jugement général où précisément les mérites seront rendus publics.

Notons que c'est sans doute cette opposition thomiste qui fournit les arguments théologiques de l'accueil que reçut le *Quodlibet* de Guiral Ot à Paris. La présence de nombreux Dominicains et la place de Pierre de la Palud dans la commission de Vincennes semblent à cet égard déterminantes. Pourtant, plusieurs Frères Mineurs figurent aussi sur la liste des signataires. Parmi eux, le grand exégète Nicolas de Lyre, nous a laissé un brillant traité. Il est révélateur, avec celui de l'Université de Paris, du sens théologique de l'accueil que celle-ci réserva à la pensée de Guiral Ot à la fin de l'année 1333.

L'un et l'autre de ces traités répondent à la seconde raison pour laquelle Guiral Ot considère, comme Jean XXII, que la rétribution définitive des élus doit être différée jusqu'au jugement. Elle est d'ordre anthropologique. L'âme séparée ne jouissant pas de sa perfection naturelle de sujet humain (composé d'âme et de corps) ne serait pas capable de recevoir sa perfection surnaturelle et béatifique.

Sur ce plan, l'argumentation de l'exégète ne sera pas exactement la même que celle de l'auteur du *Traité de l'Université*, plus proche des positions thomistes. Pour Nicolas de Lyre comme pour Guiral Ot, le fait que l'âme soit séparée du corps, au lieu de les empêcher, facilite plutôt ses opérations spirituelles. Mais c'est de là que l'exégète repart pour réfuter son supérieur [1]. Car, la récompense des âmes séparées consisterait précisément dans ces deux opérations spirituelles de la connaissance et de l'amour de Dieu, plus libres et aisées, comme y insistait Guiral Ot lui-même, dans une âme débarrassée des lourdeurs du corps [2]. Quelle nécessité pourrait-il donc y avoir, dans ces conditions, à attendre que l'âme lui soit réunie pour que lui soient conférées ces opérations parfaites et ultimes? C'est dans le cadre même d'une noétique franciscaine que le brillant exégète traque les incohérences du Ministre général de son ordre.

1. « Visio autem divine essentie, et fruitio non sunt huiusmodi, ut ostensum est supra. Illi etiam qui sic arguunt dicunt quod anima separata, quamvis habeat esse partis, tamen perfectius et clarius intelligit quam existens in corpore corruptibili ubi non habet esse partis », Nicolas de Lyre, *De visione divine essencie ab animabus sanctis a corpore separatis,* ms. Paris, B.N. lat. 3359, f. 23 A; ms. Vat. Arch. di San Pietro, D. 202, f. 81 C.

2. « Eo sic habet [anima] operationes in quibus non communicat corpus, que potissime sunt, visio Dei clara et fruitio adjuncta, et sic est vere beata beatitudine essentiali. Auctoritates autem que sonant beatitudinem esse reddendam in finali judicio loquuntur de beatitudine prout est ipsius suppositi que tunc erit et non ante, ut dictum est, et secundum hoc possent solvi objecta in contrarium», *Id*, ms. Paris, B.N. lat. 3359, f. 22 B; ms. Vat. Arch. di San Pietro, D. 202, f. 80 C-D.

Le *Traité de l'Université* est rédigé de manière personnelle par l'un des maîtres que nous pouvons supposer, d'après sa doctrine, plus proche du thomisme. Il ne partage pas, quant à lui, une noétique qui attribuerait une connaissance des singuliers matériels aux âmes séparées, et il justifie Durand de Saint-Pourçain sur ce point. Il s'attaque d'emblée, et pour des raisons philosophiques, au rôle que la noétique franciscaine voudrait faire jouer à une quelconque *species* dans la vision béatifique[1]. Son argumentation se situe encore aux frontières de l'anthropologie philosophique et de la théologie, mais pour insister sur le rôle respectif de l'intellect agent et de l'intellect possible dans la vision béatifique[2].

Contre l'objection de Guiral Ot requérant le sujet complet pour la vision définitive, il répond que l'âme est capable de recevoir sa béatitude sans le corps[3], mais non l'inverse[4]. Il fait valoir surtout que ce n'est pas en raison de la restauration de sa nature, mais par l'entremise d'une grâce créée, le *lumen gloriae*, que l'intellect est disposé à recevoir sa béatitude surnaturelle.

C'est là ce qui l'amène à préciser que l'intellect agent est incapable de recevoir la vision ultime de Dieu. Sa supériorité sur l'intellect possible est effective lorsqu'il s'agit d'abstraire les intelligibles, non lorsqu'il s'agit de les comprendre[5]. C'est donc à l'intellect possible qu'il reviendra d'intelliger l'essence même de Dieu. Mais aucune intensification de sa puissance ne saurait le rendre capable[6] de saisir l'essence d'un Dieu qui, comme acte pur, peut en revanche devenir la forme de n'importe quel intellect créé[7].

1. « Antiqui ponebant animam esse compositam ex omnibus ut sic per similitudinem omnia cognosceret, sed propter neutrum istorum requiritur species in visione beatifica. Tum quia divina essentia est presentissima intellectui quoad primum, tum quia perfectior est unio et assimilatio, qua res per suam essentiam unitur intellectui quam per aliquam similitudinem, nec ibi nullomodo cadit species media », ms. B.N. lat. 12971, f. 81 C-D.

2. « Nec valet quod si illud lumen sit in intellectu possibili quod sit species, quia sicut <lumen> intellectus agentis est in intellectu possibili in cognitione naturali, et tamen non recipitur ibi ut species intelligibilis, sic lumen glorie recipitur <in> intellectu possibili in cognitione supernaturali sicut lumen intellectus agentis in cognitione naturali. Non tamen illud lumen actuat intellectum ut videat, sed elevat ipsum ut actuari possit per divinam essentiam sicut forma qua intelligit intellectus », *ibid.*, f. 83 B.

3. « Cum autem perfecta veritas quam Deus promisit sanctis suis sit beatitudo anime et beatitudo corporis, nulla tamen est <ratio> quare beatitudo anime retardetur, cum statim postquam resoluta est a corpore, ipsa sit capax talis beatitudinis, nec ad eam recipiendam indigeat corpore ut subjecto nec ut objecto », *ibid.*, f. 77 A.

4. « Cum ipsa (anima) sit capax beatitudinis sine corpore. Non autem corpus sine anima », *ibid*, f. 80 D.

5. « Dico ergo quod quo ad hoc quod est facere intelligibilia in actu, est supremum in nobis, non tamen quo ad hoc quod intelligat », *ibid.*, f. 84 C.

6. « Augmentum autem per intensionem naturalis virtutis non sufficit quia illa visio non est eius<dem> rationis cum visione naturali intellectus creati », *ibid* , f. 85 B-C.

7. « Veritas igitur que est actus purus potest esse formam intellectus qualis est, scilicet essentia divina », *ibid.*, f. 82 D-83 A.

Encore faudra-t-il que cette essence se donne elle-même comme forme intelligible[1] à une puissance intellectuelle créée, disposée de manière efficiente et surtout formelle à cet effet par la grâce créée du *lumen gloriae*. La raison majeure pour laquelle le sujet restauré dans son intégrité naturelle, corps et âme, n'est pas requis pour l'accès à la vision béatifique est que l'union à Dieu y est réalisée selon un mode intellectuel et non ontologique, en une vision qui n'est pas pour autant exhaustive[2].

A supposer que le traité des maîtres de l'Université de Paris, dans la version qui nous est connue par le manuscrit que nous citons, ait fait l'objet d'une élaboration tardive datant du milieu du siècle, la position qu'il défend devrait alors être située par rapport à celles que combat Jean de Ripa. Faut-il l'assimiler à la position que celui-ci attribue à l'École dans son ensemble? Le *Traité de l'Université* est délibérément « informatiste », et sa problématique thomiste ne saurait laisser place à la théorie de l'*immutatio vitalis*, propre à Ripa, mais qui découle en fait d'une radicalisation des problématiques d'Olivi et Duns Scot sur la béatitude. Pourtant, à aucun moment l'auteur de ce traité ne prétend que la béatitude formelle de la créature rationnelle puisse être une vérité ou une lumière créée. Cette thèse, qui suppose une espèce dans la vision béatifique reste d'esprit franciscain, et n'est autre que celle d'Ascensius. Ainsi que nous l'avons vu, le *Traité de l'Université*, ne cesse au contraire d'affirmer que seule l'essence divine, acte pur incréé, peut être forme de l'intellect bienheureux.

Dans ces conditions, sa position ne correspond-elle pas davantage à la seconde des trois thèses en vigueur dans les années 1353-1354, distinguées par F. Ruello[3]? Il faudrait alors dissocier la position d'Ascensius de celle de l'École divisée, en fait, entre partisans d'une béatitude formelle créée pour les uns, incréée pour d'autres. Quant à Guiral Ot, n'est-il pas avant l'heure plus « informatiste » que les « informatistes », dans la mesure où il considère comme multiples les formes de la vision de Dieu?

Il est clair, en tout cas, que les deux traités, celui de Nicolas de Lyre, comme aussi celui des maîtres de l'Université de Paris, situent leur réponse à ce second niveau d'argumentation de Guiral Ot, au plan de la théorie de la connaissance bienheureuse. Le premier reste pour cela dans le cadre d'une noétique plus franciscaine. Le second se situe dans celui d'une noétique délibérément thomiste. Mais ils déplacent ainsi dans le domaine noétique,

1. « Videre autem Deum vel essentiam Dei est impossibile cuicumque intellectui nisi ipsamet divina essentia fiat forma intellectui illi qua intelligat », f. 85 A.

2. « Non coniungitur Deo secundum esse, sed secundum intelligere. Dico ergo quod illud lumen ratione Dei formatum confortat ad illam supernaturalem visionem, ratione autem sue finitatis dat finitam eius visionem et non comprehensionem », *ibid.*, f. 85 D.

3. Cf. F. Ruello, « Le problème de la vision béatifique à l'Université de Paris vers le milieu du XIVe siècle », dans *A.H.D.L.M.A.*, 47 (1980), p. 145.

l'argumentation située par Guiral Ot sur un plan anthropologique plus global, voire métaphysique. Même si l'âme séparée n'en est pas gênée pour recevoir la vision bienheureuse, le problème de son statut anthropologique de sujet incomplet ne demeure-t-il pas jusqu'à la résurrection finale ?

Mais il est pour Guiral Ot une troisième raison de renvoyer la vision ultime au jugement dernier, la plus originale et qui sera sans doute la moins comprise de ses contemporains. Nous avons suggéré qu'elle résultait de l'interférence de sa conception physique du continu, du parfait et de la forme, avec les exigences d'une métaphysique subtile du temps et de l'éternité. On a relevé en fait dès le milieu du XIIIe siècle, une première interférence entre le thème de l'intensification et de la rémission de la forme issu de la physique aristotélicienne et la théologie scabreuse de Pierre Lombard sur l'Esprit saint, charité incréée (*I Sentences*, distinction 17). Si la charité connaît en chacun des augmentations et diminutions, peut-elle être encore considérée comme la forme éternelle qu'elle revêt comme personne divine ? Est-ce la même forme qui connaît intensification et rémission ? La théorie physique entre ainsi dès le milieu du XIIIe siècle en résonnance avec la théologie de l'amour de charité [1]. Le général des Franciscains, près d'un siècle plus tard l'applique très logiquement à celle de la vision intellectuelle de Dieu. Car si la charité ne passe pas (*I Cor.* 13, 8) et demeure la même dans la créature ici-bas et dans la gloire, la foi et l'espérance doivent laisser place respectivement à la vision et à la possession de Dieu par les bienheureux. Entre la vision de Dieu en énigme et dans le miroir *in via* et celle face à face des saints *in patria*, la théorie de l'intensification de la forme ne serait plus à même, selon lui, d'assurer la continuité. Cette troisième raison de Guiral Ot, pourtant essentielle, ne recevra aucune réponse satisfaisante de ses contradicteurs.

Pour lui, en effet, on ne peut passer du partiel au parfait par une simple altération du premier, sauf dans le cas de la charité qui supporte une intensification de degré. Quant à la vision des âmes séparées, soit elle est parfaite, et elle ne peut connaître d'altération, soit elle doit connaître une intensification au jugement dernier, mais dans ce cas elle est encore partielle. Une augmentation continue d'intensité est impensable dans le cadre d'une opération immanente (et non transitive) comme la vision, d'autant plus si une telle altération doit se dérouler dans le temps tout en affectant une activité qui est déjà éternelle.

Comme forme, la vision est déjà immédiate dans son exercice naturel. Elle ne saurait donc advenir par une altération : l'idée même d'une mise au point progressive ou de variations focales est exclue. Car ce qui est considéré ici, c'est l'acte de vision, acte second, pris en tant qu'il saisit son

1. Nous remercions Jean-Luc Solère d'avoir attiré notre attention sur ce point.

objet : on voit ou on ne voit pas. *A fortiori*, la vision surnaturelle devra survenir de manière immédiate et pour l'éternité. Celle des ressuscités ne saurait donc résulter d'une intensification de celle des âmes séparées. Une telle intensification d'une forme relâchée est peut-être possible dans le cas d'un acte premier tel qu'un *habitus*, mais non dans celui d'un acte second comme celui de vision.

Entre la vision partielle des âmes séparées et celle parfaite des ressuscités, doit donc se creuser la discontinuité d'une différence d'espèce, comme aussi d'ailleurs entre la première et celle que Guiral Ot reconnaît aux sages en ce monde. Les trois visions : ici-bas, chez l'âme séparée et dans le sujet ressuscité doivent donc se succéder comme trois actes spécifiquement distincts. Elles requièrent trois formes distinctes, structurant trois espèces différentes de vision.

C'est là l'idée centrale du traité et qui lui donne son titre : la vision ne saurait connaître une augmentation d'intensité au jugement dernier. Elle connaît des formes multiples et spécifiquement distinctes selon qu'elle a lieu dans une âme unie à ce corps ici-bas, hors de lui pour les âmes séparées ou dans une âme réunie à celui glorifié des ressuscités. Ces multiples formes s'excluent mutuellement : l'avènement d'une forme plus parfaite entraînant la disparition de la précédente moins parfaite. Mais la discontinuité la plus forte oppose évidemment pour Guiral Ot, une béatitude ultime, finalité définitive et éternelle de l'homme, à une vision que son imperfection rendrait encore temporaire chez les âmes séparées. Penser l'articulation du temps et de l'éternité, et le retour de l'un vers l'autre en dépassant la physique aristotélicienne constitue sans doute, nous l'avons vu le principal intérêt philosophique de ce traité. La coupure ontologique entre le créé et l'incréé exige pour le retour de l'âme vers Dieu qu'elle revête une forme absolument nouvelle. Guiral Ot avait ainsi de bonnes raisons à la fois éthiques et métaphysiques de soutenir avec Jean XXII un délai de la vision définitive de Dieu.

Toutefois, le rôle qu'il a joué dans la controverse déclenchée par le second pape d'Avignon ne doit pas nous faire oublier un autre intérêt théorique de son traité. Les circonstances si particulières ne l'amènent-elles pas à expliciter les liens étroits qui unissent implicitement pour tous ses contemporains, la question du statut noétique de la théologie et celle de la vision béatifique ? Qui plus est, il le fait de manière fort originale par sa théorie des trois finalités de la théologie, correspondant aux trois visions qu'il distingue.

Que la vision béatifique soit une finalité de la théologie, ce n'est pas une nouveauté pour la réflexion pratiquée par les maîtres sur leur discipline, puisque Albert le Grand y insistait en son temps. Mais paradoxalement, nous avons vu qu'ils en tiraient argument pour faire de la théologie une science pratique, ne se réduisant d'ailleurs pas à une morale. Le fait même que la finalité de la théologie soit la contemplation de Dieu dans l'autre monde, garantissait son statut d'abord pratique, et non spéculatif en ce monde. Car c'était la charité, vertu cardinale reçue dans la volonté, et non la science, l'intelligence ou la sagesse, ni même la seule foi, qui mesurerait la participation de l'âme au *lumen gloriae* et donc à la vision de Dieu. Nous avons évoqué le rôle joué par Thomas d'Aquin dans le renversement de cet état de fait[1]. Contrairement à tous les théologiens qui l'avaient précédé, il fit passer la finalité spéculative de la théologie avant sa finalité pratique.

Or, c'est bien explicitement cette finalité spéculative que Guiral Ot examine dans les trois premières conclusions de son traité. Il est intéressant de constater que cela ne l'empêchera pas de conclure conformément à la tradition conservée par son ordre, et opposée à celle des thomistes, que la théologie est finalement une science pratique. Cela pourrait paraître incohérent, mais nous avons montré que tel n'était pas le cas, dans la mesure où l'étude des fins spéculatives de la théologie n'exclut pas qu'elles soient dominées par des fins pratiques, surtout si les trois visions distinguées ici sont considérées dans leur dimension d'actes éthiques, plus que dans leur contenu de connaissance.

Quoi qu'il en soit, l'opposition radicale voulue par Jean XXII entre le statut des âmes saintes séparées et celui des ressuscités au jugement et après, obligeait le maître franciscain à distinguer la vision de Dieu avant et après le dernier jour. La difficulté même à penser les rapports entre le temps et l'éternité l'amenèrent, ainsi que nous l'avons dit, à ne considérer que la seconde comme ultime, définitive, parfaite.

Les tensions doctrinales de la théologie de son ordre pouvaient y inciter, et ce n'est peut-être pas le seul hasard de la faiblesse humaine ou d'une hypothétique vénalité ecclésiastique qui peut expliquer que les Franciscains soient les plus nombreux parmi les partisans de Jean XXII[2]. En renvoyant la vision béatifique parfaite au jugement dernier, celui-ci ne permettait-il pas de la débarrasser alors d'une espèce intellectuelle bien gênante pour son immédiateté? Mais alors seulement! Cela justifiait le maintien d'une espèce dans la vision de Dieu par la théologie franciscaine, au moins jusqu'au dernier jour. Mais dès lors que la vision des âmes séparées n'était plus immédiate, la présence d'une espèce ne pouvait plus la distinguer de la connaissance de Dieu en ce monde. De là à appeler une telle connaissance vision, il n'y avait qu'un pas vite franchi par le maître franciscain héritier d'une noétique augustinienne.

1. Cf. Ch. Trottmann, *Théologie et noétique au XIII*^{e} *siècle*, Vrin, Paris, 1999.
2. Cf. *Id.*, « A propos de la querelle avignonnaise… », art. cit.

Dans ces conditions, la seule vision béatifique repoussée si loin, au dernier jour, suffit-elle à constituer la finalité de la science théologique? Guiral Ot choisit de ne pas la laisser seule, mais de lui adjoindre une fin prochaine, la connaissance de Dieu en ce monde qu'il conçoit comme une vision. Que faire alors de la contemplation consentie aux saintes âmes séparées? Elle trouve naturellement sa place comme fin intermédiaire de la théologie entre les deux autres visions.

Finaliser la théologie à une vision de Dieu reste somme toute assez classique dans son ordre. Mais la finaliser à une vision de Dieu en ce monde s'avère plus problématique. «Nul ne peut voir Dieu et vivre», selon le verset de l'*Exode* (33, 20). La vision de Dieu ne devrait-elle pas être réservée à l'au-delà? Certes, Guiral Ot stipulait d'emblée qu'elle demeure, en cette vie, temporaire, imparfaite, spéculaire. Mais précisément les trois miroirs par lesquels il la faisait passer méritent qu'on s'y arrête une dernière fois.

Tout d'abord ici-bas, c'est selon lui une vision triple qui est atteinte par la doctrine théologique. Elle ne se cantonne pas en effet dans une mise en lumière des Écritures. Elle voit aussi Dieu dans le miroir des créatures, ce qui est le fait des philosophes, voire grâce à des espèces infuses par Dieu, et cela revient aux mystiques. La finalité spéculative de la théologie qu'il place en cette vie n'est donc pas pour Guiral Ot poursuivie exclusivement dans le cadre de la foi. Qu'il y ait aussi une théologie philosophique voilà qui n'est pas nouveau. En revanche, ce qu'il dit de la vision de Dieu par des espèces infuses est plus original, par certains aspects au moins.

En ce qui concerne la vision dans le miroir des Écritures, nous avons relevé que conformément à ce que disait déjà Guillaume d'Auxerre dans la *Summa Aurea*, la part d'appréhension de la théologie est développée parallèlement à une adhésion de foi conçue selon le mode très primitif de l'estimative. Une telle adhésion instinctive au donné de foi peut-elle s'accompagner d'une réelle recherche intellectuelle de la théologie? Cette première vision dans le miroir des Écritures peut-elle aller beaucoup plus loin chez les théologiens que la foi informe des fidèles ordinaires? Est-ce simplement elle qui est ici assignée comme une première vision susceptible de constituer la finalité propre de la théologie? Le second miroir, celui des Créatures permettra-t-il d'avancer plus avant dans la vision de Dieu?

Nous ne revenons pas ici sur l'analyse détaillée que nous avons donnée du regard porté par Guiral Ot sur la théologie des philosophes. Rappelons seulement l'assimilation qu'elle réalisait entre les trois vertus intellectuelles suprêmes de l'*Éthique à Nicomaque* et les trois dons ultimes du Saint-Esprit: science, intelligence et sagesse. Les connaissances que les philosophes atteignent par l'étude ne différeraient ainsi pas selon le contenu, mais selon la seule modalité d'acquisition, de celles que les théologiens obtiennent par grâce.

On pourrait s'interroger sur l'orthodoxie de ce concordisme. Mais Guiral Ot précise, on l'a vu, l'étendue de la connaissance de Dieu par les philosophes. Ils le découvrent à partir de la physique comme cause réalisatrice de l'univers; à partir de la logique, comme lumière illuminatrice de la vérité, à partir de l'Éthique, comme source de la félicité. Cette tripartition plus stoïcienne qu'aristotélicienne transite par Augustin et Scot.

La dernière forme de connaissance constitue en tout cas pour Guiral Ot, et Thomas d'Aquin serait d'accord avec lui sur ce point[1], la source d'une félicité éthique accessible dès ici-bas par la spéculation proprement philosophique. Toutefois, il nous faut apprécier l'audace du Docteur Moral qui assigne à la théologie une telle félicité comme finalité prochaine.

La description qu'il propose de la vision de Dieu dès ici-bas à l'aide d'espèces infuses n'est pas non plus sans poser quelques problèmes doctrinaux intéressants. Elle semble d'abord recouvrir une conception augustinienne de la prophétie, fort classique. Guiral Ot l'articule d'ailleurs habilement à une noétique d'inspiration plus aristotélicienne. Il distingue clairement une vision de Dieu à partir de la conversion de l'intellect vers les fantasmes habituels, de celle obtenue par sa conversion vers des espèces impresses. Toutes deux sont encore distinguées de la vision seule faciale et donc béatifique réalisée ici-bas par l'unique intellect capable de se convertir en cette vie directement à l'essence divine: celui du Christ en raison de son union hypostatique.

Ici encore, on pourrait se demander dans quelle mesure les deux premières atteignent effectivement une connaissance de Dieu qui puisse être qualifiée de vision; mais surtout, dans quelle mesure, ces visions prophétiques qui sont de l'ordre de la grâce charismatique peuvent être assignées comme finalité de la science théologique. Le but de l'étude théologique peut-il être sérieusement de rendre ceux qui la pratiquent visionnaires et prophètes? Mais réciproquement, le théologien, s'il se contente de n'être qu'un savant scolastique sans jamais être prophète ne risque-t-il pas de conférer à sa discipline une platitude qui lui ferait perdre son intérêt? L'histoire même de la théologie ne témoigne-t-elle pas de la difficulté de cette aporie?

C'est en tout cas un mérite de Guiral Ot, dans le contexte propre à son époque, et si tendu à Paris en 1333, sinon d'en avoir une conscience explicite, du moins de contribuer à poser ce problème, et plus généralement celui des rapports entre la connaissance de Dieu en ce monde et dans l'autre.

1. Cf. É.-H. Weber, « Le bonheur dès à présent, fondement de l'éthique selon Thomas d'Aquin », dans *R.S.P.T.*, 78, 3 (1994), p. 389-413.

ABRÉVIATIONS

A.F.P.	*Archivum Fratrum Praedicatorum*
A.F.H.	*Archivum Franciscanum Historicum*
A.H.M.A.	*Analecta Hymnica Medii Aevi*
A.H.P.	*Archivum Historiae Pontificiae*
A.H.D.L.M.A.	*Archives d'Histoire Doctrinale et Littéraire du Moyen-Age*
B.A.V.	Biblioteca Apostolica Vaticana
B.A.	Bibliothèque augustinienne
B.E.F.A.R.	Bibliothèque des Écoles Françaises d'Athènes et de Rome.
B.F.S.M.	Bibliotheca Franciscana Scholastica Medii Aevi
B.T.	Bibliothèque Thomiste
Beit. G.P.M	Beiträge zur Geschichte der Philosophie und Theologie des Mittelalters
C.A.O.	Corpus Antiphonalium, Officii
C.C.S.G.	Corpus Christianorum, Series Greca
C.C.S.L.	Corpus Christianorum, Series Latina
C.I.S.	Congrès International Scotiste
C.S.E.L.	Corpus Scriptorum Ecclesiasticorum Latinorum
D.T.C.	*Dictionnaire de Théologie Catholique*
E. Ph. M.	Études de philosophie médiévale
Fr. St.	*Franciscan Studies*
L.U.P.	Leuven University Press
M.E.F.R.M.	*Mélanges de l'École Française de Rome, Moyen Age*
M.H.P.	Miscellanea Historiae Pontificiae
N.R.T.	*Nouvelle Revue Théologique*
Ph. B.	Les Philosophes Belges
P.G.	J.-P. Migne, Patrologiae cursus completus, Series Graeca.
P.I.M.S.	Pontifical Institute of Mediaeval Studies; Studies and Texts, Toronto.
P.L.	J.-P. Migne, Patrologiae cursus completus, Series Latina.
P.M.	Philosophes Médiévaux
P.U.G.	Presses de l'Université Grégorienne

R.F.N.	*Rivista di Filosofia Neoscolastica*
R.H.	Repertorium Hymnologicum
R.H.E.	*Revue d'Histoire Ecclésiastique*
R.S.P.T.	*Revue des Sciences Philosophiques et Théologiques*
R.S.R.	*Recherches de Sciences Religieuses*
R.T.A.M.	*Recherches de Théologie Ancienne et Médiévale*
S.C.	Sources Chrétiennes
S.B.O.	*Sancti Bernardi Opera*
S.I.E.P.M.	Société Internationale pour l'Étude de la Philosophie Médiévale
S.M.	*Studi Medievali*
S.S.S.	Studia Scolastico-Scotistica
S.T.O.O.	*Sancti Thomae de Aquino, Opera Omnia, édition léonine*

DE MULTIFORMI VISIONE DEI

LA VISION DE DIEU
AUX MULTIPLES FORMES

In nomine Domini Amen.

IN NOSTRA DISPUTATIONE DE QUOLIBET INTER CETERA QUEREBATUR, UTRUM DOCTRINA THEOLOGICA SIT SPECULATIVA AN PRATICA [1].

Et arguebatur primo quod speculativa, quia omnis doctrina, cuius finis est cognitio et speculatio veritatis, est speculativa non pratica, sicut colligi potest ex hiis que leguntur primo et secundo Metaphysice [2] de differentiis scientie speculative et pratice, immo et ex hiis que refert beatus Augustinus libro 8 de Civitate Dei capitulo 4 dicens Platonem determinasse, quod omne « studium sapientie in actione et contemplatione versatur. Unde una pars eius activa, altera contemplativa dici potest, quarum activa ad agendam vitam, id est ad mores instruendos pertinet, contemplativa vero ad conspiciendas nature causas et sincerissimam veritatem » [3]. Sed finis doctrine theologice videtur [a] esse cognitio veritatis, sicut scriptum est : « Hec autem scripta sunt ut credatis quod Ihesus Christus [b] est Filius Dei, et ut credentes vitam habeatis in nomine eius », Jo. 20, <31>. Hec autem vita est cognitio pura Domino testante, qui ad Patrem ait : « Hec est autem vita eterna, ut cognoscant te <solum> Deum verum, et quem misisti Ihesum Christum », Jo. 17, <3>, quare doctrina theologica videtur esse speculativa et non pratica.

Sed ad oppositum arguebatur, quia omnis doctrina, cuius finis est actio caritatis [4], non solum cognitio veritatis, est pratica, ut patet ex hiis que ad partem oppositam allegata sunt supra. Sed finis doctrine theologice videtur esse actio caritatis; idem [c] enim finis est precepti divini, legis divine et doctrine theologice; et doctrina preceptorum Dei et legis divine sunt idem.

a. *cod.* videtur *iter.* b. *cod.* Christus *om.* c. *cod.* item

1. Cf. Duns Scot, *Ordinatio, Prologus Pars 5, q. 1*, Civitas Vaticana, I, 1950, p. 151-153.
2. Aristote, *Métaphysique*, 1, 1, 981 b 30, *Aristoteles Latinus*, XXV 1, 1a, G. Vuillemin-Diem (éd.), Leiden, Brill, 1970, p. 7, 91 ; XXV 2, 1976, p. 9 ; XXV 3, 1995, p. 14 ; *a 1*, 993 b 20-23, *Aristoteles Latinus*, XXV 1, p. 37, 119 ; XXV 2, p. 36-37 ; XXV, 3, p. 44 ; cf. J. Hamesse, *Auctoritates Aristotelis*, 1, 39, P.M., 17, Louvain, Paris, 1974, p. 118.
3. Augustin, *De Civitate Dei*, 8, 4, C.C.S.L., 47, p. 219-220, l. 17-22.
4. Duns Scot, *Ordinatio, Prologus Pars 5, q. 1*, invoque *Rm.* 13, 10 à l'appui de sa conception de la théologie comme science pratique.

Au nom du Seigneur, Amen.

[1]DANS NOTRE DISPUTE DE QUODLIBET, ON DEMANDAIT, ENTRE AUTRES, SI LA DOCTRINE THÉOLOGIQUE EST SPÉCULATIVE OU PRATIQUE [0.1]

Et nous proposions d'abord des arguments en faveur de sa nature spéculative, car toute doctrine dont la fin est la connaissance et la spéculation sur la vérité est spéculative et non pratique, comme on peut le déduire de ce qu'on lit au premier et au second livre de la *Métaphysique* à propos des différences entre les sciences spéculatives et pratiques ou, au contraire, à partir de ce que rapporte Augustin au livre 8 *Sur la Cité de Dieu*, chapitre 4. Là où il dit que Platon a affirmé que toute « étude de la sagesse porte à la fois sur l'action et sur la contemplation. On peut donc dire qu'une part de cette étude est active, et l'autre contemplative ; celle d'entre elles qui est active concerne la conduite de la vie, c'est-à-dire la direction des mœurs ; la part contemplative visant plutôt la considération des causes de la nature et la plus pure vérité ». Mais la fin de la doctrine théologique semble être la connaissance de la vérité, ainsi qu'il est écrit : « Ces choses ont été écrites pour que vous croyiez que Jésus est le Christ, le Fils de Dieu, et qu'en croyant vous ayez la vie en son nom », dans *Jean*, chapitre 20. Or cette vie est la pure connaissance attestée par le Seigneur qui dit au Père : « Or la vie éternelle, c'est qu'ils te connaissent, toi le seul vrai Dieu, et celui que tu as envoyé, Jésus-Christ », dans *Jean*, chapitre 17, en vertu de quoi la doctrine théologique semble bien être spéculative et non pratique. [0.1.1]

Mais à l'opposé, on arguait que toute doctrine dont la fin est l'acte de charité et non seulement la connaissance de la vérité, est pratique, comme cela paraît avec évidence d'après les arguments allégués plus haut pour la partie opposée. Mais la fin de la doctrine théologique s'avère être l'acte de charité. Car le précepte divin, la loi divine, la doctrine théologique ont la même fin. De même, la doctrine contenue dans les préceptes de Dieu et [0.1.2]

1. Les chiffres indiqués en marge entre crochets entendent mettre en évidence la structure du texte. Nous faisons commencer par un 0 la numérotation correspondant à la division formelle de la dispute en deux articles disproportionnés, après un court exposé de la question. Nous réservons la numérotation commençant de 1 à 6 à la structure réelle du texte en six conclusions.

Sed Apostolus dicit, quod finis precepti est caritas de corde puro et « conscientia bona et fide » non ficta, Prima ad Timotheum primo, <19>, quare doctrina theologica videtur esse non speculativa sed pratica.

Solutio questionis

Pro solutione questionis huius et argumentorum que videntur tendere ad inquirendum finem doctrine theologice, due difficultates occurrunt primo discutiende, ut ex earum discussione possim clarius ad questionem respondere.

Est autem difficultas prima scire quis est finis doctrine theologice, secunda que sit differentia doctrine speculative et doctrine pratice.

f. 1 v Ante tamen quam in ista discussione | procedam, protestor quod in ista questione, sicut in qualibet alia, nichil intendo pertinaciter asserere, nichil volo pertinaciter defensare, sed omnia que dixero vel scripsero, correctioni Sancte Sedis Apostolice, cum omni devotione submitto.

Secundo protestor quod si venerabilibus magistris et doctoribus aliud videatur, ego semper paratus sum stare sententie saniori.

Tertio protestor quod quecumque reportabuntur verbo vel scripto de dictis meis preter illa que in quaterno presenti, quem pro exemplari dabo, habeo pro non dictis et ea non reputo dicta mea, nec ex mea intentione dicta.

Quarto protestor quod ea que dicturus sum non intendo dicere sicut Generalis Minister Ordinis Fratrum Minorum, sed sicut particularis magister et sicut alumpnus et membrum venerabilis matris mee Universitatis studii Parisiensis.

<PRIMUS ARTICULUS>

Ad evidentiam autem prime difficultatis sex conclusiones declarare propono, quarum est prima, quod beatissima et ex toto perfecta divine essentie visio, quam post finale iudicium electi omnes habebunt, est ultimus finis quo doctrine theologice, pro quanto finis consistit in cognitione.

Secunda conclusio, quod beata divine essentie visio, quam in vita presenti viri sapientes et sancti habent, est propinquus finis doctrine theologice.

celle de la loi divine sont identiques. Mais l'Apôtre dit que la fin du précepte est la charité venant d'un cœur pur, « d'une bonne conscience et d'une foi » non feinte, dans la Première *Lettre à Timothée*, au premier chapitre, en vertu de quoi la doctrine théologique paraît être non pas spéculative, mais pratique.

Résolution de la question [0.1.3]

En vue de la résolution de cette question et des arguments qui semblent viser à la recherche de la fin de la doctrine théologique, deux difficultés surgissent et doivent être discutées en premier lieu, afin qu'à partir de leur discussion je puisse répondre plus clairement à la question. Or savoir quelle est la fin de la théologie constitue une première difficulté, la seconde étant la différence entre une doctrine spéculative et une doctrine pratique. [0.1.3.1]

Avant toutefois de m'engager dans cette discussion, j'atteste que dans cette question, comme en n'importe quelle autre, je n'ai ni l'intention de rien affirmer obstinément ni la volonté de rien interdire obstinément, mais que je soumets avec toute la dévotion requise à la correction du Saint-Siège apostolique toutes les choses que j'aurai pu dire ou écrire. Deuxièmement j'atteste que si des maîtres vénérables et des docteurs avaient des vues différentes sur la question, je suis toujours prêt à m'en tenir à une opinion plus sensée. Troisièmement j'atteste que je tiendrai tout rapport écrit ou oral de mes dires, autre que celui que je donnerai comme exemplaire dans le présent cahier, comme différent de ce que j'ai dit; je ne le reconnaîtrai ni conforme à mon propos ni correspondant à ce que j'ai voulu dire. Quatrièmement j'atteste que ce que je vais dire, je ne prétends pas le dire en tant que ministre général de l'ordre des Frères mineurs, mais en tant que maître particulier et en tant qu'élève et membre de ma vénérable mère l'Université de Paris. [0.1.3.2]

<PREMIER ARTICLE> [0.2]

En vue de clarifier la première difficulté, je propose de clarifier six conclusions dont la première est que la vision suprêmement bienheureuse et en tout parfaite de la divine essence que les élus auront tous après le jugement final est la fin ultime de la doctrine théologique, pour autant que sa fin consiste dans la connaissance. La seconde conclusion est que la vision bienheureuse de l'essence divine que des hommes sages et saints possèdent en la vie présente est la fin prochaine de la doctrine théologique.

Tertia conclusio, quod sancta divine essentie visio, quam anime sancte a corporibus separate iam habent, est finis medius doctrine theologice.

Quarta conclusio, quod anime separate nondum habent illam divine essentie visionem, quam supra dixi esse finem ultimum doctrine theologice.

Quinta conclusio, quod rationes inducte ad probandum, quod anime sancte iam habent ultimum finem doctrine theologice, non concludunt.

Sexta conclusio, quod rationes inducte ad probandum, quod anime sancte nondum habent visionem que est finis medius doctrine theologice, non concludunt.

<Prima conclusio>

Prima conclusio probatur ita : illa divine essentie visio, quam post finale iudicium electi omnes habebunt, est cognitio qua nos Deum videbimus sicut eum « angeli vident »[1], qua « cognoscemus Deum sicut cogniti
f. 2 sumus »[2] ab eo, qua « Deum videbimus sicuti est » |, qua expresse « similes Deo erimus »[3], qua Deum « videbimus facie ad faciem »[4], qua « omne bonum »[5] cognoscemus, qua « filiorum Dei expectata gloria revelabitur »[6], qua Deo « apparente gloria satiabimur »[7], que quidem est perfecta ex toto cognitio, « eterna vita »[8], omnium bonarum actionum finis, premium fidei, « denarius diurnus »[9], « merces copiosa omni bene operanti et bene perseveranti »[10] promissa, quare huiusmodi visio in genere cognitionis est ultimus finis doctrine theologice. Consequentia hec satis manifesta est, sed antecedens declarandum est per singulas partes.

Prima particula descriptionis

Quod enim post finale iudicium videamus Deum sicut eum angeli vident, patere potest ex hiis : ait enim Dominus : « angeli pusillorum in celis semper vident faciem Patris mei qui in celis est », Mt. 18, <10>. Et iterum : « In resurrectione, inquit, homines neque nubent neque nubentur sed sunt sicut angeli Dei in celo », Mt. 22, <30>. Ex quibus

1. *Mt.* 18, 10.
2. I *Cr.* 13, 12.
3. I *Jn.* 3, 2.
4. I *Cr.* 13, 12.
5. *Ex.*, 33, 18.
6. *Rm* 8, 19.
7. I *Jn.* 3, 1-2.
8. *Jn.* 17, 3.
9. *Mt.* 20, 2.
10. *Mt.* 5, 12.

La troisième conclusion est que la sainte vision de la divine essence qu'ont déjà les âmes saintes séparées de leur corps est la fin intermédiaire de la doctrine théologique. La quatrième conclusion est que les âmes séparées n'ont pas encore cette vision de l'essence divine dont j'ai dit plus haut qu'elle était la fin ultime de la doctrine théologique. La cinquième conclusion est que les arguments avancés en vue de prouver que les âmes saintes ont déjà la fin ultime de la doctrine théologique ne sont pas concluants. La sixième conclusion est que les arguments avancés en vue de prouver que les âmes saintes n'ont pas encore la vision qui est la fin intermédiaire de la doctrine théologique ne sont pas concluants.

<Première conclusion> [1]

La première conclusion est ainsi prouvée : cette vision de l'essence divine que tous les élus auront après le jugement final, est la connaissance par laquelle nous verrons Dieu « comme les anges » le voient, « nous connaîtrons » Dieu « comme nous sommes connus » de lui, « nous verrons Dieu tel qu'il est et serons » expressément « semblables » à Dieu, connaissance par laquelle « nous verrons Dieu face à face », nous connaîtrons « tout bien », par laquelle « la gloire attendue des fils de Dieu sera révélée », nous serons « comblés de sa gloire par l'apparition de Dieu », qui est, certainement, connaissance en tout parfaite, « vie éternelle », fin de toutes les bonnes actions, récompense de la foi, « denier du jour », « récompense abondante » promise « à tous ceux qui font le bien et persévèrent en lui », c'est pourquoi une telle vision est la fin ultime de la doctrine théologique dans l'ordre de la connaissance. Cette conséquence est assez manifeste, mais son antécédent doit être mis en lumière en des parties distinctes.

Première sous-partie de l'exposé [1.1]

Que ce soit effectivement après le jugement final que nous devions voir Dieu comme les anges le voient, cela peut être rendu manifeste comme suit. Le Seigneur dit bien : « les anges de ces petits dans les cieux voient sans cesse la face de mon Père qui est aux cieux », dans *Matthieu*, chapitre 18. Et encore : « A la résurrection, dit-il, on ne prend ni femme ni mari, mais on est comme des anges dans le ciel », dans *Matthieu*, chapitre 22. D'où colligit Augustinus subscriptam sententiam dicens : « Sicut ergo » angeli faciem Patris « vident, ita et nos visuri sumus, sed nondum ita videmus »[1], 22 libro de Civitate Dei capitulo 29. Angeli autem, cum sint primaria susceptiva divini luminis et divine visionis, taliter vident Deum, quod ipsi a Deo immediate suscipiunt huiusmodi visionem et in se ipsis ultimate perficiuntur huiusmodi visione tanquam actu secundo et huiusmodi visione immediate feruntur in Deum et ultimate beatificantur in Deo. Sicut ergo illi vident, sic et nos videbimus, quoniam nostris intelligentiis sufficienter preparatis ad recipiendam huiusmodi visionem, ipsam utique suscipiemus a Deo immediate et in nobis perficiemur ultimate, et per eam immediate feremur in Deum et ultimate beatificabimur in Deo.

Secunda particula descriptionis

Quod autem post finale iudicium cognoscemus Deum sicut cogniti sumus a Deo, docet Apostolus dicens : « Nunc cognosco ex parte, tunc autem cognoscam sicut et cognitus sum », Prima ad Corinthios 13, <12>. Licet autem sit difficillimum intelligere, quomodo creatura creatorem cognoscat sicut est a creatore cognita, pro eo quod multe ac multe sunt dissimilitudines, tamen ad exponendam intentionem Apostoli premittende sunt quattuor divisiones de modo cognoscendi.

Quattuor divisiones de modo cognoscendi

f. 2v Quarum est | prima, quod aliqua res potest cognosci dupliciter : uno modo in universali, alio modo in singulari. In universali quidem sicut cognoscimus quod causa prima est virtus summa, licet in singulari virtus illa sit nobis ignota. In singulari vero, sicut cognoscimus calorem ignis quem sensibiliter experimur, et sicut quisque cognoscit faciem matris sue quam frequenter intuitus est. Et talis cognitio rerum in singulari dicitur gnomitica quasi experimentalis.

Secunda divisio est, quod aliqua res cognoscitur aliquando per medium[d] et <a>liquando sine medio[e].

Per medium quidem res cognoscitur, quando cognoscitur per argumentum, per speculum, per signum vel per magistrum. Sine medio autem res cognoscitur, quando vel res ipsa seipsam virtuti apprehensive manifestat immediate, vel quando ipsa notitia est immediata causa rei cognite.

d. *cod.* memoriam. e. *cod.* memoria.

1. Augustin, *De Civitate Dei*, 22, 29, C.C.S.L., 48, p. 857, l. 37-38.

Augustin tire la pensée suivante : « C'est donc de la manière même dont » les anges « voient » la face du Père, « que nous verrons nous aussi, mais nous ne voyons pas encore ainsi », au livre 22 *Sur la Cité de Dieu*, chapitre 29. Or les anges, comme ils sont les premiers à recevoir la lumière et la vision divines, voient Dieu de telle manière qu'ils reçoivent cette vision de lui immédiatement et atteignent par elle en eux-mêmes leur perfection ultime comme en un acte second. Par une telle vision, ils sont transportés immédiatement en Dieu et trouvent en lui leur ultime béatitude. Car c'est de la manière même dont ils voient que nous aussi nous verrons, puisque une fois nos intelligences suffisamment préparées à recevoir une telle vision, elle nous sera communiquée à nous aussi par Dieu de manière immédiate, et nous atteindrons notre propre perfection ultime. Par elle nous serons immédiatement transportés en Dieu et nous jouirons en lui de notre béatitude ultime.

Seconde sous-partie de l'exposé [1.2]

Or, qu'après le jugement final nous connaîtrons Dieu comme nous sommes connus de lui, c'est l'Apôtre qui nous l'enseigne lorsqu'il dit : « Maintenant je connais d'une manière partielle, mais alors je connaîtrai comme je suis connu », dans la *Première Lettre aux Corinthiens*, chapitre 13. Comment une créature peut arriver à connaître son créateur de la manière même dont elle est connue de lui, voilà une chose des plus difficiles à comprendre en raison de tant et tant de dissemblances entre eux. Pourtant, afin d'expliquer ce que l'Apôtre a voulu dire, on peut avancer quatre divisions sur le mode de connaître.

Quatre divisions sur le mode de connaître [1.2.0]

La première d'entre elles est qu'une chose peut être connue de deux [1.2.1] manières, selon un mode universel ou selon un mode singulier. De manière universelle, d'abord : c'est ainsi que nous connaissons que la Cause Première est la puissance suprême, bien que cette puissance nous soit inconnue dans ce qu'elle a de singulier. Et de manière singulière : c'est ainsi que nous connaissons la chaleur du feu dont nous avons une expérience sensible, et que chacun connaît le visage de sa mère qu'il a fréquemment contemplé. Et une telle connaissance des choses prises de manière singulière est appelée « gnomique », c'est-à-dire expérimentale.

Selon la seconde division, une chose peut être connue tantôt à travers [1.2.2.] un intermédiaire, tantôt sans intermédiaire. Une chose est connue à travers un intermédiaire quand elle l'est grâce à un argument, en miroir, par un signe ou par l'entremise d'un maître. Une chose est connue, en revanche, sans intermédiaire, soit quand la chose même se manifeste elle-même immédiatement à la faculté appréhensive, soit quand la connaissance elle-même est la cause immédiate de la chose connue.

Tertia divisio est, quod aliquam rem contingit aliquando cognosci perfecte aliquando imperfecte, sicut posset in multis manifestari.

Quarta divisio, quod aliquam rem cognosci contingit cognitione variabili, puta delebili, minorabili vel augmentabili, vel aliter in melius vel deterius mutabili; aliquando autem contingit quod res cognoscitur cognitione omnino invariabili. Homo igitur est a Deo cognitus in singulari, immediate, perfecte et invariabiliter. Deus enim non novit aliter facienda quam facta, secundum Augustinum, libro 6° de Trinitate capitulo finali[1]. Sic ergo speramus cum Apostolo, quod quilibet electus homo, Deum cognoscet in singulari, immediate, perfecte et invariabiliter, quia huiusmodi cognitio nec oblivione delebitur, nec quoquomodo evacuabitur[2], nec minorabitur, nec augebitur, nec ulterius perficietur; et tunc homo « cognoscet Deum sicut est cognitus a Deo »[3].

Tertia particula descriptionis

Quod autem post finale iudicium « videbimus eum sicuti est »[4] docet Iohannes Apostolus, Prima Canonica, tertio capitulo. Ad cuius intelligen-
f.3 tiam est sciendum quod unaqueque res cognosci potest dupliciter. | Uno modo ut est in se ipsa, alio modo ut est in aliquo alio representativo representata. Verbi gratia, sol cognoscitur et videtur ab oculo non quidem sicut est in seipso, sed sicut est in suo representativo, puta in illa specie visibili que suscipitur in oculo. Hec autem variatur, secundum maiorem vel minorem distantiam oculi ad solem. Oculus enim videt in figura piramidali cuius basis est quantitas rei in se et conus est in oculo, propter quod sol potest maior vel minor apparere. Sed secundum maioritatem et minoritatem distantie variatur, et secundum differentiam medii, quia in aere denso apparet maior et in aere raro minor et interdum alterius et alterius coloris. Propter quod sol non videtur ab oculo sicut est in seipso, sed sicut est in suo representativo.

Secundum est alterius <modi> quod cum res cognoscitur ut est in seipsa, modus essendi eius describitur in anima talis penitus qualis in seipsa. Sicut si sigillum cupreum molli cere fuerit impressum, relinquit utique in cera figuram proprie figure per omnia respondentem, sic etiam res cognita ut est in seipsa habet in anima cognoscente quandam distinctissimam sui ipsius descriptionem per omnia respondentem suo

1. Augustin, *De Trinitate*, 6, 10, C.C.S.L., 50, p. 241, l. 26-28.
2. Cf. *I Cr.* 13, 10.
3. I *Cr.* 13, 12.
4. I *Jn.* 3, 2.

Selon une troisième division, il arrive qu'une chose soit connue tantôt parfaitement, tantôt imparfaitement, comme on pourrait le montrer en bon nombre de domaines. [1.2.3]

Selon la quatrième division, il arrive qu'une chose soit connue selon une connaissance variable, c'est-à-dire effaçable, susceptible de diminution ou d'augmentation, ou encore d'amélioration ou de détérioration. Parfois, au contraire, il arrive qu'une chose soit connue d'une connaissance en tout invariable. Or l'homme est connu par Dieu de manière singulière, immédiate, parfaite et invariable. Car Dieu n'a pas connu les réalités à créer autrement que les réalités créées, selon Augustin au livre 6 *Sur la Trinité*, chapitre final. Ainsi donc, nous espérons avec l'Apôtre que tout homme élu connaîtra Dieu de manière singulière, immédiate, parfaite et invariable, parce qu'une connaissance de ce type ne sera ni effacée par l'oubli, ni évacuée d'aucune manière, ni diminuée, ni augmentée, ni ne devra se perfectionner ultérieurement, et qu'alors l'homme « connaîtra Dieu comme il est connu de lui ». [1.2.4]

Troisième sous-partie de l'exposé [1.3]

Or, qu'après le jugement final « nous le verrons tel qu'il est », c'est l'Apôtre Jean qui nous l'enseigne, dans sa *Première Lettre*, au troisième chapitre. Pour le comprendre, il faut savoir que toute chose peut être connue de deux manières : soit telle qu'elle est en elle-même, soit telle qu'elle est représentée en quelque autre réalité représentative. Par exemple, le soleil est connu et vu de l'œil, non pas certes tel qu'il est en lui-même, mais tel qu'il est dans ce qui le représente, entendons dans l'espèce visible qui est reçue dans l'œil. Or celle-ci varie selon la distance plus ou moins grande de l'œil par rapport au soleil. Car l'œil voit selon une figure pyramidale dont la base est la quantité de la chose en elle-même et dont le sommet est dans l'œil, et c'est pourquoi le soleil peut paraître plus ou moins grand. Mais il varie en fonction de l'augmentation ou de la diminution de la distance et selon les différents milieux, car il apparaît plus grand dans une atmosphère dense et plus petit dans un air raréfié, et selon les cas, d'une couleur ou d'une autre. C'est pourquoi le soleil n'est pas vu par l'œil tel qu'il est en lui-même, mais tel qu'il est dans ce qui le représente.

Selon le second des deux modes, lorsque la chose est connue telle qu'elle est en elle-même, son mode d'être s'inscrit dans l'âme, exactement tel qu'il est en elle-même. De même que si, éventuellement, on imprime un sceau de cuivre sur de la cire molle, il laisse en tout cas dans la cire une figure correspondant en tout point à celle qu'il porte, de même encore, il y a dans l'âme connaissante une copie de la chose connue telle qu'elle est en elle-même, éminemment distincte et correspondant en tout à son proprio modo essendi, et in nullo penitus dissidentem. Hoc igitur modo speramus videre Deum sicuti est, quando videlicet modus essendi deitatis distinctissime descriptus fuerit in animabus nostris et ipsa descriptio erit utique ipsa visio qua Deum videbimus sicuti est[1], videntes eum ut est in se ipso, non ut est in aliquo alio representativo.

Quarta particula descriptionis

Quod etiam tunc huiusmodi visione similes Deo erimus, docet ibidem prefatus Iohannes Apostolus dicens : « Cum, inquit, apparuerit, similes ei
f. 3 v erimus, quoniam videbimus eum sicuti est[2] ». Ac si aperte diceret : | « quoniam videbimus eum sicuti est, habebimus utique distinctissimam Dei similitudinem in cordibus nostris, videlicet ipsam visionem que, ut dictum est, erit distinctissima divini esse descriptio, quam eternaliter portabimus in animabus nostris ». Sicut enim unigenitus Dei Filius, Verbum quidem et Sapientia Patris, est notitia genita et ymago Dei invisibilis, secundum Apostolum : « Ymago quidem »[3] – ut dicit Augustinus : « Ubi est prima equalitas, est prima similitudo, nulla in re dissidens et nullo modo inequalis, et nulla ex parte dissimilis, sed ad similitudinem respondens ei cuius ymago est »[4], 6 De Trinitate, capitulo 10 – sicut igitur ille unigenitus et universalis Dei Filius est Patri suo omnimode similis, sic et nos, adoptivi filii per sepe dictam visionem, renovata, reformata et perfecta in nobis, divina ymagine similes erimus Deo tamquam Patri nostro.

Quinta particula descriptionis

Quod autem huiusmodi visione « videbimus Deum facie ad faciem », docet Apostolus, Prima ad Corinthios 13, <12>, ad cuius intelligentiam est sciendum quod « Dei facies » in Scripturis Divinis dicitur tripliciter, videlicet facies subiecte creature, sicut ait Jacob : « vidi Deum facie ad faciem », Gen. 32, <30>. Alio modo facies nature assumpte in Christo, de qua dicit Anselmus in quadam meditatione : « O, inquit, felix anima que terreno resoluta » corpore « libera celum petit[f], que dulcissimum Yhesum Christum facie ad faciem cernit[5] ». Alio modo dicitur « facies Dei » claritas divine essentie seu acies divine intelligentie, de qua, ut dictum est supra, dicitur quod « angeli » « vident faciem patris », Mt. 18, <10>, quod exponens

f. *cod.* petis.

1. I *Jn.* 3, 2.
2. I *Jn.* 3, 2.
3. *Cl.* 1, 15.
4. Augustin, *De Trinitate*, 6, 10, C.C.S.L., 50, p. 241, l. 13, 16.
5. Pseudo-Anselme, Pseudo-Augustin, *Meditatio* 16, P.L. 158, 782 C, Jean de Fécamp, *Confessio Theologica*, J. Leclercq, J.-P. Bonnes (éds.), Vrin, Paris, 1946, p. 148, l. 190-192, citant Boèce, *Philosophiae Consolatio* II, 7, C.C.S.L. 94, p. 34, l. 74.

propre mode d'être, et n'en différant au fond en rien. C'est selon ce mode que nous espérons voir Dieu tel qu'il est, lorsque le mode d'être de la déité aura été inscrit le plus distinctement en nos âmes, et cette inscription même sera la vision par laquelle nous verrons Dieu tel qu'il est, le voyant tel qu'il est en lui-même, non tel qu'il se trouve en quelque autre réalité représentative.

Quatrième sous-partie de l'exposé [1.4]

Le fait qu'en plus nous serons alors rendus semblables à Dieu par une telle vision nous est également enseigné par l'Apôtre Jean déjà cité, dans le même passage où il dit : « Quand il apparaîtra, nous lui serons semblables car nous le verrons tel qu'il est ». Comme s'il disait ouvertement : « parce que nous le verrons tel qu'il est, nous aurons en tout cas dans nos cœurs une ressemblance très distincte de Dieu, à vrai dire, nous porterons éternellement dans nos âmes cette vision même qui sera, ainsi qu'on l'a dit, une copie éminemment distincte de l'être divin ». De même que le Fils unique de Dieu, indubitablement Verbe et Sagesse du Père, est la connaissance engendrée et l'image du Dieu invisible, selon l'Apôtre : « Image même », comme dit Augustin : « là où il y a l'égalité première se trouve aussi la ressemblance première, en rien différente, en aucune façon inégale, en aucune de ses parties dissemblable, mais correspondant selon sa ressemblance à celui dont elle est l'image », au sixième livre *Sur la Trinité*, chapitre 10; de même que le Fils unique et universel de Dieu est lui-même en tout semblable à son Père; de même, nous aussi, ses fils adoptifs, une fois renouvelée, reformée et parachevée en nous l'image divine, grâce à cette vision souvent évoquée, nous serons semblables à Dieu, comme à notre Père.

Cinquième sous-partie de l'exposé [1.5]

Qu'en outre, par une vision de ce type, « nous verrons Dieu face à face », c'est l'Apôtre qui nous l'enseigne dans la *Première aux Corinthiens*, chapitre 13, et il faut savoir pour le comprendre que « la face de Dieu » s'entend de trois manières dans les Écritures divines. C'est-à-dire d'abord, la face de la créature soumise, comme lorsque Jacob dit : « J'ai vu Dieu face à face », dans la *Genèse*, chapitre 32. En un autre sens, il s'agit de la face de la nature assumée dans le Christ, dont parle Anselme en quelque méditation : « Oh ! dit-il, heureuse l'âme qui délivrée de son corps terrestre, s'élance libre vers le ciel où elle voit distinctement et face à face le très doux Jésus-Christ ». En un autre sens enfin, « la face de Dieu » signifie la clarté de la divine essence ou la fine pointe de l'intelligence divine, dont il est écrit ainsi qu'il a été dit plus haut, que « les anges voient la face du Père », dans *Matthieu*, chapitre 18. Expliquant ce passage,

Augustinus ait : « Facies Dei manifestatio eius intelligenda est, non aliquod tale membrum quale nos habemus in corpore »[1], 22 libro de Civitate Dei, capitulo 19.

Est ulterius sciendum, quod modus videndi « facie ad faciem », ut eum f.4 hic accipit | Apostolus, includit dualitatem facierum, sicut dualitatem oculorum, sicut dicit Ysaias, quod « oculo ad oculum videbunt », Ys. 52, <8>. Inducit etiam mutuitatem visionum, ut facies videat faciem et videatur a facie. Inducit etiam similitudinem visionum. Posset enim esse quod una facies videret aliam sine speculo, et alia videret istam in speculo, sicut de facto est quod acies divine intelligentie videat aciem anime nostre sine speculo, tamen acies anime nostre non videt ad presens aciem divine intelligentie sine speculo. Quare iste modus videndi facie ad faciem, quam sperat Apostolus, requirit similitudinem visionum, ita videlicet ut videamus Deum sicut videmur a Deo.

Sexta particula descriptionis

Quod autem huiusmodi visione cognoscemus omne bonum, habetur ex promissione Dei dicentis ad Moysen : « Ego ostendam omne bonum tibi », Exodo 33, <18>. Videntes enim Deum, videbimus illud bonum de quo dicit Augustinus : « Quid plura et plura bona ? Bonum hoc et bonum illud. Tolle hoc et tolle illud, et vide ipsum bonum, si potes ; et ita Deum videbis et non alio bono bonum, sed bonum omnis boni »[2], 8 De Trinitate c. 3. Deus ergo dicitur bonum omnis boni quia est primum bonum a quo cetera omnia bona procedunt, quia est summum bonum quod omnia bona naturaliter appetunt, quia est finale bonum, in quo solo rationales appetitus ultimate quiescunt[3]. Videntes igitur talem bonum, non sine causa dicuntur videre omne bonum.

Septima particula descriptionis

Quod etiam, sepe dicta visione « gloria filiorum Dei revelabitur » ex hiis patere potest. Scriptum est enim quod « expectatio creature revelationem filiorum Dei expectat. Vanitati enim creatura subiecta est – non volens sed propter eum qui subiecit eam – in spe, quia ipsa creatura liberabitur a servitute corruptionis in libertatem glorie filiorum Dei »,

1. Augustin, *De Civitate Dei*, 22, 29, (et non 19), C.C.S.L., 48, p. 857, l. 43-45.

2. Augustin, *De Trinitate* 8, 3, C.C.S.L. 50, p. 272, l. 14-17, cité par Duns Scot, *Ordinatio* I, D. 3, 192, éd. Vaticane, III, 1954, p. 118.

3. Cf. Augustin, *Confessions*, 1, 1, C.C.S.L. 27, p. 1, l. 7.

Augustin dit : « par face de Dieu, nous devons comprendre sa manifestation, non pas quelque chose de comparable à cette partie du corps que nous possédons », *Sur la Cité de Dieu*, livre 22, chapitre 19.

Il faut en outre savoir que le mode de la vision « face à face », tel que l'Apôtre l'entend ici, inclut la dualité des faces, comme la dualité des yeux, ainsi que le dit Isaïe : « ils verront les yeux dans les yeux », chapitre 52. Cela suppose encore que les visions soient mutuelles, de telle sorte qu'une face voie l'autre et soit vue par elle. Cela suppose aussi que leurs visions soient semblables. Il pourrait advenir qu'une des faces voie l'autre sans miroir, tandis que l'autre la verrait, elle, dans un miroir, et c'est de fait ce qui se passe, à savoir que le regard de l'intelligence divine voit celui de notre âme sans miroir, tandis que le regard de notre âme ne voit pas encore pour le moment celui de l'intelligence divine sans miroir. C'est pourquoi ce type de vision « face à face » que l'Apôtre espère requiert la ressemblance des visions, de sorte que nous voyions Dieu de la même manière que nous sommes vus de Dieu.

Sixième sous-partie de l'exposé [1.6]

Que, par une vision de ce type nous connaîtrons tout bien, cela est acquis à partir de la promesse de Dieu disant à Moïse : « Je te montrerai tout bien », dans l'*Exode*, chapitre 33. Car voyant Dieu, nous verrons ce bien dont Augustin dit : « Pourquoi encore et toujours plus de biens ? Ceci est bien et cela est bien. Enlève le ceci, enlève le cela et vois le bien lui-même, si tu le peux ; et ainsi tu verras Dieu, qui ne tire pas sa bonté d'un autre bien, mais est la bonté de tout bien », *Sur la Trinité,* livre 8, chapitre 3. Dieu est ainsi dit le bien de tout bien parce qu'il est le premier bien d'où procèdent tous les autres biens, parce qu'il est le souverain bien que tous les biens désirent naturellement, parce qu'il est le bien comme finalité en laquelle seules les créatures rationnelles voient ultimement leur appétit se reposer. Dans la mesure où elles voient un tel bien, ce n'est pas sans raison que l'on dit d'elles qu'elles voient tout bien.

Septième sous-partie de l'exposé [1.7]

Qu'en outre, par la vision souvent évoquée, « la gloire des fils de Dieu doive être révélée », cela peut être rendu manifeste comme suit. Il est écrit que : « l'attente de la création aspire à la révélation des fils de Dieu. Si la création a été soumise à la vanité – non de sa propre volonté, mais à cause de celui qui l'y a soumise – c'est dans l'espérance d'être elle aussi libérée de la servitude de la corruption pour entrer dans la liberté de la gloire des fils de f.4v | ad Romanos 8, <19-21>. Ad cuius intelligentiam est sciendum quod adoptivi «filii Dei nondum apparent in gloria», nec adhuc apparet eis divina gloria, quia nondum habent illam visionem per quam perfecte videbunt divinam gloriam et per quam ipsi «similes erunt» eterne glorie, sicut dicit Iohannes Apostolus: «Carissimi, nunc filii Dei sumus, et nondum apparuit quid erimus. Scimus quoniam cum apparuerit, similes ei erimus; quoniam videbimus eum sicuti est», prima canonica, tertio capitulo, <2>; ac si aperte dixerit: «Carissimi, licet filii Dei simus, nondum tamen ad gloriam filiorum Dei pervenimus, sed adhuc sub servorum subiectione manemus, sed cum per visionem Dei ad illam gloriam pervenerimus, ab omni servitute corruptionis liberi erimus». Et hec est intentio Apostoli in premissis verbis, ubi distinguit et describit de rationali creatura, a Deo iam per gratiam adoptata, quid appetit, quia revelationem prefate glorie; quid sustinet, quia subiectionem et calamitatem et vanitatem presentis miserie; et quid recipiet, quia plenitudinem libertatis glorie. Patet igitur quod veniente sepe dicta visione «gloria filiorum Dei manifestabitur» et omnino complebitur.

Octava particula descriptionis

Quod autem huiusmodi visione satiabimur insinuat Psalmista dicens: «Ego, inquit ad Deum, in iustitia apparebo conspectui tuo; satiabor cum apparuerit gloria tua»[1], ad cuius evidentiam est sciendum quod ubi est desideriorum finis, ibi est desideriorum satietas. Sed in Deo, tali visione apprehenso, est omnium rationalium desideriorum ultimus finis et per consequens ultima et optima satietas. Unde Augustinus, libro De spiritu et littera, dicit: «Illa cognitione, illa visione, illa contemplatione satiabitur in bonis desiderium anime. Cum enim hoc solum bonum sat[g] est ei, non habet
f.5 ultra quid appetat, quo<d> iniet, quod requirat[2]». |

Nona particula descriptionis

Quod autem huiusmodi visio sit perfecta ex toto, probatur dupliciter. Primo quidem ex collatione premissorum, quia visio qua videbimus Deum «sicut angeli»[3], qua «cognoscemus sicut cogniti sumus»[4], qua «videbimus Deum sicuti est»[5], et «efficiemur Deo similes»[6] ultimata

g. *cod.* ad.

---

1. *Ps.* 16, 15.
2. Augustin, *De spiritu et littera*, 33, 59, C.S.E.L. 60, p. 219, l. 8-11.
3. *Mt.* 22, 30.
4. I *Cr.* 13, 12.
5. I *Jn.*, 3, 2.
6. I *Jn.*, 3, 2.

Dieu », dans la *Lettre aux Romains*, chapitre 8. Pour comprendre cela, il faut savoir que les fils adoptifs de Dieu « n'apparaissent pas encore dans la gloire » et que la gloire divine ne leur apparaît pas jusqu'à présent, parce qu'ils ne possèdent pas encore cette vision par laquelle ils verront parfaitement la gloire divine, et par laquelle ils seront eux-mêmes « rendus semblables » à la gloire éternelle, ainsi que le dit l'Apôtre Jean : « Très chers, dès maintenant, nous sommes fils de Dieu, et ce que nous serons n'a pas encore été manifesté. Nous savons que lors de cette manifestation, nous lui serons semblables, parce que nous le verrons tel qu'il est », dans sa *Première Lettre* au chapitre 3. C'est comme s'il disait ouvertement : « Très chers, bien que nous soyons fils de Dieu, nous ne sommes pas encore parvenus à la gloire des fils de Dieu, mais nous demeurons jusqu'à présent assujettis en esclavage, toutefois, lorsque par la vision de Dieu nous parviendrons à cette gloire, nous serons rendus libres de toute servitude de la corruption ». C'est là ce que veut dire l'Apôtre dans les paroles que nous venons de citer où, à propos de la créature rationnelle, déjà adoptée par Dieu selon la grâce, il distingue et décrit ce qu'elle désire, à savoir la révélation de la gloire en question, ce qu'elle supporte, à savoir la servitude, le malheur et la vanité de la misère présente, et ce qu'elle recevra, à savoir la plénitude de la liberté de la gloire. Il est donc manifeste que, lorsque viendra la vision dont on a souvent parlé, « la gloire des fils de Dieu sera manifestée » et accomplie en tout.

Huitième sous-partie de l'exposé [1.8]

Qu'en outre, nous serons rassasiés par une vision de ce type, le Psalmiste l'insinue en ces termes : « Moi, dit-il à Dieu, dans la justice j'apparaîtrai devant ta face, je serai rassasié quand apparaîtra ta gloire ». Pour comprendre cela, il faut savoir que là où est la fin des désirs, là se trouve leur rassasiement. Mais en Dieu, appréhendé par une telle vision, se trouve la fin ultime de tous les désirs rationnels, et par conséquent le rassasiement ultime et le meilleur qui soit. Aussi Augustin dit-il au livre *Sur l'esprit et la lettre :* « Par cette connaissance, par cette vision, par cette contemplation, le désir de l'âme sera rassasié par l'abondance des biens. Puisque ce seul bien lui suffit, elle n'a plus rien à désirer, à convoiter, à rechercher au delà ».

Neuvième sous-partie de l'exposé [1.9]

Or, qu'une telle vision soit parfaite en tout, on le prouve de deux [1.9.1]
manières. Et tout d'abord en rassemblant les arguments précédents, puisque cette vision par laquelle nous verrons Dieu « comme les anges », « nous connaîtrons comme nous sommes connus », « nous verrons Dieu tel qu'il est », « nous serons rendus semblables à lui » selon une ultime

similitudine, qua « videbimus Deum facie ad faciem »[1], sicut supra est expositum, qua « cognoscemus omne bonum »[2], qua « gloria filiorum Dei »[3] complete « manifestabitur », et manifeste complebitur, qua « desiderium » anime « ultimate satiabitur »[4], talis, inquam visio, non potest esse nisi perfecta ex toto, sicut cuilibet consideranti patenter apparet.

Secundo probatur idem, quia omne perfectum, divisum contra perfectum ex parte, est perfectum ex toto, quia si non esset perfectum ex toto, remaneret perfectum ex parte. Tunc autem dividi non posset contra perfectum ex parte, sicut nec contra seipsum. Sed huiusmodi visio seu cognitio dividitur contra cognitionem perfectam ex parte, dicente Apostolo : « Nunc cognosco ex parte, tunc autem cognoscam sicut et cognitus sum[5] ». Quod autem huiusmodi cognitionem ex parte dicit esse vere perfectam, probo sic : Omnis perfectio dici potest et est perfecta. Dicit enim Augustinus libro 7 de Trinitate, capitulo primo : « Sicut absurdum est dicere candidum non esse candorem, sic absurdum est sapientem non esse sapientiam, et sicut candor ad seipsum candidus dicitur, ita et sapientia ad se ipsam sapiens dicitur[6] ». Ita dicam ego quod absurdum esset dicere perfectam non esse perfectionem, et quod perfectio ad se ipsam perfecta dicitur. Sed huiusmodi cognitio que vocatur ex parte est vera perfectio, quod apparet quia omnis vera veritatis cognitio est vera perfectio ; sed cognitio Apostoli, qua cognoscebat ex parte, erat vera veritatis cognitio, quia a Spiritu veritatis fuerat sibi data. Quare talis cognitio erat vera perfectio. Item quia scientia est perfectio aliter non diceret Apostolus : « Sitis
f. 5 v perfecti in eodem sensu et in eadem | scientia », prima ad Corinthios, primo, <10>. Sed scientia est cognitio ex parte, ut habetur in eadem epistola, capitulo 13, quare cognitio ex parte perfectio quedam est. Non est igitur intelligendum quod Apostolus in hoc passu dividat quod perfectum est contra illud quod ex parte est, sicut perfectionem contra imperfectionem, sed sicut perfectionem simpliciter contra perfectionem que supplet imperfectionem, sicut perfectum ex toto[7] contra perfectum ex parte.

1. I *Cr.* 13, 12.
2. *Ex.*, 33, 18
3. *Rm.* 8, 21.
4. *Ps.* 16, 15.
5. I *Cr.* 13, 12.
6. Augustin, *De Trinitate*, 7, 1, C.C.S.L. 50, p. 248, l. 128-131.
7. Cf. Duns Scot, *Tractatus de Primo principio*, chap. 4, concl. 3, par. 53, trad. fr. sous la direction de R. Imbach, Fribourg, 1983, p. 77-78.

ressemblance, « nous verrons Dieu face à face », comme il a été exposé plus haut, nous connaîtrons « tout bien », la « gloire des fils de Dieu » sera complètement « manifestée » et manifestement complète, le « désir » de l'âme sera « ultimement rassasié », une telle vision dis-je, ne peut être que parfaite en tout comme cela apparaît manifestement à quiconque y prête attention.

Deuxièmement, cela se prouve ainsi : parce que tout ce dont la [1.9.2] perfection est opposée à une perfection partielle doit être parfait en tout, car s'il ne l'était pas il demeurerait partiellement parfait. Or il ne pourrait être alors opposé à une autre perfection partielle, pas plus qu'à lui-même. Mais une telle vision ou connaissance est opposée à une autre connaissance qui ne serait parfaite que partiellement lorsque l'Apôtre dit : « Maintenant je connais de manière partielle, mais alors je connaîtrai comme je suis connu ». Or le fait qu'il affirme qu'une telle connaissance partielle est vraiment parfaite, je le prouve ainsi : toute perfection est parfaite et peut être dite telle. Augustin dit bien dans le livre 7 *Sur la Trinité*, au premier chapitre : « Comme il est absurde de dire que la blancheur n'est pas blanche, de même, il est absurde de prétendre que la sagesse n'est pas sage ; et comme la blancheur est dite blanche par référence à elle-même, de même, la sagesse est dite elle aussi sage par référence à elle-même ». Ainsi, je dirai quant à moi qu'il serait absurde de prétendre que la perfection n'est pas parfaite, et j'ajoute que la perfection est dite parfaite par référence à elle-même. Mais une telle connaissance, qui est appelée partielle, est une vraie perfection, cela est manifeste parce que toute connaissance vraie de la vérité est une vraie perfection ; mais la connaissance de l'Apôtre, par laquelle il connaissait partiellement, était une vraie connaissance de la vérité, car elle lui avait été donnée par l'Esprit de vérité. C'est pourquoi une telle connaissance était une vraie perfection. En outre, cela apparaît parce que la science est une perfection, sans quoi l'Apôtre ne dirait pas : « soyez parfaits selon le même sentiment et selon la même science », dans la *Première aux Corinthiens*, chapitre premier ; mais la science est une connaissance partielle, ainsi qu'il est stipulé dans la même lettre au chapitre 13, c'est pourquoi la connaissance partielle est une certaine perfection. Il ne faut donc pas comprendre que dans ce passage l'Apôtre oppose ce qui est parfait à ce qui est partiel, comme la perfection à l'imperfection, mais comme la perfection absolue à une perfection qui remplace une imperfection, comme le parfait en tout au partiellement parfait.

Quomodo creata cognitio dici possit perfecta ex toto

Si vero queritur quomodo creata cognitio dici possit perfecta ex toto, dicendum est, secundum duas distinctiones datas de perfecto. Dicit enim Magister Sententiarum, libro 2, distinctione 4, quod : « Perfectum dicitur tribus modis : est enim perfectum secundum tempus, et est perfectum secundum naturam, et est universaliter perfectum. Secundum tempus perfectum est, quod habet quicquid tempus requirit et convenit secundum tempus haberi ; et hoc modo angeli erant perfecti ante confirmationem vel lapsum.

Secundum naturam perfectum est, quod habet quicquid debitum est vel expedit nature sue ad glorificationem ; et hoc modo perfecti erant <angeli> post confirmationem et erunt sancti post resurrectionem.

Universaliter et summe perfectum est, cui nichil unquam deest, et a quo universa proveniunt bona, quod est solius Dei.

Prima igitur perfectio est nature condite, secunda nature glorificate, tertia nature <in>create[1] ».

Secundum hanc igitur distinctionem dico quod visio dicitur perfecta ex toto non solum secundum tempus, sed secundum naturam, quando est plene ac ultimate glorificans, et hoc modo angeli glorificati ex toto, sunt perfecti ex toto. Et sic erunt homines sancti post resurrectionem, licet nec visio, nec angelus, nec homo possint unquam esse perfecti universaliter sicut Deus.

Sic ergo patet responsio secundum primam distinctionem datam de perfecto.

Aliter autem dividit Aristoteles perfectum 5 Methaphysice, dicens quod « perfectum dicitur uno modo id cui nulla pars deficit ; alio modo cui nulla virtus conferens ad esse vel ad bene esse sui generis vel speciei f. 6 deficit ; alio modo cui adest ultimus | et optimus finis suus. Alio modo perfectum dicitur illud cui nichil perfectionis cuiuscumque generis vel speciei vel finis deest, et quod a nullo sui generis vel alterius exceditur »[2]. Secundum hanc igitur distinctionem dico quod huiusmodi visio est perfecta ex toto primis tribus modis, quia tali visioni, nec pars aliqua, nec virtus suo generi vel speciei accomoda, nec finis suus ultimus et optimus deficit, cum ipsum sit ultimus et optimus finis quo, et finalis comprehensio finis cuius gratia qui est Deus. Quarto tamen modo solus

1. Pierre Lombard, II *Sent.* d. 4, c. u., Spicilegium Bonaventurianum 4, Grottaferrata, 1971, p. 350, l. 20-351, l. 3.

2. Aristote, *Métaphysique*, 5, 16, 1021 b. 12 *sq.*, *Aristoteles Latinus*, XXV 2, p. 105-106 ; XXV, 3, p. 114 ; Cf. J. Hamesse, *Auctoritates...*, *op. cit.*, 1, 138 ; 2, 110, p. 126 et 148.

Comment une connaissance créée peut être dite parfaite en tout [1.9.3]

Si on demande encore comment une connaissance créée peut être dite parfaite en tout, je répondrai en suivant les deux distinctions proposées concernant ce qui est parfait. Voici ce que dit le Maître des *Sentences* au livre 2, distinction 4 : « Parfait se dit de trois manières, car il y a ce qui est parfait selon le temps, selon la nature, et ce qui est universellement parfait. Est parfait selon le temps ce qui possède tout le temps dont il a besoin et qu'il lui convient d'avoir ; et c'est de cette manière que les anges étaient parfaits dès avant leur confirmation ou leur chute. Est parfait selon la nature ce qui possède tout ce qui est dû ou avantageux à sa nature en vue de sa glorification ; et c'est de cette manière que les anges étaient parfaits après leur confirmation, et que les saints le seront après leur résurrection. Est parfait universellement et éminemment, celui à qui rien ne manque jamais et de qui proviennent absolument tous les biens, ce qui revient à Dieu seul. La première perfection est donc celle de la nature créée ; la seconde, celle de la nature glorifiée ; la troisième, celle de la nature incréée ».

Suivant donc cette distinction, je dis que la vision est dite parfaite en tout, non seulement selon le temps, mais selon la nature, quand elle confère une gloire plénière et ultime, et c'est de cette manière que les anges, glorifiés en tout, sont parfaits en tout. C'est aussi de cette manière que les hommes saints le seront après la résurrection, bien que ni la vision, ni l'ange, ni l'homme ne puissent jamais être universellement parfaits comme Dieu. La réponse donnée suivant la première distinction proposée concernant le parfait est ainsi manifeste.

Aristote divise encore autrement le parfait en *Métaphysique* 5 : « est dit parfait en un sens ce à quoi aucune de ses parties ne manque ; en un autre sens ce à quoi il ne manque aucune des qualités qui contribuent à son être ou à son bien-être en son genre ou en son espèce ; en un autre sens, ce qui possède sa fin ultime et optimale. En un autre sens, est dit parfait ce à quoi ne manque aucune perfection d'aucune sorte, ni selon le genre, ni selon l'espèce, ni selon la fin, et qui n'est dépassé par aucun être en son genre ou autrement ». Suivant donc cette distinction, je dis qu'une vision de ce type est parfaite en tout selon les trois premiers sens, car à une telle vision ne manque, ni une quelconque partie, ni une qualité convenant à son genre ou à son espèce, ni sa fin ultime et optimale, dans la mesure où, lui qui est Dieu, il est lui-même la fin ultime et optimale par laquelle il est atteint, et la compréhension de la fin en vue de laquelle il est atteint. Selon le quatrième sens, en revanche, Dieu seul est parfait. Et on comprend ainsi

Deus perfectus est. Et sic patet quomodo hec visio intelligi debeat perfecta ex toto et quomodo cognitio ex parte non est perfecta ex toto, quia deficit ei aliquid conveniens fini suo ultimo et optimo.

Decima particula descriptionis

Quod autem huiusmodi visio sit vita eterna patet, quoniam hoc dicit Dominus : « Hec est vita eterna, ut cognoscant te, solum Deum verum, et quem misisti Yhesum Christum », Io. 17, <3>.

Ad cuius evidentiam est sciendum quod vita dicitur tripliciter, videlicet vita in potentia, vita in actu primo qui dicitur habitus, et vita in actu secundo, qui est operatio.

Primo autem modo dicitur vita de corpore organico sicut habetur per Philosophum secundo libro De anima, dicens quod : « Anima est actus primus corporis phisici organici vitam habentis in potentia[1] ». Ex qua patet quod corpus huiusmodi vitam habet primo modo, scilicet in potentia.

Anima vero est vita secundo modo dicta, quia est actus primus.

Sed operatio anime est vita tertio modo dicta, quia est actus secundus ab actu primo elicitus. Propter quod Aristoteles, octavo Phisicorum dicit quod « motus inest rebus mobilibus ut vita quedam »[2] ; motus enim non est actus primus sed secundus ad modum operationis ; quare dicit ipsum esse vitam.

Hoc autem tertio modo dicit Philosophus[h] cognitionem Dei et vitam non solum in potentia nec in actu primo, sed ut in actu secundo; est enim
f. 6v vitalis operatio in qua consistit felicitas, | ut habetur Primo Ethicorum[3]. Dum autem vita eterna <est>, quia nunquam est in melius vel in deterius inmutanda. In ipsa enim et per ipsam homo consequitur suum ultimum bene esse.

Undecima particula descriptionis

Quod autem huiusmodi visio sit omnium bonarum actionum finis docet Augustinus dicens : « "Videmus nunc per speculum in enigmate", hoc est in similitudinibus, "tunc autem facie ad faciem"[4]. Hec enim nobis

h. *cod.* Deus.

1. Aristote, *De anima*, 2, 1, 412 a 27-28, *Aristotelis de Anima,* P. Siwek (éd.), Rome, 1933, t. II, p. 93 ; Cf. J. Hamesse, *Auctoritates..., op. cit.*, 6, 41, p. 177.

2. Aristote, *Physique,* 8, 250 b 14-15, *Aristoteles Latinus*, VII 1.2, F. Bossier, J. Brams (éds.), Leiden, Brill, 1990, p. 277 ; Cf. J. Hamesse, *Auctoritates..., op. cit.*, 2, 199, p. 156.

3. Aristote, *Éthique à Nicomaque*, 1, 9, 1098 a 12-20, *Aristoteles Latinus*, XXVI, 3, R.-A. Gauthier (éd.), Leiden, Brill, 1972-1974, v. 2, p. 78; v. 3, p. 151 ; v. 4, p. 384; cf. J. Hamesse, *Auctoritates..., op. cit.*, 12, 207, 209, p. 247.

4. I *Cr.* 13, 12.

comment cette vision devrait être comprise comme parfaite en tout et comment une connaissance partielle n'est pas parfaite en tout, car il lui manque quelque chose qui convient à sa fin ultime et optimale.

Dixième sous-partie de l'exposé [1.10]

Or, qu'une vision de ce type soit vie éternelle, cela est évident puisque le Seigneur le dit : « La vie éternelle c'est qu'ils te connaissent, toi le seul vrai Dieu, et celui que tu as envoyé, Jésus-Christ », dans *Jean*, chapitre 17. Pour le comprendre, il faut savoir que « vie » se dit en trois sens, désignant la vie en puissance, la vie en acte premier appelée *habitus,* et la vie en acte second, qui est opération.

Selon le premier mode, la vie se dit du corps organique ; c'est ainsi que l'entend le Philosophe au second livre *Sur l'âme* lorsqu'il dit que : « l'âme est l'acte premier d'un corps physique organique ayant la vie en puissance ». D'où il est évident qu'un corps de ce type possède la vie selon le premier mode, c'est-à-dire en puissance. Quant à l'âme, elle est appelée vie selon le second mode, parce qu'elle est acte premier. Mais l'opération de l'âme est appelée vie selon le troisième mode, parce qu'elle est acte second produit par l'acte premier.

C'est pourquoi Aristote dit au huitième livre des *Physiques* que le mouvement « se trouve dans les choses mobiles, un peu comme une forme de vie ». Le mouvement n'est pas acte premier mais second selon le mode de l'opération ; et c'est pourquoi il l'appelle une vie. C'est conformément à ce troisième mode que le Philosophe considère que la connaissance et la vie de Dieu, ne sont pas seulement en puissance ou en acte premier, mais en acte second, puisque c'est en l'opération vitale que consiste la félicité, comme il le soutient au premier livre des *Éthiques*. D'autre part elle est encore vie éternelle, car elle n'est plus jamais appelée à changer en mieux ou en pire. C'est en elle et par elle que l'homme atteint son ultime bien être.

Onzième sous-partie de l'exposé [1.11]

Or, qu'une vision de ce type soit la fin de toutes les bonnes actions, c'est Augustin qui nous l'apprend lorsqu'il dit : « "Nous voyons maintenant dans le miroir et en énigme", c'est-à-dire à travers des ressemblances, "mais alors nous le verrons face à face". Car cette contemplatio promittitur actionum omnium, finis atque eterna perfectio gaudiorum. “Filii enim Dei sumus et nondum apparuit quid erimus. Scimus quia cum apparuerit similes ei erimus, quoniam videbimus eum sicuti est”[1] », Primo De Trinitate, capitulo 8. Eandem autem sententiam repetit infra capitulo 10 sub hiis verbis : « Tradet itaque “Regnum Deo <et> Patri”[2], Dominus noster Ihesus Christus, non se inde separato nec Spiritu Sancto, quoniam perducet[i] credentes ad contemplationem Dei, ubi est finis omnium bonarum actionum, requies sempiterna et “gaudium quod non auferetur” a nobis. Hoc enim significat in eo quod ait : “Iterum videbo vos, et gaudebit cor vestrum, et gaudium vestrum nemo auferet a vobis”[3] ».

Duodecima particula descriptionis

Quod autem hec visio sit premium fidei exponit Augustinus dicens : « Premium itaque fidei nobis visio ista servatur de qua Iohannes Apostolus loquens : “Cum apparuerit, inquit, similes ei erimus, quoniam videbimus eum sicuti est”[4] », Libro 22 De Civitate Dei, capitulo 29.

Tertia decima particula descriptionis

Quod autem huiusmodi visio vocetur in Scripturis sanctorum denarius diurnus, apparet quia scriptum est : « Conventione autem facta cum operariis ex denario diurno, misit eos in vineam suam », Mattheo 20, <2>. Super quo verbo dicit Remigius[5] quod denarius dicitur quia antiquitus pro decem nummis inputabatur et figuram regis habebat. Recte enim per denarius designatus observati decalogi premium. Prebere ergo, dicit :
f. 7 « conventione facta ex denario | diurno », quia numquam in agro sacre Ecclesie <nisi> pro spe remunerationis future laborant.

Quarta decima particula descriptionis

Quod autem huiusmodi visio sit « merces copiosa » omni bene operanti et perseveranti promissa declaratur, quia hoc dicit Dominus : « Gaudete et exultate, quoniam merces vestra copiosa est in celis », Mt. 5, <12>. Qualis autem sit merces, dicit alibi sic inquiens : « Qui diligit me, diligitur a patre meo et ego diligam eum et manifestabo ei me ipsum », Jo. 14, <21>. Supra quo verbo dicit Augustinus : « Ad hoc, dicit, “diligam eum”, ad quod sequitur “et manifestabo ei me ipsum”. “Diligam et manifestabo”,

i. *cod.* perducit

1. Augustin, *De Trinitate*, 1, 8, C.C.S.L. 50, p. 50, l. 78-84, citant *I Jn.*, 3, 2.
2. I *Cr.* 15, 24.
3. Augustin, *De Trinitate*, 1, 10, C.C.S.L. 50, p. 56, l. 1-7, citant *Jn* 16, 22.
4. Augustin, *De Civitate Dei*, 22, 29, C.C.S.L., 48, p. 857, l. 41-43, citant I *Jn.*, 3, 2.
5. Cf. Haymon d'Auxerre, *Homélie 21*, P.L. 118, 155 D.

contemplation nous est promise comme la fin de toutes nos actions et la perfection éternelle de nos joies. “Car nous sommes fils de Dieu, et ce que nous serons n’a pas encore été manifesté. Mais nous savons que, lors de cette manifestation, nous lui serons semblables car nous le verrons tel qu’il est” », au Premier livre *Sur la Trinité*, chapitre 8. Il reprend encore la même pensée plus loin au chapitre 10 en ces termes : « Notre-Seigneur Jésus-Christ remettra donc “le règne à Dieu le Père”, non qu’il soit à partir de ce moment séparé de lui ni du Saint-Esprit, puisqu’il doit conduire les croyants jusqu’à la contemplation de Dieu où se trouve la fin de toutes les bonnes actions, le repos éternel et la “joie qui ne nous sera jamais ravie”. Et c’est ce qu’il veut nous faire comprendre lorsqu’il dit : “Je vous verrai de nouveau, et votre cœur se réjouira, et votre joie, personne ne pourra vous la ravir” ».

Douzième sous-partie de l’exposé [1.12]

Or, que cette vision soit la récompense de la foi, c’est Augustin qui l’explique en ces termes : « C’est donc comme récompense de la foi que nous est réservée cette vision dont parle l’Apôtre Jean : “Lorsqu’il apparaîtra, dit-il, nous lui serons semblables, parce que nous le verrons tel qu’il est” », au livre 22 *Sur la Cité de Dieu*, chapitre 29.

Treizième sous-partie de l’exposé [1.13]

Or, que ce type de vision soit appelé dans les Écritures « le denier journalier » des saints, cela est manifeste puisqu’il est écrit : « Ayant convenu avec les ouvriers d’un salaire journalier d’un denier, il les envoya à sa vigne », dans *Matthieu*, chapitre 20. Et Rémi dit à propos de ces paroles qu’il y est question d’un denier car celui-ci valait dans l’antiquité dix as et portait l’effigie du roi. C’est donc à juste titre que la récompense pour avoir respecté le décalogue est désignée par le denier. Il dit donc qu’elle est offerte : « ayant convenu d’un denier par jour », car ils ne travaillent jamais dans le champ de la sainte Église sinon pour l’espérance de la rémunération future.

Quatorzième sous-partie de l’exposé [1.14]

Or, qu’une vision de ce type soit la « récompense abondante » promise à tous ceux qui agissent bien et qui persévèrent, cela est explicite, puisque le Seigneur le dit : « Réjouissez-vous et exultez car votre récompense est abondante dans les cieux », dans *Matthieu*, chapitre 5. Quelle peut donc être cette récompense ? Il le précise ailleurs en disant : « Celui qui m’aime sera aimé de mon Père, et moi aussi je l’aimerai, et je me manifesterai moi-même à lui », dans *Jean*, chapitre 14. Et Augustin dit à propos de ces paroles : « Il dit “je l’aimerai”, en vue de ce qui suit : “et je me manifesterai moi-même à lui”. “Je l’aimerai et je me manifesterai”, id est: ad hoc diligam ut manifestem. Nunc enim ad hoc dilexit, ut credamus et mandatum fidei teneamus. Tunc ad hoc diliget, ut videamus, et ipsa visione mercedem fidei capiamus, quia et nos nunc diligimus credendo quod videbimus, tunc autem diligemus videndo quod credimus[1] ».

Quanta vero sit ista merces et quantum appetenda, idem, Augustinus exponit libro 22 de Civitate Dei, capitulo 30: « Premium, inquit, virtutis erit ipse qui virtutem dedit eique se ipsum, cum melius et maius nichil possit esse, promisit. Quid enim est aliud quod per prophetam dixit <Lev. 26, 12> : "Ero illorum Deus, et ipsi erunt michi plebs", nisi : "Ego ero unde satientur, Ego ero quecumque ab omnibus honeste desiderantur, et vita et salus et victus et copia et gloria et honor et pax et omnia bona"? Sic enim et illud recte intellegitur, quod ait Apostolus <I Cor. 15, 28> : "ut sit Deus omnia in omnibus". Ipse[j] finis erit desideriorum nostrorum qui sine fine videbitur, sine fastidio amabitur, sine fatigatione laudabitur. Hoc munus – scilicet visio[2] –, hic affectus – scilicet amor –, hic actus – scilicet laus –, profecto erit omnibus, sicut ipsa vita eterna, communis[3] ». Et hec de
f. 7 v prima conclusione et de ultimo fine doctrine theologice dicta sufficiant. |

Secunda conclusio est quod vera divine essentie visio, quam sancti et sapientes viri nunc habent, est finis proximus doctrine theologice

Secunda conclusio principalis, videlicet quod vera divine essentie visio, quam sancti et sapientes viri nunc habent, est finis proximus doctrine theologice, declaratur hoc modo, quia nos videmus nunc per speculum Scripture divine et per speculum universe creature et per speculum speciei infuse, et ista triplex visio attingitur in vita ista per doctrinam theologicam. Quare huiusmodi visio est propinquus finis doctrine theologice. Consequentia de se satis est evidens et etiam secunda pars antecedentis. Primam vero partem probo per singulas sui partes. Primo quidem declaro quod videamus Deum per speculum Scripture divine, ibi enim videmus Deum visione fidei.

j. *cod.* nunquam

1. Augustin, *In Iohannis Evangelium Tractatus*, 75, 5, C.C.S.L. 36, p. 517, l. 12-19.
2. L'auteur ajoute au texte d'Augustin ces explications que nous indiquons entre tirets.
3. Augustin, *De Civitate Dei*, 22, 30, C.C.S.L., 48, p. 863, l. 26-36.

c'est-à-dire, je l'aimerai de façon à me manifester. Car il nous a aimés maintenant afin que nous croyions et que nous nous attachions au précepte de la foi. Alors il nous aimera de sorte que nous voyions et que nous recevions en cette vision même la récompense de la foi. Car nous-mêmes, nous aimons maintenant dans la foi ce que nous verrons, mais alors, nous aimerons en le voyant, ce en quoi nous avions cru ».

Combien cette récompense est grande, en vérité, et à quel point elle est désirable, Augustin l'explique au livre 22 *Sur la Cité de Dieu*, chapitre 30 : « La récompense de la vertu, dit-il, sera celui-là même qui a donné la vertu et s'est promis lui-même à elle en récompense, puisqu'il ne peut rien exister de meilleur ni de plus grand. Et par ces mots du prophète : "je serai leur Dieu et ils seront mon peuple", qu'a-t-il dit d'autre, sinon : "je serai ce dont ils pourront se rassasier, je serai moi tout ce qui pourra être désiré honnêtement par tous, la vie, la santé, la nourriture, l'abondance, la gloire, l'honneur, la paix et tous les biens"? C'est aussi ainsi que l'on doit comprendre ce que dit l'Apôtre : "afin que Dieu soit tout en tous". Il sera lui-même la fin de nos désirs, lui qui sera vu sans fin, qui sera aimé sans ennui, qui sera loué sans lassitude. Ce don – la vision –, ce sentiment – l'amour –, cet acte – la louange –, tous en jouiront, comme aussi de la vie éternelle qui leur sera commune ». Nous en avons assez dit à propos de la première conclusion et de la fin ultime de la doctrine théologique.

La seconde conclusion est que la véritable vision de l'essence divine que possèdent dès à présent les hommes saints et sages constitue la fin prochaine de la doctrine théologique [2]

La seconde conclusion principale, c'est-à-dire que la véritable vision de l'essence divine que possèdent dès à présent les hommes saints et sages constitue la fin prochaine de la doctrine théologique, sera expliquée comme suit. Car nous, nous voyons pour l'instant par le miroir de la Divine Écriture, par celui de la création tout entière, et par celui d'une espèce infuse. C'est cette triple vision qui est atteinte en cette vie par la doctrine théologique. C'est pourquoi une vision de ce type est sa fin la plus proche. La conséquence est par elle-même assez évidente, ainsi d'ailleurs que la seconde partie des prémisses. C'est donc la première partie que je vais prouver dans chacune de ses composantes. J'explique d'abord le fait que nous voyions Dieu par le miroir de l'Écriture divine puisqu'ici-bas nous voyons Dieu par une vision de foi.

Quomodo Deus videatur per speculum Scripture divine

Ad cuius evidentiam est sciendum, quod in fide est aliquid adhesivum et aliquid apprehensivum, sicut fides est ex infusione Spiritus Sancti, quia fides datur a Spiritu Sancto, prima ad Cor. 12, <9>, et nichilominus fides est ex auditu verbi Dei, ad Ro. 10, <14>. Fides enim quantum ad illud adhesivum est a Spiritu Sancto, et ex hoc redditur recta. Quantum autem ad apprehensivum est ex auditu et ex hoc est apta quod faciat hominem cogitare et intelligere. Hec autem distinctio declarari potest in simili. Videmus enim quod agnus de utero matris nascens nullam habuerat notitiam de forma lupi, nullam de forma matris, sed ex utero secum trahit quendam naturalem instinctum seu inclinationem, ut viso lupo fugiat eum et visa matre sequatur eam[1]. Simili modo, puer de utero baptismi renascens, nullam prius habuit notitiam de catholica veritate, nullam de opposita falsitate. Tamen, ex infusione Spiritus Sancti, quendam supernaturalem instinctum de baptismi utero secum trahit, per quem virtualiter
f. 8 inclinatur ut proposita | sibi catholica veritate consentiat ei, et proposita sibi opposita falsitate dissentiat. Cum igitur fidelis quisque fidem integram habet adhesivam et apprehensivam, legem et Scripturam divinam, in ea tanquam in speculo videt Deum et ea que Dei sunt. Propter quod dicit Apostolus, quod : « fide intelligimus aptata esse secula verbo Dei », ad Hebr. 11, <3>. Hec autem intellectio, qua intelligimus seculum et Deum et Dei verbum, visio quedam est, sicut ipsa cognitio de qua dicit Augustinus : « Quis enim non videt cogitationem suam, et quis videt cogitationem suam ? Non oculis carnalibus dico, sed ipso interiori aspectu. Quis ergo non eam videt <et quis eam videt> ? Quandoquidem cogitatio visio est quedam animi »[2], 15 de Trinitate, 10. Sic igitur patet quod visione fidei videmus Deum in speculo Scripture divine.

Quomodo Deus videatur in speculo universe creature

Secundo declaro quod videatur in speculo universe creature visione scientie, sapientie et intellectus. Quia tamen isti habitus sunt in duplice[k] genere, quia quidam sunt acquisiti per studium, quidam infusi per Spiritum Sanctum. Sicut enim contingit nos habere scientiam, sapientiam et intellectum per studium, sic enim habemus hec per Spiritum Sanctum.

k. *cod.* triplice.

1. Cf. Avicenne, *Liber de Anima*, IV, I, *Avicenna Latinus*, S. Van Riet (éd.), Louvain, leiden, 1968, p. 7, l. 83 *sq.* Déjà, Guillaume d'Auxerre propose le parallèle entre l'estimative et la foi, Cf. Guillaume d'Auxerre, *Summa Aurea*, III, 12, 2, J. Ribailler (éd.), Spicilegium Bonaventurianum, 18 A, Quaracchi, Paris-Rome, 1986, p. 200.

2. Augustin, *De Trinitate*, 15, 9 (et non 10), C.C.S.L. 50 A, p. 482-483, l. 54-57.

Comment Dieu peut être vu par le miroir de l'Écriture divine. [2.1]

Pour s'en convaincre, il faut savoir qu'il y a dans la foi une part d'adhésion et une part d'appréhension. Ainsi la foi vient du Saint-Esprit par infusion, car elle est donnée par lui, selon la *Première aux Corinthiens*, chapitre 12, et elle n'en provient pas moins de l'audition de la parole de Dieu, dans l'*Épître aux Romains*, chapitre 10. Or la foi provient, pour la part d'adhésion qu'elle comporte, du Saint-Esprit, et c'est à partir de là qu'elle est rendue droite. Ce qu'elle peut comporter d'appréhension lui vient de l'audition, et c'est à partir de là qu'elle est capable de porter l'homme à réfléchir et à comprendre. Cette distinction peut encore être explicitée par une comparaison. Ainsi voyons nous que l'agneau sortant du ventre de sa mère ne saurait avoir aucune connaissance préalable de la forme du loup ni de celle de sa mère, et pourtant il possède de naissance une sorte d'instinct naturel ou d'inclination qui lui fait fuir le loup dès qu'il le voit, et suivre sa mère dès qu'il la voit. De même un enfant qui renaît par les eaux du baptême n'a eu aucune connaissance préalable de la vérité catholique ni de la fausseté de son contraire. Et pourtant par la grâce infuse du Saint-Esprit, il possède de par sa naissance baptismale une sorte d'instinct surnaturel par lequel il est enclin à adhérer à la vérité catholique qu'on lui présente et à réprouver la fausseté de son contraire. Dans la mesure où tout fidèle a une foi intègre qui est à la fois adhésion et appréhension, selon la loi et l'Écriture divine, il voit Dieu en elle, ainsi que tout ce qui s'y rapporte, comme en un miroir. Et c'est pourquoi l'Apôtre dit : « Par la foi, nous comprenons que le monde a été disposé par le Verbe de Dieu », dans la *Lettre aux Hébreux*, au chapitre 11. Or cette intellection par laquelle nous comprenons les notions de monde, de Dieu et de Verbe de Dieu, est une certaine vision, comme la connaissance même dont Augustin dit : « Qui donc ne voit sa propre pensée ? Et pourtant, qui voit sa propre pensée ? Je ne dis pas avec ses yeux de chair, mais par le regard intérieur. Qui ne la voit pas et qui la voit ? Car la pensée est une sorte de vision de l'âme », au livre 15 *Sur la Trinité*, chapitre 10. Ainsi donc, il est manifeste que par une vision de foi, nous voyons Dieu dans le miroir de l'Écriture divine.

Comment Dieu peut être vu dans le miroir de la Création tout entière [2.2]

En second lieu, j'explique qu'il peut être vu dans le miroir de la Création tout entière, d'une vision de science, de sagesse et d'intelligence. Car pourtant, ces *habitus* sont de deux genres, puisque les uns sont acquis par l'étude et les autres infus par l'Esprit-Saint. Car, de même qu'il nous incombe de posséder la science, la sagesse et l'intelligence grâce à l'étude, eh bien ! de même, nous les recevons du Saint-Esprit.

Verum est quod isti habitus seu iste notitie, ut sunt acquisite, innituntur ordini nature naturaliter insito rebus, sed notitie infuse innituntur ordini divine iustitie supposito rebus. Illas notitias acquisitas habuerunt auctores philosophie, sed infusas habuerunt doctores sacre theologie. Hiis ergo premissis probo tria. Primum quod scientie et ex scientia sit visio. Secundum quod ex scientia acquisita sit Dei visio. Tertium quod ex scientia infusa sit Dei visio.

Quod ergo scientie et ex scientia sit visio, docet Augustinus 15 de Trinitate, c. 12 dicens : « Tunc est verbum simillimum rei note de qua
f. 8 v gignitur et ymago eius, quoniam de visione scientie visio cogitationis | exoritur, quod est verbum lingue nullius, verbum verum de re vera, nihil habens de suo, sed totum de illa scientia de qua nascitur [1] ».

Ex quibus manifestum est, quod est visio scientie habitualis et in actu primo, et est visio actualis de scientia et in actu secundo, et hec secunda visio est magis proprie visio quam prima. Visio enim proprie sumpta est operatio magis quam dispositio. Cogitatio autem de scientia nascens est actus secundus et operatio. Scientia vero est actus primus et habitus et dispositio. Quare cogitatio ipsa magis proprie dicitur visio quam scientia, licet beatus Augustinus et hanc et illam visionem appellet. Ait enim, eodem libro, c. 10, non, inquit, quia diximus « locutiones cordis esse cogitationes ideo non sunt etiam visiones exorte de notitie visionibus, quando vere sunt. Foris enim cum per corpus hec fiunt, aliud est locutio, aliud visio ; intus autem cum cogitamus, utrumque unum est. Sicut auditio et visio duo quedam sunt inter se distantia in sensibus corporis, in animo autem non est aliud atque aliud videre et audire » [2].

Quod autem Dei visio sit ex scientia acquisita, probo declarans quod philosophi Deum videre potuerunt, quod Deum viderunt, quantum de Deo[1] viderunt, <per quid Deum viderunt>. Quod num Deum videre

1. *cod.* in Deo.

---

1. Augustin, *De Trinitate*, 15, 12, C.C.S.L. 50 A, p. 493, l. 92-494, l. 96.
2. Augustin, *De Trinitate*, 15, 10, C.C.S.L. 50 A, p. 485, l. 50-56.

Il est vrai que ces *habitus* ou ces connaissances, en tant qu'ils sont acquis, reposent sur l'ordre de la nature, inscrit naturellement dans les choses, mais les connaissances infuses reposent sur l'ordre de la justice divine qui soutient les choses. Ce sont les auteurs d'œuvres philosophiques qui possédèrent ces connaissances acquises, tandis que celles infuses revinrent aux docteurs en théologie sacrée. A partir de ces prémisses, je prouve trois propositions. Premièrement qu'il y a une vision de science et à partir de la science. Deuxièmement qu'il existe une vision de Dieu à partir de la science acquise. Troisièmement qu'il y a une vision de Dieu à partir de la science infuse.

Qu'il y ait donc une vision de science et issue de la science, c'est [2.2.1] Augustin qui l'enseigne au livre 15 *Sur la Trinité*, chapitre 12, où il dit : « Alors le verbe est parfaitement semblable à la réalité connue, dont il naît et dont il est l'image : car c'est de la vision de ce que je sais que procède la vision de ce que je pense, verbe qui dépasse tout langage, verbe vrai d'une réalité vraie, qui ne tient rien de lui-même, mais tout de cette science dont il naît ».

Il ressort de ces propos qu'il y a une vision de science, habituelle et en acte premier, et il y a une vision actuelle provenant de la science et en acte second, et que la seconde est plus proprement vision que la première. Car au sens propre, la vision est plutôt une opération qu'une disposition. Or la cogitation qui naît de la science est un acte second et une opération, tandis que la science est un acte premier, un *habitus* et une disposition. C'est pourquoi on appelle avec plus de pertinence vision la cogitation elle-même plutôt que la science, bien que saint Augustin appelle vision l'une et l'autre. Il dit dans le même livre, chapitre 10 : Ce n'est pas parce que nous avons dit que « les pensées sont les paroles du cœur, que nous nions pour autant qu'elles puissent être en même temps des visions issues de la connaissance implicite, du moins quand elles sont vraies. Lorsqu'elles se produisent au-dehors par l'entremise du corps, parole et vision sont choses différentes ; mais au-dedans, lorsque nous pensons, parole et vision ne font qu'un. De même, la vue et l'ouïe en tant que sens corporels, sont deux sens distincts, mais, dans l'âme, voir et entendre ne sont pas choses différentes ».

Or, que ce soit à partir de la science que la vision de Dieu est acquise, je [2.2.2] le prouve en précisant que les philosophes furent capables de voir Dieu, qu'ils le virent effectivement, quelle est l'étendue de ce qu'ils en virent, et par quel moyen ils y parvinrent.

potuerunt, Sapiens docet expresse dicens: « Et magnitudine speciei et creature poterit cognoscibiliter creator horum videri », Sap. 13, <5>[1]. Quod autem ipsum viderunt, docet Apostolus dicens: « Invisibilia Dei, a creatura mundi, per ea que facta sunt, intellecta, conspiciuntur; sempiterna quoque virtus eius et divinitas », ad Ro. 1, <20>.

Quantum autem philosophi de Deo viderunt, docet Augustinus, 8 De Civitate Dei c. 10, dicens, quod quidam philosophi: « Deo cognito
f. 9 repererunt ubi esset causa | constitute universitatis et lux percipiende veritatis et fons bibende felicitatis[2] ».

Per quid autem philosophi Deum viderint, docet idem Augustinus, eodem libro c. 4, dicens: « Homo itaque creatus est, ut per id quod in eo precellit, ad<tingat> illud, quod cuncta precellit, id est unum verum et optimum Deum, sine quo nulla natura subsistit, nulla doctrina instruit, nullus usus expedit[3] ».

Ad maiorem autem dictorum evidentiam est sciendum, quod in rebus naturalibus triplex est essentialis et necessarius ordo, scilicet, ordo causarum agentium, ordo finium et ordo naturarum secundum maiorem et minorem perfectionem[4]. In ordine vero causarum agentium, viderunt philosophi causas causantes et causatas, moventes et motas; viderunt etiam ordinem istum esse non posse, nisi esset aliqua causa causans non causata, movens non mota, et istam causam vocaverunt, sicut nos vocamus, Deum. Et sic repererunt, ubi esset causa constitute universitatis, videntes in hoc ordine causam primam a qua totus ordo dependet.

In ordine vero finium viderunt aliquos fines appetibiles tam propter se quam propter alterum, quia propter proprium bonum et propter aliud magis bonum[5]. Viderunt etiam aliquos appetibiles non propter se, sed propter alterum, quia non propter proprium bonum, sed propter aliud bonum, sicut sepe datur exemplum de potione amara[6]. Viderunt etiam in isto ordine necessarium esse aliquem finem esse appetibilem propter se, non propter alterum, quia propter proprium bonum, non propter aliud magis bonum.

1. *S.* 13, 5. Remarquons que le *cognoscibiliter* latin traduit le grec *analogôs*.

2. Augustin, *De Civitate Dei*, 8, 10, C.C.S.L. 47, p. 227, l. 50-52.

3. Augustin, *De Civitate Dei*, 8, 4, C.C.S.L. 47, p. 220, l. 56-60.

4. Cf. Duns Scot, *Ordinatio*, I, D. 2, P. I, q. 1-2, n. 41, éd. Vaticane, 1950, p. 149-150.

5. Cf. Aristote, *Éthique à Nicomaque*, 1, 5, 1097 a 30-35, *Aristoteles Latinus*, XXVI, 1-3, v. 2, p. 75; v. 3, p. 149; v. 4, p. 382.

6. Lieu commun qui couvre à titre d'exemple une page entière de l'Index Thomisticus. Cf. Thomas d'Aquin, *Commentaire sur l'Éthique à Nicomaque*, 1, 9, éd. Léonine, p. 32, l. 93-96, Cf. encore, *Somme de théologie, Ia IIae,* q. 11, a. 3; q. 20, a. 3; q. 31, a. 7.

Le fait qu'ils aient été capables de voir Dieu dès ici-bas, le Sage l'enseigne clairement en ces termes : « à partir de la grandeur et de la beauté des créatures, ils pouvaient accéder à une vision du Créateur qui en fût une connaissance », au *Livre de la Sagesse*, chapitre 13. [2.2.2.1]

Que ce soit lui-même qu'ils virent, c'est l'Apôtre qui nous l'apprend lorsqu'il dit : « Ce que Dieu a d'invisible, depuis la création du monde, se laisse voir à l'intelligence à travers ses œuvres, ainsi que son éternelle puissance et sa divinité », dans la *Lettre aux Romains*, chapitre 1. [2.2.2.2]

Jusqu'où s'étend la vision de Dieu par les philosophes ? C'est Augustin qui nous l'apprend au livre 8 *Sur la Cité de Dieu*, chapitre 10, où il dit que certains philosophes, « une fois Dieu connu, ont su où trouver la cause de l'univers organisé, la lumière où percevoir la vérité, la source où s'abreuver de la félicité ». [2.2.2.3]

Par quel moyen les philosophes purent-ils voir Dieu ? C'est encore Augustin qui l'enseigne au même livre, chapitre 4, lorsqu'il dit : « L'homme a donc été créé pour atteindre par ce qu'il a de supérieur en lui, ce qui est supérieur à tout, c'est-à-dire le Dieu unique, véritable et parfait, sans lequel aucune nature ne subsiste, aucune doctrine n'instruit, aucune conduite n'est utile ». [2.2.2.4]

Si l'on veut montrer ce qui est dit dans la majeure, il faut savoir que l'ordre essentiel et nécessaire que l'on trouve dans les réalités naturelles est triple : à savoir, l'ordre des causes agentes, celui des fins et celui des natures disposées selon leur plus ou moins grande perfection.

C'est, à vrai dire, dans l'ordre des causes agentes que les philosophes virent les causes causatrices et causées, motrices et mues ; ils découvrirent encore que cet ordre ne saurait exister sans la présence de quelque cause causatrice et non causée, motrice et non mue, et cette cause, ils l'appelèrent de la même manière que nous : Dieu. Et ils découvrirent ainsi où se trouvait la cause d'un univers organisé, apercevant en cet ordre une cause première d'où dépend tout ordre. [2.2.2.4.1]

Quant à l'ordre des fins, ils y constatèrent que certaines fins pouvaient être désirées tant pour elles-mêmes qu'en vue d'autre chose, c'est-à-dire en vue de leur bien propre et d'un autre plus grand. Ils s'aperçurent que certaines étaient désirables, non pour elles-mêmes, mais pour autre chose, non pour leur propre bonté, mais en vue d'un autre bien, et l'on cite souvent à ce sujet l'exemple d'un remède amer. Ils découvrirent que dans cet ordre aussi, il était nécessaire qu'il existât une fin qui fût désirable pour elle-même, non en vue d'autre chose, mais pour sa propre bonté, et non en vue de quelque autre bien supérieur. [2.2.2.4.2]

Et istud bonum dixerunt, sicut et nos dicimus, esse Deum. Et hoc dixerunt fontem esse bibende felicitatis[1].

In ordine vero naturarum magis et minus perfectarum viderunt aliquas
f. 9 v in naturali perfectione excedentes et | excessas, aliquas autem non excedentes sed excessas, quare concluserunt aliquam esse naturam ceteras excedentem et a nulla excessam. Viderunt autem ulterius, quod nature quanto sunt perfectiores in natura tanto sunt manifestiores secundum naturam intellectui sibi proportionato, et quia unam repererunt perfectissimam, illam dixerunt in natura esse manifestissimam, et istam dixerunt, sicut et nos dicimus, esse Deum, et in ea dixerunt esse lumen percipiende veritatis. Unde, sicut refert beatus Augustinus, 7 Confessionum, « Plato viderat quod lux divina in tenebris rerum creatarum lucet, licet postea eam tenebre non comprehend<er>unt »[2].

Dicit<ur> etiam, quod erat « lux vera illuminans » animam omnis hominis venientis « in hunc mundum »[3]. Sic igitur patet, qualiter homines in hac vita mortali Deum videre possunt per speculum creature ordini naturali connexe.

Quod autem Dei visio sit ex infusa scientia probo, declarans quod sancti per huiusmodi scientiam Deum videre potuerunt, quod Deum viderunt, quantum viderunt, per quid eum viderunt.

Quod autem Deum videre potuerunt docet Apostolus scribens ad Ephesios et orans pro eis, ut de Deo scientiam habeant, quod non faceret nisi esset possibile de Deo scientiam talem habere. Dicit ergo : « Non cesso gratias agens pro vobis, memoriam vestri faciens in orationibus meis, ut Deus Pater Domini nostri Ihesu Christi, Pater glorie, det vobis spiritum sapientie et revelationis in agnitionem eius illuminatos[m] oculos cordis vestri, ut sciatis que sit spes vocationis eius et que divitie glorie hereditatis eius », ad Ephe. 1, <16-18>.

Quod autem sancti Deum ex tali scientia viderunt, patet, quia « novus homo renovatur in agnitionem Dei, secundum ymaginem eius qui creavit eum », ad Colo. 3, <10>.

m. *cod.* illuminantem.

---

1. Cf. Augustin, *De Civitate Dei*, 8, 10, C.C.S.L. 47, p. 227, l. 50-52.
2. Cf. *Jn.*, 1, 5, et Augustin, *Confessions*, 7, 9, 13, C.C.S.L. 27, p. 101.
3. *Jn.* 1, 9.

Et ils dirent, comme nous le disons nous aussi, que ce bien est Dieu et ils y reconnurent la source où la félicité se laisse boire.

Quant à l'ordre des natures plus ou moins parfaites, ils y découvrirent que certaines en dépassaient d'autres par leurs perfections naturelles, mais se trouvaient à leur tour dépassées par d'autres encore, tandis qu'il y avait des natures qui étaient simplement dépassées, sans en dépasser aucune autre, en vertu de quoi ils conclurent qu'il existait une nature dépassant les autres et dépassée par aucune. Mais ils constatèrent par la suite, que les réalités naturelles sont d'autant plus accessibles à la compréhension d'un intellect correspondant à leur nature que celle-ci se trouve être plus parfaite, et dans la mesure où ils en identifièrent une comme la plus parfaite, ils dirent qu'elle était par nature la plus intelligible, et ils dirent, comme nous le disons aussi que c'était Dieu, et ils affirmèrent que la lumière qui rend la vérité accessible reposait en elle. [2.2.2.4.3]

C'est ainsi que saint Augustin rapporte au 7e livre des *Confessions* que « Platon avait vu que la lumière divine luit dans les ténèbres des réalités créées, même si par la suite, les ténèbres ne l'ont pas saisie ». Il dit encore qu'elle était « la lumière véritable qui illumine » l'âme de « tout homme venant en ce monde ». On voit ainsi clairement de quelle manière les hommes sont capables de voir Dieu en cette vie mortelle par le miroir des créatures, liées entre elles selon l'ordre naturel.

Qu'il y ait par ailleurs une vision de Dieu par science infuse, je le prouve en expliquant que c'est par ce type de science que les saints furent capables de voir Dieu, qu'ils le virent effectivement, dans quelle mesure et par quel moyen ils le virent. [2.2.3]

Or le fait qu'ils furent capables de voir Dieu, c'est l'Apôtre qui l'enseigne lorsqu'il écrit aux Éphésiens et qu'il prie pour eux afin qu'ils aient la science de Dieu. Il ne le ferait pas s'il n'était possible de posséder une telle science de Dieu. Ainsi donc, il dit : « je ne cesse de rendre grâces à votre sujet et de faire mémoire de vous dans mes prières, afin que Dieu le Père de Notre-Seigneur Jésus-Christ, Père de la gloire, vous donne un esprit de sagesse et de révélation menant à une connaissance de Lui où en illuminant les yeux de votre cœur, il vous fasse savoir quelle espérance vous ouvre son appel et quelles richesses de gloire comporte son héritage », dans la *Lettre aux Éphésiens*, chapitre 1. [2.2.3.1]

Que les saints aient bien vu Dieu d'une telle science, c'est évident puisque « l'homme nouveau est renouvelé dans la connaissance de Dieu, conformément à l'image de celui qui l'a créé », dans la *Lettre aux Colossiens*, chapitre 3. [2.2.3.2]

Quantum autem viderunt, longum esset narrare, tamen ostendo quod scientifice viderunt vitam Dei, potentiam Dei, sapientiam Dei. De vita namque dicit beatus Job: « Scio quod redemptor meus vivit », Job 19,
f. 10 <25>. Constat | autem quod tempore beati Job Redemptor noster vivebat vita deitatis solum, non vita humanitatis. Quare beatus Job scientiam habuit de vita Dei. De potentia autem Dei dicit Apostolus: « Scio cui credidi et certus sum, quia potens est depositum meum servare in illum diem », secunda[n] ad Thim. c. primo, <12>. Certum est autem, quod potentia finaliter remunerandi deitatis est potius quam humanitatis. De sapientia vero Dei dicit propheta in psalmo <50, 8> loquens ad Deum : « Ecce, inquit, veritatem dilexisti ; incerta et occulta sapientie tue manifestasti michi ».

Per quid autem sancti Deum videant, docet Apostolus, prima ad Corinthios c. 2, <9-10>, dicens : « Scriptum est : quod oculus non vidit nec auris audivit », « que preparavit Deus hiis qui diligunt illum ; nobis autem revelavit Deus per Spiritum suum. Spiritus enim omnia scrutatur, etiam profunda Dei ». Habemus enim primo quod illa, que diligentibus Deum « preparavit Deus », sunt nobis secundum naturam ignota. Secundo quod illa eadem sunt nobis « per Spiritum Sanctum » nota. Tertio quod ideo nobis est possibilis talis notitia, quia ipse « Spiritus Dei scrutatur omnia, etiam profunda Dei ». Quare non est mirum, si sancti habentes Spiritum Dei talia possunt scire per ipsum Spiritum, qui « operatur omnia in omnibus » dividens singulis prout vult, eadem epistola, c. 12, <6>.

Sic igitur patet, qualiter sancti viri in hac vita mortali visione scientie possunt videre Deum per speculum creature, ut subest ordini divine iustitie, quia videntes creaturam rationalem, predestinatam, vocatam, iustificatam et magnificatam, vel aliter prescitam, vocatam non electam, relictam in peccato et non iustificatam, condempnatam et non magnificatam, vident utique in huiusmodi creaturis Deum, prescientem, predestinantem, vocantem, approbantem vel reprobantem, iustificantem vel deserentem, magnificantem vel condempnantem. Totum autem istum ordinem quoad electos
f. 10v ostendit se vidisse Apostolus dicens : « Deus quo<s> prescivit |, hos et predestinavit conformes fieri ymagini filii sui, ut sit ipse primogenitus

n. *cod.* prima.

Il serait long de raconter encore l'étendue de ce qu'ils virent, je montrerai quand même qu'ils virent scientifiquement la vie de Dieu, sa puissance et sa sagesse. A propos de sa vie, le bienheureux Job dit : « Je sais que mon rédempteur est vivant », dans le *Livre de Job*, chapitre 19. Or il est évident qu'au temps du bienheureux Job notre rédempteur vivait de la seule vie de sa divinité, non de celle de son humanité. C'est pourquoi le bienheureux Job eut connaissance de la vie de Dieu. Quant à la puissance de Dieu, l'Apôtre dit à son sujet : « Je sais en qui j'ai mis ma foi, et j'ai confiance, car il est en sa puissance de conserver mon dépôt jusqu'à ce jour-là », dans la *Première Lettre à Timothée*, chapitre premier. Or il est bien certain que la puissance d'accorder la rémunération finale relève plutôt de la divinité que de l'humanité. Quant à la sagesse de Dieu, s'adressant à lui dans le psaume, le prophète en dit : « Voici, tu as aimé la vérité; tu m'as révélé les arcanes et les secrets de ta sagesse ». [2.2.3.3]

Par quel moyen, enfin, les saints peuvent voir Dieu, c'est l'Apôtre qui nous l'apprend dans la *Première aux Corinthiens*, chapitre 2, lorsqu'il dit : « Selon ce qu'il est écrit, ce que l'œil n'a pas vu, ce que l'oreille n'a pas entendu », « tout ce que Dieu a préparé pour ceux qui l'aiment; c'est à nous que Dieu l'a révélé par son Esprit; car l'Esprit sonde tout, jusqu'aux profondeurs de Dieu ». Nous tenons premièrement que ces bienfaits que « Dieu a préparés pour ceux qui l'aiment » ne sont pas accessibles à notre connaissance naturelle. Deuxièmement, que ces mêmes bienfaits nous sont connus « grâce au Saint-Esprit ». Troisièmement, qu'une telle connaissance nous est donc possible, puisque « l'Esprit de Dieu » lui-même « sonde toutes choses, jusqu'aux profondeurs de Dieu ». C'est pourquoi il n'est pas étonnant que les saints qui possèdent l'Esprit de Dieu puissent savoir de telles choses grâce à l'Esprit lui-même, qui « opère tout en tous », et distribue à chacun en particulier suivant son bon vouloir, selon la même Lettre, chapitre 12. [2.2.3.4]

On voit ainsi avec évidence de quelle manière des hommes saints peuvent en cette vie mortelle, voir Dieu d'une vision de science par le miroir de la Création, en tant qu'il sous-tend l'ordre de la justice divine. Car voyant une créature rationnelle prédestinée, appelée, justifiée et magnifiée, ou une autre, discernée d'avance, appelée, mais non élue, laissée dans son péché et non justifiée, condamnée et non magnifiée, ils comprennent que dans les deux cas, c'est Dieu qui de cette manière discerne ses créatures par avance, les prédestine, les appelle, les approuve ou les réprouve, les justifie ou les délaisse, les magnifie ou les condamne. L'Apôtre montre qu'il a vu tout cet ordre concernant les élus lorsqu'il dit : « Ceux que Dieu a discernés d'avance, il les a aussi prédestinés à se conformer à l'image de son fils, afin in multis fratribus. Quos autem predestinavit, hos et vocavit; et quos vocavit, illos et iustificavit, quos autem iustificavit, hos et glorificavit[o] », ad Ro., 8, <29-30>.

Quomodo sancti Deum viderunt per speculum speciei infuse

Quod autem sancti Deum viderint per speculum speciei infuse, vel ad hoc specialiter formate, ex subditis probatur auctoritatibus. Ad cuius evidentiam videnda sunt quattuor. Primo namque sciendum est, quod, ut ait Augustinus, libro 12 super Genesim ad litteram, visionum ad prophetiam concurrentium tria sunt genera, quoniam alia est corporalis, alia ymaginaria, alia vero intellectualis[1]. Corporalem habuit Balthasar rex, videns digitos manus scribentis in pariete aule sue contra candelabrum, (Dan. 5)[2]. Ymaginariam autem habuit Nabuchodonosor rex, dormiens et videns statuam illam mirabilem, Dan. 2, <31-35>. Intellectualem vero circa utramque premissam habuit Daniel, qui visiones regum interpretatus est, quia Danieli dedit Deus intelligentiam omnium visionum et sompniorum, Dan. primo, <17>. Licet autem prime due visiones interdum ad prophetiam pertineant, tamen ille prophetam non constituunt, sed sola tertia prophetam constituit. Quare prefati reges nequaquam prophete fuerunt, Daniel tamen gratiam habuit prophetie per illam Dei sapientiam, que manens una « in animas sanctas se transfert, amicos Dei et prophetas constituit », Sap. 7, <27>.

Secundo sciendum quod intellectuali et prophetica visione contingit Deum videri quandoque concurrente visione corporali, quandoque concurrente visione ymaginaria et quandoque concurrente neutra. Primo modo Jacob viderat Deum, quando dixit : « Vidi Dominum facie ad faciem et salva facta est anima mea », Gen. 32, <31>. Tunc enim vigilans oculo corporali viderat virum qui luctabatur cum eo. Si tamen sola visione
f. 11 corporali vidisset, nequaquam tantus patriarcha | tantusque propheta dixisset : « Vidi Deum », nec adiecisset : « Salva facta est anima mea ». Quare videtur omnino, quod tunc et formam corpoream vidit oculo corporis et formam incorpoream oculo mentis.

Secundo autem modo idem Jacob vidit alibi Deum, quando in sompnis vidit scalam stantem super terram, cuius cacumen tangebat celum, et vidit angelos ascendentes et descendentes et Dominum innixum scale dicentem

o. *cod.* magnificavit.

1. Augustin, *De Genesi ad litteram*, 12, 11, C.S.E.L., 28, p. 392, l. 25-26.

2. *Dn.* 5, 5-28, évoqué par Augustin, *ibid.*, p. 393, l. 22 *sq.* Suit ici un petit traité de la prophétie d'esprit franciscain, résumant l'enseignement d'Augustin au livre cité.

qu'il soit l'aîné d'une multitude de frères. Car ceux qu'il a prédestinés, il les a aussi appelés, et ceux qu'il a appelés, il les a aussi justifiés, et ceux qu'il a justifiés, il les a aussi glorifiés », dans la *Lettre aux Romains*, chapitre 8.

Comment les saints ont vu Dieu grâce au miroir d'une espèce infuse [2.3]

Or, que les saints aient pu voir Dieu grâce au miroir d'une espèce infuse ou formée spécialement à cet effet, cela peut être prouvé à l'aide des autorités citées plus haut. Il faut pour le comprendre aborder quatre points.

En premier lieu, de fait, il faut savoir, ainsi que le dit Augustin au livre 12 *Sur la Genèse au sens littéral*, qu'il y a trois sortes de visions qui se rencontrent dans la prophétie, dont l'une est corporelle, l'autre imaginaire, l'autre vraiment intellectuelle. De la vision corporelle bénéficia le roi Balthasar, lorsqu'il vit les doigts d'une main qui écrivait sur le mur de son palais, derrière le lampadaire, dans le *Livre de Daniel*, chapitre 5. Quant à la vision imaginaire, le roi Nabuchodonosor en bénéficia dans son sommeil, où il vit cette statue étonnante, dans le *Livre de Daniel*, chapitre 2. Quant à la vision intellectuelle portant sur les deux précédentes, c'est à Daniel qu'elle revint, lui qui interpréta les visions des rois, car Dieu donna à Daniel l'intelligence de toutes les visions et de tous les songes, dans le *Livre de Daniel*, au premier chapitre. Mais, bien que les deux premières visions relèvent parfois de la prophétie, elles ne suffisent pas à faire un prophète, tandis que seule la troisième en est constitutive. C'est pourquoi les rois en question ne furent jamais prophètes, et c'est à Daniel que revint la grâce de la prophétie, par cette sagesse de Dieu, qui tout en restant une, « passe en des âmes saintes, et en fait des amis de Dieu et des prophètes », dans le *Livre de la Sagesse*, chapitre 7. [2.3.1]

Il faut savoir en second lieu que l'on parvient à atteindre Dieu par une vision intellectuelle et prophétique, tantôt avec le concours d'une vision corporelle, tantôt avec celui d'une vision imaginaire et tantôt sans aucune d'elles. C'est de la première manière que Jacob avait vu Dieu lorsqu'il dit : « J'ai vu le Seigneur face à face et j'ai eu la vie sauve », dans la *Genèse*, chapitre 32. Car étant alors bien réveillé, il avait vu de son œil corporel la puissance qui luttait avec lui. S'il ne l'avait vue en fait que d'une vision corporelle, jamais un si grand patriarche et un si grand prophète n'aurait dit : « j'ai vu Dieu », ni n'aurait ajouté : « j'ai eu la vie sauve ». C'est pourquoi l'on considère en général qu'il vit alors à la fois une forme corporelle par son œil corporel et une forme incorporelle par l'œil de son esprit. C'est de la seconde manière que le même Jacob vit ailleurs Dieu quand il vit en songe une échelle dressée sur la terre, dont le sommet touchait le ciel, lorsqu'il vit aussi les anges qui montaient et qui descendaient, ainsi que le Seigneur appuyé sur l'échelle qui lui disait : « Je suis le Seigneur, Dieu [2.3.2] sibi : « Ego sum Dominus Deus Habraam patris tui, et Deus Ysaac », Gen. 28, <13>. Tunc enim Jacob vidit ymaginaria visione illa que hic describuntur quasi corporalia, puta scalam, et ascensum et descensum angelorum per eam, et appodiationem Dei super scalam. Sed intellectuali visione vidit illum in cuius persona dicebantur hec verba : « Ego sum Dominus Deus Abraam », quia ille quidem et <non> alius est et erat Deus Abraham et Deus omnium, aliter ille sanctus homo non dixisset consequenter : « Vere Deus est in loco isto, et ego nesciebam [1] ».

Tertio modo vidit Deum Paulus quando raptus fuit usque ad tertium celum et raptus in paradisum, quando vidit visiones et revelationes Domini, 2 ad Corinthios 12, <2-4>. Tunc enim vidit visione intellectuali quicquid tunc vidit, raptus enim fuit et totaliter aversus a sensibus corporis exterioribus et interioribus, propter quod nescivit, utrum « in corpore vel extra corpus » [2] raptus fuerit, quare pro tunc visione corporali vel ymaginaria nichil vidit.

Tertio sciendum quod visione intellectuali contingit Deum videre tripliciter. Uno modo intellectu converso ad fantasmata consueta, alio modo intellectu converso ad species aliquas ante faciem intellectus expressas, et tertio modo intellectu converso ad essentiam divinam.

Primo quidem modo David propheta prophetiam et visionem propheticam dicitur habuisse. Legitur enim in Glossa super psalterium circa principium, quod : « Unus modus est prophetie, quando scilicet ex sola
f. 11 v Spiritus Sancti inspiratione, remoto | omni exteriori animi incubo facti vel dicti vel visionis vel sompnii, prophetatur [3] ». Et hoc modo prophetavit David, scilicet, solius Spiritus Sancti instinctu, quasi velit dicere, quod nulla facta circa ipsum prophetam novitate vel mutatione nisi mentali eruditione, habuit per instinctum Spiritus Sancti propheticam visionem. Quia tamen secundum Philosophum necesse est intelligentem quemlibet fantasmata speculari vel aliquid aliud supplens vicem fantasmatum, et ipse David de communi lege non habuit aliquid aliud supplens vicem fantasmatum, ideo etiam in hiis que habebat ab instinctu Spiritus Sancti, sicut in aliis, utebatur absque alienatione fantasmatibus consuetis.

1. *Gn.* 28, 16.
2. II *Cr.* 12, 2-3.
3. Cf. Glose du Prologue du Psautier ; en substance dans celle de Nicolas de Lyre, Venise 1588, f. 86 D. G. Pierre Lombard, *Commentarium in Psalmos*, Praefatio, P.L. 191, 55.

d'Abraham ton ancêtre, et le Dieu d'Isaac », dans la *Genèse*, chapitre 28. Car alors, c'est par une vision imaginaire que Jacob vit tout ce qui est ici décrit comme presque corporel, entendons l'échelle, le fait que les anges y montent et descendent, et que Dieu soit appuyé dessus. Mais c'est d'une vision intellectuelle qu'il vit celui qui prononçait en personne ces paroles : « Moi, je suis le Seigneur, Dieu d'Abraham », car c'est bien lui et non un autre qui est et qui était le Dieu d'Abraham et le Dieu de tous, autrement ce saint homme n'aurait pas dit ensuite : « Vraiment, Dieu est présent en ce lieu et moi, je ne le savais pas ».

C'est de la troisième manière que Paul vit Dieu quand il fut enlevé jusqu'au troisième ciel et ravi au paradis, quand il perçut les visions et les révélations du Seigneur, selon la *Seconde Lettre aux Corinthiens*, chapitre 12. Ce qu'il vit alors, c'est bien d'une vision intellectuelle qu'il le vit, car il fut ravi et totalement détourné de ses sens corporels extérieurs et intérieurs, et c'est pourquoi il ne sut pas s'il avait été ravi « dans son corps ou hors de son corps », pour la bonne raison qu'il n'avait alors rien vu d'une vision corporelle ou imaginaire.

En troisième lieu, il faut savoir que par la vision intellectuelle, on arrive [2.3. 3]
à voir Dieu de trois manières. Selon l'une, en tournant l'intellect vers les fantasmes habituels, selon l'autre en le tournant vers certaines espèces représentées à la face de l'intellect, et selon la troisième en le tournant vers l'essence divine.

C'est selon la première manière, certainement, que l'on dit du prophète [2.3. 3.1]
David qu'il bénéficia de la vision prophétique. On lit ainsi dans la *Glose* sur le *Psautier*, vers le début, que : « Il y a une modalité de la prophétie selon laquelle on prophétise sous la seule inspiration du Saint-Esprit, toute influence extérieure sur l'âme ayant été écartée, aussi bien des faits que des dires, des visions que des songes ». Et c'est de cette façon que David prophétisa : sous la seule impulsion du Saint-Esprit ; comme si l'on voulait dire que c'est sans qu'intervienne sur le prophète aucune nouveauté ou aucun changement, si ce n'est l'instruction de son esprit, qu'il obtint la vision prophétique, par la motion du Saint-Esprit. Car enfin, selon le Philosophe, toute intelligence a besoin de considérer des fantasmes ou quelque chose qui en joue le rôle, mais David lui-même n'eut, selon la loi commune, rien d'autre qui vînt jouer le rôle des fantasmes, c'est pourquoi, même dans les visions qu'il recevait de la motion du Saint-Esprit, comme dans les autres visions, il en usait sans être soumis à l'aliénation produite habituellement par les fantasmes.

Secundo modo forsan vidit Deum beatus Job, ultimo capitulo libri sui, dicens ad Deum : « Auditu auris audivi te, nunc autem oculus meus videt te[1] ». Quia prius voces corporales vel ymaginarias audiverat, postea vero data sibi aliqua specie intelligibili in qua posset videre Deum, dixit : « Nunc autem oculus meus », hoc est oculus mentis mee, seu intellectus meus, « videt te ». Non est verisimile quod tam sanctus, tam altus homo in rebus divinis solam corporalem forme corporee visionem tam magnis revelationibus, quas prius quasi per auditum habuerat, pretulisset dicens : « Auditu auris audivi te », quia ex instinctu sancto tuo multa docuisti me, « nunc autem », quod plus esse videtur, « oculus meus videt te », quia intellectus meus te cognoscibiliter intuetur. In tali vero visione tenet vicem fantasmatis aliqua species intelligibilis, in qua figitur tamquam in obiecto proximo contuitus visionis, sicut cum nos aliqua spiritualia consideramus, illorum utique spiritualium fantasmata seu simulacra quedam corporalia ante intellectus nostri contuitum tenemus, et hoc vocat Philosophus fantasmata speculari.

Tertio modo Christus continue videbat Deum, intellectu scilicet converso ad divinam essentiam. Sic iste videndi modus, ut fuit in Christo, non fuit speculativus aliquo modo, sed omnino facialis. Nec fuit propheticus,
f. 12 prout prophetia dicit cognitionem ex parte, quia talis | visio perfecta quidem erat ex toto. Dicunt tamen aliqui quod, posito quod propheta videret Deum per species intelligibiles impressas intellectui et per eas intellectus converteretur ad divinam essentiam absque fantasmatibus mediis et absque speciebus intelligibilibus expressis, tenentibus locum et vices fantasmatum, adhuc esset visio specularis et ex parte, quia visio talis non esset visio divine essentie ut est in se, sed ut est representata in aliqua specie visionem ipsam precedente et ad eius formationem cooperante.

Quarto sciendum est quod ubicumque sancti Dei et prophete dicunt se Deum vidisse, viderunt eum intellectuali visione, licet interdum et ut sepius alie accurrerent visiones. Aliter enim eorum verba non fuissent prophetice vera. Si enim videntes aliquas creatas ymagines et similitudines non intellexissent certissime in eis apparentem Deum, nequaquam dixissent se vidisse Deum. Ysaias autem dicit : « Vidi dominum sedentem super solium excelsum », Ys. 6, <1>. Et Stephanus dicit : « Video celos apertos et Filium

1. *Jb.* 42, 5.

Sans doute est-ce de la deuxième manière que le bienheureux Job vit Dieu, lorsqu'il lui dit au dernier chapitre de son livre : « Je t'avais connu par ouï-dire, mais maintenant mes yeux te voient ». Car il avait d'abord entendu des voix corporelles ou imaginaires, mais ensuite, s'étant vu communiquer quelque espèce intelligible en laquelle il pût voir Dieu, il dit : « maintenant mon œil », c'est-à-dire l'œil de mon esprit ou mon intelligence, « te voit ». Il n'est pas vraisemblable qu'un homme aussi saint et aussi profond dans le domaine des choses divines n'ait pu pénétrer des révélations aussi grandes, plus avant qu'en une vision corporelle de formes corporelles, qu'il possédait d'ailleurs auparavant comme par ouï-dire, puisqu'il dit : « je t'ai connu par ouï-dire », car par ta motion sainte tu m'as beaucoup appris, « mais maintenant », ce qui est reconnu comme supérieur, « mes yeux te voient », car mon intelligence te connaît de manière intuitive. Dans une telle vision, l'espèce intelligible tient lieu des fantasmes, et sur elle le regard de la vision se fixe comme sur son objet prochain, de même que, lorsque nous considérons quelques réalités spirituelles, nous maintenons notre attention sur des fantasmes ou des simulacres de ces choses spirituelles, qui gardent quelque chose de corporel, et c'est ce que le Philosophe appelle considérer les fantasmes. [2.3.3.2]

C'est de la troisième manière que le Christ voyait continuellement Dieu par son intellect, tourné évidemment vers l'essence divine. Ainsi cette façon de voir, telle qu'elle se trouvait dans le Christ, ne fut aucunement spéculative, mais totalement faciale. Et elle ne fut pas non plus prophétique, pour autant que la prophétie suppose une connaissance partielle, car une telle vision était certainement parfaite en tout. Certains disent pourtant qu'à supposer que le prophète vît Dieu grâce à des espèces intelligibles imprimées en son intellect, et que grâce à elles, son intellect fût tourné vers l'essence divine sans la médiation de fantasmes et sans espèces intelligibles expresses qui en tiendraient lieu et place, il ne s'agirait encore que d'une vision spéculaire et partielle, car une telle vision n'atteindrait pas l'essence divine telle qu'elle est en elle-même, mais telle qu'elle est représentée en quelque espèce précédant la vision elle-même et coopérant à sa formation. [2.3.3.3]

Quatrièmement, il faut savoir que partout où les saints de Dieu et ses prophètes disent l'avoir vu, c'est qu'ils l'ont vu d'une vision intellectuelle, bien que ce soit parfois, et même le plus souvent, avec le concours d'autres visions. Car autrement leurs paroles ne seraient pas vraiment prophétiques. Si tout en voyant certaines images ou similitudes créées, ils ne comprenaient pas avec la plus grande certitude que Dieu apparaît en elles, ils ne diraient pas non plus qu'ils ont vu Dieu. Or Isaïe dit : « Je vis le Seigneur siégeant sur un trône surélevé », dans *Isaïe*, chapitre 6. Et Étienne dit : « Je vois les cieux ouverts et le Fils de l'homme debout à la droite de la [2.3.4] hominum[p] stantem a dextris[q] Dei», Act. 7, <56>, ubi dicit Lucas quod Stephanus, «cum esset plenus Spiritu Sancto, intendens in celum vidit gloriam Dei et Yhesum stantem a dextris Dei»[1]. Ubi dicit Glossa: «Quidam electorum adhuc in hac vita detenti oculo cordis mundato, videre meruerunt gloriam Dei, ut hic Stephanus et Paulus usque ad tertium celum raptus[2]».

Ex premissis igitur auctoritatibus patenter apparet, quod sancti Dei et prophete viderunt Deum per speculum speciei divinitus infuse, vel ad hoc specialiter formate, et per consequens patet tota secunda principalis conclusio, scilicet quod multis formis divine essentie visio, quam habent et habuerunt in hac vita sancti viri, sapientes et prophete est finis propinquus doctrine theologice, sicut nobilior speculatio, quam theologus in hac vita possit habere.

Tertia conclusio : quod sancta divine essentie visio quam sancte anime a corporibus separate habent est finis medius doctrine theologice

f. 12 v | Tertia conclusio principalis, quod scilicet sancta divine essentie visio, quam sancte anime a corporibus separate iam habent, est finis medius doctrine theologice, probatur hoc modo: hec enim visio est perfectior et excellentior quam visio, que est finis propinquus doctrine theologice, et est minus excellens minusque perfecta quam visio, que est finis ultimus doctrine theologice, quare ipsa est finis medius doctrine theologice. Consequentia est evidens. Antecedens autem quo ad secundam partem probabitur in quarta conclusione. Sed primam partem, scilicet quod visio quam iam habent anime sancte sit excellentior et perfectior quam visio vite presentis, probatur ratione et auctoritate.

Ratione primo sic: anima a corpore separata et ab omni labe purgata est habilior et liberior, et per naturam et per gratiam, ad videndum intellectualiter quam ipsamet corpori mortali et rebelli coniuncta. Quare visio, quam habet anima separata, excellentior et perfectior est, quam visio quam habet ipsa coniuncta. Consequentia vera est, sed antecedens probatur primo quo ad naturam, secundo quo ad gratiam. Quo ad naturam probatur dupliciter, quia ratione modorum et ratione obiectorum. Ratione vero modorum arguitur sic: anima corpori corruptibili coniuncta subest

p. *cod.* Yhesum. q. *cod.* virtutis.

1. *Ac.* 7, 55.
2. Glose marginale sur *Ac.* 7, 56, Venise 1588, f. 178 E.

puissance de Dieu », dans les *Actes des Apôtres*, chapitre 7, où saint Luc dit qu'Étienne, comme il était « rempli de l'Esprit-Saint, fixant son regard au ciel, vit la gloire de Dieu et Jésus debout à la droite de Dieu ». Et la *Glose* précise : « certains parmi les élus, alors qu'ils étaient encore retenus en cette vie, méritèrent de voir la gloire de Dieu par l'œil purifié de leur cœur, comme ici Étienne ou Paul, ravi jusqu'au troisième ciel ».

Donc, d'après les autorités précitées, il apparaît avec évidence que les saints de Dieu et les prophètes ont vu Dieu grâce au miroir d'espèces divinement infuses ou spécialement formées à cette fin, et par conséquent toute la seconde conclusion principale est manifeste, à savoir que la vision aux multiples formes de l'essence divine que les hommes saints, les sages et les prophètes, possèdent et ont possédée en cette vie, constitue la fin prochaine de la doctrine théologique, comme aussi la spéculation la plus noble que le théologien puisse atteindre en cette vie.

Troisième conclusion : la sainte vision de l'essence divine que possèdent les âmes saintes séparées de leurs corps est la fin intermédiaire de la doctrine théologique [3]

La troisième conclusion principale, à savoir que la sainte vision de l'essence divine que possèdent déjà les âmes saintes séparées de leurs corps est la fin intermédiaire de la doctrine théologique se prouve ainsi : cette vision est bien plus parfaite et plus excellente que celle qui est la fin prochaine de la doctrine théologique, et elle est moins excellente et moins parfaite que la vision qui en est la fin ultime, c'est pourquoi elle constitue sa fin intermédiaire. La conséquence est évidente. Quant aux prémisses, ce qui concerne la seconde partie sera prouvé dans la quatrième conclusion. Mais la première partie, c'est-à-dire le fait que la vision dont jouissent déjà les âmes saintes soit plus excellente et plus parfaite que la vision de la vie présente, se prouve par la raison et l'autorité.

Par la raison, premièrement ainsi : l'âme séparée du corps et purgée de [3.1]
toute souillure est plus habile et plus libre – aussi bien par nature que par grâce – pour la vision intellectuelle que lorsqu'elle est elle-même réunie à un corps mortel et rebelle. C'est pourquoi la vision que possède l'âme séparée est plus excellente et plus parfaite que celle qu'elle a étant unie au corps. La conséquence est vraie, mais la prémisse sera prouvée premièrement en ce qui concerne la nature et deuxièmement en ce qui concerne la grâce.

Quant à la nature, on le prouve de deux manières, par un raisonnement [3.1.1]
sur les modes et sur les objets de connaissance.

Raisonnant proprement sur les modes de connaissance, on avance [3.1.1.1]
l'argument suivant : l'âme unie au corps corruptible est soumise aux

multiplici servituti necessitatis et infirmitatis, quia necesse est ipsam intendere cibo, intendere potui, intendere vestimento, intendere sompno, intendere curis familiaribus, intendere humano convictui et vario rerum eventui. Item infirmatur anima in cognoscendo, dum infirmantur media et organa quibus ipsam uti oportet in speculando, quia secundum Philosophum « nichil est secundum naturam pro statu presenti in intellectu, quod prius non fuerit in aliquo sensu [1] ». Si ergo anima rerum notitiam debet accipere per aliquem sensum, puta per visum, qui nobilior est et plures rerum differentias nobis demonstrat[2], potest utique impediri per tenebras aeris, per densitatem maiorem et minorem aeris, sic quod res visibilis aliter et aliter representabitur visui et interiori sensui. Simili modo humor
f. 13 superveniens oculo, vel infirmitas organi, vel oppilatio nervi optici, | vel lesio cerebri aut alia egritudo capitis, vel gravis morbus in aliqua parte corporis, vel motus humorum aut excitatio animalium passionum impediet ministerium sensuum, ne intellectui species sibi ad speculandum necessarias convenienti modo ministrent. Et hoc modo « corpus quod corrumpitur aggravat animam, et deprimit terrena <in>habitatio sensum multa cogitantem », Sap. 9, <15>. Propter quod dicit Augustinus libro De spiritu et anima, quod : « Immortalis animus corporeis passionibus consopitus[r] et per sensibiles formas extra semetipsum abductus, oblitus est quid fuerit. Et quia nichil aliud esse se meminit, nil preter id quod videtur esse credit[3] ». Patet igitur quod anima corpori corruptibili coniuncta subest multis necessitatibus, infirmitatibus, impedimentis et gravaminibus puritatem et continuitatem speculationis prohibentibus. Sed anima separata et purgata libera est ab omnibus hiis accidentibus, ut patet de se. Quare ipsa separata habilior et liberior est per naturam ad speculandum et ad intellectualiter videndum, quam ipsa coniuncta.

Ex parte autem obiectorum probatur idem sic, quoniam anima corpori corruptibili coniuncta non cognoscit, non speculatur, non videt nisi sensibilia, et nil potest colligere, arguere vel convincere nisi ex sensibilibus vel per sensibilia. Sed anima separata potest cognoscere, speculari et videre immediate multa que non sunt sensibilia nec ex sensibilibus distincte

r. *cod.* consepultus.

1. Cf. Aristote, *De Anima*, 3, 8, 431 b 5 ; P. Siwek (éd.), Rome, 1965, p. 215.
2. Cf. Aristote, *Métaphysique*, 1, 1, 980 a 27, *Aristoteles Latinus*, XXV 1, 1a, p. 89 ; XXV 2, p. 7 ; XXV 3, p. 11 ; Cf. *Auctoritates…*, *op. cit.*, J. Hamesse (éd.), 1, 2, p. 115.
3. Alcher de Clairvaux (Pseudo-Augustin), *De spiritu et anima*, I, P.L. 40, 781.

multiples servitudes de la nécessité et de l'infirmité puisqu'il lui faut porter attention à la nourriture, à la boisson, au vêtement, au sommeil, au soin des proches, à la société humaine et aux événements divers. L'âme est encore affaiblie dans sa connaissance, dans la mesure où les moyens et les organes auxquels il lui convient d'avoir recours pour spéculer sont eux-mêmes affaiblis ; car selon le Philosophe, « rien ne se trouve dans l'intellect », selon sa nature et dans son état présent, « qui n'ait été auparavant dans l'un des sens ».

Si donc l'âme doit recevoir la connaissance des choses par l'un des sens, mettons par la vue, qui est le plus noble et qui nous fait percevoir un plus grand nombre de différences entre les réalités, elle peut aussi bien être gênée par les ténèbres de l'air, par sa densité plus ou moins grande, de telle manière qu'une chose visible sera représentée différemment à la vue et au sens interne. De la même manière, une humeur survenant dans l'œil, ou bien une maladie de cet organe, l'obstruction du nerf optique, une lésion cérébrale ou quelque autre maladie de la tête, ou encore une maladie grave en quelque partie du corps, le mouvement des humeurs ou l'excitation des passions animales, tout cela empêche les sens de remplir leur rôle en fournissant comme il convient à l'intellect les espèces qui sont nécessaires à sa spéculation. Et de cette manière, « un corps corruptible appesantit l'âme, et cette habitation terrestre l'alourdit de multiples sensations », dans le *Livre de la Sagesse*, chapitre 9. C'est pourquoi Augustin dit au livre *Sur l'esprit et l'âme :* « L'âme immortelle abrutie par les passions corporelles et attirée hors d'elle-même par les formes sensibles, oublie ce qu'elle a été, et elle ne croit être rien d'autre que ce qu'elle paraît être, précisément parce qu'elle ne se souvient pas être quoi que ce soit d'autre ». Il est donc bien évident que l'âme unie au corps corruptible est soumise à un grand nombre de nécessités, de maladies, d'empêchements, d'incommodités, qui rendent impossibles la pureté et la continuité de la spéculation. Mais l'âme séparée et purifiée est libre de tous ces accidents fâcheux – cela saute aux yeux. C'est pourquoi, lorsqu'elle est séparée, l'âme est par nature plus habile et plus libre de spéculer et de connaître intellectuellement, que lorsqu'elle est unie au corps.

De même, en ce qui concerne les objets de connaissance, on le prouve [3.1.1.2]
ainsi, puisque l'âme unie au corps corruptible ne connaît que les réalités sensibles, ne spécule que sur elles et ne voit qu'elles, elle ne peut non plus élaborer aucune synthèse, argumentation ou démonstration, sinon à partir des données sensibles et par elles. Mais l'âme séparée peut connaître bon nombre de réalités qui ne sont pas sensibles, ni même à la portée d'une connaissance distincte obtenue à partir des données sensibles, elle peut

cognoscibilia. Quare, ut prius dicebatur, anima separata habilior et liberior est ad speculandum quam ipsa coniuncta. Minorem declaro, quia in rebus naturalibus sunt multe innumere qualitates preter sensibiles, puta virtutes herbarum, proprietates lapidum, influxus astrorum, affectiones animalium.
f. 13 v Item sunt multe forme substantiales que non sunt per se sensibiles, ut | intelligentie separate que nec per se nec per accidens sunt sensibiles. Nec per consequens huiusmodi forme substantiales vel accidentales sunt per animam coniunctam directe vel immediate et distincte in natura sua cognoscibiles; tamen per animam separatam sunt directe, immediate et distincte cognoscibiles.

Hoc autem probatur, quoniam huiusmodi forme sunt magis actuales quam qualitates sensibiles, et per consequens magis quantum est de se sunt intelligibiles et cognoscibiles, quia unumquodque intelligitur in quantum est eius actu, et unumquodque sicut se habet ad esse sic se habet ad intelligi et cognosci, 9 Metaphisice[1]. Anima etiam separata est apta nata intelligere, quia non minus quam prius habet intellectum possibilem, quo est seu quo contingit animam omnia fieri, sicut intelligens fit idem cum intellectis, et
f. 14 habet | intellectum agentem, quo est omnia facere, id est, quo contingit animam facere omnia in esse intelligibili, pro quanto intellectus agens concurrit ad formationem speciei intelligibilis et intellectionis. Quare sequitur quod anima separata libere possit apprehendere huiusmodi formas insensibiles nec minus clare quam formas sensibiles.

Obiectio contra dicta

Sed alibi hic forte dicetur, quod anima est talis natura que non operatur, nec intelligit, nec speculatur, nisi existens in corpore, ubi formata et creata est. Et sicut in corpore habet suum naturalem modum essendi et non alibi, sic etiam in corpore habet suum naturalem modum intelligendi, operandi et speculandi et non alibi.

Solutio obiectionis

Sed contra hoc probatur quod non obstante separatione anime a corpore, nec obstante quod anima naturaliorem modum essendi habeat in corpore quam extra corpus, ipsa separata vires suas, sensus suos atque ingenia, operandi et speculandi facultatem retineat.

Legimus[s] enim in Collationibus Patrum, Collatione prima, quod: « Manifeste probatur animas defunctorum non solum suis sensibus non

s. *cod.* legibus.

1. Aristote, *Métaphysique*, 9, 9, 1051 a 29-31, *Aristoteles Latinus*, XXV 2, p. 181 ; XXV 3, p. 192-193 ; Cf. Thomas d'Aquin, *In Metaph.*, 9, l. 10, n. 894 ; Cf. *Auctoritates..., op. cit.*, J. Hamesse (éd.), 1, 234, p. 135.

spéculer sur elles et les voir de manière immédiate. Voilà pourquoi, ainsi qu'on le disait plus haut, l'âme séparée est plus habile et plus libre pour la spéculation que lorsqu'elle est unie au corps.

Je montre la mineure : il y a dans les réalités naturelles, outre les qualités sensibles, une quantité innombrable de qualités, comme les vertus des plantes, les propriétés des pierres, les influences des astres, les manières dont les animaux sont affectés. Il y a encore bon nombre de formes substantielles qui ne sont pas sensibles par elles-mêmes, comme les intelligences séparées qui ne sont sensibles ni par elles-mêmes ni par accident. Et par conséquent, des formes substantielles ou accidentelles de ce genre ne sont pas connaissables de manière directe ou immédiate et distincte dans leur nature par l'âme unie au corps, tandis qu'elles le sont par l'âme séparée.

Cela est d'ailleurs prouvé, puisque de telles formes sont plus actuelles que les qualités sensibles, et sont par conséquent, quant à elles, plus intelligibles et connaissables, car chaque chose est comprise en tant qu'elle est en acte, et chaque chose se rapporte à l'être compris ou connu de la même manière qu'elle se rapporte à l'être, d'après le livre neuf de la *Métaphysique*. Mais l'âme séparée est par nature apte à connaître, car elle ne possède pas moins qu'avant un intellect possible, par lequel l'âme est ou parvient à devenir toutes choses, comme ce qui comprend s'assimile à ce qu'il comprend. Elle possède également un intellect agent, par lequel elle peut tout faire, c'est-à-dire par lequel l'âme parvient à rendre toutes choses intelligibles, pour autant que l'intellect agent contribue à la formation de l'espèce intelligible et de la compréhension. D'où il s'ensuit que l'âme séparée est capable d'appréhender librement ce type de formes insensibles, non moins clairement que les formes sensibles.

Objection contre ce qui vient d'être dit [3.1.1.3]

Mais par ailleurs, on pourrait objecter que l'âme est de telle nature qu'elle ne saurait agir, comprendre, spéculer, sinon lorsqu'elle se trouve être dans le corps où elle est formée et créée. Et de même qu'elle a son mode d'être naturel dans le corps et non ailleurs, de même c'est dans le corps, et non ailleurs, qu'elle a son mode naturel de comprendre, d'agir et de spéculer.

Résolution de l'objection [3.1.1.4]

Mais à l'encontre de cet argument, on prouve que malgré la séparation de son corps, et bien que l'âme possède un mode plus naturel d'être dans le corps que hors de lui, elle conserve, une fois séparée, ses puissances, ses facultés et ses dispositions intellectuelles, ainsi que sa faculté d'agir et de spéculer.

Nous lisons dans la première des *Conférences des Pères :* « il est prouvé [3.1.1.4.1] manifestement, non seulement que les âmes des défunts ne sont pas

privari, sed nec istis quidem affectibus, id est, spe atque tristitia[t], gaudio ac metu care<re> et ex eis que in illo generali examine reservantur quidam iam eas incipere pregustare, nec secundum opinionem quorundam infidelium in nichilum eas resolvi post huius commorationis excessum, sed vivacius sustinere Deique laudibus intentius inherere. Et re vera, ut
f. 14 v sequestratis paulisper testimoniis Scripturarum | de ipsius anime natura secundum mediocritatem sensus nostri pauca aliqua disputemus, nonne ultra omnis ineptie non dicam fatuitatem, sed insaniam est vel leviter suspicari illam preciosiorem hominis portionem, in qua etiam ymago Dei, secundum beatum Apostolum» et Augustinum, «ac similitudo consistit, deposita hac qua reconditur in presenti sarcina corporali insensibilem fieri, que omnem rationis vim in se continens etiam mutam[u] atque insensibilem materiam carnis participatione sui facit esse sensibilem, cum utique consequens sit etiam hoc rationis ipsius ordo contineat, ut exuta mens ista carnali qua nunc ebetatur pigridine, intellectuales virtutes suas in melius reparet[v] et puriores eas ac subtiliores recipiat potius quam admittat»[1]? Item Augustinus, in libro de Ecclesiasticis dogmatibus : « Solum hominem credimus habere animam substantialem que exuta a corpore unit sensus suos atque <ingenia> vivaciter tenet[2] ». Item Cassiodorus in libro De anima : « Sciendum » quod « immortalis hec anima » « in se post huius seculi amissionem, non reflante spiritu sicut[w] corpus sed equali mobilitate[x] que illi attributa est, puta sublimi vita eterna, videt, audit, tangit, ac reliquis sensibus efficacius viget[3] ». Hoc idem demonstratur ex Evangelio, ubi refertur quod anima divitis epulonis vidit animam Lazari quondam pauperis, que locuta est cum Abraham seu cum anima Habrae, quam rogavit et responsum audivit quod ratiocinatio et collatio fuerit inter animas, Lc. 16, <19-31>. Quare anima fidelis dubitare non potest quin
f. 15 anime | a corporibus separate videant, speculentur, agant et patiantur. Legimus enim Moysen apparuisse cum Christo in Transfiguratione, Mt. 17, <1-8> et Lc. 9, <28-36>, et non solum apparuisse, sed et Passionem Dominicam predixisse. Hoc idem manifeste senserunt et scripserunt[y]

t. *cod.* iusticia. u. *cod.* minutam. v. *cod.* reciperet. w. *cod.* supra. x. *cod.* nobilitate. y. *cod.* scripserant.

1. Jean Cassien, *Collationes Patrum*, I, 14, C.S.E.L. 13, p. 23, l. 20- p. 24, l. 8 ; S.C. 42, E. Pichery (éd.), p. 95-96.

2. Gennade (Pseudo-Augustin), *Liber sive definitio ecclesiasticorum dogmatum*, XVI, C. H. Turner (éd.), *The Journal of Theological Studies*, 7, 1906, p. 92 ; P.L. 42, 1216.

3. Cassiodore, *De anima*, 4, C.C.S.L. 96, p. 543, l. 164-168.

privées de leurs facultés intellectuelles, mais que ces passions affectives que sont l'espoir et la tristesse, la joie et la crainte, ne leur font pas non plus défaut, et qu'elles commencent même à avoir un avant-goût de certaines de celles qui sont réservées au jugement général, qu'elles ne se dissolvent pas davantage, comme le croient certains infidèles, dans le néant au sortir de ce monde, mais qu'elles vivent d'une vie plus intense et s'adonnent plus ardemment aux louanges de Dieu. Et en vérité, s'il est permis de laisser de côté pour quelque temps les témoignages des Écritures, afin de raisonner quelque peu sur la nature même de l'âme, pour autant que cela est possible à la médiocrité de notre intelligence, n'est-ce pas le comble, je ne dirai pas seulement de la sottise, mais de la démence, de supposer le moins du monde que la partie de l'homme la plus précieuse, celle qui porte en soi l'image même de Dieu et sa ressemblance, selon le saint Apôtre » et Augustin, « puisse, une fois déposé le fardeau corporel qui émousse à présent sa perspicacité, devenir insensible, elle qui, contenant en soi seule toute la puissance rationnelle, donne, par participation de soi, la sensibilité à la matière même inanimée et insensible de la chair – quand, au contraire, la logique et l'ordre même de la raison exigent que l'esprit, débarrassé de cette enveloppe charnelle dont la paresse lui enlève actuellement de son acuité, retrouve ses puissances intellectuelles avec quelque amélioration, et que ce soit plus pures et plus subtiles qu'il les reprenne plutôt qu'il ne les perde ? » De même, Augustin dit, dans le livre *Sur les doctrines de l'Église :* « L'homme est le seul être que nous croyons doté d'une âme substantielle qui, débarrassée du corps, réunit ses facultés et maintient vivaces ses dispositions naturelles ». Cassiodore écrit encore dans le livre *Sur l'âme :* « Il faut savoir que cette âme, immortelle en elle-même, après la perte de ce siècle, étant entendu que l'esprit n'expire pas comme le corps, mais avec la même agilité qu'on attribue à celui-ci, à savoir par la sublime vie éternelle, voit, entend, touche, et fait preuve d'une vigueur plus efficace encore, également par les autres sens ». De même, à partir de l'Évangile où il est rapporté que l'âme du riche banqueteur vit l'âme de Lazare qui avait été pauvre en son temps, en train de parler avec Abraham, c'est-à-dire avec l'âme d'Abraham, qu'il interrogea et dont il entendit la réponse, on démontre qu'il y eut entre les âmes un raisonnement et une confrontation, dans *Luc*, chapitre 16. C'est pourquoi une âme croyante ne peut douter que les âmes séparées de leurs corps ne voient, ne spéculent, n'agissent et ne pâtissent. Nous lisons bien que Moïse est apparu avec le Christ lors de la Transfiguration, dans *Matthieu*, chapitre 17 et *Luc*, chapitre 9, et qu'il n'est pas seulement apparu, mais qu'il a aussi prédit la Passion du Seigneur. De multi philosophi. Ait enim Algazel, 5 Meta<phisi>ce distinctione 3, quando anima « liberatur ab occupatione corporis per mortem, removetur velamen et prohibens, et durat semper coherentia, quoniam anima permanet semper, et intelligencia agens permanet semper et infusio ex parte eius est largissima, quoniam hoc est simpliciter ex se. Anima vero apta est ex seipsa ad recipiendum ab illa cum nichil est quod prohibeat, (nichil est autem quod prohibeat), cum principaliter coherent » [1].

Hoc idem ratione probatur fundata super experientiam. Anima namque coniungitur corpori sicut perfectio perfectibili, sicut vita vegetabili et sicut motor suo mobili. Est autem possibile quod anima separetur ad tempus a corpore, sicut motor a mobili, remanens coniuncta corpori sicut perfectio perfectibili et sicut vita suo vegetabili. Experimur enim interdum aliquos homines in carne vivere, et in carne nullum sensum, nullum pulsum et breviter nullum motum habere, quare pro tunc anima corpus vivificat, et tamen corpus non movet nec movetur a corpore. Ex quibus arguo sic : anima pro tunc non movet corpus, nec sentit per corpus nec intelligit mediante corpore vel corporali fantasmate, nec mediantibus organis
f. 15 v sensuum corporalium, sed pro tunc intelligit |, speculatur et videt, quare anima sine corpore et sine ministerio corporis potest intelligere, speculari et videre. Consequentia manifesta est, postquam in tali statu speculatur et sine ministerio corporis. Quod autem anima in tali statu posita intelligat, speculetur et videat, probatum est per multas experientias, quarum aliquas refert beatus Augustinus 12 libro super Genesim ad litteram [2], et ad eandem sententiam est Algazel, 5 Metaphisice, dicens, quod : « cum quieverint sensus eo quod spiritus deferens virtutem sensus propter aliquam predictarum causarum, remanet tunc anima libera ab occupatione sui circa sensus ; ipsa enim nunquam cessat meditari de hiis que referunt sibi sensus. Cum igitur invenit se liberam, non est quod impediat, fit tunc apta coniungi substantiis spiritualibus et nobilibus intelligibilibus in quibus est descriptum esse omnium que sunt ». « Unde de eo quod est in illis substantiis de formis rerum imprimitur in anima id potius quod convenit intentioni eius, et quod magis est cordi eius [3] ».

1. Algazel, *Commentaire de la Métaphysique*, II, V, 3, J.T. Muckle (éd.), Algazel's Metaphysics, Toronto, 1933, p. 185, l. 10-17.

2. Augustin, *De genesi ad Litteram*, 12, 17, C.S.E.L. 28, p. 403 *sq.*

3. Algazel, *Commentaire de la Métaphysique*, II, V, 5, J.T. Muckle (éd.), *op. cit.*, p. 189, l. 5-15.

nombreux philosophes furent manifestement du même avis, et ils l'ont écrit. Ainsi, Algazel dit au cinquième livre de La *Métaphysique*, distinction 3 : quand l'âme « est libérée par la mort de son accaparement par le corps, le voile est écarté, ainsi que tout obstacle, et la cohésion dure toujours, puisque l'âme demeure toujours, que l'intelligence agente demeure toujours, et que de sa part, l'épanchement est des plus abondants, puisqu'il procède simplement d'elle. L'âme est en vérité d'elle-même apte à le recevoir d'elle, dans la mesure où il n'y a rien qui l'en empêche (or il n'y a rien qui l'en empêche), du moment qu'elles sont jointes selon le principe ».

On prouve également cela par un argument fondé sur l'expérience. De fait, l'âme est unie au corps comme la perfection à ce qui est perfectible, comme la vie à ce qui peut être vivifié, et comme ce qui le meut au mobile. Il peut arriver que l'âme soit séparée du corps pour un temps, selon le rapport du moteur au mobile, tandis qu'elle reste unie au corps selon celui de la perfection au perfectible et de la vie à ce qu'elle vivifie. Nous constatons parfois d'expérience que certains hommes vivent dans la chair et n'ont pourtant dans leur chair aucune sensation, aucun pouls et pour un temps aucun mouvement, c'est pourquoi à ce moment-là, l'âme vivifie le corps, et cependant elle ne le meut pas ni n'est mue par lui. J'en déduis qu'alors l'âme ne meut pas le corps, ne reçoit pas non plus de lui de sensation, elle ne pense pas au moyen du corps, ni des fantasmes corporels, ni des organes des sens corporels, mais pendant ce même temps elle pense, spécule et voit, c'est pourquoi l'âme peut comprendre, spéculer et voir sans le corps et sans son aide. La conclusion est manifeste puisque dans un tel état on spécule, même sans l'aide du corps. [3.1.1.4.2]

Or, que l'âme pense, spécule et voie lorsqu'elle se trouve dans un tel état, cela est prouvé par de nombreuses expériences, et saint Augustin se réfère à certaines d'entre elles au livre 12 *Sur la Genèse au sens littéral*, Algazel est également du même avis lorsqu'il dit au livre 5 de la *Métaphysique*, que : « puisque les sens se sont tenus en repos du fait que l'esprit a retiré sa puissance des sens, pour l'une des raisons précitées, l'âme reste maintenant libre de ses préoccupations concernant les sens, quant à elle, elle ne cesse jamais de méditer sur ce que lui rapportent les sens. Quand donc elle se trouve libre, il n'y a rien pour l'entraver, elle devient donc capable de s'unir aux substances spirituelles et aux nobles intelligibles dans lesquels se trouve décrit l'être de tout ce qui existe. Parmi ce qui se trouve en ces substances des formes des choses, ce qui s'imprime dans l'âme, c'est plutôt ce qui correspond à son intention ou ce qui appartient plus à son cœur ».

Hic ponitur triplex causa quare anima coniuncta corpori potest nunc separate substantie speculari

Notabo quod triplex esse potest causa, quare anima transit ad huiusmodi statum et ad modum speculandi debitum substantiis separatis. Una est perfecta quies, alia excessivus amor et tertia nimius dolor. Perfecta quidem quies talem transitum causat hoc modo : cum homo bone complexionis existens, sobrius et quietus, solitarius et ab omni cura seculi sequestratus tempore congruo sompnum capit, tunc potest ita perfecte
f. 16 quiescere quod nullus motus trahens ad se animam | fiet in corpore, nec motus aliquis fiet ab aliquo fantasmate. Et tunc anima erit et a corpore et a fantasmate libera, et per consequens transire poterit ad illum speculandi modum, quem habent anime et intelligentie separate. Et iste casus est premissus casus, quem describit Algazel [1].

Excessivus autem amor rerum spiritualium predictum transitum causat hoc modo : cum enim homo fuerit avidissimus et vehementi fervore succensus ad loquendum cum Deo, cum angelo vel cum aliquo sancto, aut etiam ad inquirendum aut sciendum aliquam veritatem, erit utique possibile, quod talis vehementissimus amor, naturalem amorem anime ad corpus vincet, et separabit ad tempus et avertet animam a sensibus et convertet eam et applicabit eam substantiis intelligibilibus, inter quas possit invenire quod querit. Et iste casus sanctis viris accidit in fervore devotionis et orationis existentibus. Sic enim accidit super beatum Petrum mentis excessus et vidit celum apertum, Act. 11, <5>. Sic etiam accidit beato Paulo oranti in templo, Act. 22, <17>.

Nimius autem dolor prefatum transitum causat hoc modo : sicut enim anima ex nimio dolore totaliter separari potest a corpore, sic etiam ex nimio dolore secundum quid separari potest a corpore, puta quia separabitur sicut motor a suo mobili et sicut mobile a suo motore, quia nec movebit corpus nec movebitur a corpore. Remanebit tamen coniuncta corpori sicut perfectio materie suo perfectibili, quia dolor anime reddit corpus exosum, vincit et superat amorem anime innatum quem habet ad corpus, et istum
f. 16v casum accidisse cuidam iuveni inciso in genitalibus recitat beatus | Augustinus, ad litteram super Genesim, libro 12 [2].

1. *Id.*, *ibid.*
2. Augustin, *De Genesi ad litteram*, 12, 17, 37, B.A. 49, p. 388, C.S.E.L. 28, p. 404-406.

Ici l'on établit la triple cause pour laquelle l'âme unie au corps peut actuellement spéculer sur les substances séparées [3.1.1.5]

Je noterai que ce peut être pour une triple cause que l'âme atteint ce type d'état et le mode de spéculation dû aux substances séparées. L'une est le repos parfait, la seconde l'excès d'amour, et la troisième une trop grande douleur.

Un parfait repos cause un tel passage de la manière suivante : lorsqu'un [3.1.1.5.1] homme jouissant d'un bon tempérament, sobre et reposé, solitaire et dégagé de tout souci du siècle prend son sommeil au moment convenable, alors, il peut atteindre un repos si parfait qu'aucun mouvement susceptible d'attirer l'âme vers lui ne puisse advenir dans le corps, ni qu'aucun mouvement ne puisse provenir d'aucun fantasme. Et alors, l'âme sera libre à la fois par rapport au corps et aux fantasmes, et par conséquent, elle pourra atteindre ce mode de spéculation que possèdent les âmes et les intelligences séparées. Et ce cas est celui décrit plus haut par Algazel.

D'autre part, un amour excessif des choses spirituelles cause le passage [3.1.1.5.2] dont il a déjà été question, de la manière suivante : ainsi, lorsqu'un homme aura été très avide et enflammé d'une impétueuse ferveur de parler avec Dieu, avec un ange ou avec quelque saint, ou même de rechercher ou de connaître quelque vérité, il sera dans tous les cas possible qu'un tel amour des plus impétueux, parvienne à vaincre l'amour naturel de l'âme pour le corps, l'en sépare pour un temps, la détourne des sens, la retourne et la dirige vers les substances intelligibles parmi lesquelles elle pourra trouver ce qu'elle cherche. Et ce cas correspond à ce qui arrive aux hommes saints vivant dans la ferveur de la dévotion et de la prière. C'est effectivement ce qui advint à saint Pierre en un ravissement de l'esprit et il vit le ciel ouvert, dans les *Actes des Apôtres*, chapitre 11. C'est encore ce qui se passa pour saint Paul alors qu'il priait dans le temple, dans les *Actes des Apôtres*, chapitre 22.

Une trop grande douleur cause également le changement dont il a été [3.1.1.5.3] question plus haut, de la manière suivante : de même que, par une douleur trop grande, l'âme peut être totalement séparée du corps, elle peut de même, par une douleur trop grande, en être séparée sous un certain rapport, mettons celui du moteur à ce qu'il meut et de ce qui est mû à son moteur, car elle ne communiquera plus de mouvement au corps ni n'en recevra de lui. Elle lui restera cependant unie comme la perfection de la matière à ce qu'elle perfectionne, car la douleur rend le corps odieux pour l'âme, elle vainc et dépasse l'amour inné que l'âme porte au corps. Et saint Augustin raconte dans le livre 12 *Sur la Genèse au sens littéral* qu'un tel accident est arrivé à un jeune homme coupé aux parties génitales.

Ex premissis igitur patens est, quod anima simpliciter a corpore separata liberior et habilior est per naturam ad intelligendum, ad speculandum, et ad videndum quam ipsa coniuncta corpori corruptibili.

Probatur hic quod anima separata et purgata liberior et habilior est per gratiam quam si esset coniuncta corpori corruptibili

Quod autem sit habilior et liberior per gratiam, probatur ex statu quem anime separate et purgate leguntur habere per gratiam, quoniam ex Divinis Scripturis colligi potest, quod anime sancte a corporibus separate sunt in celo, sunt in paradiso, sunt cum Christo, cum angelis, confirmate in gratia, in requie, sine distractione intente divine contemplationi, sine fatigatione vacantes divine laudi. Quod enim sint in celo, patet Apoc. 6 capitulo et 7 et 8 et 19 et 20[1]. Quod autem sint in paradiso, apparet per idem, quia locus paradisi et locus celi empirei est unus idem locus, quod docet Apostolus dicens se raptum in paradisum et raptum usque ad tertium celum, 2 ad Corinth. 12, <2>. Quod autem sint cum Christo et cum angelis, habetur Apoc. 7, <9-11>, ubi dicitur quod : « in conspectu agni et in circuitu eiusdem troni » erant « omnes angeli » et « innumerabilis turba ex omnibus gentibus et tribubus et populis et linguis collecta ». Quod autem sint confirmate in gratia patet, quia « date sunt » animabus sanctis « singule stole albe », Apoc. 6, <11>. Hec autem stole sunt impeccabilitates et iustificationes sanctorum inamissibiles, quod apparet, quia infra, capitulo 19, <8>, dicitur quod uxor agni debuit cooperiri bissino splendenti et f. 17 candido, et statim subditur expositio, quia dicit Johannes | quod huiusmodi bissinum, ex quo stole candide fuerint, « iustificationes sanctorum sunt ». Quod autem sint in requie scriptum est, quia[z] dictum est illis animabus ut « requiescant adhuc modicum tempus », Apoc. 6, <11>, et infra, cap. 14, <13> : « Amodo iam dicit Spiritus, ut requiescant a laboribus suis ». Quod autem intente sint divine contemplationi colligitur ex hoc, quod sunt ante tronum Dei, Apoc. 14, <5>. Quod autem vacent divine laudi probatur, quia clamabant voce magna dicentes : « Salus Deo nostro, qui sedet super tronum, et Agno », Apoc. 7, <10>.

Ex hiis ergo patet quod status animarum sanctarum quem habent per gratiam, reddit eas habiliores ad intelligendum, speculandum et videndum quam essent dum in carne manerent ; et per consequens sequitur, quod

z. *cod.* quod.

1. Cf. *Ap.* 6, 9 ; 7, 9 ; 8, 3-4 ; 19, 1, 6 ; 20, 4.

D'après ce qui précède, il est donc évident que l'âme tout bonnement séparée du corps est par nature plus libre et plus habile à comprendre, à spéculer et à voir que lorsqu'elle est unie au corps corruptible.

On prouve ici que l'âme séparée et purifiée est plus libre et plus habile par grâce, que si elle était unie au corps corruptible [3.1.2]

Or, qu'elle soit plus habile et plus libre par grâce, cela se prouve à partir de ce qu'on peut lire du statut attribué par grâce aux âmes séparées et purifiées, puisque d'après les Divines Écritures, on peut conclure que les âmes saintes séparées de leurs corps sont au ciel, dans le paradis, qu'elles sont avec le Christ, avec les anges, confirmées dans la grâce, dans le repos, attentives sans distraction à la contemplation divine, s'adonnant sans lassitude à la louange divine. Qu'elles soient bien au ciel, cela est évident d'après l'*Apocalypse*, chapitre 6, et également, 7, 8, 19 et 20. Que par ailleurs, elles soient au paradis, cela apparaît par les mêmes références, car le paradis et le ciel empyrée se trouvent en un seul et même lieu ; c'est ce que nous enseigne l'Apôtre lorsqu'il dit avoir été enlevé en extase au paradis, et ravi jusqu'au troisième ciel, dans la *Seconde Lettre aux Corinthiens*, chapitre 12. Qu'en outre elles soient avec le Christ et avec les anges, on le trouve dans l'*Apocalypse*, chapitre 7, où il est dit : « en face de l'Agneau et autour de son trône » se trouvaient « tous les anges » et « une foule innombrable provenant de toutes les nations, tribus, peuples et langues ». Et qu'elles soient confirmées dans la grâce, cela est évident, car « de simples vêtements blancs » sont remis aux âmes, dans l'*Apocalypse*, chapitre 6. Or ces vêtements sont la pureté dénuée de tout péché et la justification des saints, et elles ne passeront jamais, cela est manifeste car on dit plus bas au chapitre 19 que l'épouse de l'Agneau « a dû se couvrir d'un lin d'une blancheur éclatante », et l'explication suit immédiatement car Jean dit que ce type de lin, dont étaient tissés les vêtements blancs, « ce sont les justifications des saints ». Qu'elles soient d'ailleurs en repos, cela est écrit, car ces âmes s'entendent dire de « reposer encore un peu de temps », dans l'*Apocalypse*, chapitre 6, et plus bas, chapitre 14 : « Désormais, dit l'Esprit, qu'ils se reposent de leurs peines ». Qu'elles soient encore attentives à la contemplation divine, on peut le conclure du fait qu'elles se trouvent devant le trône de Dieu, dans l'*Apocalypse*, chapitre 14. Qu'elles s'adonnent enfin à la louange divine, cela est prouvé, car elles s'écriaient d'une voix forte : « Le Salut à notre Dieu qui siège sur le trône, et à l'Agneau », dans l'*Apocalypse*, chapitre 7.

Il s'ensuit donc manifestement que l'état dont les âmes saintes jouissent par grâce les rend plus habiles à comprendre, à spéculer et à voir, qu'elles ne l'étaient alors qu'elles demeuraient encore dans la chair, et par anime separate ab omni labe purgate excellentius <et> perfectius Deum et divinitatem videant quam vide<ri>nt, dum essent in carne mortali.

Hic eadem conclusio auctoritate probatur

Hec autem conclusio iam probata per rationem, probari potest per auctoritatem, per quam etiam ea que de statu animarum separatarum dicta sunt, amplius utique declarari possunt. Ait enim beatus Augustinus in libro de Verbo Dei sic inquiens : « Felix anima que terreno "resoluta carcere libera celum petit"[1], que te dulcissimum dominum facie ad faciem cernit, que nullo metu mortis afficit<ur>, sed de incorruptione perpetue glorie letatur. Tranquilla est et secura, non timet hostem nec mortem. Habet tam pium Dominum quem diu quesivit semperque amavit. Hympnidicis associata choris[a], melliflua perpetua sollempnitatis carmina ad laudem glorie tue, rex Christe, in eternum concinit[2] ». Hec Augustinus. Sed quia
f. 17 v huiusmodi cernere intelligitur de facie humanitatis | Christi, ne videatur quod ibi sistant et quod nullo modo divinitatem Christi cernant claritatem, addit : « Inebriabitur enim "ab ubertate domus tue et torrente voluptatis tue potabis eam"[3]. Felix societas supernorum civium et gloriosa sollemnitas omnium ad te redeuntium ab huius nostre peregrinationis tristi labore ; amenitatem pulcritudinis totius splendoris, formositatem atque dignitatem totius elegantie, iugiter tui cives cernunt. Nichil omnino quod conturbet mentem in te auribus datur. Que cantica ? <Que> organa ? Que cantilene ? Que melodie ibi sine fine decantantur et sonant semper melliflua hympnorum organa suavissima angelorum melodia ? Cantica angelorum mira que ad laudem et gloriam tuam a supernis civibus in perpetuum decantantur ! Amaritudo et omnis fellis asperitas, in regione tua, locum non habent. Non enim est in te mal<or>um malitia, non est adversarius et impugnans nec ulla[b] peccati illecebra. Nulla est ibi indigentia, dedecus nullum, nulla rixa, nullum improperium, causatio nulla, nullus timor, nulla inquietudo, nulla pena, nulla dubietas, nulla violentia, nulla discordia ; sed pax summa, caritas plena, iubilatio et laus Dei eterna, secura sine fine requies et gaudium semper in Spiritu Sancto. Fortunatus ego, si audivero iocundissimas civium tuorum cantilenas, cantica melliflua

a. *cod.* choris *iter.* b. *cod.* illa.

1. Boèce, *Philosophiae Consolatio* II, 7, C.C.S.L. 94, p. 34, l. 74.
2. Pseudo-Anselme, (Pseudo-Augustin), *Meditatio* 16, P.L. 158, 782 C-D, Jean de Fécamp, *Confessio Theologica*, J. Leclercq, J.-P. Bonnes (éds.), Vrin, Paris, 1946, p. 148-149.
3. *Ps.* 35, 9.

conséquent, il s'ensuit que les âmes séparées, purifiées de toute souillure, voient Dieu et la divinité d'une manière plus excellente et parfaite qu'elles ne le voyaient quand elles étaient encore dans la chair mortelle.

Ici la même conclusion est prouvée par l'autorité [3.2]

Or cette même conclusion déjà prouvée par la raison, peut l'être aussi grâce à l'autorité, et par elle encore, ce qui a été dit du statut des âmes séparées peut en tout cas être développé davantage. Saint Augustin dit au livre *Sur le Verbe de Dieu*: « Heureuse âme qui, dégagée de sa prison terrestre, recherche librement le ciel, qui te contemple face à face, très doux Seigneur, n'est affectée par aucune crainte de la mort, mais se réjouit de l'incorruptibilité de la gloire perpétuelle. Elle est tranquille et en sécurité. Elle ne craint ni l'ennemi ni la mort. Elle possède le Seigneur si bienveillant, qu'elle a longtemps cherché et toujours aimé. Unie aux hymnes des chœurs, elle chante pour l'éternité les hymnes douces comme le miel et perpétuelles des fêtes solennelles à la louange de ta gloire, Oh ! Christ roi ! » Tels sont les propos d'Augustin. Mais parce que ce mode de contemplation se comprend de la face de l'humanité du Christ, afin qu'on ne croie pas que les âmes s'arrêtent là et ne discernent en aucune manière la clarté de la divinité du Christ, il ajoute : « Elle sera "enivrée de l'abondance de ta maison, et tu l'abreuveras au torrent de ta volupté". Heureuse la société des citoyens d'en haut, et glorieuse la solennité de tous ceux qui reviennent vers toi, après la triste peine de notre séjour en cette terre étrangère, tes concitoyens contemplent sans interruption l'attrait de la beauté de toute la splendeur, la grâce et la dignité de toute l'élégance. Il n'est rien absolument qui puisse troubler l'esprit de celui qui tourne ses oreilles vers toi. Quels cantiques ? Quels instruments de musique ? Quelles chansons ? Quelles mélodies sont ici chantées sans fin et font résonner pour toujours la mélodie très douce des instruments des anges, celle si savoureuse de leurs hymnes ? Merveilleux sont les cantiques des anges, ceux que font monter pour toujours les citoyens d'en haut pour ta louange et ta gloire ! L'amertume et l'âpreté de tout fiel n'ont pas de place auprès de toi. Il n'y a en toi ni malignité des méchants, ni adversaire, ni ennemi, ni aucun attrait du péché. Il n'y a là aucun besoin, aucun déshonneur, aucune dispute, aucun affront, aucune accusation, aucune crainte, aucune inquiétude, aucune peine, aucune suspicion, aucune violence, aucune discorde, mais la paix suprême, la charité plénière, la jubilation et la louange éternelles de Dieu, le repos sans inquiétude et sans fin, ainsi que la joie pour toujours dans l'Esprit-Saint.

Comme je serai heureux si j'entends un jour les chansons très agréables de tes citoyens, les cantiques doux comme le miel rendant à la souveraine laudes summe Trinitati debito honore promentia. Sed et nimium felix, si f. 18 ego meruero cantare canticum Domino de dulcibus "canticis Syon"[1]. | O vita vitalis, vita sempiterna et sempiterne beata[c], ubi gaudium sine merore, requies sine labore, dignitas sine tremore, opes[d] sine amissione, sanitas sine langore, habundantia sine defectu, vita sine morte, perpetuitas sine corruptione, beatitudo sine calamitate, ubi omnia bona in caritate perfecta, ubi species[e] et visio facie ad faciem, ubi plena scientia in omnibus et per omnia, ubi summa Dei bonitas cernitur et lumen illuminans a sanctis glorificatur, ubi presens maiestas Dei conspicitur. Ex hoc vite cibo sine defectu[f] mens intuentium satiatur, vident et videre desiderant, sine anxietate desiderant, et sine fastidio satiantur; ubi verus iusticie sol mira specie pulcritudinis omnes reficit[2] ». Hec Augustinus. Patet igitur de intentione Augustini fuisse quod anime sancte ab hac peregrinatione ad celestem patriam redeuntes tamquam cives Dei amenitatem pulcritudinis, formositatem splendoris et dignitatem elegantie iugiter cernunt, quod esse non potest absque omni divine essentie visione. Item dicit quod ibi summa Dei bonitas cernitur, quod Dei maiestas presens conspicitur et quod ibi est visio facie ad faciem. Et licet ista verba ex se non determinent tempus, tamen ex circumstantiis argui potest. Sicut non determinatur a quibus cernitur ibi Deus, an ab angelis tantum, an ab animabus sicut ab angelis, tamen intentio eius videtur omnino quod ab hiis et ab illis, propter hoc quod subdit dicens : « ubi iusticie sol omnes reficit mira specie pulcritudinis », quare videtur f. 18 v omnino quod anime sancte divinam | essentiam <cernunt>.

Hic moventur in ista questione quinque dubia incidentaliter occurenta

Sed hic ad maiorem evidentiam predictorum queruntur quinque : scilicet utrum huiusmodi visio, quam iam habent anime sancte, sit facialis, utrum sit ex toto perfecta an ex parte, utrum sit beatifica, utrum sit eadem numero cum visione que post finale iudicium erit, utrum eadem specie cum illa.

c. *cod.* debita d. *cod.* spes e. *cod.* spes f. *cod.* deffectu

1. Cf. Ps. 137, 3.

2. Pseudo-Anselme, (Pseudo-Augustin), *Meditatio* 16, PL 158, 782 D- 783 C Jean de Fécamp, *Confessio Theologica*, J. Leclercq, J.-P. Bonnes (éds.), Vrin, Paris, 1946, p. 157-159.

Trinité les louanges correspondant à l'honneur qui lui est dû. Mais je serai aussi trop heureux si je mérite de chanter moi-même un jour au Seigneur un cantique tiré des doux "cantiques de Sion". Ô vie vraiment digne d'être vécue, vie éternelle et éternellement bienheureuse, où se trouve la joie sans tristesse, le repos sans peine, la dignité sans appréhension, la richesse sans dénuement, la santé sans faiblesse, l'abondance sans pénurie, la vie sans mort, la continuité sans corruption, la béatitude sans malheur, où tous les biens sont présents dans la charité parfaite, où est aussi l'éclat et la vision face à face, où la science est plénière en tous et à tout sujet, où l'on saisit la suprême bonté de Dieu et où les saints glorifient la lumière qui les illumine, où l'on contemple, présente, la majesté de Dieu. De cette nourriture de vie se rassasie sans déclin l'âme de ceux qui la contemplent. ils voient et ils désirent voir encore, ils désirent sans inquiétude et ils sont rassasiés sans lassitude, là où le vrai soleil de justice renouvelle tout le monde, par la vue merveilleuse de sa beauté ». Tels sont les propos d'Augustin. De toute évidence, il a donc voulu dire que les âmes saintes qui rejoignent comme citoyens la patrie céleste après leur séjour ici-bas, contemplent sans interruption l'attrait de la beauté de Dieu, la grâce de sa splendeur et la dignité de son élégance, ce qui ne peut arriver en l'absence de toute vision de l'essence divine. Il dit en outre que l'on connaît là-haut la bonté suprême de Dieu, que l'on voit sa majesté présente en personne, et que la vision y est face à face. Et bien que ces paroles n'en déterminent pas par elles-mêmes le moment, on peut cependant tirer argument des circonstances ; aussi bien n'est-il pas précisé par qui Dieu est vu là-haut, si c'est par les anges seulement, ou par les âmes aussi bien que par les anges, pourtant, il veut dire assurément, que c'est par les uns et par les autres, pour la bonne raison qu'il dit plus bas : « là, le soleil de justice renouvelle tout le monde, par la vue merveilleuse de sa beauté », c'est pourquoi, il semble finalement que les âmes saintes voient l'essence divine.

On écarte ici cinq doutes annexes concernant cette question [3.3]

Mais ici cinq questions se posent en vue de rendre plus évident ce qui précède, à savoir : une vision de ce type, que les âmes possèdent déjà, est-elle faciale, est-elle parfaite en tout ou en partie, est-elle béatifique, fait-elle nombre avec la vision qui interviendra après le jugement final, est-elle de même espèce qu'elle ?

Solutio prime dubitationis

Ad primum autem dicendum quod visio dicitur facialis et « facie ad faciem »[1] tripliciter, ut dictum est supra. Primo modo quia est a facie vidente ad faciem visam. Alio modo, quia est a facie vidente et visa ad faciem videntem et visam, ita quod ibi sit mutuitas visionum. Et alio perfectiori modo quod sit a facie vidente et visa ad faciem simili modo videntem et visam, ita quod hic sit non solum mutuitas visionum, sed similitudo in modo videndi, sicut dicit Apostolus : « Tunc cognoscam sicut cognitus sum[2] ». Primis ergo duobus modis dico quod huiusmodi visio vere facialis est ex eo quod acies intellectus anime videt aciem divine intelligentie, et acies divine intelligentie videt aciem intellectus anime. Sed nondum capio quod tertio modo sit facialis pro eo, quia nondum ex Scripturis mihi apparet quod anime pronunc ita videant et cognoscant Deum, sicut et cognoscuntur a Deo, et tamen ita cogniture sunt finaliter.

Solutio secunde dubitationis

Ad secundum dico quod non apparet mihi quod huiusmodi moderna visio sit perfecta ex toto, sed quod est ex parte, pro eo quod communiter ab omnibus dicitur, quod quilibet electus homo perfectius videbit Deum post finale iudicium quam ante. Si autem est ita, manifestum est utique, quod
f. 19 ista visio non est | perfecta ex toto, postquam perfectior erit illa sequens quam sit nunc ista precedens.

Solutio tercie dubitationis

Ad tertium dico, quod aliquid potest dici beatificum tripliciter sicut homines dicuntur beati tripliciter : scilicet beati ex virtute, sicut illi de quibus dicitur « beati pauperes spiritu et beati mites et beati qui lugent »[3]. Et isti non immerito dicuntur beati, si secundum virtutem vivunt, tum quia beate vivere est secundum virtutem vivere ut recitat Augustinus, 8 libro de Civitate Dei c. 9[4]; tum quia « beatus est qui habet quicquid vult et nil mali vult », Augustinus libro 13 de Trinitate, c. 5[5]. Sed vivens

1. I *Cr.* 13, 12.
2. I *Cr.* 13, 12.
3. *Mt.* 5, 3-5.
4. Augustin, *De Civitate Dei*, 8, 8 (et non 9), C.C.S.L. 47, p. 225, l. 33-34.
5. Augustin, *De Trinitate*, 13, 5, C.C.S.L. 50 A, p. 393, l. 37-38.

Résolution du premier doute [3.3.1]

Au premier doute, on répond en disant que la vision est appelée faciale et « face à face » en trois sens, ainsi qu'il a été dit plus haut[1]. De la première manière lorsqu'elle va d'une face qui voit à une face vue. D'une autre manière, lorsqu'elle va d'une face qui voit et qui est vue, à une autre face qui voit et qui est vue, de telle sorte qu'il y ait ici vision mutuelle. Et il y aurait un autre type de vision plus parfait qui irait d'une face qui voit et est vue à une face qui voit et est vue de la même manière, de telle sorte qu'il y ait cette fois, non seulement vision mutuelle, mais ressemblance dans le mode de vision, ainsi que le dit l'Apôtre : « Alors je connaîtrai comme je suis connu ». Je dis qu'elle est vraiment faciale; vision conforme aux deux premiers modes, du fait que le regard de l'intellect de l'âme voit celui de l'intelligence divine, et que le regard de l'intelligence divine voit celui de l'intellect de l'âme. Mais je ne comprends pas encore pour autant qu'elle soit faciale selon le troisième mode, car il ne m'apparaît pas encore d'après les Écritures que les âmes voient Dieu dès à présent[2] et le connaissent, comme elles sont connues de lui, et cependant elles sont appelées à connaître finalement de cette manière.

Résolution du second doute [3.3.2]

En second lieu, je dis qu'il ne me paraît pas que cette vision actuelle soit en tout parfaite, mais qu'elle l'est en partie, du fait qu'il est reconnu communément par tous[3], que tout homme élu verra Dieu après le jugement plus parfaitement qu'avant. Mais s'il en est ainsi, il est en tout cas manifeste que cette vision n'est pas parfaite en tout; celle qui la suivra plus tard sera plus parfaite que n'est celle qui la précède actuellement.

Résolution du troisième doute [3.3.3]

En troisième lieu, je dis qu'une chose peut être dite béatifique de trois manières, de même que les hommes sont dits bienheureux en trois sens : bienheureux selon la vertu, comme ceux dont il est dit « bienheureux les pauvres en esprit, bienheureux les doux, bienheureux ceux qui pleurent ». Et c'est à juste titre qu'ils sont appelés bienheureux, s'ils vivent selon la vertu, puisque vivre de manière heureuse, c'est vivre selon la vertu, comme le rappelle Augustin au huitième livre *Sur la Cité de Dieu*, chapitre 9; et puisque « est bienheureux celui qui a tout ce qu'il veut et ne veut rien de mauvais », Augustin, livre 13 *Sur la Trinité*, chapitre 5. Mais celui qui vit

1. Cf. *supra*, f. 4, p. 7.

2. Il s'agit de la vision actuelle de Dieu par les âmes saintes séparées, dont l'auteur nous dit dès à présent qu'il n'est pas prêt à la concevoir comme aussi parfaite que celle des ressuscités, anticipant ainsi sur sa quatrième conclusion.

3. Tous les théologiens de l'époque reconnaissent une augmentation de la vision au jugement dernier, soit en intensité pour les augustiniens, franciscains en particulier, soit seulement en extension pour les dominicains thomistes.

secundum virtutem habet quicquid vult, habet quidem de iure licet nondum de facto, ipsius enim est regnum celorum sicut est pauperum spiritu, teste Domino, Mt. 5, <3>, et ipse nichil mali vult, quia virtus rectam quidem facit intentionem et rectam electionem, teste Philosopho 6 Ethicorum[1]. Quare non immerito beati dicuntur homines ex virtute. Alio modo dicuntur beati ex certitudine sicut ibi: «beati mortui qui in Domino moriuntur», Apoc. 14, <13>. Alio modo dicuntur homines beati ex comprehensione ultimata vel non ultimata, sicut ibi: «beati qui habitant in domo tua, domine, in secula seculorum laudabunt te», in Psalmo <83, 5>.

Nunc ergo dico quod huiusmodi visio est beatifica ex virtute, quam supponit, puta ex caritate, et ex actu virtutis puta caritative fruitionis, que in tali gradu in quo est nunc ipsam utique visionem supponit. Et etiam beatifica visio ex certitudine quam tribuit, quia certas reddit animas de sue felicitatis eternitate. Item est beatifica ex comprehensione, quia ipsa est comprehensio. Non dico tamen nec adhuc capio quod sit ultimata comprehensio, ut infra declarabitur.

Solutio 4e <et 5e> dubitationis

f. 19 v Ad quartum et ad quintum dico simul, | quod nondum apparet mihi nec adhuc capio, quod moderna Dei essentie visio sit eadem numero vel specie cum illa quam electi omnes habebunt post finale iudicium. Causa vero quare nec apparet mihi et quare non capio, sunt communia dicta sanctorum et doctorum. Communiter namque dicitur quod anima nunc videns Deum, perfectius videbit Deum post finale iudicium, et per consequens, ut dictum est supra, visio quam nunc habet anima est ex parte <et ideo minor perfectione> illius visionis quam habebit illa eadem anima post finale iudicium. Hec enim est ulterius perficienda vel evacuanda, illa vero nec est ulterius perficienda nec[g] evacuanda, quia nec quo ad rem, nec quo ad modum, nec quo ad perfectionis vel imperfectionis gradum est quoquo modo mutanda. Hec autem visio est necessario non ullo modo mutanda.

g. *cod.* vel

1. Aristote, *Éthique à Nicomaque*, 6, 2, 1139 a 23-33, *Aristoteles Latinus*, XXIV, 3, p. 254, l. 8-19; Cf. *Auctoritates...*, J. Hamesse (éd.), *op. cit.*, 12, 107, p. 240.

selon la vertu a tout ce qu'il veut; certes, il le possède de droit, même si ce n'est pas encore de fait; le royaume des cieux est bien à lui, comme il est aux pauvres en esprit, selon le témoignage du Seigneur dans *Matthieu*, chapitre 5, et un tel homme ne veut rien de mauvais, car la vertu rend indéniablement droite l'intention, comme aussi le choix, selon le témoignage du Philosophe au sixième livre des *Éthiques*. Aussi est-ce à juste titre que les hommes sont déclarés bienheureux à cause de leur vertu. En un autre sens, les hommes sont dits bienheureux pour leur certitude, comme ici: « bienheureux les morts qui sont morts dans le Seigneur », dans l'*Apocalypse*, chapitre 14. En un autre sens encore, les hommes sont dits bienheureux en fonction de leur compréhension, ultime ou non, comme ici: « bienheureux ceux qui habitent dans ta maison Seigneur, ils te loueront dans les siècles des siècles », dans le *Psaume*.

Je dis donc maintenant que ce type de vision est béatifique du fait de la vertu qui la sous-tend[1], c'est-à-dire la charité, et de l'acte de la vertu, c'est-à-dire la jouissance de charité, qui au degré où elle se trouve actuellement sous-tend en tout cas cette vision même. Et la vision est encore bienheureuse du fait de la certitude qu'elle confère, car elle rend les âmes certaines de l'éternité de leur félicité. Elle est encore béatifique à cause de la compréhension, car elle est elle-même compréhension. Je ne dis pourtant pas, et je ne conçois pas jusqu'à présent qu'elle soit la compréhension ultime, ainsi qu'il sera expliqué plus bas.

Résolution des quatrième et cinquième doutes [3.3.4]

Au quatrième et au cinquième, je réponds en même temps que cela n'est pas encore clair pour moi et que je ne comprends pas jusqu'à présent que la vision actuelle de l'essence de Dieu soit la même numériquement ou par l'espèce, que celle que tous les élus auront après le jugement final. Quant à la raison pour laquelle cela n'est pas clair pour moi et pour laquelle je ne comprends pas, il s'agit des propos communs aux saints et aux docteurs. On dit communément que l'âme qui voit Dieu actuellement le verra plus parfaitement après le jugement final et, par conséquent, comme il a été dit plus haut, la vision dont l'âme jouit actuellement est partielle et donc d'une perfection moindre par rapport à celle que possédera cette même âme après le jugement final. La première doit donc être soit perfectionnée davantage, soit évacuée, tandis que la seconde ne doit être ni perfectionnée davantage ni évacuée, car elle n'a besoin d'être transformée d'aucune façon, ni quant à son objet, ni quant à son mode, ni quant à son éventuel degré de perfection ou d'imperfection. Or cette vision ne doit nécessairement être modifiée en aucune manière.

1. La tripartition précédente correspond ainsi à celle des vertus théologales. Guiral Ot rejoint donc Annibal de Ceccano qui entendait faire durer la foi jusqu'au jugement dernier.

Hoc ergo supposito ponatur ad presens, quod visio quam nunc habet anima beati Petri et visio quam habet anima unius pueri ex sola fide parentum salvati, sunt eiusdem speciei et quod sunt perfectione inequales, quia perfectior est visio beati Petri quam visio illius pueri, et quod ambe sunt ex parte, non ex toto perfecte; item quod visio quam habebit beatus Petrus post finale iudicium et visio quam habebit tunc ille puer erunt eiusdem speciei et quod erunt perfectione inequales, quia tunc sicut nunc visio beati Petri erit perfectior visione pueri, et quod ambe erunt perfecte ex toto, nunquam evacuande nec ulterius perficiende.

Hiis ergo ad presens suppositis ponatur gratia exempli, quod visio beati Petri sit nunc perfecta in decem gradibus, et visio pueri in quinque gradibus et in iudicio[h] utraque in sua perfectione dupletur, ita quod visio beati Petri sit tunc viginti graduum et visio pueri sit decem graduum. Si visiones f. 20 moderne beati Petri et | pueri sint eiusdem speciei cum futuris visionibus, sequitur quod visio ex toto, que futura est post iudicium et mansura in eternum, sit visio ex parte, quod est michi nimis absurdum, et puto quod cuilibet recipienti Scripturas divinas.

Quod autem sequatur, probo, quia omnis visio eiusdem speciei et eiusdem quantitatis perfectionalis cum visione ex parte, est visio ex parte. Sed visio pueri, post iudicium finale, futura est vel erit eiusdem speciei cum visione moderna beati Petri, que quidem est ex parte et non ex toto perfecta, sed adhuc ulterius perficienda, et est vel erit visio illa eiusdem perfectionalis quantitatis cum ista, quia utraque decem graduum. Quare visio pueri post iudicium finale futura erit ex parte.

Et alia plura inconvenientia sequerentur hoc dato, scilicet quod sint eiusdem speciei specialissime. Et per consequens sequi videtur quod non sit visio eadem numero hec et illa, nec se habeant sicut eadem forma remissa ad seipsam intensam. Hoc autem probo, quoniam ad omnem formam suscipientem magis et minus est motus, et ad omnem formam natam suscipere magis et minus potest esse motus; sed ad visionem non est

h. *cod.* iudicione

Ceci étant posé, admettons à présent que la vision qu'a maintenant l'âme de saint Pierre et celle que possède l'âme d'un enfant sauvé par la seule foi de ses parents [1], sont de même espèce, et qu'elles sont inégales par la perfection, puisque la vision de saint Pierre est plus parfaite que celle de cet enfant, et que toutes deux sont partiellement et non en tout parfaites; admettons encore que la vision que saint Pierre aura après le jugement final et celle qu'aura alors cet enfant seront de même espèce, et qu'elles seront inégales par la perfection, car alors, comme maintenant, la vision de Pierre sera plus parfaite que celle de l'enfant, supposons enfin que toutes deux seront en tout parfaites, sans jamais devoir être évacuées ni perfectionnées davantage [2].

Tout ceci étant donc maintenant admis, supposons, pour les besoins de l'exemple, que la vision de saint Pierre soit actuellement parfaite à concurrence de dix degrés, celle de l'enfant de cinq, et qu'au jugement l'une et l'autre soit doublée dans sa perfection, de sorte que la vision de saint Pierre soit alors de vingt degrés, et celle de l'enfant de dix. Si les visions actuelles de saint Pierre et de l'enfant partageaient la même espèce que les visions futures, il s'ensuivrait que la vision totale, qui doit intervenir après le jugement et doit demeurer pour l'éternité, serait une vision partielle, ce qui est pour moi trop absurde et, je le suppose, pour quiconque accepte les Écritures divines.

Que la déduction soit valide, je le prouve car toute vision identique, selon l'espèce et la quantité de perfection, avec une vision partielle, est elle-même partielle. Mais la vision de l'enfant après le jugement final, doit être, ou sera de même espèce que la vision actuelle de saint Pierre, laquelle, du moins, est partiellement et non en tout parfaite, mais doit encore être perfectionnée davantage, et la première est ou sera semblable à la seconde, selon la quantité de perfection, puisque toutes deux vaudront dix degrés. C'est pourquoi la vision de l'enfant après le jugement final devra être partielle.

Plusieurs autres difficultés découleraient encore de telles données, comme le fait qu'elles soient de la même espèce ultime, et par conséquent il s'ensuit semble-t-il, que les deux visions en question fassent nombre, et ne puissent être considérées comme la même forme, relâchée dans un cas, et tendue dans l'autre. Or je prouve cela, puisque pour toute forme susceptible d'augmenter ou de diminuer, il y a un mouvement, et que pour toute forme ayant pour nature de supporter augmentation ou diminution, il peut y avoir

1. C'est à dire mort en bas âge après avoir été baptisé.

2. Tout ce raisonnement est à rapprocher de celui proposé par John Lutterell, cf. John Lutterell, *Epistula de visione beata*, dans F. Hoffmann (éd.), *Die Schriften des Oxforder Kanzlers Iohannes Lutterell*, *Erfurter Theologische Studien*, 6, Leipzig, 1959, p. 108.

motus, ut probatur 10 Ethicorum capitulo 4[1], quare visio non suscipit magis et minus.

Minor probatur ita per Philosophum in virtute : Omnis forma, ad quam est motus, acquiritur in tempore; motus enim omnis in tempore est. Sed visio acquiritur in instanti, non in tempore; quare ad visionem non est motus. Item omnis forma ad quam est motus habet aliquam particulam que aliquo posteriori indiget ut perficiatur species forme, sed visio non habet ullam talem particulam que sic indiget aliquo tali particulari posteriori perficiente speciem visionis, cum ipsa visio sit totum quoddam habens propriam speciem, in quocumque gradu ponatur. Quare ad visionem non est motus. Item ad visionem non est generatio, quare nec motus. Hec sunt in
f. 20 v sententia rationes | Philosophi, et puto quod ista tertia ratio fundatur in hoc, quod habetur 5 Physicorum[2], ubi demonstratur quod ad actionem non est actio, ad passionem non est passio, nec ad operationem est operatio. Sed visio ut omnis actus secundus est actio operatio vel passio, vel utrumque diversis respectibus ; quare ad visionem nulla est generatio, actio vel passio, nulla motio actio vel motio passio.

Instantia ad rationes

Sed forte dicetur michi, quod ego pono inconvenientia que impono aliis, quia pono visionem unam perfectiorem alia et per consequens in visionibus pono magis et minus. Item videor ponere quod semper vel post finale iudicium sint visiones ex parte, quia si visio pueri non est eque perfecta sicut visio beati Petri, non habetur utique ex toto perfecta esse, et per consequens secundum predicta remanebit visio semper ex parte. Item si visio est totum quiddam, sequitur quod habeat partes, et sit forma partibilis, et per consequens quod sit per motum acquisibilis. Item dato quod ad visionem non sit proprie motus, tamen potest suscipere magis et minus, sicut velocitas que intenditur et remittitur, et tamen ad velocitatem non est motus, cum ipsa sit conditio motus. Item si visio non acquiritur per motum

1. Aristote, *Éthique à Nicomaque*, 10, 4, 1174 a 13-19, *Aristoteles Latinus*, XXIV, 3, p. 351, l. 1-9.

2. Aristote, *Physique*, 5, 225 b 10- 226 a 10, *Aristoteles Latinus*, VII 1.2, p. 196-198; cf. J. Hamesse, *Auctoritates...*, 2, 154, *op. cit.*, p. 152.

un mouvement; mais pour la vision, il n'y a pas de mouvement, ainsi qu'il est prouvé au dixième livre des *Éthiques*, chapitre 4 : c'est pourquoi la vision n'est pas susceptible d'augmenter ni de diminuer.

On peut prouver ainsi la mineure grâce à ce que dit le Philosophe à propos de la vertu : toute forme en vue de laquelle il y a un mouvement, s'acquiert dans le temps; car tout mouvement se situe dans le temps. Mais la vision s'acquiert instantanément, non dans le temps; c'est pourquoi elle ne requiert pas de mouvement. De même, toute forme en vue de laquelle il y a un mouvement, comporte une parcelle d'elle-même à laquelle il manque un élément ultérieur qui permettrait à l'espèce de la forme d'atteindre sa perfection, mais la vision ne comporte aucune parcelle de ce type à laquelle il manquerait ainsi un tel élément venant ultérieurement parfaire l'espèce de la vision, puisque la vision constitue elle-même un certain tout comportant sa propre espèce, quel que soit le degré dans lequel elle se trouve. C'est pourquoi la vision ne requiert pas de mouvement. Elle ne requiert pas non plus de génération, et pour cette raison, pas davantage de mouvement. Ce sont là, en substance, les arguments du Philosophe, et je pense que cette troisième raison trouve son fondement dans ce que l'on peut lire au livre 5 des *Physiques*, où il est démontré que l'action ne requiert pas une action préalable, ni la passion une passion, ni l'opération une opération. Mais la vision, comme tout acte second est action, opération ou passion, ou les trois sous des rapports divers ; c'est pourquoi la vision ne requiert aucun engendrement, aucune action ou passion, aucune mise en mouvement active ou passive.

Instances opposées aux arguments [3.4]

Mais on pourrait peut-être me dire que c'est moi qui soutiens des positions incohérentes que j'impose aux autres, puisque je considère une vision comme plus parfaite que l'autre, et que je suppose par conséquent du plus et du moins parmi les visions. De même, j'ai l'air d'avancer qu'il y a des visions partielles qui durent toujours, même après le jugement final, car si la vision de l'enfant n'est pas aussi parfaite que celle de saint Pierre, elle ne saurait de toute façon être considérée comme en tout parfaite, et par conséquent, selon ce qui précède, cette vision demeurera pour toujours partielle. De même, si la vision constitue une sorte de tout, il s'ensuit qu'elle doit avoir des parties, et si elle constitue une forme divisible en parties, il faudra aussi par conséquent qu'elle puisse être acquise par le mouvement. Ou encore, à supposer que la vision ne requière pas un mouvement propre, elle peut pourtant connaître quelque augmentation ou diminution, comme la vitesse, qui augmente et diminue, bien qu'il n'y ait pas de mouvement vers la vitesse, puisqu'elle fonde elle-même le mouvement. Enfin, si la vision ne s'acquiert ni par le mouvement, ni par la nec per generationem, sequitur quod nullo modo acquiretur, quare nulla esset visio nova, sed quelibet esset eterna.

Solutio ad instancias

Hiis tamen non obstantibus dicendum est sicut prius. De primo namque dico, quod sunt forme quedam infra propriam speciem habentes magis et minus et non suscipientes magis et minus, sicut anime humane que habent magis et minus de naturali perfectione, ut dicit articulus de natura Christi et f. 21 anima Iude[1] et tamen non suscipiunt magis et minus. | Et hoc autem modo dico de visionibus tam corporalibus quam intellectualibus, tam modernis quam eternis, quia infra unam et eandem speciem visionum est dare magis et minus, visionem scilicet magis perfectam, et visionem minus perfectam, sed una et eadem singularis visio non est magis perfecta vel minus uno tempore quam alio.

De secundo, dico quod visio dicitur ex parte vel propter inperfectionem speciei, vel propter inperfectionem individui. Propter inperfectionem speciei est ex parte omnis visio abstractiva, et omnis visio specularis, et omnis visio augmentativa, quia quantumcumque huiusmodi visiones in speciebus suis perfecte sint, numquam possunt esse ex toto perfecte, quia differentiarum dividentium genus una est perfectior, et altera inperfectior et per consequens omnia individua contenta sub inperfectiori differentia sunt inperfectiora omnibus individuis sub differentia perfectiori contentis. Sed propter inperfectionem individui diceretur esse ex parte quelibet visio remissa et inperfecta, que nata esset intendi et perfici manens eodem numero. Nunc autem ego non pono aliquam directam divine essentie visionem post finale iudicium in electis que sit ex parte propter inperfectionem speciei, quia dico quod omnes ille visiones erunt de specie perfectissima visionum, ita quod nullam habebunt[i] inperfectionem a tota specie. Nec ponam aliquam de illis ex parte propter inperfectionem individui, quia quelibet singularis visio erit perfecta ex toto, sic quod non erit nata ulterius perfici, sicut non est nata suscipere magis et minus, et habet totum quod sibi competere potest.

i. *cod.* habebant

1. Cf. Condamnation de 1277, article 147 : « Quod inconveniens est ponere aliquos intellectus nobiliores aliis, quia, cum ista diversitas non possit esse a parte corporum, oportet quod sit a parte intelligentiarum; et sic animae nobiles et ignobiles essent necessario diversarum specierum, sicut intelligentiae. – Error, quia sic anima Christi non esset nobilior anima Judae », R. Hissette, *Enquête sur les 219 articles condamnés à Paris le 7 mars 1277*, P.M., 22, Louvain, Publ. Univ. / Paris, Vander-Oyez, 1977, p. 227.

génération, il s'ensuit qu'elle ne serait en aucune manière acquise, et pour cette raison il n'y aurait aucune vision nouvelle, mais une seule qui serait éternelle.

Réponse aux instances [3.5]

Malgré ces objections, il faut maintenir ce qui précède.

Sur le premier point, je réponds qu'il y a bien des formes qui [3.5.1] connaissent sous leur propre espèce du plus et du moins, et qui n'en sont pas susceptibles en elles-mêmes, comme les âmes humaines qui recèlent une plus ou moins grande perfection naturelle, ainsi que le dit l'article concernant la nature du Christ et l'âme de Judas, et qui ne sont pourtant pas susceptibles de plus et de moins. Et c'est de cette manière que je conçois les visions, tant corporelles qu'intellectuelles, tant actuelles qu'éternelles, car si l'on doit concéder du plus et du moins sous une unique et même espèce de visions, c'est-à-dire concéder une vision plus parfaite et une vision moins parfaite, en revanche, une seule et même vision singulière n'est pas plus parfaite ou moins parfaite en un temps qu'en un autre.

Sur le second point, je réponds que la vision est considérée comme [3.5.2] partielle, soit en raison d'une imperfection de l'espèce, soit en raison d'une imperfection de l'individu. C'est à cause d'une imperfection de son espèce qu'est partielle toute vision abstractive, toute vision spéculaire et toute vision susceptible d'augmentation, car aussi parfaites que puissent être de telles visions dans leurs espèces respectives, elles ne peuvent jamais être en tout parfaites, en effet parmi les différences spécifiques qui viennent diviser un genre, l'une est plus parfaite, et l'autre plus imparfaite, et par conséquent, tous les individus contenus sous une différence plus imparfaite sont plus imparfaits que tous les individus contenus sous une différence plus parfaite[1]. Mais c'est en raison de l'imperfection de l'individu que serait dite partielle toute vision relâchée et imparfaite pour laquelle il serait naturel de s'intensifier et de se perfectionner, tout en restant une seule et même vision. Maintenant, je n'avance pourtant, quant à moi, aucune vision directe de l'essence divine intervenant chez les élus après le jugement final, qui serait partielle en raison de l'imperfection de l'espèce, car j'affirme que toutes ces visions appartiendront à l'espèce la plus parfaite, de sorte qu'elles n'auront aucune imperfection provenant de l'espèce entière. Je n'avance pas non plus qu'aucune d'entre elles soit partielle en raison d'une imperfection de l'individu, car toute vision singulière sera en tout parfaite, si bien qu'il ne sera plus de sa nature de se perfectionner ultérieurement, de même qu'il n'est pas de sa nature d'être susceptible d'augmentation et de diminution, car elle possède tout ce qui peut lui appartenir.

1. Les visions abstractive, spéculaire... sont contenues dans un genre inférieur à celui de la vision intuitive, faciale...

f. 21 v Illi autem qui dicunt quod suscipit magis et minus[1] et ad hoc | ut ultimate perficiatur est nata suscipere gradum perfectionalem, quo non carebit in eternum, illi, inquam, ponunt talem visionem ex parte.

De tertio dico, quod totum dicitur duplex : uno modo per habere partes, alio modo per non carere aliquo sibi vel nature sue debito. Totum ergo primo modo sumptum, est actu, vel potentia, vel intelligentia divisum et partitum. Totum autem secundo modo dictum idem est quod perfectum. Et hoc secundo modo, visionem Philosophus vocat totum, et hoc modo divina essentia dicitur tota, Extravagante de Summa Trinitate capitulo. « Dampnamus »[2], ubi dicitur quod Pater totam essentiam dedit Filio et totam retinuit in se ipso.

De quarto dico quod velocitas bene habet infra eandem speciem magis et minus, sed nunquam aliqua singularis velocitas suscipit magis et minus, ymmo nunquam aliqua eadem numero pars motus est velocior uno tempore quam alio, quia nec esse potest in alio et alio tempore.

De quinto dico quod visio, sicut et quelibet alia simplex operatio, non acquiritur per motum vel mutationem, sicut nec motus nec mutatio acquiritur per motum vel per mutationem, sed omnia talia sunt ipsorum acquisitiones. Hec ergo de tertia conclusione principali ad presens dicta sufficiant.

Quarta conclusio, scilicet quod anime sancte a suis corporibus separate nondum habent illam perfectissimam visionem ante iudicium finale

Quarta conclusio, scilicet quod anime sancte a suis corporibus separate nondum habent illam perfectissimam visionem quam supra dixi esse finem ultimum doctrine theologice, probatur quintupliciter, primo ex tempore perfectionis, secundo ex tempore visionis, tertio ex tempore retributionis, quarto ex tempore spei, quinto ex tempore requiei.

1. Ce sont les partisans de l'augmentation d'intensité de la vision au jugement dernier qui sont ici visés, le plus fameux étant le cardinal Jacques Fournier, futur pape Benoît XII.

2. *Décrétales de Grégoire IX*, l. I, t. 1, c. 2, C. Richter, A. Friedberg (éd.), *Corpus Iuris Canonici*, II, 7, citant Hilaire de Poitiers, *De Trinitate*, 2, 20, C.C.S.L., 62, p. 56.

Or ceux qui disent qu'elle est susceptible d'augmentation et de diminution, et que c'est pour pouvoir ultimement se perfectionner qu'il est dans sa nature de connaître des degrés de perfection grâce auxquels il ne lui manquera rien dans l'éternité; ceux-là dis-je, soutiennent qu'une telle vision est partielle.

Sur le troisième point, je réponds que le tout peut être entendu de deux manières : soit en tant que composé de parties, soit en tant que rien ne manque de ce qui lui est dû, à lui ou à sa nature. Pris dans le premier sens, le tout est divisé et fractionné selon l'acte ou la puissance ou encore par l'intelligence. Pris par ailleurs dans le second sens, il est identique au parfait. Et c'est de cette seconde manière que le Philosophe appelle la vision un tout, et c'est encore de cette manière que l'essence divine est appelée un tout dans l'*Extravagante Sur la Trinité Suprême,* au chapitre « Nous condamnons », où il est dit que le Père a donné toute son essence au Fils et l'a retenue tout entière en soi-même. [3.5.3]

Sur le quatrième point, je réponds que la vitesse admet bien du plus et du moins sous la même espèce, mais jamais aucune vitesse singulière n'est susceptible d'augmentation et de diminution, au contraire, jamais une même portion de mouvement ne peut être plus rapide en un temps qu'en un autre, car elle ne peut pas non plus se trouver à la fois en un temps et en un autre. [3.5.4]

Sur le cinquième point, je réponds que la vision, de même aussi que n'importe quelle autre opération simple, ne s'acquiert pas par un mouvement ou par une transformation, de même que ni le mouvement ni la transformation ne s'acquièrent par un mouvement ou par un changement, mais de telles choses sont toutes à elles-mêmes leur propre acquisition. Ce qui a été dit jusqu'à présent sur la troisième conclusion principale est donc suffisant. [3.5.5]

Quatrième conclusion : que les âmes saintes séparées de leurs corps n'ont pas encore, avant le jugement final, cette vision la plus parfaite. [4]

La quatrième conclusion, c'est-à-dire que les âmes saintes séparées de leurs corps n'ont pas encore cette vision qui est la plus parfaite, et dont j'ai dit plus haut qu'elle constitue la fin ultime de la doctrine théologique, se prouve en cinq points : premièrement à partir du moment de la perfection, deuxièmement, du moment de la vision, troisièmement, du moment de la rétribution, quatrièmement, du moment de l'espérance, cinquièmement, du moment du repos.

Prima via que sumitur ex tempore perfectionis.

Primo ergo arguitur ex tempore perfectionis, quia : « Cum venerit quod
f. 22 perfectum | est, evacuabitur quod ex parte est », Prima Corinthios, 13, <10>.

Sed quod ex parte est, nondum evacuatum est ; quare quod perfectum est nondum venit.

Minor probatur quoniam anima humana habere potest esse ex parte, scire ex parte, prophetare[j] ex parte et principari ex parte, possidere ex parte, videre ex parte, frui ex parte ; nondum tamen hec que ex parte sunt evacuata sunt.

Quod esse ex parte nondum est evacuatum.

Primo enim esse ex parte nondum evacuatum est ; nondum enim anima potest occurrere in virum perfectum, sicut aliquando « occurremus omnes », ut dicitur ad Ephesios 4, <13>, sed adhuc manet in esse partiali hominis, sicut res que fuit et erit pars hominis.

Quod scire ex parte nondum est evacuatum.

Item scire ex parte nondum evacuatum est. Adhuc enim manere videtur scientia sanctorum et in hominibus et in animabus. Dicit enim beatus Jeronimus in Epistula ad Paulinum : « Discamus, inquit, in terris quorum scientia nobiscum perseveret in celis[1] ». Nec mirum, quoniam adhuc manent divina misteria de quibus est sanctorum scientia. Perseverancia vero huius scientie usque in finem est intelligenda, sicut in alia materia Dominus ait : « Qui autem perseveraverit usque in finem, hic salvus erit », Mattheo 10, <22>.

Quod prophetare ex parte nondum est evacuatum.

Item prophetare ex parte nondum evacuatum est. Adhuc enim manent prophetie nondum implete, adhuc « dies iudicii »[2] prophetizatus et
f. 22 v prophetice prenuntiatus expectatur, de quo | sunt multipharie prophetie, adhuc restat ista prophetia de se et de aliis prophetiis enuntians et dicens : « sive prophetie evacuabuntur, sive lingue cessabunt, sive scientia destruetur », Prima ad Corinthios 13, <8>, et tamen, ut ibidem habetur, « ex parte cognoscimus et ex parte prophetamus »[3].

Quod principari ex parte nondum evacuatum est.

Item principari ex parte nondum evacuatum est. Adhuc enim evacuabit Dominus « omnem principatum et omnem potestatem et omnem

j. *cod.* prophetari

1. Jérôme, *Epistula 53 ad Paulinum*, 9, P.L. 22, 549. L'édition des Belles Lettres, t. III, p. 23, l. 25 donne *in caelo*.
2. Cf. *Mt.* 11, 22-24 ; *II P.* 2, 9 ; 3, 7...
3. I *Cr.* 13, 9.

Première voie que l'on tire du moment de la perfection [4.1]

On tire d'abord argument du moment de la perfection, car : « Quand viendra ce qui est parfait, ce qui est partiel disparaîtra », dans la *Première Lettre aux Corinthiens*, chapitre 13. Mais ce qui est partiel n'a pas encore disparu, c'est pourquoi ce qui est parfait n'est pas encore arrivé. La mineure est prouvée puisque l'âme humaine peut posséder de manière partielle l'existence, le savoir, la prophétie, la domination, la possession, la vision, la jouissance ; tous ces actes qui sont partiels n'ont d'ailleurs pas encore disparu.

Que l'existence partielle n'a pas encore disparu [4.1.1]

Premièrement, le fait d'exister partiellement n'a pas encore disparu ; car l'âme ne peut encore se présenter dans sa puissance parfaite, comme un jour « nous nous présenterons tous », ainsi qu'il est dit dans la *Lettre aux Éphésiens*, chapitre 4, mais jusqu'à présent elle demeure pour l'homme un être partiel, comme une réalité qui fut et qui sera une partie de l'homme.

Que le savoir partiel n'a pas encore disparu [4.1.2]

En outre, le savoir partiel n'a pas encore disparu. Jusqu'à présent, la science des saints semble bien rester tant dans les hommes que dans les âmes. Saint Jérôme dit ainsi dans la *Lettre à Paulin :* « Apprenons sur terre une science qui puisse persister avec nous dans les cieux ». Et cela n'est pas étonnant, puisque les mystères divins sur lesquels porte la science des saints demeurent jusqu'ici. De fait, la persistance de cette science jusqu'à la fin doit être comprise de la même manière que lorsque le Seigneur dit, dans un autre domaine : « Celui qui aura persévéré jusqu'à la fin, celui-là sera sauvé », dans *Matthieu*, chapitre 10.

Que la prophétie partielle n'a pas encore disparu [4.1.3]

De même, la prophétie partielle n'a pas encore disparu. Car jusqu'à présent, il reste des prophéties encore inaccomplies ; on attend jusqu'à maintenant « le jour du jugement » prédit et annoncé prophétiquement, à propos duquel on trouve des prophéties en maints endroits : et cette prophétie demeure jusqu'à présent en suspens, elle qui énonce et dit à propos d'elle-même et des autres : « les prophéties disparaîtront, les langues se tairont, la science aura une fin », dans la *Première Lettre aux Corinthiens*, chapitre 13, et encore, comme on peut lire au même endroit : « c'est de manière partielle que nous connaissons et de manière partielle que nous prophétisons ».

Que la domination partielle n'a pas encore disparu [4.1.4]

De plus, la domination partielle n'a pas encore disparu. Car le Seigneur fera disparaître « toute Principauté, Domination et Puissance », virtutem », ut habetur per Apostolum Prima ad Corinthios 15, <24>, quod tamen ut videmus nondum factum est. Adhuc enim, ut ait Aymo super premisso verbo Apostoli : « Dum durat mundus angeli angelis, demones demonibus, homines hominibus presunt[1] ».

Quod possidere ex parte nondum evacuatum est.

Item possidere ex parte nondum evacuatum est. Dicit enim Apostolus, ad Hebreos 11, <39-40>, quod sancti : « testimonio fidei probati » et iam defuncti[2] « nondum acceperunt repromissionem, Deo pro nobis aliquid melius providente, ne sine nobis consummarentur ». Que verba sic intelligit Augustinus in libro De spiritu et littera dicens : « Simul, inquit, promissam Dei contemplationem accepturi sunt omnes ; quia et illi pro nobis meliora providerunt, ne sine nobis perfecti perficerentur[3] ».

Ecce quod ubi nostra translatio habet « ne sine nobis consumma-
f. 23 rentur », translatio Augustini habet « ne sine nobis perfecti perficerentur », | quod est dictum ad intentionem Augustini : ne scilicet sancti prius « probati » in fide et perfecti in caritate sine nobis perficerentur ultima et optima visione.

Origenes autem, omelia septima super Leviticum, <10, 8-9>, sic ait : « Non solum de Aaron dicitur "ut non bibat vinum", sed et de filiis eius, cum ingrediuntur ad sancta. Nondum enim receperunt letitiam suam nec Apostoli quidem, sed et ipsi expectant ut et ego letitie eorum particeps fiam. Neque decedentes hinc sancti continuo integra meritorum suorum premia consecuntur[4] ».

Et infra : « Hoc fortasse michi dicenti non credas. Quis enim ego sum qui confirmare sententiam tanti dogmatis ? Sed adhibeo horum testem de quo non potest dubitari. "Magister enim gentium est in fide et veritate"[5] Apostolus Paulus. Ipse igitur ad Hebreos scribens, cum enarrasset omnes sanctos patres qui per fidem iustificati sunt, addit post omnia etiam hoc : "Sed isti", inquit, "omnes testimonium habentes per fidem nondum assecuti sunt repromissionem, Deo pro nobis aliquid melius providente, ut non sine nobis perfectionem consequantur[6]." Videas ergo quia expectat

1. Haymon d'Auxerre, La référence ne figure pas telle quelle au lieu indiqué par Guiral Ot (P.L. 117, 596 C-597 A), nous la trouvons sous la forme synthétique proposée ici, dans la *Glose marginale* de ce verset de la *Lettre aux Corinthiens*, Venise, 1588, f. 58 B, reprise par Pierre Lombard, à propos de ce même verset, *Collectanea in Epistolae Pauli*, P.L. 191, 1679 C, ainsi qu'en IV *Sent.* d. 47, c. 5, Spicilegium Bonaventurianum, 5, 1981, p. 541, l. 22-542, l. 2.

2. Remarquons que cette incise est ajoutée par Guiral Ot !

3. Augustin, *De spiritu et littera* 24, 41, C.S.E.L. 60, p. 195, l. 7-9, citant *He.* 11, 40.

4. Origène, *Homélie sur le Lévitique*, 7, 2, G.C.S. Origenes, VI, Leipzig, 1920, p. 377, l. 14-18 ; S.C. 286, p. 316, l. 104-110.

5. I *Tm.* 2, 7.

6. *He.* 11, 39-40.

ainsi que l'affirme l'Apôtre dans la *Première Lettre aux Corinthiens*, chapitre 15, ce qui pourtant, comme nous le voyons, n'a pas encore été réalisé jusqu'à présent. Jusqu'ici en effet, comme le dit Haymon, commentant la parole de l'Apôtre qui vient d'être citée : « tant que dure le monde, les anges commandent aux anges, les démons aux démons et les hommes aux hommes ».

Que la possession partielle n'a pas encore disparu [4.1.5]

Par ailleurs, la possession partielle n'a pas encore disparu. L'Apôtre dit ainsi dans la *Lettre aux Hébreux*, chapitre 11, que les saints : « approuvés pour le témoignage de leur foi », et déjà morts, « n'ont pas encore bénéficié de la promesse, Dieu ayant prévu mieux pour nous, afin qu'ils ne parviennent pas sans nous à leur accomplissement ». Et Augustin comprend ainsi ces paroles, dans le livre *Sur l'esprit et la lettre :* « C'est en même temps, dit-il, que tous doivent recevoir la contemplation de Dieu promise ; car les saints eux-mêmes ont prévu mieux pour nous, afin que les parfaits n'entrent pas sans nous dans leur perfection définitive ».

Voilà que là où notre traduction propose « afin qu'ils ne parviennent pas sans nous à leur accomplissement », celle d'Augustin donne « afin que les parfaits n'entrent pas sans nous dans leur perfection définitive », propos qui correspond à la thèse d'Augustin, à savoir que des saints préalablement « approuvés » dans la foi et parfaits dans la charité ne devaient pas atteindre sans nous la vision ultime et excellente.

Origène dit par ailleurs ceci dans la septième homélie *Sur le Lévitique :* « Ce n'est pas seulement d'Aaron qu'il est dit "qu'il ne devait pas boire de vin", mais aussi de ses fils, quand ils entraient dans le lieu saint. Car les Apôtres eux non plus, n'ont pas encore reçu leur joie, mais même eux attendent que je devienne moi aussi participant de leur joie ; et les saints qui quittent ce monde n'atteignent pas aussitôt la récompense pleine et entière de leurs mérites ».

Et plus bas : « Il se pourrait que tu ne portes pas foi à mes dires. Qui suis-je en effet pour garantir le sens d'une si grande doctrine ? Mais je mettrai en avant le témoignage de ceux dont on ne peut douter. L'Apôtre Paul est "le docteur des païens dans la foi et la vérité". Ainsi donc, lui-même, écrivant aux Hébreux, après avoir produit une revue détaillée de tous les saints pères qui sont justifiés par la foi, ajoute encore : "Mais ceux-ci", dit-il, "ayant tous reçu un bon témoignage à cause de leur foi, n'ont pas encore bénéficié de la promesse, Dieu ayant prévu mieux pour nous, afin qu'ils ne parviennent pas sans nous à leur perfection définitive". Donc, tu le vois,

Habraam ut que perfecta sunt consequatur. Expectat et Ysaac et Jacob, et omnes prophete expectant nos, ut nobiscum perfectam beatitudinem capiant. Propter hoc ergo et misterium illud in ultimam diem dilati iudicii custoditur[1] ». Hec ille. Ecce igitur quod ubi nostra translatio habet « ne sine
f. 23 v nobis consummarentur » | translatio Origenis habet « ne sine nobis perfectionem consequarentur »[2], quasi dicat : « Ne sine nobis quod perfectum est accipiant », nec per consequens eo quod ex parte est careant.

Sed forte dicet aliquis, quod Apostolus loquitur tantum de sanctis Veteris Testamenti, qui usque ad Salvatoris adventum non acceperant repromissionem. Contra hoc tamen est textus Apostoli qui loquitur de omnibus fide probatis, de omnibus pro fide lapidatis, de omnibus pro fide occisis gladio. Constat autem quod tempore scripte epistole lapidatus pro fide fuerat Stephanus, et gladio occisus Jacobus frater Johannis, quare loquitur et de isto et de illo sicut de aliis. Ex hiis igitur satis patet quod possessio divine repromissionis adhuc est ex parte, non ex toto perfecta et in animabus sanctis. Nec videtur quod esse debeat ex toto perfecta antequam dicetur electis : « Venite benedicti Patris mei, possidete paratum vobis regnum », Mt. 25, <34>.

Quod videre ex parte nondum evacuatum est

f. 24 | Item videre ex parte nondum evacuatum est, quia sancti post finale iudicium videbunt Deum perfectius quam nunc vident. Quare presens videre non est perfectum ex toto, quia deficit vel a gradu specifico vel a gradu individuali sibi debito, et per consequens huiusmodi videre adhuc est ex parte. Quod autem sancti perfectius visuri sint Deum quam modo vident, probatur per Magistrum Sententiarum, libro 4, distinctione 49, capitulo : « Post hec », ubi sic scribitur : « Post hec solet queri si beatitudo sanctorum maior sit futura post iudicium quam interim. Sine omni scrupulo credendum est eos habituros maiorem gloriam post iudicium quam ante, quia et maius erit eorum gaudium, ut supra testatus est Augustinus[3], et amplior erit eorum cognitio, unde Jeronimus super Osee : « Peracto iudicio ampliorem gloriam sue claritatis Deus demonstrabit electis[4] ». « Si quem movet, quid opus sit spiritibus defunctorum corpora sua in resurrectione recipere, si eis potest sine corporibus summa »

1. Origène, *Homélie sur le Lévitique*, 7, 2, G.C.S. Origenes, *op. cit.*, p. 377, l. 20-378, l. 6., S.C. 286, p. 316, l. 113-127.

2. La citation donnait : *consequantur*. Guiral Ot rétablit ici un texte plus proche de celui d'Origène qui donne *consequerentur* dans la Version des Sources Chrétiennes.

3. Augustin, *In Iohannis Evangelium Tractatus*, 49, n. 10, C.C.S.L. 36, p. 425, l. 1-5, cité par Pierre Lombard, IV *Sent.* d. 45, c. 1, Spicilegium Bonaventurianum, 5, 1981, p. 523.

4. Glose marginale sur *Os.* 6, 1, Venise 1588, f. 340 A.

Abraham attend d'atteindre la perfection. Isaac attend également, ainsi que Jacob, et tous les prophètes nous attendent aussi pour recevoir avec nous la béatitude parfaite. Et c'est donc pour cette raison que ce mystère est gardé secret jusqu'au dernier jour où le jugement est reporté ». Tels sont ses propos.

Voilà donc que là où notre traduction indique « afin qu'ils ne parviennent pas sans nous à leur accomplissement », celle d'Origène donne « afin qu'ils ne parviennent pas sans nous à leur perfection définitive », comme s'il disait : « afin qu'ils ne reçoivent pas ce qui est parfait sans nous », et ne soient par conséquent pas exempts de ce qui est partiel. Mais il se pourrait que quelqu'un dise que l'Apôtre parle seulement des saints de l'Ancien Testament qui jusqu'à l'avènement du Sauveur n'avaient pas reçu l'objet de la promesse. Mais à cela s'oppose le texte de l'Apôtre qui parle de tous ceux qui ont été approuvés dans la foi, de tous ceux qui ont été lapidés pour la foi, de tous ceux qui pour elle ont été tués par le glaive. Or il est établi qu'au moment où la lettre a été écrite, Étienne avait été lapidé pour la foi, et Jacques, frère de Jean, avait été tué par le glaive, c'est pourquoi il est question de celui-ci et de celui-là, comme aussi des autres. Il est donc assez évident d'après ce qui précède que la possession de l'objet de la promesse divine est jusqu'ici partiellement parfaite, et non en tout, même chez les âmes saintes, et il n'y a pas de raison pour qu'elle doive l'être avant que les élus ne s'entendent dire : « Venez, les bénis de mon Père, prenez possession du royaume préparé pour vous », dans *Matthieu*, chapitre 25.

Que la vision partielle n'a pas encore disparu [4.1.6]

De même, la vision partielle n'a pas encore disparu, car les saints verront Dieu après le jugement final, plus parfaitement qu'ils ne le voient maintenant. C'est pourquoi la manière présente de voir n'est pas parfaite en tout, car elle reste en deçà du degré qui lui est dû, soit selon son espèce, soit individuellement, et par conséquent ce type de vision est jusqu'ici partiel.

Or, que les saints doivent voir Dieu plus parfaitement qu'ils ne le voient maintenant, on le prouve en ayant recours au Maître des *Sentences*, livre 4, distinction 49, chapitre « Après cela », où il est écrit : « Après cela on a coutume de demander si la béatitude des saints doit être plus grande après le jugement qu'elle n'est pour l'instant. On doit croire sans aucun scrupule, qu'ils posséderont après le jugement une gloire plus grande qu'avant, car leur joie aussi sera plus grande, ainsi qu'en témoigne Augustin, cité plus haut ; leur connaissance aussi sera plus étendue, d'où le commentaire de Jérôme sur Osée : « Une fois rendu le jugement, Dieu révélera aux élus plus amplement la gloire de sa clarté ». « Peut-être avancera-t-on l'objection : qu'est-il besoin pour les esprits des défunts de recouvrer leur corps à la résurrection, si même sans leur corps, ils peuvent bénéficier de cette et eterna « beatitudo preberi, difficilis questio est, nec potest a nobis perfecte diffiniri. Sed tamen dubium non est et raptam a carnis sensibus hominis mentem, et post mortem ipsa carne deposita, non sic videre posse incommutabilem substantiam, sicut sancti angeli vident, sive alia latentiori causa, sive ideo quia inest[k] ei naturalis quidem appetitus corpus administrandi quo retardatur quodammodo, ne tota intentione pergat in illud summum » bonum vel « celum, donec ille appetitus conquiescat. Porro si tale sit corpus, cuius sit gravis et difficilis administratio sicut “hec caro que corrumpitur[l]”[1], multo magis avertitur mens ab illa visione » summi boni « vel celi. Proinde cum hec corpus iam non “animale” sed “spirituale”[2] receperit, angelis equata[3] perfectum habebit nature sue modum, obediens et imperans, vivificata et vivificans, tam ineffabili facilitate ut sit ei glorie quod fuit sarcine »[4] ».

Quod frui ex parte non sit evacuatum.

f. 24 v | Item frui ex parte nondum evacuatum est. Quia frui supponit cognoscere, quia, ut ait Augustinus, libro 10 De Trinitate : « Fruimur cognitis in quibus voluntas est »[5], quare frui ex toto perfectum supponit cognoscere ex toto perfectum, sed ut visum est cognoscere nondum est ex toto perfectum, quare non frui est ex toto perfectum. Nec mirum quia frui perfectum ex toto est frui fine ultimo et ultimate adepto. Sed finis ultimus nondum est de communi lege per homines vel per animas hominum ultimate adeptus, quia, ut dictum est nondum est ultimate cognitus, et quia, ut habetur prima <ad> Corinthios 15, finis dabitur hominibus ressuscitatis, et etiam « tradito iam regno Deo et Patri et evacuatis prius principatibus et potestatibus »[6]. Hec autem nondum facta sunt, quare nondum finis ultimus est ultimate adeptus, et per consequens, frui eo non ultimate adepto non est frui perfectum ex toto. Et sic patet probata tota minor et per consequens conclusio.

k. inest, *cod.* modo l. ms corripitur

1. Cf. *Sg.* 9, 15.
2. Cf. I *Cr.* 15, 44.
3. Cf. *Lc.* 20, 36.
4. Pierre Lombard, IV *Sent. d.* 49, *c.* 4, Spicilegium Bonaventurianum, 5, 1981, p. 552, l. 16-21- 553, l. 1-17; citant Augustin, *De Genesi ad litteram* 12, 35, n. 68, C.S.E.L. 28-I, p. 432 l. 15-433, l. 11.
5. Augustin, *De Trinitate,* 10, 10, C.C.S.L. 50, p. 327, l. 23.
6. Cf. I *Cr.* 15, 24.

souveraine » et éternelle « béatitude ? La question est sans doute trop ardue pour que nous puissions y répondre parfaitement ici. Cependant, il est indubitable que l'esprit de l'homme, aussi bien lorsque le ravissement le soustrait à l'usage des sens de la chair que lorsque après la mort il abandonne sa dépouille de chair, ne peut voir la substance immuable comme la voient les saints anges. Cette infériorité est due soit à quelque cause plus cachée, soit au fait qu'il y a dans l'âme un appétit naturel à régir le corps. Cet appétit la retarde en quelque sorte et l'empêche de tendre de toutes ses forces vers ce bien ou ce ciel suprême, jusqu'à ce que cet appétit trouve son apaisement. Mais si notre corps est tel que sa maîtrise est pesante et difficile, comme 'cette chair qui se corrompt', l'esprit se trouvera plus encore détourné de cette vision » du bien ou « du ciel » suprême. « Dans la suite, lorsqu'elle retrouvera un corps non plus 'animal', mais 'spirituel', l'âme, rendue égale aux anges, acquerra le mode de perfection propre à sa nature, obéissant et commandant, vivifiée et vivifiante, avec une si ineffable aisance que ce qui lui était un fardeau deviendra pour elle un surcroît de gloire » ».

Que la jouissance partielle n'a pas encore disparu [4.1.7]

En outre, la jouissance partielle n'a pas encore disparu. Car pour jouir il faut connaître, et comme le dit Augustin au livre 10 *Sur la Trinité* : « Nous jouissons des choses que nous connaissons sur lesquelles la volonté se porte », c'est pourquoi, une jouissance en tout parfaite suppose une connaissance en tout parfaite, mais ainsi qu'on l'a vu, la connaissance n'est pas encore en tout parfaite, et c'est la raison pour laquelle la jouissance n'est pas non plus parfaite en tout. Et cela n'est pas étonnant, parce que la jouissance en tout parfaite est celle de la fin ultime, et atteinte de manière ultime. Mais la fin ultime n'est pas encore atteinte de manière ultime par les hommes ou par leurs âmes, selon la loi commune, car ainsi qu'on l'a dit, elle n'est pas encore connue de manière ultime, et parce que, comme on le trouve dans la *Première Lettre aux Corinthiens*, chapitre 15, cette fin sera accordée aux hommes ressuscités ; et encore plus « une fois que la royauté aura été remise à Dieu et au Père, et qu'auront disparu les principautés et les puissances ». Or cela n'a pas encore été réalisé, et c'est pourquoi la fin ultime n'est pas encore atteinte de manière ultime, et par conséquent, la jouissance atteinte jusque-là d'une manière qui n'est pas ultime n'est pas la jouissance en tout parfaite. Et toute la mineure s'avère ainsi manifestement prouvée, par conséquent la conclusion aussi.

Obiectio contra primam rationem.

Sed contra istam rationem unum obicitur et aliud queritur.

Obicitur enim quod libro 3 Sententiarum distinctione 26 legitur, quod : « Sancti credunt et sperant resurrectionem futuram et angeli eam credunt ; nec cum in eis fides vel spes est, quia et Deo "per speciem" contemplando fruuntur et in Dei verbo resurrectionem futuram sive iudicium, non "per speculum in enigmate"[1] sed preclarissime inspiciunt[2] ». Et infra : « Venit enim eis "quod perfectum est" et evacuatum est "quod ex parte est"[3] ». Quare videtur quod minor propositio rationis premisse non sit vera.

Dubitatio incidentalis.

Queritur autem si illa septem que dicta sunt esse ex parte, debeant uniformiter[m] evacuari, an alio et alio modo.

Solutio obiectionis.

Ad illud autem quod obicitur, dico quod verba illa non sunt Apostoli nec Augustini nec ipsius Magistri nec alicuius doctoris autentici, sed sunt verba quorumdam sic opinantium, ut patet dicente Magistro quod
f. 25 quibusdam non indocte videtur[4] quod sit ita sicut contradicitur. | Magister autem dicit hoc eis non indocte videri, quia non loquuntur sicut homines merces ignorantiam negationis habentes, sed sicut homines qui bene noverunt terminos artis. Ego tamen non sum de ipsorum opinione et maxime quia dicunt aliquid de prescientia futuri iudicii quod ego dicere non auderem : dicunt enim quod sancti et angeli resurrectionem futuram et diem iudicii in Dei Verbo preclarissime inspiciunt. Veritas autem ad oppositum clamat in Evangelio dicens : « De die autem illa et hora nemo scit, nec angeli celorum, nisi solus Pater », Matth. 24, <36>. Qui autem de die iudicii et hora adventus Christi nondum sciunt, nequaquam resurrectionem et iudicium preclarissime in Dei Verbo inspiciunt, clarius inspicerent si diem et horam determinate scirent ?

<Responsio ad questionem>

Ad illud quod queritur, dico quod non omnia, de quibus queritur, uniformiter evacuabuntur. Sciendum est enim, quod aliquid prout spectat ad propositum, dicitur evacuari quadrupliciter. Uno modo, quia evacuatur entitate sui habitus, et hoc modo evacuatur interdum scientia per

m. *cod.* beati fortiter.

1. I *Cr.* 13, 12.
2. Pierre Lombard, III *Sent. d.* 26, *c.* 4, Spicilegium Bonaventurianum, 5, 1981, p. 160, l. 25-161, l. 1-4.
3. *Id., ibid.*, l. 10-11, citant I *Cr.* 13, 10.
4. *Id., ibid.*, p. 160, l. 23-24.

Objection contre le premier argument [4.1.8]

Mais contre cet argument, on peut présenter une objection et une question.

On objecte qu'au troisième livre des *Sentences*, distinction 26, on peut lire : « les saints croient en la résurrection future et l'espèrent, les anges y croient également; et pourtant ni la foi, ni l'espérance ne se trouve en eux, car, à la fois, c'est en le contemplant "par espèce" qu'ils jouissent de Dieu, et ce n'est pas "par le miroir, en énigme", mais d'une manière très claire que, dans le Verbe, ils portent leur regard sur la résurrection future ou le jugement ». Et plus bas : « Ce qui leur advient, c'est "ce qui est parfait", et "ce qui est partiel disparaît" ». Pour cette raison, on voit que la proposition mineure de l'argument avancé ci-dessus n'est pas vraie. [4.1.8.1]

Doute annexe [4.1.8.2]

Or on demande en outre si les sept actes qui ont été dits partiels, doivent disparaître de la même manière ou chacun d'une manière différente.

Résolution de l'objection. [4.1.8.3]

A ce qui est objecté, je réponds que ces paroles ne sont pas celles de l'Apôtre, ni d'Augustin, ni même du Maître des *Sentences*, ni d'aucun docteur authentique, mais que ce sont les paroles de certains qui partagent cette opinion, comme cela est manifeste puisque le Maître dit que ce n'est pas par ignorance que certains soutiennent le contraire. Or le Maître dit que ce n'est pas par ignorance qu'ils sont de cet avis, car ils ne parlent pas comme des hommes qui récoltent négativement le salaire de leur état d'ignorance, mais comme des hommes qui ont bien connu les limites de l'art. Quant à moi, je ne suis cependant pas de leur avis, et principalement parce qu'ils tiennent sur la prescience du jugement futur des propos que je n'oserais tenir moi-même. Ils disent que les saints et les anges voient très clairement dans le Verbe de Dieu la résurrection future et le jour du jugement. Or la Vérité proclame le contraire dans l'Évangile, où elle dit : « Mais personne ne connaît ce jour, ni cette heure, pas même les anges des cieux, si ce n'est le Père et lui seul », dans *Matthieu*, chapitre 24. Or ceux qui ne connaissent pas encore le jour du jugement et l'heure de l'avènement du Christ ne voient nullement la résurrection et le jugement d'une manière très claire dans le Verbe de Dieu. Les verraient-ils d'ailleurs plus clairement si ils en connaissaient précisément le jour et l'heure ?

Réponse à la question [4.1.8.4]

A la question posée, je réponds que tous les actes dont il est question ne disparaîtront pas de la même manière. Il faut bien savoir qu'une chose, du moins pour ce qui regarde notre propos, peut être dite disparaître en quatre sens. D'une première manière, parce qu'un *habitus* disparaît selon l'être, et

oblivionem. Alio modo quia evacuatur necessitate sui usus, et hoc modo dixerunt cives civitatis Sichar mulieri, cum qua Christus locutus fuerat[1], qui propter eius verba primo crediderant Ihesum esse prophetam et Christum ut legitur Io., 4 cap. Dicebant ergo ei : « Iam non propter loquelam tuam credimus, ipsi enim vidimus et audivimus »[2], quasi vellent dicere : « fides nobis per tuam loquelam agravata, non est nobis iam necessaria, supervenienti maiori certitudine ». Alio modo dicitur aliquid evacu<a>ri, quia evacuatur gradu vel statu vel modo imperfectionis, et hoc modo dicit Magister Sententiarum, libro 3, distinctione 31 evacuari karitatem : « Quia tolletur imperfectio et addetur perfectio[3] ». Alio modo dicitur <ali>quid evacuari quia evacuatur veritate, vel simpliciter vel secundum qu*id*. Simpliciter quidem, si opinio vera, propter transcendentiam obiecti, vertatur in falsam. Unde Philosophus septimo Thopicorum dicit : « Non conceditur si quis disciplinam amisit oblitum fuisse, cum decidente[n] enim re disciplinam quidem amisit, oblitus autem non est »[4], quasi dicat : « disciplina dupliciter perdi potest, uno modo per oblivionem, et tunc perdit
f. 25 v entitatem, alio modo | per transmutationem rei de qua erat disciplina et tunc perdit veritatem, non tamen realem entitatem ».

Hiis ergo premissis, dicendum est quod esse anime separate debet evacuari quia tolletur imperfectionis modus, et dabitur perfectus modus essendi anime, qui est esse in integro homine. Scire vero evacuabitur, quia evacuabitur scientia necessitate sui usus. Habitus tamen, qui virtus est anime, remanebit, ut dicit Magister Sententiarum, libro 3, distinctione 31, capitulo « Advertendum »[5].

Prophetie vero evacuabuntur dupliciter : uno modo quia non erunt necessario quo ad usum, nec usus earum erit amplius ; alio modo, quia prophetie enunciantes aliquid de futuro evacuabuntur veritate, non simpliciter sed secundum quid, in quantum scilicet veritas concernit doctrinam temporis. Et hoc modo iam evacuata est illa prophetia : « Ecce virgo

n. *cod.* tamen scientia dicente, Aristoteles Latinus, cum decidente.

---

1. Cf. *Jn.* 4, la Samaritaine.
2. *Jn.* 4, 42. Le texte de la Vulgate donne *audivimus et scimus*, Guiral Ot semble faire un amalgame avec I *Jn.* 3, 1.
3. Pierre Lombard, III *Sent. d.* 31, *c.* 2, Spicilegium Bonaventurianum, 5, 1981, p. 184, l. 1.
4. Aristote, *Topiques*, 8, 2, 157 b 12-15, *Aristoteles Latinus*, V, 1-3, L. Minio-Paluello (éd.), Leiden, Brill, 1969, p. 292, l. 12-15.
5. Pierre Lombard, III *Sent. d.* 31, *c.* 2, Spicilegium Bonaventurianum, 5, 1981, p. 184, l. 6.

c'est ainsi que certaines fois, la science disparaît par oubli. D'une autre manière, lorsque l'usage disparaît selon le besoin qu'on a de lui, et c'est de cette manière que les habitants de la cité de Sychar s'adressèrent à la femme avec laquelle le Christ avait parlé, eux qui avaient d'abord cru à cause de ses paroles que Jésus était un prophète et le Christ, ainsi qu'on peut le lire dans saint *Jean*, au chapitre 4. Ainsi donc disaient-ils : « Ce n'est plus à cause de tes dires que nous croyons, car nous l'avons vu et entendu ». Comme s'ils voulaient dire : « La foi à laquelle tes dires donnaient pour nous du poids ne nous est plus nécessaire désormais, car une certitude plus grande est survenue ».

C'est en un autre sens qu'une chose est dite disparaître, lorsqu'elle disparaît selon son degré, son statut ou son mode d'imperfection, et c'est de cette façon que le maître des *Sentences* dit au troisième livre, distinction 31, que la charité disparaît : « car une imperfection est retirée et une perfection est ajoutée ». C'est en un autre sens qu'une chose est dite disparaître lorsque c'est selon la vérité, soit de manière absolue, soit sous un certain rapport. De manière certainement absolue, si une opinion vraie devient fausse à cause de la transformation de son objet. C'est pourquoi le Philosophe dit au livre 7 des *Topiques :* « Je ne concède pas, que, si quelqu'un a abandonné une science, il l'ait oubliée. Certes, en s'arrêtant, il a bien perdu un savoir de la chose, mais il ne l'a pas pour autant oubliée », comme s'il disait : « la science peut être perdue de deux manières, l'une par l'oubli, et on en perd alors l'entité même, l'autre par la transformation de la réalité sur laquelle portait le savoir, on perd alors la vérité, et non pour autant l'entité réelle ».

Si l'on admet cela, il faut dire que l'être de l'âme séparée doit dispa- [4.1.8.4.1]
raître parce que le mode de l'imperfection sera enlevé, et que sera donné à l'âme un mode d'être parfait, qui consiste à exister dans l'homme tout entier.

Quant à la science, elle disparaîtra dans la mesure où il ne sera plus [4.1.8.4.2]
nécessaire d'y avoir recours. Mais l'*habitus* qui est une vertu de l'âme, demeurera, comme le dit le Maître des *Sentences* au livre 3, distinction 31, au chapitre « Faisons attention ».

Quant aux prophéties, elles disparaîtront doublement : d'une première [4.1.8.4.3]
manière parce qu'il ne sera plus nécessaire d'en user, et qu'il n'y en aura plus désormais d'usage ; d'une autre manière parce que la vérité fera disparaître les prophéties énonçant quelque chose sur l'avenir, non de manière absolue, mais sous un certain rapport, c'est-à-dire en tant que la vérité comporte un savoir sur le temps. Et c'est de cette manière qu'a déjà disparu cette prophétie : « Et voici que la vierge concevra et enfantera un fils », dans

concipiet et pariet filium», Ysaias 7, <14>. Hec enim prophetia iam impleta est, et eius impletio fuit eius evacuatio, prout enunciat de futuro. Eadem tamen veritas remanet ut de preterito, quia Virgo iam concepit et peperit filium.

Principati autem evacuabuntur, quia, ut habetur in 4 libro Sententiarum, « omnibus collectis, omnis prelatio cessabit »[1]. Hoc tamen potest intelligi quo ad usum prelationis, et quod dignitates renuncians remaneant in personis.

Possidere vero evacuabitur, quia tolletur imperfectio ut quod minus perfecte possidetur ab animabus perfectissime possideatur a glorificatis hominibus.

Videre vero « evacuabitur illud quod ex parte est »[2], ita quod si una et eadem numero visio debeat esse remissa prius, et intensa posterius, tolletur utique imperfectionis modus et dabitur ei perfectionis gradus. Si autem, sicut videtur magis probabile, una et eadem numero visio non possit vel non debeat esse remissa et intensa, cessabit utique tota visio minus perfecta et dabitur visio ex toto perfecta.

f. 26 Frui autem ex parte non evacuabitur nisi quia carentia alicuius gradus | perfectionis tolletur et dabitur ille gradus. Scriptum est enim quod « caritas numquam excidit »[3].

Secunda via que sumitur ex tempore visionis

Secundo principaliter arguitur ex tempore visionis, quia hoc dicit Iohannes Apostolus : « Karissimi nunc filii Dei sumus et nondum apparuit quid erimus. Scimus quoniam cum apparuerit similes ei erimus, quoniam videbimus eum sicuti est », Prima Canonica, 3 c., <2>. Quare nec homines nec anime vident Deum ante resurrectionem et iudicium, illa visione que vocatur « sicuti est ».

Ad evidentiam autem consequentie notanda sunt duo. Primo quod hec apparitio, quam intendit Apostolus dicens : « Cum apparuerit », potest referri ad Christum, ut sit sensus : « Cum Christus apparuerit, videbimus », vel potest referri ad futuram gloriam de qua prius dicitur quod « nondum apparuerit quid erimus », ut sit sensus : « Cum apparuerit gloria filiorum Dei, qui nondum apparuit, tunc videbimus ». Ista tamen duplicata sensum nullum affert impedimentum ad nostrum propositum, quoniam hic agimus de tempore huius apparitionis. Idem autem erit tempus apparitionis glorie Christi et glorie nostre.

1. Pierre Lombard, IV *Sent. d.* 47, *c.* 5, Spicilegium Bonaventurianum, 5, 1981, p. 542, l. 1-2 ; *Cf. supra*, n. 9.
2. I *Cr.* 13, 10.
3. I *Cr.* 13, 8.

Isaïe, chapitre 7. Cette prophétie est déjà accomplie, et son accomplissement fut sa disparition, du moins en tant qu'elle pouvait porter sur le futur. Pourtant cette même vérité demeure mais concernant le passé, car la Vierge a déjà conçu et enfanté un fils.

Les principautés disparaîtront encore, car, comme on le trouve au [4.1.8.4.4]
quatrième livre des *Sentences :* « Quand tous seront rassemblés, tout privilège cessera ». Cela peut se comprendre relativement à l'usage du privilège, au sens où les dignités demeurent dans les personnes quand on y renonce.

Quant à la possession, elle disparaîtra parce que l'imperfection sera [4.1.8.4.5]
enlevée, de sorte que ce qui est possédé de manière moins parfaite par les âmes le soit de la manière la plus parfaite par les hommes glorifiés.

Quant à la vision, celle « qui est partielle disparaîtra ». De telle sorte que [4.1.8.4.6]
si cela devait être une seule et même vision qui fût relâchée d'abord, et intensifiée ensuite, son mode imparfait serait en tout cas enlevé et lui serait conféré le degré correspondant à la perfection. Si au contraire, comme cela semble plus probable, cela ne peut ni ne doit être une seule et même vision qui soit relâchée puis intensifiée, il faudra en tout cas que cesse toute vision moins parfaite et que soit conférée une vision en tout parfaite.

Quant à la jouissance partielle, elle ne disparaîtra pas, si ce n'est que le [4.1.8.4.7]
manque d'un certain degré de perfection sera enlevé et que ce degré sera conféré. Car il est écrit que « la charité ne passe jamais ».

Seconde voie que l'on tire du moment de la vision [4.2]

On tire un second argument principal du moment de la vision, car l'Apôtre Jean dit ceci : « Très chers, nous sommes dès maintenant fils de Dieu, et ce que nous serons n'a pas encore été manifesté. Nous savons que lors de cette manifestation, nous lui serons semblables, parce que nous le verrons tel qu'il est », dans sa *Première Lettre*, au troisième chapitre. C'est pourquoi ni les hommes, ni les âmes ne voient Dieu avant la résurrection et le jugement, de cette vision qui est censée l'atteindre « tel qu'il est ».

Mais pour faire voir ce qui suit, il faut noter deux choses. Premièrement [4.2.1]
cette apparition que désigne l'Apôtre quand il dit : « lors de cette apparition » peut être rapportée au Christ, de telle sorte que le sens soit : « Quand le Christ apparaîtra, nous verrons », ou bien elle peut être rapportée à la gloire future dont il a été dit auparavant que « ce que nous serons n'a pas encore été manifesté », comme si le sens était : « Quand paraîtra la gloire des fils de Dieu, qui n'a pas encore été manifesté, alors, nous verrons ». Mais ce dédoublement de sens n'oppose aucun obstacle à notre propos, puisque nous traitons ici du moment de cette apparition. Or c'est au même moment qu'apparaîtra la gloire du Christ et la nôtre.

Ait enim Apostolus ad Col. 3, <3-4>: «Mortui estis et vita vestra abscondita est cum Christo in Deo. Cum autem Christus apparuerit, vita vestra, tunc et vos apparebitis cum ipso in gloria». Secundo notandum quod Iohannes distinguit hic duo tempora immediate se habentia, videlicet tempus non apparitionis et tempus apparitionis. Tempus autem non apparitionis extenditur usque ad primum instans[o] temporis apparitionis, tempus autem huiusmodi apparitionis erit post iudicium et non ante. Sed secundum intentionem beati Augustini scribentis[p] in libro De invisibilitate et incommensurabilitate divine essentie: «Scriptum est in Evangelio: "Beati mundo corde, quoniam ipsi Deum videbunt[1]." Hoc enim premium
f. 26 v est sanctorum non in hac tantum vita | sed potius in futura repromissum[q], dicente beato Iohanne Apostolo: "Karissimi, filii Dei sumus, nondum apparuit quid erimus, scimus enim quoniam cum apparuerit similes ei erimus, quoniam videbimus eum sicuti est[2]". Hec promissio, ut dictum est, post resurrectionem carnis et iudicium Dei, sanctis est in seculo futuro reposita»[3].

Item idem scribit 14 De Trinitate, capitulo 19: «Inmortalitas carnis illo perficietur momento <resurrectionis> de quo ait Apostolus Paulus: "In ictu oculi, in novissima tuba mortui resurgent incorrupti et nos inmutabimur[4]." In ipso namque "ictu oculi" ante iudicium resurget in virtute, in incorruptione, in gloria corpus spirituale, quod nunc seminatur in infirmitate, corruptione corpus animale[5]. Imago vero que[r] "renovatur"[6] in spiritu mentis, "in agnitione Dei"[7], non exterius sed interius "de die in diem"[8], ipsa perficietur visione, que "tunc" erit post iudicium "facie ad faciem"[9], "nunc" autem perficit "per speculum in enigmate". Propter cuius perfectionem dictum intelligendum est: "Similes ei erimus quoniam videbimus eum sicuti est". Hoc enim donum vobis tunc dabitur cum dictum fuerit: "Venite benedicti Patris mei, possidete paratum vobis regnum"[10]. Tunc quippe "tolletur impius, non ut videat claritatem Dei"[11], quando "ibunt sinistri in supplicium eternum, euntibus dextris in vitam eternam"»[12].

o. *cod.* instantis p. *cod.* dicentis *del.* q. *cod.* repromissa r. *cod.* non

1. *Mt.* 5, 8.
2. I *Jn.* 3, 2.
3. Ps. Augustin (Ps. Anselme, Ps. Bonaventure), *De essentia divinitatis*, 2, P.L. 42, 1206.
4. I *Cr.* 15, 52.
5. Cf. I *Cr.* 15, 42-44.
6. *Ep.* 4, 23.
7. *Cl.* 3, 10.
8. II *Cr.* 4, 16.
9. I *Cr.* 13, 12.
10. *Mt.* 25, 34.
11. *Is.* 26, 10.
12. Augustin, *De Trinitate*, 14, 19, C.C.S.L., 50 A, p. 457, l. 8-24, citant *Mt.* 25, 46.

L'Apôtre dit dans la *Lettre aux Colossiens*, chapitre 3 : « Vous êtes morts et votre vie est cachée avec le Christ en Dieu. Mais quand le Christ apparaîtra, lui qui est votre vie, alors, vous aussi, vous apparaîtrez avec lui dans la gloire ».

Deuxièmement, il faut noter que Jean distingue ici deux moments que l'on découvre immédiatement : le moment où il n'y a pas d'apparition et celui de l'apparition. Or le temps où il n'y a pas d'apparition s'étend jusqu'au premier instant du temps où surgira l'apparition, par ailleurs le moment d'une telle apparition, se situera après le jugement et non avant. Mais selon ce qu'a voulu dire Augustin dans le livre *Sur l'invisibilité et l'incommensurabilité de l'essence divine :* « Il est écrit dans l'Évangile : "Bienheureux les cœurs purs car ils verront Dieu". De fait, cette récompense est promise aux saints, non pourtant en cette vie, mais plutôt dans la vie future, aux dires de l'Apôtre saint Jean : "Très chers, nous sommes dès maintenant fils de Dieu, et ce que nous serons n'a pas encore été manifesté. Nous savons que lors de cette manifestation, nous lui serons semblables, parce que nous le verrons tel qu'il est". Cette promesse faite aux saints, est ainsi qu'il a été dit, reportée au siècle futur, après la résurrection de la chair et le jugement de Dieu ». [4.2.2]

Le même Augustin écrit encore au livre 14 *Sur la Trinité*, chapitre 19 : « L'immortalité de la chair trouvera sa perfection à cet instant de la résurrection dont parle l'Apôtre Paul : "En un clin d'œil, au son de la dernière trompette, les morts ressusciteront incorruptibles, et nous, nous serons changés". Car dans l'espace de ce clin d'œil, précédant le jugement, ressuscitera dans la force, dans l'incorruptibilité, dans la gloire, ce corps spirituel, qui est maintenant corps animal semé dans l'infirmité et la corruption. En revanche, l'image qui, non pas extérieurement, mais intérieurement, "est renouvelée" "de jour en jour" dans l'âme spirituelle, "par la connaissance de Dieu", c'est elle qui trouvera sa perfection dans la vision – vision qui alors, après le jugement, sera la vision "face à face" – alors que "maintenant" elle progresse "à travers un miroir et en énigme". C'est de la perfection de cette image qu'il faut entendre cette parole : "Nous lui serons semblables car nous le verrons tel qu'il est". Car ce don vous sera fait, quand vous entendrez la parole : "Venez, les bénis de mon Père, prenez possession du royaume préparé pour vous". Car alors "le méchant sera retranché, afin qu'il ne voie pas la clarté de Dieu", quand "ceux de gauche iront au supplice éternel, et ceux de droite à la vie éternelle" ».

Patet igitur ex premissis quod Augustinus existimavit huiusmodi visionem post finale iudicium sanctis esse repositam, et post iudicium esse donandum. Idem[s] autem sensisse videtur beatus Gregorius quando dicebat libro Moralium : « Sicut urbis aditus porta dicitur, ita et dies iudicii[t] porta Regni, quia per eum ab electis omnibus ad celestis patrie gloriam intratur[1] ». Hec ille. Sicut ergo de communi lege nullus unquam urbem intrat nisi prius ad portam veniat, sic electi secundum istam sententiam non intrant ad supernam gloriam regni Dei nisi prius veniant ad diem iudicii.

f. 27 Item Gregorius | eodem libro : « Erit autem tunc similitudo hominis Jesu Christi etiam in corporibus nostris hinc etiam per Paulum dicitur : "Nostra conversatio in celis est, unde etiam expectamus salvatorem Dominum nostrum Jesum Christum qui reformabit corpus humilitatis nostre configuratum corpori claritatis sue[2]". Erunt ergo tunc electorum corpora claritati dominici corporis configurata, que et si equalitatem glorie eius non habent per naturam, similitudinem cum configurationis eius habebunt per gratiam, quia utique similitudo vite eius nunc in moribus trahitur electorum, et in resurrectione sequitur similitudo eternitatis in mente : "quoniam videbimus eum sicuti est" »[3]. Hec ille. Patet igitur premissa consequentia.

Responsiones aliquorum ad prefatam rationem.

Sed adhuc a diversis diversimode dicitur. Dicunt enim aliqui, quod tempus prefate apparitionis est tempus mortis et separationis anime a corpore. Dicunt enim quod tunc Christus particulariter suis apparet electis, et ista particularis apparitio sufficit pro adeptione beatissime visionis. Sed istud non potest veritatem habere, quia Sancta mater Ecclesia tenet et docet quod multorum fidelium anime discedentes

s. *cod.* item t. iudicii, *cod.* dicitur u. *cod.* adiessisset

1. Grégoire le Grand, *Moralia in Job*, 6, 7, C.C.S.L. 143, p. 290, l. 2-4.
2. *Ph.* 3, 20-21.
3. Grégoire le Grand, *Homilie in Hezechielem Prophetam,* 1, 2, (et non *Moralia in Job*, 6), C.C.S.L., 142, p. 30-31, l. 446-456, citant I *Jn.* 3, 2.

Il est donc évident d'après ce qui précède qu'Augustin a estimé qu'une vision de ce type était reléguée pour les saints après le jugement final, et qu'elle devait leur être donnée après le jugement. Or saint Grégoire s'est montré du même avis quand il disait au livre des *Morales* : « De même que l'entrée de la ville est appelée porte, de même aussi le jour du jugement est la porte du Royaume, car c'est par lui que se fait pour tous les élus, leur entrée dans la gloire de la patrie céleste ». Tel est son propos. De même que selon la loi commune, personne n'entre jamais dans une ville sans se présenter d'abord à la porte, de même, selon cette manière de voir, les élus n'entrent pas dans la gloire suprême du royaume de Dieu sans se présenter auparavant au jour du jugement.

Grégoire dit encore, dans le même livre : « Or la ressemblance avec l'humanité de Jésus-Christ se trouvera alors même dans nos corps, aussi Paul en parle-t-il en ces termes : “Notre séjour est dans les cieux, d'où nous espérons ardemment le Sauveur, Notre-Seigneur Jésus-Christ qui transformera ce corps de notre misère pour le configurer à son corps de gloire”. Ainsi donc, les corps des élus seront alors configurés à la gloire du corps du Seigneur, et s'ils n'ont pas par nature une gloire égale à la sienne, ils posséderont par grâce la ressemblance de la configuration envers lui, car dès maintenant la ressemblance de sa vie transparaît dans les mœurs des élus, et lors de la résurrection c'est dans leur esprit que se poursuivra la ressemblance de l'éternité : “car nous le verrons tel qu'il est” ». Tel est son propos. Ce qui découle des prémisses est donc évident.

Réponses de certains à l'argument précédent [4.2.3]

Mais jusqu'à présent les opinions divergent selon les personnes. Les [4.2.3.1]
uns[1] disent que le moment de l'apparition dont il a été question est celui de la mort et de la séparation de l'âme et du corps. Ils disent que le Christ apparaît alors en particulier à ses élus, et que cette apparition particulière suffit pour l'acquisition de la vision suprêmement bienheureuse. Mais il ne saurait y avoir là une once de vérité, car notre Sainte Mère l'Église soutient et enseigne que les âmes de nombreux fidèles vont, lorsqu'elles quittent

1. Les *aliqui* désignés ici sont les opposants du pape affirmant l'existence du jugement particulier que celui-ci refuse. L'on sait qu'une dispute eut lieu en curie sur cette question du temps. L'opinion du pape était défendue par le cardinal Annibal de Ceccano qui y fait allusion (Cf. Annibal de Ceccano, *Traité*, M. Dykmans (éd.), dans *Pour et contre Jean XXII en 1333. Deux Traités avignonnais sur la vision béatifique*, Studi e Testi, 274, Cité du Vatican, B.A.V., 1975, p. 90). Parmi les défenseurs du jugement particulier présents alors en curie, l'on compte au moins le cardinal Jacques Fournier, futur Benoît XII et le dominicain Armand de Belvézer, alors Maître du Sacré Palais. Pierre Roger, futur Clément VI aurait alors pris la défense de Ceccano, mais sur un point de logique seulement, ce qui ne laisse pas préjuger de son opinion sur le fond, sans doute plutôt favorable au jugement particulier. Guiral Ot qui le nie tire ici argument des hésitations des partisans d'un tel jugement sur le moment où ils doivent le placer : lors de la mort, après le séjour requis en purgatoire, entre les deux ?

a corpore vadunt ad purgationem, ubi non fruuntur huiusmodi visione. Hec autem habentur ab Apostolo, Prima ad Corinthios, 3, <15>.

Propterea dicunt aliqui quod tempus huiusmodi apparitionis tempus est complete purgationis anime. Sed nec hoc sustineri potest quoniam anime ipsorum qui talia dicunt, quando fuerunt baptizati, fuerunt omnino purgate ita quod si tunc fuissent mortui non fuissent amplius purgandi ; ipsi tamen sciunt quod nondum habuerunt huiusmodi visionem.

Dixerunt igitur alii quod tempus huius apparitionis tempus est concursus separationis anime a corpore et purgationis eius ab omni labe. Concurrentibus enim istis, dicunt quod sit hec apparitio et datur huiusmodi visio. Sed contra hoc expresse est intentio Apostoli, et Spiritus Sancti loquentis in eo. Quia certum est quod visio ista nobis promittitur non pro tempore modico sed pro eterno, anime autem nequaquam erunt in eternum a corporibus separate, sed solum modico tempore. Ad hoc tamen
f. 27 v sequeretur, quod huiusmodi visione modico tempore gauderemus, et | quod ea postea in perpetuum careremus. Propterea dicunt alii, quod tempus huiusmodi apparitionis est tempus, in quo concurrunt purgatio anime et separatio, non quidem a corpore, sed a corruptibili corpore ; et quia anima semel a corpore separata semper manet a corruptibili corpore separata, ideo dicunt quod tunc fit huiusmodi apparitio, et habetur ista visio.

Sed contra hoc potest argui tripliciter. Primo quidem quia beatus Iob istam visionem habiturus et previdens tempus eius dicit : « Rursus circumdabor pelle mea, et in carne mea videbo Deum [1] ». Frustra tamen adiecisset [u] « et in carne mea », si visurus erat Deum extra carnem et in carne. Certum est enim quod anima beati Iob fuit absque huiusmodi visione per mille annos vel amplius, ante Salvatoris adventum. Quapropter si previdisset se habiturum huiusmodi visionem sine carne ad Salvatoris adventum, verisimile est quod in exultatione spiritus predixisset visionem extra carnem, vel saltim tacuisset « in carne », quia per hoc videtur excludere visionem ab anima separata. Secundo quia sanctus Iohannes locutus est de integris et veris hominibus. De illis enim eisdem hominibus de quibus dicebat : « nunc filii Dei sumus », dicebat : « similes ei erimus », cum « videbimus

u. *cod.* adiessisset

1. *Jb.* 19, 26.

leur corps, au purgatoire où elles ne jouissent pas de ce type de vision. Et l'on tire cela de l'Apôtre, dans la *Première Lettre aux Corinthiens*, chapitre 3. C'est pour cela que certains disent que le moment d'une telle apparition est celui où l'âme est complètement purifiée. Mais cela non plus ne peut être soutenu, puisque les âmes de ceux qui disent de telles choses, lorsqu'ils ont été baptisés, ont été complètement purifiées, de telle sorte que, s'ils étaient morts à ce moment-là, ils n'auraient pas eu besoin d'être purifiés davantage; ils savent pourtant qu'ils n'ont pas encore obtenu ce type de vision.

D'autres ont donc dit que le moment de cette apparition est celui où se rencontrent la séparation de l'âme et du corps, et sa purification de toute souillure. Ils disent que c'est lorsque cette rencontre a lieu que se produit cette apparition et que cette vision est donnée. Mais ce qu'a voulu dire l'Apôtre s'oppose expressément à cela, ainsi que le Saint-Esprit qui parlait en lui. Car il est certain que cette vision nous est promise, non pour un temps limité, mais pour l'éternité, or ce n'est en aucune manière pour l'éternité que les âmes seront séparées de leurs corps, mais seulement pour un temps limité. Pourtant il s'ensuivrait que nous jouirions pour un temps limité de ce type de vision, et qu'elle nous ferait ensuite défaut pour toujours. Et c'est pour cela que d'autres disent que le moment de ce type d'apparition est celui où se rencontrent la purification de l'âme et sa séparation, non certes d'avec le corps, mais d'avec le corps corruptible. Et parce que l'âme, une fois séparée du corps, demeure pour toujours séparée du corps corruptible, pour cette raison ils disent que c'est alors qu'une telle apparition intervient et que cette vision est obtenue.

Mais on peut opposer à cela un triple argument. [4.2.3.2]

Premièrement c'est certainement parce qu'il devait recevoir cette [4.2.3.2.1]
vision et qu'il en prévoyait le moment, que le bienheureux Job dit: « De nouveau, je serai entouré de ma peau, et dans ma chair je verrai Dieu ». Or ce serait en vain qu'il ajouterait « et dans ma chair », s'il devait voir Dieu aussi bien hors de sa chair qu'en elle. Il est bien certain que l'âme du bienheureux Job demeura sans cette vision durant mille ans ou plus, avant l'avènement du Sauveur. C'est pourquoi, s'il avait prévu qu'il dût recevoir une telle vision sans sa chair lors de l'avènement du Sauveur, il est vraisemblable que dans l'exultation de son esprit il aurait prédit cette vision hors de la chair, ou au moins qu'il n'aurait pas dit « dans ma chair », car il semble par là exclure la vision par l'âme séparée.

On peut arguer deuxièmement que saint Jean a parlé d'hommes [4.2.3.2.2]
complets et véritables. C'est de ces mêmes hommes qu'il disait: « Nous sommes dès à présent des fils de Dieu », et « nous lui serons semblables »,

eum sicuti est »[1]. Nulla igitur in verbis eius includitur separatio anime a corpore. Tertio contra omnes istas visiones dici potest, quod quia de Scripturis divinis non habent eandem auctoritatem, <eadem> facilitate contempnuntur qua probantur. Et maxime quia, sicut dicit Augustinus, « Verba evangelica secum portant expositiones suas »[2].

Propter quod ad maiorem evidenciam huius passus, induco quatuor expositores, qui de apparitione prefata loquuti sunt. Hii autem sunt duo prophete, et duo apostoli. Dicit ergo primo propheta David loquens ad Deum : « Ego autem in iustitia apparebo conspectui tuo, satiabor cum apparuerit
f. 28 gloria tua »[3], ubi videtur exprimere apparitionem iustitie iudicandi | hominis, et apparitionem glorie conditoris. Ubi dicit Glosa : « "Satiabor cum apparuerit gloria tua", id est dum manifestabitur sanctis in iudicio gloria tua eterna »[4].

Secundo dicit Abacuch : « Hec dicit Dominus : "Scribe visum, explana eum super tabulas, ut percurrat qui legerit eum ; quia adhuc visus est procul, et[v] apparebit in finem, et non mentietur ; si moram fecerit, expecta illum, quia veniens veniet et non tardabit" », 2 capitulo, <2-3>.

Tertio dicit beatus Petrus Prima Petri 5 capitulo, <2-4> : « Pascite qui in vobis est gregem Dei, providentes non coacte sed spontanee secundum Deum, neque turpis lucri gratia, sed voluntarie, neque ut dominantes in cleris, sed forma facti gregis ex animo, ut cum apparuerit... ». – Glosa intelligitur in die iudicii[5] – « princeps pastorum, percipiatis inmarcescibilem glorie coronam »[6]. Et infra : « Humiliamini igitur sub potenti manu Dei, ut vos[w] exaltet in tempore visitationis »[7], Glosa intelligitur in die iudicii[8].

Quarto dicit Paulus ad Hebreos 9, <26-28> : « Nunc Christus semel in consummatione seculorum ad destitutionem peccati per hostiam suam apparuit. Et quemadmodum statutum est hominibus semel mori, post hoc autem iudicium : sic et Christus <semel> oblatus est ad multorum exaurienda peccata, secundo <sine peccato> autem apparebit expectantibus se in salutem ». Ubi Glosa : « Secundo autem adventu veniens ad iudicium, apparebit expectantibus se in salutem eorum, quia non necessitate sed

v. *cod.* id est w. *cod.* nos

1. I *Jn.* 3, 2.
2. Augustin, *Sermon 54*, Analecta Bollandiana, 100, p. 267, l. 56.
3. *Ps.* 16, 15.
4. Pierre Lombard, *Commentarium in Psalmos*, *Ps.* 16, v. 17, P.L. 191, 184 C.
5. Cf., *Glose marginale*, Venise, 1588, f. 222 F.
6. I *P.* 5, 4.
7. I *P.* 5, 6.
8. Glose interlinéaire, Venise, 1588, f. 223 A.

lorsque « nous le verrons tel qu'il est ». Car ses paroles ne comprennent aucune séparation entre l'âme et le corps.

Troisièmement, contre toutes ces visions, on peut dire que, parce qu'elles ne tirent pas la même autorité des Divines Écritures, c'est avec la même facilité qu'elles peuvent être méprisées ou estimées. Et surtout parce que, comme dit Augustin : « Les paroles évangéliques portent avec elles leurs explications ». C'est pourquoi, afin de rendre ce passage plus évident, j'introduis quatre commentateurs qui ont parlé de l'apparition citée plus haut. Or ce sont deux prophètes et deux apôtres. [4.2.3.2.3]

Le prophète David, premièrement, dit bien en s'adressant à Dieu : « Or moi, dans la justice, j'apparaîtrai devant ta face, je serai rassasié quand apparaîtra ta gloire », où il semble exprimer l'apparition de la justice qui doit juger les hommes, et l'apparition de la gloire du Créateur. La *Glose* dit ici : « "Je serai rassasié quand apparaîtra ta gloire", c'est-à-dire quand, lors du jugement, ta gloire éternelle sera manifestée aux saints ». [4.2.3.2.3.1]

Deuxièmement, Habaquq dit : « Voici ce que dit le Seigneur : "Écris la vision, grave-la sur les tablettes, pour que puisse la parcourir celui qui la lira ; car ce que tu as vu est encore éloigné, c'est-à-dire qu'elle apparaîtra à la fin, et sans décevoir ; si elle se fait attendre, attends-la, car elle viendra sûrement, et sans retard" », au second chapitre. [4.2.3.2.3.2]

Troisièmement, saint Pierre dit, dans sa *Première Lettre*, au cinquième chapitre : « Paissez le troupeau de Dieu qui vous est confié, veillant sur lui non par la contrainte, mais de bon gré, selon Dieu, non pour un gain sordide, mais spontanément, non en vous comportant en maîtres à l'égard de ceux qui vous sont confiés, mais en devenant les modèles du troupeau selon l'esprit, afin que lorsqu'apparaîtra… » – ce qui s'entend d'après la *Glose*, au jour du jugement – « le prince des pasteurs, vous receviez la couronne de gloire qui ne se flétrit pas ». Et plus bas : « Humiliez-vous donc sous la puissante main de Dieu, pour qu'il vous élève au moment où il vous visitera » – ce qui s'entend d'après la *Glose*, au jour du jugement. [4.2.3.2.3.3]

Quatrièmement, Paul dit dans la *Lettre aux Hébreux*, chapitre 9 : « Or c'est maintenant que le Christ est apparu une fois pour toutes, à la fin des temps, pour abolir le péché par son sacrifice. Et comme il est établi que les hommes ne meurent qu'une fois, et que le jugement intervient ensuite, de même, le Christ s'est offert une fois pour toutes, pour supprimer les péchés d'un grand nombre ; il apparaîtra en outre une seconde fois, sans péché, à ceux qui attendent de lui le salut ». Où la *Glose* précise : « Venant pour le jugement, lors du second avènement, il apparaîtra à ceux qui attendent de lui leur salut, car ce n'est pas par nécessité, mais de sa propre volonté qu'il [4.2.3.2.3.4] voluntate pro peccatis eorum mortuus est. Apparebit, dico, “sine peccato”, id est similitudine carnis peccati, sed potius in carne gloriosa. Vel apparebit sine peccato, id est ita, quod tunc non erit hostia pro peccato, sed iustitia in remunerando vel dampnando. Et <si> nec in die ire hostia erit, multo minus in aliis temporibus »[1].

Patet igitur ex communi et concordi consensu duorum prophetarum et duorum Apostolorum, cum Iohanne propheta et apostolo, quod illa felix apparitio quam comitatur seu concomitabitur feli<ci>ssima visio fiet secundum intentionem <et> prenunciationem istorum sanctorum et suorum glosatorum in iudicio, et non ante. Hoc etiam confirmatur, quia ipse f. 28 v Iohannes ibidem de huiusmodi | apparitione iudiciali premiserat hec verba : « Filioli », inquit, « manete in eo », id est in Christo, « ut cum apparuerit habeamus fiduciam ut non confundamur in adventu eius »[2]. Glosa vero interlinearis super auctoritate principali sic habet : « Scimus quoniam cum apparuerit in secundo adventu »[3].

Tertia via que sumitur ex tempore retributionis.

Tertio principaliter arguitur ex tempore retributionis, quia hec dicit Dominus : « Filius hominis venturus est in gloria Patris sui cum angelis suis, et tunc reddet unicuique secundum opera eius », Mt. 16, <27>. Quare ante adventum istum nec homines nec hominum anime habent vel habebunt de communi lege ultimatam et beatissimam divine essentie visionem. Antecedens est fidei articulus per os Veritatis expressus. Consequentia vero potest manifeste probari per ea que sunt in antecedente contenta. Pro cuius evidentia colligo quattuor certissima puncta, quorum primus <punctus> est, quod ipse qui “constitutus est a Deo iudex vivorum et mortuorum”[4], hac redditione reddet mercedem sicut scriptum est : « Voca operarios et redde illis mercedem », Mt. 20, <8>.

Secundus est, quod ipse reddet tunc mercedem non prius redditam sicut ipsemet dicit : « Ecce venio cito, et merces mea mecum est, reddere unicuique secundum opera sua », Apoc. 22, <12>. Differentiam autem facit lex inter mercedem esse apud patrem familias, et mercedem esse apud mercenarium, quia in lege unum prohibetur ut alterum impleatur. Hoc enim dicit Dominus : « Non morabitur opus », id est merces, « mercenarii tui, apud te usque mane », Levit. 19, <13>. Quamdiu ergo merces mercenarii

1. Pierre Lombard, *Collectanea in Epistolae Pauli*, P.L. 192, 478 A-B.
2. I *Jn.* 2, 28.
3. Cf. *Glose marginale* et non *interlinéaire*, Venise 1588, f. 231 A.
4. *Ac.* 10, 42.

est mort pour leurs péchés. Il apparaîtra, dis-je, « sans péché », entendons, sans la ressemblance de la chair de péché, mais plutôt dans la chair glorifiée. Ou bien il apparaîtra sans péché, c'est-à-dire de telle sorte qu'alors, il n'y aura plus de victime sacrifiée pour le péché, mais la justice pour récompenser ou condamner. Et s'il n'y a pas de sacrifice au jour de la colère, il y en aura encore moins dans les autres temps ».

Il est donc évident, d'après l'accord commun et concordant de deux prophètes et de deux apôtres, avec Jean, lui à la fois prophète et apôtre, que cette heureuse apparition qui accompagne ou plutôt qui sera contemporaine de la vision la plus heureuse, adviendra d'après ce qu'ont voulu dire et annoncé ces saints et ceux qui les ont commentés, lors du jugement, et pas avant. Cela est encore confirmé, car Jean en personne, avait fait précéder l'endroit même où il traitait de cette apparition au jugement de ces paroles : « Mes petits enfants », dit-il, « demeurez en lui », c'est-à-dire dans le Christ, « pour que, s'il venait à paraître, nous ayons pleine assurance, et ne soyons pas confondus lors de son avènement ». Quant à la *Glose interlinéaire*, on y trouve, sur l'autorité principale : « nous savons que, lorsqu'il apparaîtra lors de son second avènement ».

Troisième voie que l'on tire du temps de la rétribution [4.3]

Le troisième argument principal est tiré du moment de la rétribution, car le Seigneur dit ceci : « Le Fils de l'homme doit venir dans la gloire de son Père, avec ses anges, et alors, il rendra à chacun selon ses œuvres », dans *Matthieu*, chapitre 16. C'est pourquoi avant cet avènement, ni les hommes, ni les âmes des hommes n'ont ni n'auront, selon la loi commune, la vision ultime et suprêmement bienheureuse de l'essence divine. La prémisse est un article de foi exprimé de la bouche de la Vérité. Quant à ce qui en découle, cela peut se prouver de manière manifeste par le contenu de ce qui précède.

Pour le rendre évident, je rassemble quatre points très certains, dont le [4.3. 1]
premier est que celui qui est « établi par Dieu comme juge des vivants et des morts » remet par ce jugement à chacun son salaire, ainsi qu'il est écrit : « Appelle les ouvriers et remets à chacun son salaire », dans *Matthieu*, chapitre 20.

Le second point est qu'il remet lui-même le salaire à ce moment-là et [4.3. 2]
non avant, ainsi qu'il le dit lui-même : « Voici que je viens bientôt, et j'apporte avec moi le salaire que je vais rendre à chacun selon ses œuvres », dans l'*Apocalypse*, chapitre 22. Mais la loi fait une différence entre le cas où le salaire reste chez le père de famille et celui où il est chez l'ouvrier, car dans la loi, l'un est proscrit pour que l'autre soit accompli. Car le Seigneur dit ceci : « Le travail », c'est-à-dire le salaire « de l'ouvrier ne demeurera pas chez toi jusqu'au lendemain matin », dans le *Lévitique*, chapitre 19.

est apud patrem familias, nondum est apud mercenarium, nec per consequens adhuc est reddita. Communis autem pater familias dicit, quod adhuc merces apud eum est et quod cito veniet eam reddere, quare nondum est reddita.

Tertius punctus est quod reddet mercedem secundum equalitatem proportionis, sive secundum mensuram operum, sicut scriptum est : « Pro mensura delicti erit et plagarum modus », Deutero. 25, <2>, et Mt. 7, <2> :
f. 29 « In qua mensura mensi fueritis | remetietur vobis ».

Quartus punctus est quod visio est merces, ut ostensum est supra in expositione prime conclusionis. Unde aliqui dicunt quod visio est tota merces. Si ergo merces electis per Filium hominis in iudicio extremo reddenda, nondum est reddita, et merces illa est visio beatissima, evidentissime concluditur quod visio beatissima nondum est reddita, nec per consequens per operarios habita.

Via triplex aliquorum ad respondendum rationi.

Prima via.

Sed ad rationem istam respondetur triplici via, videlicet ex parte redditionis, ex parte mercedis, ex parte mercenariorum. Ex parte redditionis respondent aliqui dicentes quod ista redditio potest dupliciter accipi : uno modo secundum redditionis existentiam, alio modo secundum redditionis innotescentiam. Dicunt ergo, quod prefatam redditionem non oportet hic accipi secundum existentiam, sed sufficit quod accipiatur secundum innotescentiam, quia tunc Christus reddet, id est tunc innotescet omnibus, quod iam reddiderat pro maiori parte. Hec tamen responsio michi non sufficit, quia secundum istam expositionem non esset verius dicere : « Filius hominis venturus est in gloria Patris sui cum angelis suis, et tunc reddet unicuique secundum opera eius » [1] quam dicere : « Et tunc tradetur in manus » [2] peccatorum, « et condempnabunt eum morte » [3]. Hoc enim non minus innotescet fuisse factum in persona Redemptoris quam visionem ante fuisse redditam animabus sanctis. Hoc autem puto quod esset nimis absurdum dicere in auribus fidelium.

Item quod secundum istam expositionem non esset utique verior fidei articulus, quam propositio contradicens articulo. Articulus enim verificaretur[x] per innotescentiam et apparentiam quamdam redditionis. Propositio autem contradicens articulo et dicens quod tunc non reddet

x. *cod.* beatificatur

1. *Mt.* 16, 27.
2. *Mt.* 17, 22.
3. *Mt.* 20, 18.

Aussi longtemps que le salaire de l'ouvrier se trouve chez le Père de famille, il n'est pas encore chez l'ouvrier, et par conséquent, il n'est pas encore remis. Or notre Père de famille commun dit que le salaire est encore chez lui et qu'il vient bientôt le remettre, c'est pourquoi, il n'est pas encore remis.

Le troisième point est qu'il distribue le salaire selon une égalité [4.3.3]
proportionnelle, c'est-à-dire à la mesure des œuvres, ainsi qu'il est écrit: « la quantité des coups sera proportionnelle à la gravité du délit », dans le *Deutéronome*, chapitre 25; et *Matthieu*, chapitre 7: « De la mesure dont vous mesurerez, on mesurera pour vous en retour ».

Le quatrième point consiste en ce que c'est la vision qui constitue le [4.3.4]
salaire, ainsi qu'il a été montré plus haut dans l'exposé de la première conclusion. D'où le fait que certains disent que la vision constitue tout le salaire. Si donc le salaire des élus doit être remis par le Fils de l'Homme lors du jugement dernier, il n'est pas encore distribué, et si ce salaire est la vision suprêmement bienheureuse, on conclut de manière tout à fait évidente que la vision suprêmement bienheureuse n'est pas encore remise, ni par conséquent possédée par les ouvriers.

Triple voie empruntée par certains pour répondre à cet argument [4.3.5]

Première voie [4.3.5.1]

Mais à cet argument, on répond selon une triple voie, c'est-à-dire en ce qui concerne la rétribution, le salaire et les ouvriers. Pour ce qui concerne la rétribution, certains répondent en disant qu'elle peut être entendue de deux manières: l'une selon l'existence de cette rétribution, l'autre selon sa notification. Ils disent donc qu'il n'y a pas lieu ici de prendre la rétribution dont il est question selon l'existence, mais qu'il suffit de l'entendre selon sa notification, car alors, le Christ rendra, c'est-à-dire notifiera à tous ce qu'il avait déjà, pour la majeure partie, rendu. Mais cette réponse ne me suffit pas, car selon cette explication, il ne serait pas plus vrai de dire: « Le Fils de l'homme doit venir dans la gloire de son Père, avec ses anges, et alors, il rendra à chacun selon ses œuvres », que de dire: « et maintenant il va être livré aux mains » des pécheurs, « et ils le condamneront à mort ». Plutôt que le fait que la vision ait été donnée aux âmes des saints auparavant, ce verset notifie que cela ait été accompli en la Personne du Rédempteur. Et je pense que c'est là une chose trop absurde pour être prononcée aux oreilles des fidèles.

En outre, j'ajoute que selon cette explication l'article de foi ne serait en tout cas pas plus vrai que la proposition qui le contredit. L'article serait ainsi rendu vrai par la notification et par une certaine apparence de la rétribution, tandis que la proposition contredisant l'article de foi et disant unicuique secundum opera eius, verificaretur secundum existentiam redditionis, quia negaret actum, qui non habebit existentiam, sicut si dicerem : « Non erit amplius diluvium dissipans terram », Genesi nono, <11>.

Secunda via

Ex parte vero mercedis respondetur tripliciter. Primo quia Christus in iudicio reddet mercedem glorie corporis, non tamen glorie spiritus seu
f. 29 v anime, quia illa est iam reddita; | et hoc, ut dicunt, sufficit ad veritatem articuli. Secundo dicunt aliqui, quod Christus tunc reddet mercedem premii accidentalis, non tamen reddet mercedem premii essentialis. Dicunt enim quod tunc reddet premium accidentale, quia tunc commune gaudium omnium adaugebit gaudium et gloriam singulorum. Tertio dicunt aliqui, quod tunc etiam reddet aliquid de premio essentiali, puta de visione, non quidem dando visionem aut gradum aliquem visionis, sed quia vigorabitur anima ex coniunctione sui cum corpore. Ideo ipsa illa quidem priori visione, non alia, videbit accutius tunc quam nunc.

Hec tamen responsiones nequaquam sufficiunt, nec sufficienter salvant articulum. Contra primam enim clamant Paulus Apostolus, Gregorius Cesariensis, Jeronimus, Augustinus et ipsemet Dominus. Paulus enim dicit : « Reposita est michi corona iustitie, quam reddet michi Dominus in illa die iustus iudex », 2 Tim. 4, <8>. Constat autem, quod gloria corporis non est corona iustitie; hac enim corona coronandus est homo interior qui est caput totius hominis. Gregorius autem Cesariensis dicit in Concilio generali : « Venturum Dominum iudicare vivos et mortuos expectamus, in huius morte et sanguine peccatorum remissionem consecutos, ressuscitandos nos ab ipso in hiis corporibus ut in eadem carne, qua sumus nunc, sicut et ipse in eadem carne, qua natus et passus et mortuus est, resurrexit.

qu'à ce moment-là, Dieu ne rend pas à chacun selon ses œuvres, serait rendue vraie par l'existence de la rétribution, puisqu'elle nierait l'acte qui n'aura pas selon elle d'existence, comme si je disais : « il n'y aura plus de déluge pour ravager la terre », dans la *Genèse*, chapitre 9[1].

Seconde voie [4.3.5.2]

Pour ce qui concerne le salaire, on répond de trois manières. Premièrement que le Christ remettra lors du jugement le salaire de la gloire du corps, et non pas de la gloire de l'esprit ou de l'âme, car celle-ci est déjà remise; et cela suffit, disent-ils, à la vérité de l'article. Deuxièmement certains disent que le Christ remettra alors le salaire correspondant à une récompense accidentelle, et non pas celui correspondant à la récompense essentielle. Ils disent qu'il remettra alors une récompense accidentelle, parce qu'à ce moment-là, la joie commune de tous augmentera la joie et la gloire de chacun. Troisièmement, certains disent qu'il remettra tout de même alors quelque chose de la récompense essentielle, à savoir de la vision, non certes en donnant la vision ou quelque degré de la vision, mais parce qu'il vivifiera l'âme par sa réunion avec son corps. C'est pourquoi ce serait par cette même vision à n'en pas douter, et non par une autre que l'on verrait plus distinctement à ce moment-là que maintenant.

Mais ces réponses ne suffisent nullement, et surtout pas à sauver [4.3.5.2.1] l'article de foi. Car contre la première s'insurgent l'Apôtre Paul, Grégoire de Césarée, Jérôme, Augustin, et le Seigneur lui-même. Paul dit bien : « Voici qu'est préparée pour moi la couronne de justice que le Seigneur me remettra en ce jour-là, lui le juste juge », dans la *Deuxième Lettre à Timothée*, chapitre 4. Or il est établi que la gloire du corps n'est pas la couronne de justice; car celle-ci doit couronner l'homme intérieur, lui qui est la tête de tout l'homme. D'autre part Grégoire de Césarée dit au Concile général : « Nous attendons le Seigneur qui doit venir juger les vivants et les morts. Ayant obtenu la rémission de nos péchés par sa mort et par son sang, grâce à lui, nous devons ressusciter dans ces corps, c'est-à-dire dans cette même chair dans laquelle nous nous trouvons actuellement, de même que lui aussi, c'est dans la chair même en laquelle il est né, il a souffert, et il est

1. Les deux arguments peuvent paraître confus mais n'en sont pas moins logiques. Si au jugement, Dieu se contente de décerner, entendons de notifier publiquement la rétribution qu'il a déjà donnée individuellement, il ne la donne pas une seconde fois, et l'acte de rétribution lui est donc bien dénié, du moins au jour du jugement. Si l'article de foi qui affirme la rétribution est vérifié par la seule notification, son contraire l'est aussi par l'existence même de la rétribution qui a déjà été distribuée avant le jugement (second argument). Ainsi les textes scripturaires annonçant la rétribution future auraient la même valeur que ceux annonçant la Rédemption qui a déjà eu lieu (premier argument). L'allusion au texte de la Genèse sur le déluge est ainsi ironique : la rétribution finale n'aura plus jamais lieu puisque la récompense est déjà distribuée.

Et animas cum hac carne accepturas ab eo aut vitam eternam premii boni meriti, aut sententiam pro peccatis eterni supplicii »[1].

Augustinus autem libro De Fide ad Petrum ait : « Firmissime tene, Petre, nullatenus dubites ideo Christum Filium Dei ad iudicandum vivos et mortuos venturum, ut homines, quos <hic> dono gratie sue gratis per fidem iustificat, eisdem<que> iustificatis, in fide et caritate Sancte matris Ecclesie usque ad finem perseverantiam donat, in suo adventu resuscitet, glorificet et secundum promissiones suas equales sanctis angelis faciat, et
f. 30 ad eum statum perducat in quo | perfecte, <in> quantum unicuique donat Deus, boni sint, et ab ipsa perfectione[y] deinceps immutari non possint, ubi erit diversa gloria sanctorum, sed una erit omnium vita eterna »[2].

Jeronimus autem in fide sua, id est, in confessione sue fidei, dicit : « In Christi morte et sanguine credimus mundatos nos ab eo ressuscitandos, die novissimo in hac carne, qua nunc vivimus et habemus consecuturos nos ab ipso, aut vitam eternam pro premium boni meriti, aut penam pro peccatis eterni supplicii. Hec lege, hec retine, huic fidei animam tuam subiuga Christo Domino et vitam assequeris eternam »[3]. Dominus autem hic dicit se redditurum « unicuique secundum opera eius »[4], id est secundum mensuram operum uniuscuiusque. Constat autem quod gloria corporis non adequaret mensuram operum sanctorum virorum, ergo secundum hanc expositionem Christus non redderet tunc unicuique secundum opera eius. Hoc autem dicere esset utique contradicere articulo. Patet igitur, quod hec responsio non sufficit, tum quia gloria corporis non est corona iustitie, tum quia non est vita eterna[z] premium meriti, tum quia non reddit hominem angelis equalem, tum quia non adequat mensuram bonorum operum.

y. *cod.* preparatione z. *cod.* boni *add. et del.*

1. Grégoire d'Elvire, *Fides Romanorum*, C.C.S.L. 69, p. 268, l. 36-43; attribué à Grégoire de Nazianze, P.G. 36, 674, puis Phoebade d'Agen *Libellus fidei*, dans *De fide orthodoxa contra Arianos, alias De Filii divinitate et consubstantialitate tractatus*, P.L. 20, 50 C.

2. Fulgence de Ruspe (Pseudo-Augustin), *De fide ad Petrum*, 25, P.L. 65, 701 C, CCSL. 91 A, p. 753-754, l. 1256-1266, cité par Jacques Fournier, *De statu animarum ante generale iudicium*, I, III, ms. Vat. lat. 4006, f. 20 B.

3. Grégoire d'Elvire, *Fides Catholica*, *Œuvres de Grégoire d'Elvire*, CCSL 69, p. 271-272, l. 33-39; Ps.-Jérôme, *Epistola Hieronymi ad Damasum de symbolo*, Ps.-Augustin, *De fide Catholica* (P.L. 39, 2181); Ps-. Isidore de Séville, P.L. 82, 746 B.

4. *Mt.* 16, 27.

mort, qu'il est ressuscité. Et en même temps que cette chair, les âmes recevront de lui, soit la vie éternelle en récompense des mérites de leurs bonnes actions, soit la sentence du châtiment éternel pour leurs péchés ».

Augustin dit encore dans son livre *Sur la foi, adressé à Pierre*: « Maintiens fermement, Pierre, ne doute donc nullement que le Christ, le Fils de Dieu doive venir juger les vivants et les morts, de telle sorte que ces hommes qu'il justifie gratuitement ici-bas par la foi, selon le don de sa grâce, ces mêmes hommes, justifiés dans la foi et la charité de notre Sainte Mère l'Église, il leur donne de persévérer jusqu'à la fin, il les ressuscite lors de son avènement, les glorifie et les rende, selon ses promesses, égaux aux saints anges, qu'il les conduise à cet état dans lequel ils seront parfaitement bons, chacun selon que Dieu lui donne de l'être, et qu'ils ne puissent plus dès lors sortir de cette perfection où la gloire des saints sera diverse, mais où la vie éternelle sera la même pour tous ».

Jérôme dit encore dans sa *Foi*, c'est-à-dire dans sa *Confession de foi*: « C'est dans la mort et dans le sang du Christ, que nous croyons que nous sommes purifiés et que nous serons ressuscités par lui au dernier jour dans cette chair, par laquelle nous vivons maintenant, et nous pensons obtenir de lui, soit la vie éternelle en récompense des mérites de nos bonnes actions, soit la peine du supplice éternel pour nos péchés. Lis ceci et retiens-le. Soumets ainsi ton âme à la foi et au Christ Seigneur, et tu obtiendras la vie éternelle ». Pourtant le Seigneur dit ici qu'il doit rendre « à chacun selon ses œuvres », c'est-à-dire selon la mesure des œuvres de chacun. Or il est établi que la gloire du corps ne devrait pas égaler la mesure des œuvres des hommes saints, aussi, selon cette explication, le Christ ne devrait pas rendre alors à chacun selon ses œuvres. Dire cela reviendrait de toute manière à affirmer le contraire de l'article de foi. Il est donc évident que cette réponse ne suffit pas, puisque, selon elle, la gloire du corps n'est pas la couronne de justice, ni la vie éternelle la récompense des mérites, elle ne rend pas l'homme égal à l'ange, elle n'égale pas la mesure des bonnes œuvres.

Per eadem etiam membra probari potest, quod secunda responsio nulla est, quia constat quod accidentale premium nec corona iustitie, nec est vita eterna, nec reddit hominem angelis equalem, nec adequat mensuram bonorum operum per quas[a] homines sancti merentur essentiale premium. Quare ista est etiam responsio nulla. In speciali vero deficit ista responsio, quia Dominus dicit quod ipse tunc « reddet unicuique secundum opera sua »[1]. Illi vero qui sic respondent, implicite dicunt, quod tunc reddet unicuique non secundum opera sua, sed secundum opera aliena, quia tunc commune gaudium omnium augebit gaudium singulorum. Ex quo sequitur quod illi, qui prius gaudebant de operibus suis, per istam redditionem gaudebunt de operibus alienis. Quare simpliciter tendunt ad oppositum eius quod sonare videtur articulus.

f. 30 v | Tertia quoque responsio non sufficit, quia, ut dictum est de duobus aliis, non potest salvare quod tunc reddatur « merces copiosa »[2] bonis operibus debita, quoniam acucies illa visionis ex vigoratione anime per corpus habenda, nec est corona iustitie, nec vita eterna, licet, si esset, dici posset conditio quedam vite eterne, nec datur secundum opera, sed potius secundum corpora. In speciali vero ista responsio deficit, quia ponit quod supremus gradus supreme perfectionis intellectus dependeat a corpore. Item ponit quod potentia non organica vigoretur ex coniunctione sui cum corpore. Item, quia simul ponit quod beatissima visio merces quidem optima detur anime sine corpore, ad quam anima sine corpore non est optime disposita.

Tertia via.

Ex parte vero mercenariorum ad premissam rationem respondetur dupliciter. Uno modo, quia dicunt quidam quod huiusmodi redditio fiet communitati Ecclesie, ita quod tunc omnes habebunt, quia si tunc aliqui, qui ante non habuerint, tunc recipient, et per consequens tunc ista redditio simpliciter fiet communitati, non tamen singulis de communitate. Alio modo dicunt alii, dicentes, quod tunc redditio ista fiet hominibus ulterius, sicut fit nunc particulariter animabus, quando separate a corpore et purgate ab omni labe ad celos evolant. Dicunt etiam quod, quia Scripture divine loquuntur hominibus, ideo promissiones omnes referuntur ad diem iudicii,

a. *cod.* que

---

1. *Mt.* 16, 27.
2. *Mt.* 5, 12.

On peut prouver par les mêmes arguments que la seconde réponse est nulle, puisqu'il est évident qu'une récompense accidentelle n'est ni la couronne de justice, ni la vie éternelle, ne rend pas l'homme égal à l'ange, ni n'égale la mesure des bonnes actions par lesquelles les hommes saints méritent la récompense essentielle. Aussi est-ce bien là une réponse nulle. Cette réponse est vraiment insuffisante, en particulier parce que le Seigneur dit qu'il doit rendre alors « à chacun selon ses œuvres ». En vérité, ceux qui répondent ainsi, disent implicitement qu'il doit rendre alors à chacun, non selon ses œuvres, mais selon les œuvres d'autres, puisqu'alors la joie de tous augmentera celle de chacun, d'où il s'ensuit que ceux qui se réjouissaient auparavant de leurs œuvres, se réjouiront par ce nouveau don, des œuvres des autres. C'est pourquoi, ils tendent purement et simplement vers l'opposé de ce que l'article semble vouloir dire. [4.3.5.2.2]

La troisième réponse ne suffit pas non plus, car comme on l'a dit à propos des deux autres, elle ne peut rendre compte du fait que soit remise alors « la récompense abondante » due pour les bonnes œuvres, puisque l'acuité de cette vision provenant de la vivification de l'âme lorsqu'elle retrouve son corps, n'est ni la couronne de justice, ni la vie éternelle. Bien que, si elle existait, on pourrait la considérer comme une certaine condition de la vie éternelle, toutefois elle n'est pas donnée selon les œuvres, mais plutôt selon les corps. Cette réponse est vraiment insuffisante, en particulier parce qu'elle soutient que le degré suprême de la perfection suprême de l'intellect dépend du corps. Elle suppose en outre qu'une puissance non organique soit renforcée par son union avec le corps. Elle est encore insuffisante parce qu'elle suppose en même temps que la vision suprêmement bienheureuse, récompense à n'en pas douter la plus élevée, soit donnée à l'âme sans corps, alors que sans lui elle n'y est pas disposée au mieux. [4.3.5.2.3]

Troisième voie [4.3.5.3]

Pour ce qui concerne les ouvriers, on répond à l'argument avancé plus haut de deux manières. Selon la première, parce que certains disent qu'une rétribution de ce type concerne la communauté de l'Église, si bien qu'à ce moment-là tous recevront quelque chose, car si ce sont alors certains qui n'avaient pas encore qui reçoivent, cette rétribution affecte aussi par conséquent pour lors la communauté en elle-même, et non seulement chacun des membres de la communauté pris séparément. C'est une manière différente de penser qui fait dire à d'autres que cette rétribution concernerait en ce moment-là les êtres humains reconstitués ultérieurement, comme elle concerne maintenant particulièrement les âmes, quand une fois séparées de leur corps et purifiées de toute souillure, elles s'envolent vers les cieux. Ils disent même que parce que les Divines Écritures parlent des hommes, toutes les promesses se rapportent pour cette raison au jour du jugement, ubi pene ac premia reddentur hominibus, interim autem redduntur animabus.

Hec responsiones non videntur michi sufficere, sicut nec alie iam discusse. Non quidem prima, quia patenter obviat ei articulus dicens: « Reddet unicuique... ». Hoc enim signum: « unusquisque », numquam invenitur esse signum collectivum, sed est semper signum sigillatim distributivum, secundum illud Athanasii in symbolo: « Sigillatim unamquamque personam Deum aut Dominum confiteri christiana veritate compellimur[1] ». Quare redditio illa fiet non solum Ecclesie in communi, sed singularis in particulari. Et confirmatur per symbolum, « Firmiter »,
f. 31 Extra. | De summa Trinitate et fide catholica ubi dicitur: « Venturus est » Christus « in fine seculi, iudicaturus vivos et mortuos, et redditurus singulis secundum opera sua, tam reprobis quam electis, qui omnes cum suis <propriis> resurgent corporibus, que nunc gestant, ut recipiant secundum opera sua, sive bona fecerint, sive mala, illi cum diabolo penam perpetuam, et isti cum Christo gloriam sempiternam[2] ». Item, nonne scriptum est: « Unusquisque pro se rationem reddet »[3], et « unusquisque propriam mercedem accipiet », Prima Cor. 3, <8>, et « unusquisque refert propria corporis prout gessit, sive bonum sit sive malum », 2 Cor. quinto, <10>. Quis autem audeat dicere, quod hec ad communitatem et non ad singulos de communitate sit referenda ?

Secunda vero responsio michi non sufficit, quia duo difficilia michi supponit. Unum est quod homines quorum anime fuerunt ante resurrectionem in paradiso, ex vi quidem ipsius resurrectionis, non ex vi iudicialis retributionis, habeant repromissam mercedem, beatissimam videlicet visionem. Cum enim anima videns Deum remittitur corpori et constituitur ex hiis homo, que causa est illi homini ut habeat animam, causa etiam est illi ut habeat visionem illam. Homo enim non aliunde nec aliter videt, nisi unde, et qualiter anima videt. Constat autem quod ex vi resurrectionis, non ex vi iudiciarie retributionis, habet visionem illam quam habet anima.

Secundum autem quod supponit est, quod homines illi tempore medio inter instans resurrectionis et finem iudicii videbunt divinam essentiam sicut post latam sententiam.

1. Symbole du Pseudo-Athanase, *Quicumque*, 19, Denzinger Schömnetzer, n. 75, Paris, 1996[37], p. 28.

2. *Décrétales de Grégoire IX*, l. I, t. 1, c. 1, C. Richter, A. Friedberg (éd.), *Corpus Iuris Canonici*, II, 5

3. *Rm.* 14, 12.

où les peines et les récompenses seront rendues aux êtres humains, mais qu'entre-temps elles sont rendues aux âmes.

Ces réponses ne s'avèrent pas suffisantes selon moi, pas plus que les [4.3.5.3.1] autres précédemment discutées. La première ne l'est certainement pas car elle s'oppose ouvertement à cet article qui dit : « Il rendra à chacun... » Car ce terme : « chacun », ne se trouve jamais avec une valeur collective, mais a toujours une valeur distributive concernant les individus pris isolément, selon ce propos d'Athanase dans son *Symbole :* « La vérité chrétienne nous enjoint de confesser à Dieu ou au Seigneur nos fautes, chacun isolément et personnellement ». Et c'est la raison pour laquelle cette rétribution doit concerner non seulement l'Église comme communauté, mais les individus en particulier. Et cela est encore confirmé par le *Symbole* « Fermement », dans l'Extravagante *Sur la Trinité suprême et la foi catholique* où il est dit : « Le Christ viendra à la fin des siècles pour juger les vivants et les morts, et rendre à chacun selon ses œuvres, tant aux réprouvés qu'aux élus, qui ressusciteront tous avec leurs propres corps, ceux qu'ils revêtent actuellement, pour recevoir selon leurs œuvres, soit qu'ils aient fait le bien, soit qu'ils aient fait le mal, les uns le châtiment éternel avec le diable, et les autres avec le Christ la gloire sans fin ». N'est-il pas encore écrit que « chacun doit rendre compte pour soi-même », et que « chacun doit recevoir son propre salaire », dans la *Première Lettre aux Corinthiens*, chapitre 3, et « que chacun retrouve ce qu'il a fait quand il était dans son corps, soit en bien, soit en mal », dans la *Seconde Lettre aux Corinthiens*, chapitre 5. Qui oserait encore dire que cela doit être rapporté à la communauté et non aux individus qui la composent ?

Quant à la seconde réponse, elle ne me suffit pas, parce qu'elle suppose [4.3.5.3.2] selon moi deux difficultés. L'une est que c'est en fait par la puissance de la résurrection elle-même et non par celle de la rétribution au jugement, que les hommes dont les âmes se trouvèrent au paradis avant la résurrection, recevraient le salaire promis, entendons la vision suprêmement bienheureuse. Lorsque l'âme qui voit Dieu est rendue à son corps et que l'être humain s'en trouve reconstitué, la raison qui fait que cet homme a une âme est encore celle qui lui fait posséder cette vision. Car le point de vue et la manière de voir de l'être humain ne sont autres que ceux de son âme. Or il est manifeste que c'est par la puissance de la résurrection, non par celle de la rétribution du jugement, que l'âme possède la vision qui est la sienne. La seconde difficulté qu'elle suppose est que, dans le temps qui sépare l'instant de la résurrection et la fin du jugement, les hommes verront l'essence divine de la même manière qu'après que la sentence aura été rendue.

Primum autem est michi nimis difficile credere vel intelligere. Tum quia beatus Augustinus Super Iohannem expresse clamat oppositum : « Hoc ergo, inquit, impii videre poterunt, quod et vulnerare poterunt. Latentem Deum[b] in corpore non videbunt, post[c] iudicium autem videbitur ab hiis, qui ad dexteram eius erunt[1] ». Hec Augustinus. Tum quia Paulus dicit : « Reposita est michi corona iustitie quam reddet michi Dominus in f. 31 v illa die iustus iudex »[2] ; frustra namque, postquam dixerat : « Reddet | michi Dominus », adiecisset : « Iustus iudex », nisi ad officium huius iudicis coronam iustitie reddere pertineret. Tum quia idem Apostolus alibi ait : « Secundum duritiam tuam et impenitens cor thesaurizans tibi iram in die ire et <revelationis> iusti iudicii Dei, qui reddet unicuique secundum opera eius », ad Ro. 2, <5-6> : Frustra enim iustum Dei iudicium in huiusmodi redditione commemorasset, si nec ad iudicem, ut iudex est, nec ad iustum eius iudicium huiusmodi eius redditio pertinuisset.

Tum quia Dominus predixit se venturum ad iudicium et in maiestate sessurum[d] et iudicandos segregaturum et allocuturum eos et benedicturum bonos, et daturum eis regnum[3]. Hec autem omnia viderentur frustra fieri, et frustra predici, si pro maiori parte omnia essent completa ante processum iudicii. Tum quia Dominus in hoc passu tractans articulum de iudicio, et de adventu suo ad iudicium dicit se redditurum unicuique secundum opera eius, quod non fecisset si non ad istum articulum sed ad articulum de resurrectione redditionem istam pertinere scivisset. Cur enim diceret et caneret Ecclesia : « ut cum iudex advenerit Christus in fine seculi, nos sempiterni gaudii faciat esse compotes »[4], et alibi : « ut cum rubente[e] ceperis clarere nube iudicis penas repellas debitas, reddas coronas perditas »[5], nisi hoc agere ad ipsum iudicem pertineret ? Quare apparet michi, quod Dominus Jesus in hoc passu se dicit ut iudicem redditurum esse unicuique mercedem secundum opera eius. Quare concludo quod unusquisque propriam mercedem accipiet ex vi iudiciarie retributionis.

Secundum etiam[f] est difficillimum capere, pensatis Sanctarum Scripturarum sententiis. Hoc autem declaro tripliciter. Primo quia

b. *cod.* Dominum c. *cod.* per d. *cod.* sensurum e. *cod.* repente f. etiam *iter. cod.*

1. Augustin, *In Iohannis Evangelium Tractatus*, 21, 13, C.C.S.L. 36, p. 220, l. 33-35.
2. II *Tm.* 4, 8.
3. Cf. *Mt.* 25, 31 *sq.*
4. Hymne *Exultet caelum laudibus*, Commun des Apôtres, IIe Vêpres, Liturgie des heures, p. 1469 ; R.H. 5832, t. I, p. 349.
5. Hymne *Aeterne rex altissime*, pour l'Ascension. A.H.M.A. 2, 118, p. 86 ; 51, 88, p. 94 ; R.H., 650 *sq.*, t. I, p. 40.

La première est pour moi extrêmement difficile à croire ou à comprendre. D'abord parce qu'Augustin clame expressément le contraire dans son commentaire *Sur saint Jean :* « Les impies pourront donc voir, dit-il, ce qu'ils ont été capables aussi de blesser. Ils ne verront pas le Dieu qui se cache dans le corps, mais après le jugement, ceux qui seront à sa droite le verront ». Voilà le propos d'Augustin. Ensuite, parce que saint Paul dit : « Voici qu'est préparée pour moi la couronne de justice que le Seigneur me remettra en ce jour-là, lui le juste juge ». Ce serait en vain qu'après avoir dit : « le Seigneur me remettra », il ajouterait « lui le juste juge », si la remise de la couronne de justice ne relevait pas de sa fonction de juge. Car le même Apôtre dit encore ailleurs : « Par ton endurcissement et l'impénitence de ton cœur, tu amasses contre toi un trésor de colère, au jour de la colère et où se révélera le juste jugement de Dieu, qui rendra à chacun selon ses œuvres », dans la *Lettre aux Romains*, chapitre 2. C'est en vain, qu'il rappellerait le juste jugement de Dieu intervenant lors de cette remise, si une telle remise ne relevait, ni du juge en tant qu'il est juge, ni de son juste jugement. Car aussi, le Seigneur a prédit qu'il devait venir au jugement, siéger en majesté, séparer ceux qui devraient être jugés, s'adresser à eux, bénir les bons et leur donner le royaume. Si tout cela devait être accompli, pour la plus grande part, avant le déroulement du jugement, ce serait, semble-t-il, en vain que cela se passerait et que cela aurait été prédit. Car enfin, dans ce passage qui traite de l'article du jugement, et de sa venue au jugement, le Seigneur dit qu'il doit rendre à chacun selon ses œuvres, ce qu'il n'aurait pas fait s'il avait su que cette rétribution ne relevait pas de cet article, mais de celui de la résurrection. Pourquoi donc, l'Église dirait-elle et chanterait-elle : « Quand le Christ viendra en juge à la fin des siècles, qu'il fasse de nous les bénéficiaires de la joie éternelle », et ailleurs : « lorsque tu commenceras à éclairer de la nuée rougeoyante du jugement, écarte les peines dues, rends les couronnes perdues », sinon parce qu'il importe d'intenter une telle action devant le juge lui-même ? C'est pourquoi il me semble que Notre Seigneur Jésus dit dans ce passage qu'il doit, en tant que juge, rendre à chacun le salaire correspondant à ses œuvres. Je conclus donc que chacun recevra son propre salaire en vertu de la puissance de rétribution du jugement. [4.3.5.3.2.1]

Deuxièmement, il est encore très difficile de comprendre les sages pensées des Saintes Écritures. Et je l'explique de trois manières.

f. 32 quicumque a | iudicio ibunt, pergent seu transibunt in illam finalem et beatissimam visionem, non habebunt eam in iudicio, quia terminus, in quem fit transitus, non habetur ante transitum et cum termino a quo. Sed sancti et electi Dei a iudicio ibunt, pergent et transibunt in huiusmodi visionem. Quare tunc in ipso iudicio non habebunt visionem istam, in quam ibunt, pergent seu transibunt. Minorem probo, quia dicit Dominus, quod sententia iudiciali data, ibunt iniusti « in supplicium eternum, iusti autem in vitam eternam », Mattheo 25, <46>, et Iohannes 17, <3>, ait : « Hec est autem vita eterna, ut cognoscant te <solum> verum Deum et quem misisti Jesum Christum ». Item Augustinus premissam Salvatoris sententiam exponens ait : « Finito autem iudicio quomodo conclusit? "Sic[g] ibunt impii[h] in ignem eternum, iusti autem in vitam eternam[1]." Iam a visione forme hominis pergunt illi ad visionem forme Dei. "Hec est, inquit, vita eterna, ut cognoscant te unum verum Deum, et quem misisti Jesum Christum" »[2]. Hec Augustinus super Psalmos.

Item beatus Gregorius in omelia super « Sint lumbi vestri precincti »[3], Luce 12 <35>, sic exponit transitum Christi : « Transiens, inquit, ministrat quia sue lucis illustratione nos satiat, transit vero, dictum est, cum de iudicio redit ad regnum. Vel certe Dominus nobis post iudicium transit, quia ab humanitatis forma in divinitatis sue contemplationem nos elevat, et transire eius est in claritatis sue speculationem nos ducere, cum eum quem
f. 32 v in humanitate in iudicio cernemus | in divinitate post iudicium videbimus. Ad iudicium quippe veniens in forma servi omnibus apparebit, quia scriptum est : « Videbunt in quem transfixerunt »[4], sed tamen reprobi in supplicium corruunt, iusti ad claritatis eius gloriam protrahuntur[5] ». Hec Gregorius.

Patet igitur tantis testimoniis, quod sancti et electi Dei a iudicio ibunt, pergent, elevabuntur, ducentur seu pertrahentur ad supremam seu felicissimam divine claritatis visionem.

Secundo probatur idem, quia quandocumque et a quibuscumque videbitur divinitas, tunc et ab eisdem vide<bi>tur Deus Pater, et illa eadem visione, ut patet ex sententia beati Augustini[6] super illud verbum Christi :

g. *cod.* sanctis. h. *cod.* isti, in ras.

1. Cf. *Mt.* 25, 46.
2. Augustin, *Enarrationes in Psalmos, Ps. 85, 21,* C.C.S.L. 39, p. 1193, l. 29-34, citant *Jn.* 17, 3.
3. *Lc.* 12, 35.
4. *Jn.* 19, 37.
5. Grégoire le Grand, *XL homiliarum in evangelia libri duo*, 1, 13, 4, P.L. 76, 1125 A-B.
6. Augustin, *In Iohannis Evangelium Tractatus*, 70, 2-3, C.C.S.L. 36, p. 503-504.

Premièrement parce que ceux, quels qu'ils soient, qui s'en iront du jugement, persisteront ou passeront dans cette vision finale et suprêmement bienheureuse, mais ne la posséderont pas au jugement, car le terme auquel aboutit le passage, n'est possédé ni avant que le passage ait eu lieu, ni au point de départ. Mais les saints et les élus de Dieu s'en iront du jugement, persisteront et passeront en une vision de ce type. C'est pourquoi, alors qu'ils seront encore dans le jugement lui-même, ils ne posséderont pas cette vision vers laquelle ils iront, persisteront ou passeront. Je prouve la mineure, car le Seigneur dit qu'une fois rendue la sentence du jugement, les injustes « iront au supplice éternel, les justes au contraire, à la vie éternelle », dans *Matthieu*, chapitre 25, et dans *Jean*, chapitre 17, il dit : « La vie éternelle, c'est qu'ils te connaissent, toi le seul vrai Dieu, et celui que tu as envoyé, Jésus-Christ ». De même, Augustin, expliquant la pensée du Seigneur citée plus haut, dit : « Or, une fois le jugement achevé, comment a-t-il conclu ? "Ainsi, les impies iront dans le feu éternel, les justes, eux, à la vie éternelle". Dès cet instant, ils passent de la vision de la forme humaine à la vision de la forme divine. "La vie éternelle, c'est, dit-il, qu'ils te connaissent, toi le seul vrai Dieu, et celui que tu as envoyé, Jésus-Christ" ». Telles sont les paroles d'Augustin dans son *Commentaire sur les psaumes*.

De même, saint Grégoire dans l'homélie sur « que vos reins soient ceints », dans *Luc*, chapitre 12, explique ainsi le passage du Christ : « Par son passage, dit-il, il accomplit son service, car en nous éclairant de sa lumière, il nous comble ; il passe de fait, dit-on, alors qu'il revient du jugement vers le royaume. Ou si vous voulez, Notre-Seigneur passe pour nous après le jugement, parce qu'il nous élève de la forme de son humanité à la contemplation de sa divinité, et que passer, pour lui, c'est nous conduire dans la contemplation de sa clarté, puisque lui que nous distinguons en son humanité lors du jugement, nous le verrons dans sa divinité après le jugement. Au jugement, c'est de fait comme s'approchant sous la forme d'un esclave qu'il apparaîtra à tous, car il est écrit : « ils regarderont celui qu'ils ont transpercé », mais pourtant les réprouvés s'écrouleront dans le supplice, les justes accèderont à la gloire de sa clarté ». Voilà pour Grégoire.

Il est donc manifeste, d'après de si nombreux témoignages, que les saints et les élus de Dieu s'en iront du jugement, persisteront, seront élevés, conduits ou seront entraînés vers la vision suprême ou souverainement heureuse de la clarté divine.

Le second point se prouve de la même manière, car ce sont les mêmes, [4.3.5.3.2.2]
quels qu'ils soient et à quelque moment que ce soit qui verront la divinité, et qui verront alors Dieu le Père, et par cette même vision, comme cela est évident d'après le propos de saint Augustin sur cette parole du Christ :

« Philippe qui videt me, videt et Patrem meum », Iohanne 14, <9>. Set ipsemet Augustinus super Iohanne ait : « Neque enim ad iudicium vivorum et mortuorum Pater ipse venturus est », « quia ipse non videbitur in iudicio ; "videbunt in quem pupugerunt"[1]. Forma illa erit iudex, que stetit sub iudice »[2]. Item idem Augustinus super Psalmum idem insinuat dicens : electi « in iudicio eundem Dominum Jesum Christum videbunt hominem cum impiis, post iudicium autem videbunt Deum preter impios »[3]. Item super Iohannem ait sic : « In iudicio homo videbitur », « sed post iudicium videbitur Deus ab hiis qui vincerint in iudicio, ab impiis autem non videbitur Deus. Quia ergo homo videbitur in iudicio, forma illa qua[i] sic veniet sicut ascendit, ideo supra dixerat "Pater non iudicat quemquam, sed
f. 33 omne iudicium dedit Filio" »[4]. Hec Augustinus. Ex quibus satis | apparet eum sensisse, quod sancti non videbunt Deum in iudicio, visione illa suprema, qua videbunt eum post iudicium.

Tertio probatur idem, quia beatus Augustinus Super Iohannem, loquens de ista beatissima visione omni Deum fideliter diligenti promissa, et tractans illa verba : « Modicum et non videbitis me », Iohanne 16, <16>, dicit : « Non tardat Dominus promissum suum », « videbimus enim eum, ubi iam nichil rogemus, nichil interrogemus, quia nichil interrogandum[5] remanebit, nichil querendum latebit[6] ». Sed constat quod in iudicio boni et mali interrogabunt et querent a Domino iudice iusto dicentes : « Domine, quando te vidimus esurientem, etc », Mattheo 25, <37>. Quare pro tunc non habe<bi>tur ab interrogantibus illa visio, ad cuius presentiam cessabit omnis interrogatio.

Patet igitur, quod huiusmodi responsiones non sunt convenientes. Possumus simpliciter confiteri, quod « Filius hominis venturus est in gloria Patris sui cum angelis suis, et tunc reddet unicuique secundum opera eius »[7]. Item ista responsio seu expositio est expresse contra evangelicum textum. Dicit enim quod articulus iste et Scriptura ista loquitur de redditione que fiet hominibus in fine seculi, non de redditione que sic fiet

i. *cod.* que

1. *Jn.* 19, 37.
2. Augustin, *In Iohannis Evangelium Tractatus*, 19, 16, C.C.S.L. 36, p. 199, l. 14-15, 17-19.
3. Augustin, *Enarrationes in Psalmos, Ps. 85, 21,* C.C.S.L. 39, p. 1194, l. 56-58.
4. Augustin, *In Iohannis Evangelium Tractatus*, 22, 11, C.C.S.L. 36, p. 229, l. 7-12, citant *Jn.* 5, 22.
5. L'édition critique donne *desiderandum*.
6. Augustin, *In Iohannis Evangelium Tractatus*, 101, 6, C.C.S.L. 36, p. 594, l. 20-23.
7. *Mt.* 16, 27.

« Philippe, qui me voit, voit aussi mon Père », dans *Jean*, chapitre 14. Mais Augustin lui-même dit, commentant *Jean :* « Car ce n'est pas le Père lui-même qui doit venir pour le jugement des vivants et des morts », « parce que ce n'est pas lui qui sera vu lors du jugement ; "ils regarderont celui qu'ils ont transpercé". Il sera juge sous cette forme même sous laquelle il a été soumis au jugement ». Augustin encore, commentant le psaume, insinue la même chose lorsqu'il dit que les élus : « avec les impies verront lors du jugement le Seigneur Jésus-Christ en personne sous sa forme humaine, en revanche après le jugement, ils auront la vision de Dieu dont les impies seront exclus ». Commentant *Jean*, il parle ainsi : « au jugement c'est l'homme qui sera vu », « mais, après le jugement, c'est Dieu qui sera vu par tous ceux qui en sortiront vainqueurs, en revanche Dieu ne sera pas vu par les impies. C'est donc parce qu'il sera vu lors du jugement en tant qu'homme, sous la forme en laquelle il est monté au ciel et en reviendra, que le Seigneur avait déclaré auparavant : "Le Père ne juge personne mais il a remis tout jugement au Fils" ». Tels sont les propos d'Augustin. Ils laissent assez paraître qu'à son avis les saints ne verront pas Dieu lors du jugement de cette vision suprême selon laquelle ils le verront après le jugement.

Le troisième point se prouve de la même manière, parce que saint Augustin, commentant Jean, s'exprimant sur cette vision suprêmement bienheureuse promise à tous ceux qui aiment fidèlement Dieu et traitant de ces paroles : « Encore un peu de temps et vous ne me verrez plus », dans *Jean*, chapitre 16, dit : « Le Seigneur ne retarde pas ce qu'il a promis », « car nous le verrons, et là nous ne demanderons plus rien, nous ne poserons plus de questions sur rien, parce qu'il ne restera plus rien qui suscite l'interrogation, rien de caché qui provoque des questions ». Mais il est établi que, lors du jugement, les bons et les mauvais interrogeront et questionneront le Seigneur, le juste juge en disant : « Seigneur, quand t'avons-nous vu avoir soif, etc »., dans *Matthieu*, chapitre 25. C'est pourquoi, à ce moment-là, ceux qui interrogeront ne seront pas en possession de cette vision dont la présence fera cesser toute interrogation. [4.3.5.3.2.3]

Il est donc évident que des réponses de ce type ne sauraient convenir. Nous pouvons simplement confesser que « Le Fils de l'homme doit venir dans la gloire de son Père, avec ses anges, et alors, il rendra à chacun selon ses œuvres ». De même, cette réponse ou cette explication s'oppose clairement au texte évangélique. Celui-ci dit bien que l'article de foi et l'Écriture dont il est ici question parlent de la rétribution qui adviendra aux hommes à la fin des siècles, non de celle qui pourrait ainsi advenir aux

animabus. Textus autem evangelicus sic habet : « Qui voluerit animam suam salvam facere perdet eam, et qui perdiderit animam suam propter me inveniet eam. Quid enim prodest homini si mundum universum lucretur, anime vero sue detrimentum patiatur ? Aut quam dabit homo commutationem pro anima sua ? Filius enim hominis venturus est in gloria Patris sui cum angelis suis et tunc reddet unicuique secundum opera eius[1] ». Hoc in
f. 33 v textu continuo. | Quis ergo fidelis, nisi vel ignarus vel insanus, audeat dicere quod Christus non loquitur hic de redditione que in iudicio fiet animabus bonis et malis ?

Quarta via que sumitur ex tempore spei.

Quarto probatur idem ex tempore spei, quia premium pro certo tempore spe formata expectatur, tempore illo reddetur et recipietur. « Spes enim non confundit, quia caritas Dei diffusa est in cordibus nostris per Spiritum Sanctum qui datus est nobis », Rom. 5, <5>. Sed « premium hereditatis »[2] supreme et visionis eterne pro « tempore novissimo »[3], pro « die novissimo »[4], pro « consummatione seculi »[5], pro « spe formata »[6] certitudinaliter expectatur, quare tempore illo « reddetur » nobis et « recipietur » a nobis. Quod autem illo determinato tempore huiusmodi premium expectetur, probatur primo per beatum Petrum, secundo per beatum Job, tertio per beatum Paulum et per Christum Salvatorem nostrum. Dicit enim beatus Petrus prima Canonica, primo capitulo, <3-5> : « Benedictus Deus et Pater Domini nostri Ihesu Christi, qui secundum magnam misericordiam suam regeneravit nos in spem vivam per resurrectionem Ihesu Christi ex mortuis in hereditatem incorruptibilem et incontaminatam et immarcescibilem conservatam in celis in vobis qui in virtute Dei custodimini per fidem in salutem paratam revelari in tempore novissimo ». Dicit ergo beatus Petrus, quod : « Deus regeneravit nos in spem vivam per resurrectionem Jesu Christi ex mortuis, in hereditatem et incorruptibilitatem », quia non evacuandam, « incontaminatam », quia nulla indecentia obfuscatam, et « immarcescibilem », quia nullo modo minuendam, « conservatam in celis », usque ad prefinitum tempus, « in vobis, qui in virtute Dei custodimini per
f. 34 fidem in salutem, paratam », id est predestinatam, | « revelari in

1. *Mt.* 16, 25-27.
2. Cf. I. *P.* 1, 3.
3. I. *P.* 1, 3.
4. Cf. *Mt.* 13, 40 et 49, *Jn.* 6, 39, etc.
5. Cf. *Mt.* 13, 39, 40, 49 ; 24, 3 ; 28, 20 ; *He.* 9, 26
6. Cf. I. *P.* 1, 3.

âmes. Or, dans le texte évangélique, on trouve ceci : « Qui aura voulu sauver son âme la perdra, mais qui aura perdu son âme à cause de moi la trouvera. Que servira-t-il donc à l'homme de gagner le monde entier si c'est au détriment de sa propre âme ? Ou que pourra donner l'homme en échange de sa propre âme ? C'est qu'en effet le Fils de l'homme doit venir dans la gloire de son Père, avec ses anges, et alors il rendra à chacun selon ses œuvres ». Voilà ce qu'on trouve dans le texte intégral. Ainsi donc, quel fidèle, à moins d'être ignorant ou fou, oserait dire que le Christ ne parle pas ici de la rétribution dont bénéficieront lors du jugement les âmes bonnes et mauvaises ?

Quatrième voie que l'on tire du moment de l'espérance [4.4]

Le quatrième point se prouve de la même manière à partir du moment de l'espérance, car c'est pour un moment précis que la récompense est attendue par l'espérance formée [1], et c'est à ce moment qu'elle est remise et reçue. « Et l'espérance ne déçoit pas, parce que l'amour de Dieu a été répandu dans nos cœurs par le Saint-Esprit qui nous a été donné », dans la *Lettre aux Romains*, chapitre 5. Mais la « récompense de l'héritage » suprême et de la vision éternelle est attendue avec certitude pour le « moment ultime », pour le « dernier jour », pour la « consommation des siècles », en vertu de « l'espérance formée », c'est pourquoi « elle nous sera remise » et « nous la recevrons » à ce moment-là. Mais que cette récompense soit attendue en ce moment fixé, cela se prouve en recourant premièrement à saint Pierre, deuxièmement au bienheureux Job, troisièmement à saint Paul et au Christ notre Sauveur.

Saint Pierre dit dans sa *Première Lettre*, au premier chapitre : « Béni soit le Dieu et Père de Notre-Seigneur Jésus-Christ, qui dans sa grande miséricorde nous a engendrés de nouveau par la résurrection de Jésus-Christ d'entre les morts, pour une vivante espérance, pour un héritage exempt de corruption, de souillure, de flétrissure, qui vous est réservé dans les cieux, à vous que la puissance de Dieu garde par la foi dans le salut, prête à se manifester au dernier moment ». Saint Pierre dit donc que Dieu « nous a engendrés par la résurrection de Jésus-Christ d'entre les morts, pour une vivante espérance, en l'héritage et l'incorruptibilité », car elle ne doit pas disparaître, une espérance « sans souillure » car elle n'est obscurcie par aucune inconvenance, et « sans flétrissure », car elle ne doit diminuer en aucune façon, « réservée dans les cieux », jusqu'au moment fixé par avance, « à vous que la puissance de Dieu garde par la foi, dans le salut prête », c'est-à-dire prédestinée, « à se manifester au dernier moment ». Car

1. Selon les théologiens scolastiques l'espérance, comme les autres vertus, est formée par la charité. Cf. Thomas d'Aquin, *Somme de Théologie* IIa IIae, q. 23 a 8.

tempore novissimo »[1]. Audiverat enim Dominum dicentem : « In regeneratione, cum sederit Filius hominis in sede maiestatis sue, sedebitis et vos super sedes duodecim, iudicantes duodecim tribus Israël. Et omnis qui reliquerit domum, vel fratres aut sorores, aut patrem, aut matrem, aut uxorem, aut filios, aut agros propter nomen meum, centuplum accipiet et vitam eternam habebit », Mt. 19, <28-29>.

Beatus autem Iob, capitulo 19, <25-27> dicit : « Scio enim quod Redemptor meus vivit, et in novissimo die de terra surrecturus sum. Et rursum circumdabor pelle mea, et in carne mea videbo Deum salvatorem. Quem visurus sum ego ipse, et oculi mei conspecturi sunt, et non alius : reposita est hec spes mea in sinu meo ». Ecce quod in hiis verbis beatus Iob omnia expectata ad novissimum diem refert, ac si aperte diceret : « In novissimo die de terra surrecturus sum et in novissimo die circumdabor pelle mea et in novissimo die in carne mea videbo Deum, quem in novissimo die visurus sum ego ipse et non alius, et oculi mei mentales conspecturi sunt ». Quare pro novissimo die determinate hec spes sua de ultima Dei visione reposita est in sinu suo.

Paulus autem ait ad Gal. 6 capitulo, <7-9> : « Que enim seminaverit homo, hec et metet. Quoniam qui seminat in carne sua, de carne et metet corruptionem; qui autem seminat in spiritu, de spiritu metet vitam eternam. Bonum autem facientes, non deficiamus; tempore enim suo metemus non deficientes ». Sed quia iste Apostolus tempus quidem messis
f. 34 v predixit, sed tempus messis | non designavit, ideo recursus est ad Dominum dicentem : « Messis quidem consummatio seculi est », Mt. 13, <39>. Hic autem intellectus confirmatur per Glosam super illud Psalmum, <125, 5-6> : « Qui seminant in lacrimis, in exultatione metent, euntes ibant et flebant, mittentes semina sua, venientes autem venient cum exultatione portantes manipulos suos », ubi sic dicitur : « Isti in via flebant, sed venientes autem venient ad iudicium quod erit commune omnium, venient cum exultatione, et hoc tantum bonorum, quia ad gaudium non nisi boni venient. Venient, dico, "portantes manipulos suos", id est fructum seminis, id est coronam gaudiorum et exultationis. Tunc erit triumphus letantium et ipsi morti insultantium, in qua hic gemebatur[2] ». Item beatus Augustinus, in epistola ad Fortunatianum, dicit de verbis beati Ieronimi, sic inquiens : « In hiis verbis hominis <Dei> multa consideranda sunt. Primum quia, secundum apertissimam Domini sententiam, etiam ipse sentit nos visuros faciem Dei, cum in angelos perfecerimus,

1. Cette explication suivie du texte ne correspond pas à celle de la Glose ordinaire.
2. Pierre Lombard, *Comentarium in Psalmos*, Ps. 125, v. 6, P.L. 191, 1156 C.

il avait entendu le Seigneur dire : « Dans la régénération, quand le Fils de l'homme se sera assis sur son trône de majesté, vous siégerez, vous aussi sur douze trônes, pour juger les douze tribus d'Israël. Et quiconque aura laissé maison, frères, sœurs, père, mère, épouse, enfants ou champs à cause de mon nom, recevra le centuple et aura la vie éternelle », dans *Matthieu*, chapitre 19.

Quant au bienheureux Job, il dit au chapitre 19 : « Car je sais que mon rédempteur est vivant, et qu'au dernier jour je me lèverai de terre. De nouveau, je serai entouré de ma peau, et dans ma chair je verrai le Dieu Sauveur. C'est moi qui dois le voir, mes yeux doivent le contempler, et non ceux d'un autre : cette espérance qui est la mienne a été placée en mon cœur ». Voilà qu'en ces paroles le bienheureux Job rapporte tout ce qu'il attend au dernier jour, comme s'il disait ouvertement : « Au dernier jour je me lèverai de terre, et au dernier jour je serai entouré de ma peau, ce jour là dans ma chair je verrai le Dieu que je dois voir au dernier jour, moi et non un autre, et que les yeux de mon esprit doivent contempler ». Ainsi donc, c'est pour le dernier jour précisément que cette espérance de la vision ultime de Dieu qui est la sienne a été placée en son cœur.

Paul dit encore, dans la *Lettre aux Galates*, chapitre 6 : « L'homme récoltera ce qu'il aura semé. Celui qui sème dans sa chair, c'est aussi de la chair qu'il récoltera la corruption; celui qui sème dans l'esprit, récoltera de l'esprit la vie éternelle. Ne nous lassons donc pas de faire le bien; la récolte viendra en son temps si nous ne nous relâchons pas ». Toutefois, parce que cet Apôtre a bien prédit un moment pour la moisson, mais n'a pas précisé lequel, il faut donc avoir recours au Seigneur qui dit : « La moisson c'est la fin du monde », dans *Matthieu*, chapitre 13. Cette compréhension est confirmée par la *Glose* sur ce *Psaume :* « Ceux qui sèment dans les larmes moissonneront dans l'allégresse, à l'aller, ils s'en allaient et pleuraient, en lançant leur semence, mais au retour ils viendront dans l'allégresse, ils rapporteront leurs gerbes », à cet endroit elle dit : « Ceux-ci pleuraient en chemin ici-bas, mais au retour, ils viendront au jugement qui sera commun à tous, ils y viendront dans l'allégresse, et cela n'est vrai que des bons, car seuls les bons viendront à la joie. Ils s'en viendront, dis-je “en rapportant leurs gerbes”, c'est-à-dire le fruit de leurs semences, la couronne de joies et d'allégresse. C'est alors qu'aura lieu le triomphe de ceux qui se réjouissent, qui se moquent même de la mort, elle qui les faisait gémir ici-bas ». De même, saint Augustin dans sa *Lettre à Fortunatianus* parle en ces termes des propos de saint Jérôme : « Dans ces paroles de l'homme Dieu, il y a beaucoup de choses à examiner. D'abord, d'après la pensée la plus manifeste du Seigneur, lui-même considère que nous verrons la face de Dieu, lorsque nous arriverons à notre perfection id est equales angelis facti fuerimus, quod erit utique in resurrectione. Deinde apostolico testimonio satis aperuit[j], non exterioris sed interioris hominis faciem intelligendam, cum "videbimus facie ad faciem" »[1].

Hic autem infero unum correlarium et removeo unum dubium.

Correlarium autem infert Apostolus, ad Hebr. 10, <23>, dicens : « Teneamus spei nostre confessionem indeclinabilem, fidelis enim est qui repromisit ». Ubi sciendum quod a confessione spei potest homo declinare, sicut a medio virtutis, dupliciter : uno modo per defectum, alio modo per
f. 35 excessum. Vult ergo dicere, quod nos habentes | spei nostre confessionem factam per beatum Petrum, per beatum Iob et per ipsummet Paulum, teneamus huiusmodi confessionem, indeclinabiliter confitendo que illi confessi sunt, nec plus nec minus. Hoc enim est tenere confessionem indeclinabilem.

Dubium incidentale

Dubium autem est, quia dicit Augustinus quod « equales angelis facti erimus »[2]. Nos enim inter nos non erimus equales in visionis perfectione, nec angeli etiam inter se, ut dictum est supra[3], nec per consequens nos angelis; nec hec sonant verba sancti Evangelii, quibus dicitur quod « erimus sicut angeli[4] ». Hoc enim dicto, sicut notat, non quidem equalitatem sed similitudinem, sicut ibi : « Cognoscam sicut et cognitus sum », I ad Cor. 13, <12>. Respondeo ergo quod quandoque in perfectionibus est equalitas individualis, quandoque equalitas specifica. Nam inequalitas opposita istis duobus modis accipitur, verbi gratia, de equalitate individuali cum inequalitate specifica accipiendo colorem et saporem in decem gradibus : hec enim due forme sunt equales equalitate individuali, quia quelibet est perfecta in decem gradibus, sed non sunt equales equalitate specifica, quia necessario una istarum aliam[k] excedit in perfectione secundum speciem suam. Differentiarum enim dividentium genus et constituentium species, altera est perfectior altera, sic quod quodlibet individuum unius speciei est perfectius quolibet individuo alterius. Exemplum e contrario : quando est equalitas specifica cum inequalitate individuali, sicut de quadrato magno et parvo, et de anima

j. *cod.* apparuit. k. *cod.* aliarum.

1. Augustin, *Epistula 148, ad Fortunatianum*, 2, 8, C.S.E.L. 44, p. 338, l. 13-19, citant I *Cr.* 13, 12.
2. Cf. *Lc.* 20, 36.
3. Cf. *supra*, f. 21, p. 154, f. 22 v, p. 160.
4. Cf. *Mt.* 22, 30 ; *Lc.* 20, 36.

parmi les anges, c'est-à-dire lorsque nous serons rendus égaux aux anges, ce qui aura lieu en tout cas à la résurrection. Ensuite, qu'il a assez expliqué, par le témoignage apostolique, que la face qui doit être connue, c'est celle de l'homme intérieur et non extérieur, lorsque "nous verrons face à face" ».

J'apporte ici un corollaire et j'écarte un doute

Or l'Apôtre apporte un corollaire lorsqu'il dit dans la *Lettre aux* [4.4.1]
Hébreux, au chapitre 10: «Gardons indéfectible la confession de notre [4.4.1.1]
espérance, car il est fidèle, celui qui a promis». Il faut savoir ici que l'homme peut déchoir de la confession de l'espérance, comme du juste milieu de la vertu, de deux manières : l'une par défaut, l'autre par excès. Il veut donc dire que nous qui bénéficions de la confession de notre espérance, exprimée par saint Pierre, par le bienheureux Job, et par Paul lui-même, nous devons garder une telle confession, ayant une confiance indéfectible en ce qu'ils confessent eux-mêmes, ni plus ni moins. C'est bien là garder indéfectible sa confession.

Doute annexe [4.4.1.2]

Il y a bien un doute, parce qu'Augustin dit que « nous serons rendus égaux aux anges ». Or, quant à la perfection de la vision, nous ne serons pas égaux entre nous, ni même les anges entre eux, ainsi qu'on l'a dit plus haut, et par conséquent, nous ne serons pas non plus égaux aux anges ; et tout cela ne semble pas conforme aux paroles du saint Évangile dans lesquelles il est dit que « nous serons semblables aux anges ». Par ce propos il désigne pour ainsi dire, non pas une égalité, mais plutôt une ressemblance, comme ici : «Je connaîtrai comme je suis connu», dans la *Première Lettre aux Corinthiens*, chapitre 13. Je réponds donc qu'en matière de perfections l'égalité concerne parfois l'individu et parfois l'espèce. De fait, on conçoit une inégalité opposée à chacun de ces deux modes, par exemple, qu'il peut y avoir une égalité individuelle avec une inégalité d'espèce, si l'on mesure la couleur et la saveur selon une graduation décimale : ces deux formes sont égales individuellement par le fait que chacune est parfaite au dixième degré, mais elles ne sont pas égales d'une égalité spécifique, car nécessairement chacune d'entre elles dépasse l'autre en perfection selon son espèce. Car parmi les différences qui divisent le genre et constituent les espèces, l'une est plus parfaite que l'autre, si bien que n'importe quel individu d'une espèce est plus parfait que n'importe quel individu de l'autre. Prenons un exemple du cas contraire : lorsqu'il y a une égalité d'espèce avec une inégalité d'individus, comme entre un grand carré et un petit, une âme plus

f. 35 v perfectiori et inperfectiori. In istis enim est inequalitas individualis | cum equalitate specifica, quia quod de uno in primo, id in secundo modo dicendi per se dicitur, dicitur utique de alio. Sic dico in proposito quod angeli et homines finaliter erunt equales in visione ultimata Dei equalitate specifica, quia visiones angelorum et hominum erunt eiusdem speciei, visiones dico quibus videbimus immediate Deum. Et hoc est quod dicit Augustinus, quod in illa visione equales angelis erimus. Sed differentia est secundum inequalitatem individualem, quoniam hec visio erit perfectior in uno quam in alio.

Quinta via que sumitur ex tempore requiei.

Quinto probatur idem ex tempore requiei. Scriptum est enim Apoc. 6 : « Vidi sub<tus> altare Dei animas interfectorum propter Verbum Dei et propter testimonium quod habebant ; et clamabant voce magna dicentes : “usquequo Domine sanctus et verus non iudicas et <non> vindicas sanguinem nostrum de hiis qui habitant in terra ? ” Et date sunt illis singule stole albe, et dictum est illis ut requiescerent adhuc tempus modicum, donec compleantur conservi eorum et fratres eorum, qui interficiendi sunt sicut et illi [1] ». Quare sequitur, quod huiusmodi anime nondum sunt in illa suprema felicitate, que habetur ex perfecta totaliter Dei visione. Consequentia ista probatur ex tribus punctis positis in antecedente. Primo quia hec requies dicitur esse modici temporis. Requies autem eterne ac beatissime visionis est eterna, pro qua oramus in missa dicentes : « Requiem eternam dona eis Domine [2] ». Quare requies, in qua modo sunt, est ex parte. Nec videtur quod sint in duplici requie, quia requies ultimata non permittit secum aliam requiem.

f. 36 Sed forsitan dices quod accipiendo textum demo<n>stro, sed | glosa dicit aliter « ut requiesc<eren>t », id est ut « patienter expectarent » [3]. Sed ex hoc magis habeo propositum, quia si expectant ergo adhuc sunt in spe, et si expectant patienter, ergo habent materiam alicuius tristitie, quantum est ex parte illius materie, nullam tamen habent tristitiam, quia divina consolatio excludit eam.

Secundo probatur consequentia quia dicitur quod « clamabant voce magna », id est voto et « desiderio magno [4] » secundum Glosam. Sed perfecta ex toto visio, que plenam tribuit satietatem, cessare facit omnem

1. *Ap.* 6, 9-11.
2. Messe des défunts, *Introit*, etc...
3. Glose interlinéaire sur *Ap.* 6, 11, Venise, 1588, f. 250 A.
4. Glose interlinéaire sur *Ap.* 6, 10, Venise, 1588, f. 250 A.

parfaite et une plus imparfaite. Il y a dans ces cas une inégalité des individus avec une égalité de l'espèce, car ce qu'on dit de l'un selon le premier mode, on le dit par soi selon le second, et on le dit en tout cas de l'autre. Je dis donc, pour ce qui nous intéresse ici, que les anges et les hommes seront finalement égaux quant à leur vision ultime de Dieu, selon une égalité d'espèce, car les visions des anges et celles des hommes seront de même espèce, je parle des visions par lesquelles nous verrons Dieu de manière immédiate. Et c'est là ce que dit Augustin, que dans cette vision nous serons égaux aux anges. Mais il y a une différence selon l'inégalité des individus, puisque cette vision sera plus parfaite chez l'un que chez l'autre.

Cinquième voie que l'on tire du moment du repos [4.5]

Cinquièmement, on prouve la même chose à partir du moment du repos. Il est écrit dans l'*Apocalypse*, chapitre 6 : « Je vis sous l'autel de Dieu les âmes de ceux qui furent égorgés pour le Verbe de Dieu et pour le témoignage qu'ils avaient rendu ; et ils criaient d'une voix forte : "jusques à quand, Maître saint et vrai, tarderas-tu à faire justice et à tirer vengeance de notre sang sur les habitants de la terre ?" Alors on leur donna à chacun une robe blanche et on leur dit de reposer encore un peu, le temps que fussent au complet leurs compagnons de service et leurs frères, qui doivent être mis à mort comme eux ». D'où il s'ensuit que de telles âmes ne se trouvent pas encore dans la félicité suprême que confère la vision totalement parfaite de Dieu. On arrive à cette conclusion à partir des trois points indiqués précédemment. Premièrement parce qu'il est dit que ce repos est de courte durée. Or le repos de la vision éternelle et suprêmement bienheureuse est éternel, et c'est pour l'obtenir que nous prions à la messe en disant : « Donne-leur Seigneur, le repos éternel ». C'est pourquoi le repos dans lequel elles se trouvent actuellement est partiel. Et on ne peut considérer qu'elles se trouvent en un double repos, car le repos ultime n'est pas compatible avec un autre repos.

Maintenant, tu pourrais dire que ma démonstration repose sur une interprétation complaisante du texte, mais la *Glose* dit par ailleurs : « de reposer », c'est-à-dire « d'attendre patiemment ». Mais cela sert plus encore mon dessein, car s'ils attendent, c'est donc qu'ils sont encore dans l'espérance, et s'ils attendent patiemment, c'est donc qu'il y a en eux matière à quelque tristesse. Pour ce qui regarde cette matière, ils n'ont cependant aucune tristesse, parce que la consolation divine la fait disparaître.

Deuxièmement, on arrive à cette conclusion parce qu'il est dit qu'ils « criaient d'une voix forte », c'est-à-dire par un vœu et un « désir impérieux », d'après la *Glose*. Mais la vision en tout parfaite qui confère le clamorem, ut habetur Apoc. 21, <4> : « Et clamor » « ultra non erit », quia supple<ta> satietas et gaudium plenum est.

Tertio, quia dicitur quod erant « subtus altare »[1], de quo dicitur infra capitulo 8, <3>, quod : « stetit angelus ante altare habens turribulum aureum in manu sua, et data sunt illi incensa multa, ut daret de orationibus sanctorum super altare aureum quod est ante tronum ». Sed infra, capitulo 21, <22>, ubi agitur de statu celestis Iherusalem post iudicium, dicit Iohannes, quod templum non vidit in ea, nec per consequens « altare thymiamatis »[2] quod erat in templo, « quia Dominus Deus omnipotens est templum eius et Agnus ». Ubi dicit Glosa interlinearis : « Templum locus est orationis et oblationis, que ibi locum non habebunt[3] ». Patet igitur quod plenitudo visionis tollit locum et necessitatem orationis et oblationis. Quare sancte anime non habent plenitudinem beatissime visionis quamdiu manent sub altari oblationis.

Ad hunc autem intellectum sunt Ambrosius, Augustinus et Sancta mater Ecclesia, distinguentes presentem statum animarum et futurum. Dicit autem beatus Ambrosius in libro De bono | mortis : « dum[l] expectatur plenitudo temporis, expectant anime remunerationem debitam. Alias manet pena, alias gloria et tamen[m] nec ille interim sine iniuria », id est sine afflictione, « nec iste sine fructu sunt »[4], id est sine consolatione. Augustinus vero dicit sic super illud Psalmum : « Adhuc pusillum et non erit peccator »[5] : « "Adhuc pusillum" : modicum, "et non erit peccator". Recole annos ab Adam usque in hodiernum diem, percure[n] Scripturas, heri pene ille Adam de paradiso lapsus est. Tot secula emersa et evoluta sunt, ubi autem preterita tempora ? Sic pauca que restant, utique transibunt. Si toto illo tempore viveres, ex quo Adam de paradiso dimissus est usque in hodiernum diem, certe videres vitam tuam non fuisse diuturnam, que sic evolasset. Unius autem cuiuscumque hominis vita quanta est ? Adde quantos quantoslibet annos, duc longissimam senectutem, quid est ? Nonne aura est matutina ? Ergo longe sit dies iudicii, quando erit retributio iniustorum et iustorum, tuus[o] certe ultimus dies longe abesse non potest. Ad hunc te prepara. Qualis enim exieris ex hac vita, talis redderis illi vite. Post vitam istam parvam nondum eris, ubi erunt sancti, quibus dicetur :

f. 36 v

l. *cod.* cum. m. *cod.* nunc. n. *cod.* terre. o. *cod.* cuius.

---

1. *Ap.* 6, 9.
2. Cf. *Ex.* 31, 8.
3. Glose interlinéaire sur *Ap.* 21, 22., Venise 1588, f. 273 E.
4. Ambroise, *De bono mortis*, 10, 47, P.L. 14, 588 D-589 A, C.S.E.L., 32, 1, p. 742, l. 19-p. 743, l. 2.
5. *Ps.* 36, 10.

rassasiement, fait cesser tout cri, comme on le voit dans l'*Apocalypse*, chapitre 21 : « De cri, il n'y en aura plus », parce qu'elle est le rassasiement complet et la joie plénière.

Troisièmement parce qu'il est dit qu'ils étaient « sous l'autel », dont il est question plus haut au chapitre 8 : « L'ange se tint devant l'autel, une pelle en or à la main, et on lui donna beaucoup de parfums pour qu'il offrît les prières des saints sur l'autel d'or qui se trouve devant le trône ». Mais plus bas au chapitre 21, où il est question du statut de la Jérusalem céleste après le jugement, Jean dit qu'en elle il ne vit pas de temple, ni par conséquent « l'autel des encens » qui se trouvait dans le temple, « parce que le Seigneur Dieu tout-puissant est son temple, ainsi que l'Agneau ». La *Glose interlinéaire* dit ici : « Le temple est un lieu de prière et de sacrifice, qui ici n'auront plus lieu d'être ». Il est donc évident que la plénitude de la vision fait disparaître le lieu et la nécessité de la prière et du sacrifice. C'est pourquoi les âmes saintes ne possèdent pas la plénitude de la vision suprêmement bienheureuse tant qu'elles restent sous l'autel du sacrifice.

Ambroise, Augustin et notre Sainte Mère l'Église sont de cet avis lorsqu'ils distinguent l'état présent des âmes de celui qui doit venir. Saint Ambroise dit quant à lui dans le livre *Sur la bonne mort:* « Tant que la plénitude des temps est attendue, les âmes attendent la rémunération qui leur est due. La peine est réservée aux unes, la gloire aux autres, et cependant, en attendant, les premières ne demeurent pas sans dommage », c'est-à-dire sans tourment, « ni les secondes sans jouissance », c'est-à-dire sans consolation. C'est à propos de ce *Psaume:* « Encore un peu et le pécheur ne sera plus » qu'Augustin, dit quant à lui : « "Encore un peu" : peu de temps, "et le pécheur ne sera plus". Repasse dans ton esprit les années écoulées depuis Adam jusqu'aujourd'hui, parcours les Écritures, c'est à peine hier que ce pauvre Adam a chu du paradis. Tant de siècles ont vu le jour et se sont envolés, où sont les époques passées ? C'est ainsi que passera le peu qui reste. Si tu avais vécu tout ce temps, depuis le moment où Adam fut chassé du paradis jusqu'au jour présent, tu verrais certainement que ta vie n'aurait pas duré longtemps, elle qui se serait ainsi envolée. Car la vie de chaque homme, combien dure-t-elle? Ajoute autant d'années que tu voudras, prolonge sa vieillesse au maximum, qu'est-ce que cela? N'est-ce pas comme la brise du matin? Aussi lointain que soit le jour du jugement où aura lieu la rétribution des injustes comme des justes, ton dernier jour à toi ne peut en tout cas être bien loin. Il faut t'y préparer. Tel tu seras sorti de cette vie, tel tu passeras dans l'autre. Après cette courte vie, tu ne seras pas encore là où seront les saints à qui il est dit : "venez, les bénis de mon Père,

"Venite benedicti patris mei, percipite regnum quod vobis paratum est ab origine mundi [1]." Nondum ibi eris, quis nescit? Sed iam poteris ibi esse, ubi ulcerosum illum pauperem dives ille superbus et sterilis in mediis suis
f. 37 tormentis vidit longe requiescentem [2]. In illa requie positus certe securus | expectas diem iudicii, quando recipias et corpus, quando immuteris [p] et angelis equeris. Ergo quantum est quod festinamus et dicimus : « Quando erit ? Tardum erit ? » Hoc dicturi nepotes nostri, hoc dicturi filii nostri ; cum singuli quique [q] sibi succedentes hec dicturi sunt, sic transit quod adhuc pusillum futurum est quemadmodum transii [r] totum, quod iam preteritum est, o infirme [3] ».

Sancta vero mater Ecclesia pro mortuis orat sic : « Deus cui omnia vivunt, et cui non pereunt moriendo corpora nostra sed mutantur in melius, te suppliciter deprecamur, ut quicquid anima famuli tui vitiorum, queque voluntati contrarium, fallente dyabolo seu propria iniquitate vel fragilitate, contraxit, tu pius et misericors abluas indulgendo, eamque suscipi iubeas per manus sanctorum et angelorum tuorum deducendam in sinum patriarcharum et prophetarum tuorum Habraam amici tui, Isaac electi tui, et Jacob dilecti tui, quo affugit dolor atque tristitia et suspirium fidelium, quoque anime felici iocunditate letantur, et in novissimo iudicii magni die inter sanctos et electos tuos eam facies perpetue glorie percipere portionem, quam "oculus non vidit nec auris audivit, et in cor hominis non ascendit que preparasti diligentibus te" [4] ».

Duo dubia incidentaliter occurrentia.

In premissis autem verbis beati Augustini occurrunt duo dubia.

Primum, quia dicit homini morituro : « non ibi eris, ubi futuri sunt sancti ». Sed sancti futuri sunt in celo empireo, quare homo post mortem,
f. 37 v seu eius anima, non erit in celo empireo, cuius oppositum dictum est et | ostensum supra [5] de animabus sanctis.

Secundum dubium est, quia dicit eidem homini morituro quod : « ibi eris, ubi pauper Lazarus, id est sinu Habrae, per divitem epulonem visus est ». Quare anime sancte vadunt secundum istam sententiam ad limbum, et ad inferos ; ibi enim visus est Lazarus.

p. *cod.* immisceris. q. *cod.* quisque. r. *cod.* transit

1. *Mt.* 25, 34.
2. Cf. *Lc.* 16, 23.
3. Augustin, *Enarrationes in Psalmos, Ps. 36, sermon 1, 10,* C.C.S.L. 38, p. 344, l. 14-345, l. 39.
4. Cf. J. Deshusses, *Sacramentaire Grégorien*, t. 1, Fribourg, Suisse, 1971, *Spicilegium Friburgense*, 16, n° 1399, p. 458, citant I *Cr.* 2, 9.
5. Cf. *supra*, f. 16 v, p. 140.

recevez le royaume qui a été préparé pour vous depuis la fondation du monde". Tu n'y seras pas encore, qui l'ignore? Mais tu pourras déjà te trouver là où le riche orgueilleux et stérile, du milieu de ses tourments, aperçut au loin le pauvre, jouissant maintenant du repos, lui qui avait été couvert d'ulcères. Établi en ce repos, c'est avec une tranquille assurance que tu attends le jour du jugement où tu dois aussi retrouver ton corps, être transformé et rendu égal aux anges. Ainsi donc, depuis le temps que nous nous hâtons, et que nous disons : "Quand cela viendra-t-il? Cela tardera-t-il?" Cela, nos petits-fils le diront, cela nos fils le diront, comme doit le dire chaque génération à son tour. Ainsi passera ce court laps de temps à venir, comme est déjà passé tout entier, le temps qui s'est déjà écoulé. Ô faiblesse humaine » !

Quant à notre Sainte Mère l'Église, elle prie pour les morts en ces termes : « Dieu par qui tous les êtres vivent, et par qui à notre mort, nos corps ne périssent pas, mais sont transformés en une réalité meilleure, nous t'adressons une prière de supplication, afin que, quels que soient les vices contractés par l'âme de ton serviteur, quoi qu'il ait fait de contraire à ta volonté, trompé par le diable, par sa propre malice ou par sa fragilité, tu l'en absolves par ton pardon, toi qui es bon et miséricordieux, et que tu ordonnes que son âme soit élevée par les mains de tes saints, afin d'être conduite par tes anges dans le sein de tes patriarches et de tes prophètes, Abraham ton ami, Isaac ton élu et Jacob ton bien-aimé, là où fuient la douleur, la tristesse et le soupir des fidèles, là où les âmes se réjouissent d'une joie bienheureuse et au dernier jour, celui du grand jugement, donne-lui de recevoir parmi tes saints et tes élus, sa part de la gloire éternelle que "l'œil n'a pas vue, que l'oreille n'a pas entendue, qui n'est pas montée au cœur de l'homme, que tu as préparée pour ceux qui t'aiment" ».

Deux doutes qui surgissent de manière annexe [4.5. 1]

Des paroles d'Augustin qui viennent d'être citées surgissent deux [4.5. 1.1] doutes. Le premier, parce qu'il dit à l'homme qui doit mourir : « tu ne seras pas là où doivent se trouver les saints ». Mais les saints doivent aller dans le ciel empyrée. C'est pourquoi l'homme après sa mort, ou son âme, ne se trouvera pas au ciel empyrée. On a dit et montré le contraire plus haut, à propos des âmes des saints.

Le deuxième doute vient de ce qu'il dit à ce même homme qui doit mou- [4.5. 1.2] rir « tu seras là où le pauvre Lazare est vu par le riche banqueteur, c'est-à-dire dans le sein d'Abraham ». C'est pourquoi les âmes saintes vont, selon cette pensée, aux limbes et aux enfers ; c'est bien là qu'est vu Lazare.

Solutio eorumdem

Ad primum autem dicendum quod hec adverbia loci « ubi » et « ibi » proprie sumpta demonstrant locum, ut Mt. 2, <9> : « Stella antecedebat eos, usque dum veniens staret supra, ubi erat puer ». Et Mt. 28, <6> : « Videte locum, ubi positus erat Dominus ». Quandoque transumptive sumpta demonstrant tempus vel statum. Tempus quidem, ad Gal. 4, <4> : « At ubi venit plenitudo temporis ». Statum autem, ut ibi Jerem. 3, <2> : « Leva, inquit, oculos in directum et vide ubi non[s] prostrata sis », id est, videre statum miserabilem in quo nunc prostrata es, ait Dominus ad Iherusalem. Nunc igitur dico, quod Augustinus non intendit dicere, quod nunc anime sancte non sunt in loco celi empirei, ubi futuri sunt sancti; sed intendit dicere, quod nondum sunt in illo excellentissimo et beatissimo statu, ubi futuri sunt sancti post resurrectionem, quia non accipit hic hoc adverbium ubi, ut demo<n>strat locum, sed ut demonstrat statum.

Ad secundum vero dicendum quod sinus Habrae sumi debet non pro gremio Habrae, ut aliqui fingunt[t] , sed pro loco ubi requiescit anima Habrae. Locus autem quietis Habrae locus est quietis patrum suorum et aliorum sanctorum. Hoc enim dicit ei Dominus Deus dicens : « Tu autem ibis ad patres tuos in pace, sepultus in senectute bona » Gen. 15, <15>. Sed
f. 38 locus quietis huiusmodi denominatur | Habraam propter prenatum fidei, ut dicit Apostolus[u] : quia « qui ex fide sunt, benedicentur cum fideli Habraam », ad Gal. 3, <9>. Quicumque ergo locus ubi Habraam requiescit, dicitur sinus Habrae, et quia ante Salvatoris adventum Habraam requievit apud inferos, ideo protunc dictus est sinus Habrae locus quidam apud inferos. Nunc autem, quia iam requiescit Habraam in celis apud superos, ideo locus celestis hodie dicitur sinus Habrae, sicut scriptum est : « Multi venient ab Oriente et Occidente, et recumbent cum Habraam, <et> Isaac, et Iacob in regno celorum », Matth. 8, <11>. Et ad hunc intellectum beatus Martinus locutus est Dyabolo dicens : « Quid hic agis cruenta bestia ? Nichil in me funestum reperies, Habrae me sinus recipiet[1] ». Et hoc modo loquitur hic Augustinus de sinu Habrae et de loco Lazari quondam pauperis, qui olim apud inferos, nunc autem apud superos requiescit.

s. *cod.* nunc. t. *cod.* pingunt. u. *cod.* Augustinus.

1. Jacques de Voragine, *Legenda Aurea*, c. 166, *De sancto Martino episcopo*, Th. Graesse (éd.), Leipsig, 1850, p. 748.

Résolution de ces doutes [4.5.2]

Au premier, je réponds que ces adverbes de lieu : « où » et « là », pris au [4.5.2.1]
sens propre, indiquent le lieu, comme dans *Matthieu*, chapitre 2 : « Une étoile les précédait, jusqu'à ce qu'elle vînt s'arrêter au-dessus de l'endroit où était l'enfant ». Et dans *Matthieu*, chapitre 28 : « Voyez le lieu où le Seigneur avait été déposé ». Quelquefois, pris au sens figuré, ils désignent le temps ou l'état. Le temps par exemple dans la *Lettre aux Galates*, chapitre 4 : « Au moment où vint la plénitude des temps ». L'état par ailleurs, comme ici dans *Jérémie*, chapitre 3 : « Lève, dit-il, les yeux droit devant et regarde. Où ne t'es-tu pas vautrée ? », c'est-à-dire que le Seigneur dit à Jérusalem de considérer l'état misérable dans lequel elle est maintenant vautrée. Maintenant donc, j'affirme qu'Augustin n'a pas voulu dire que les âmes ne sont pas dès à présent dans le lieu appelé ciel empyrée où se trouveront les saints, mais qu'il a voulu dire qu'elles ne sont pas encore en cet état le plus excellent et suprêmement bienheureux dans lequel les saints se trouveront après la résurrection, parce qu'il ne prend pas ici cet adverbe : « où », dans le sens où il indique un lieu, mais dans celui où il indique un état. [4.5.2.2]

Quant au second doute, je réponds que le sein d'Abraham ne doit pas être entendu comme ses entrailles, ainsi que certains se le représentent, mais comme le lieu où repose l'âme d'Abraham. Le lieu du repos d'Abraham est celui du repos de ses pères et des autres saints. C'est ce que lui dit le Seigneur Dieu en ces mots : « Pour toi, tu t'en iras en paix avec tes pères, tu seras enseveli dans une vieillesse heureuse ». Mais le lieu d'un tel repos prend son nom d'Abraham, dans la *Genèse*, chapitre 15, car il est notre aîné dans la foi, comme dit l'Apôtre : parce que « ceux qui se réclament de la foi, seront bénis avec Abraham le croyant », en *Galates*, chapitre 3. Quel que soit donc le lieu où repose Abraham, il est appelé sein d'Abraham, et parce que, avant l'avènement du Sauveur, Abraham reposa aux enfers, c'est, pour cette époque, un lieu situé aux enfers qui est appelé sein d'Abraham. Tandis que maintenant, parce que Abraham repose désormais aux cieux, dans la région supérieure, c'est un lieu céleste qui est aujourd'hui appelé sein d'Abraham, ainsi qu'il est écrit : « Beaucoup viendront du levant et du couchant prendre place au festin avec Abraham, Isaac et Jacob dans le Royaume des Cieux », dans *Matthieu*, chapitre 8. Et c'est en ce sens que saint Martin s'adressa au diable en disant : « Que fais-tu ici, cruelle bête ? Ne découvre rien de funeste en moi, que le sein d'Abraham me reçoive ». Et c'est de cette manière qu'Augustin parle ici du sein d'Abraham et du lieu où se trouvait Lazare, qui un temps fut pauvre, reposa autrefois aux enfers et repose maintenant dans la région supérieure du ciel.

Quinta conclusio in qua inducuntur rationes probantes quod anime beate Deum videant perfecta visione in qua etiam eas ostenditur non concludere

Quinta conclusio videlicet quod rationes inducte ad probandum quod anime sancte iam habent visionem, que dicitur ultimus finis doctrine theologice, non concludunt probatur hoc modo, quia si alique rationes concluderent, subscripte utique rationes concluderent, cum sint per magnos doctores inducte. Sed rationes inducte subscripte, ut patebit per dissolutiones earum, <non concludunt>, quare nec alie quecumque concludunt.

<Prima ratio>

Primo enim pro parte illa sic arguitur, quia : « ex hoc quod anima sepa-
f. 38 v ratur a | corpore, fit capax visionis divine, ad quam, dum esset coniuncta corruptibili corpori, pervenire non poterat. In visione autem Dei ultima hominis beatitudo consistit, que est "virtutis premium[1]". Nulla autem ratio esset, quare differrentur pena et premium, ex quo utriusque anima particeps esse potest. Statim igitur cum anima separatur a corpore, premium vel penam recipit "pro hiis que in corpore gessit" »[2].

Secunda ratio.

Secundo sic arguitur quia : « Levit. 19, <13> dicitur : « "Non morabitur opus mercenarii tui apud te usque mane." Dominus etiam dicit Ioel ultimo : "Cito velociter reddam vicissitudinem vobis super caput vestrum[3]." Statim igitur post mortem anime vel premium consecuntur vel penam »[4].

Tertia ratio.

Tertio sic quia aliter ponere est negare descensum Christi ad inferos, quod patet sic : « Christus non descendit ad inferos secundum corpus, quia illud per totum triduum usque ad resurrectionem remansit in sepulcro, nec secundum deitatem, quia secundum illam est ubique et semper. Igitur descendit secundum animam. Ad quem finem? Ad hunc ut animas sanctorum patrum et aliorum qui erant in limbo inferni, liberaret secundum illud Zach. 9, <11> : "Tu autem in sanguine testamenti tui eduxisti vinctos de lacu." In inferno autem non est nisi duplex pena, videlicet pena sensus vel pena dampni. In limbo autem sanctorum non fuit pena sensus, sed

1. Aristote, *Éthique à Nicomaque*, 1, 9, 3, 1098 a 16-17, *Aristoteles Latinus*, XXVI, 1-3, v. 2, p. 78, v. 3, p. 151, v. 4, p. 384, Cf. Thomas d'Aquin, *Commentaire*, c. 14, éd. Léonine, p. 159-162, Cf. J. Hamesse, *Auctoritates...*, 12, 11, *op. cit.*, p. 233.

2. Thomas d'Aquin, *Summa contra Gentiles*, 4, 91, édition Léonine, t. 15, Rome, 1930, p. 284-285, citant II *Cr.* 5, 10.

3. *Jo.* 4, 4.

4. Thomas d'Aquin, *Summa contra Gentiles*, 4, 91, éd. Léonine, t. 15, Rome, 1930, p. 285.

Cinquième conclusion dans laquelle sont avancés des arguments prouvant que les âmes bienheureuses voient Dieu d'une vision parfaite, et dans laquelle il est encore montré qu'ils ne sont pas concluants [5]

En cinquième conclusion, on peut voir que les arguments avancés en vue de prouver que les âmes saintes possèdent déjà la vision qui est considérée comme la fin ultime de la doctrine théologique ne sont pas concluants. On le prouve de la manière suivante : car si certains arguments étaient concluants, ceux qui suivent le seraient également puisqu'ils sont avancés par de grands docteurs.

Mais les arguments avancés ci-dessous, ainsi qu'on le verra par leur [5.1] réfutation, ne sont pas concluants, ni eux ni d'autres, quels qu'ils soient, et pour cette même raison.

Premier argument [5.1.1]

En premier lieu, les partisans de cette opinion avancent cet argument : « du fait que l'âme est séparée du corps, elle devient capable d'une vision divine à laquelle elle ne pouvait parvenir tant qu'elle était unie au corps corruptible. Or c'est en la vision de Dieu que consiste la béatitude ultime de l'homme qui est la "récompense de la vertu". Mais il n'y aurait aucune raison en vertu de laquelle devraient être différées la peine ou la récompense dont l'âme peut aussi bien participer. Lorsque l'âme est séparée du corps, c'est donc immédiatement qu'elle reçoit la récompense ou la peine "pour ce qu'elle a fait dans le corps" ».

Second argument [5.1.2]

Deuxièmement, on arguë que : « il est dit dans le *Lévitique*, chapitre 19 : "Tu ne retiendras pas par-devers toi le salaire de l'ouvrier jusqu'au matin". Le Seigneur dit encore au dernier chapitre de *Joël :* "Bien vite je ferais retomber la vengeance sur vos têtes". C'est donc immédiatement après la mort que les âmes atteignent la récompense ou la peine ».

Troisième argument [5.1.3]

Troisième argument avancé : dire qu'il en va autrement c'est nier la descente du Christ aux enfers, ce qui est rendu évident ainsi : « ce n'est pas selon le corps que le Christ est descendu aux enfers, puisque celui-ci est resté dans le tombeau pendant les trois jours entiers jusqu'à la résurrection ; ni selon la divinité, car il est ainsi présent partout et toujours ; il est donc descendu selon l'âme. A quelle fin ? A cette fin de libérer les âmes des saints pères et des autres hommes qui se trouvaient dans les limbes des enfers, selon ce verset de *Zacharie*, chapitre 9 : "Toi aussi, pour le sang de ton alliance, tu as libéré les captifs de la fosse asséchée". En enfer il n'y a que deux peines, bien entendu : la peine du sens ou la peine du dam. Or les saints n'eurent pas à souffrir aux limbes de la peine du sens, mais seulement de la

solum pena dampni que est carentia visionis divine, a qua nullus potest liberari nisi per visionen divinam, quia privatio alicuius non tollitur nisi per actum oppositum. Ergo si descensus anime Christi ad limbum inferni fuit
f. 39 propter liberationem animarum sanctarum | que tunc erant ibi, necesse est quod liberaverit eas a carentia visionis divine, quod non potuit fieri nisi dando eis visionem beatam. Et qui negat quod anime sanctorum Veteris testamenti, que fuerunt in limbo inferni, non videant Deum, visione beata, nec usque post resurrectionem negat articulum de descensu ad inferos[1] ».

Quarta Ratio.

Quarto arguitur sic : « Luc. 23, <43> legitur quod Christus existens in cruce dixit latroni iuxta se crucifixo : "hodie mecum eris in paradiso[2]." Istud autem non potest intelligi quo ad corpus Christi et latronis quia corpus Christi fuit in sepulcro et latronis alicubi alibi, et neutrum in paradiso. Oportet ergo quod intelligamus quantum ad animam. Ita quod anima Christi et anima latronis fuerunt eodem die in paradiso. Est autem paradisus sic duplex : unus corporalis, <scilicet> celum empireum, alius spiritualis, scilicet visio beata. In primo autem paradiso, scilicet celo empireo, non fuerunt illo die anima Christi et latronis ; tum quia anima Christi descendit ad infernum secundum articulum fidei ; tum quia anima Christi non ascendit ad celum empireum usque ad diem Ascensionis, scilicet cum corpore. Relinquitur ergo, quod anima latronis fuerit illo die cum anima Christi in paradiso spirituali, qui est visio beata »[3].

Quinta ratio

Quinto quia : « Epistula ad Philippenses, primo capitulo, <21>, dicit Apostolus : "Michi vivere Christus est et mori lucrum" et subdit : "Quid eligam ignoro. Coarctor autem ex duobus : desiderium habens dissolvi et esse cum Christo multo magis melius ; permanere autem in carne necessarium propter vos"[4].

Ex primo verbo quo dicit : "Michi vivere Christus est et mori lucrum",
f. 39 v potest sic argui : si lucrum erat Apostolo mori, quid lucrum | erat illud, nisi illud quod subditur : "desiderium habens dissolvi et esse cum Christo"? Ergo intentio Apostoli erat, quod dissolveretur a corpore, quod reciperet pro "lucro" quod "esset cum Christo". Et qualiter ? Numquid secundum visionem humanitatis Christi solum ? Certe non quia anima separata a corpore non habet oculos carnales ut videat corporalia et in eis

1. Durand de Saint-Pourçain, *Libellus de visione Dei*, G. Cremascoli (éd.), « Il *Libellus de visione Dei* di Durando di S. Porziano », dans *S.M.*, serie terza, 25 (1984), p. 428, l. 247-263.

2. *Lc.* 23, 43.

3. Durand de Saint-Pourçain, *Libellus de visione Dei*, art. cit., p. 429, l. 280-291.

4. *Ph.* 1, 22-24.

peine du dam, qui est la privation de la vision divine dont personne ne peut être libéré si ce n'est par la vision divine, car la privation de quelque chose n'est supprimée que par l'acte opposé. Si donc la descente de l'âme du Christ aux limbes de l'enfer eut pour fin la libération des âmes saintes qui s'y trouvaient alors, il faut donc nécessairement qu'elle les ait libérées de la privation de la vision divine, ce qu'elle n'a pu réaliser qu'en leur conférant la vision bienheureuse. Et qui nie que les âmes des saints de l'Ancien Testament, qui se trouvaient dans les limbes de l'enfer voient Dieu d'une vision bienheureuse, et cela jusqu'après la résurrection, nie l'article de la descente aux enfers ».

Quatrième argument [5.1.4]

En quatrième lieu on avance l'argument suivant: « dans *Luc* 23, on lit que le Christ en croix dit au larron crucifié à côté de lui : "Aujourd'hui, tu seras avec moi dans le paradis". Or cela ne peut s'entendre de son corps et de celui du larron, car le corps du Christ était dans le tombeau, et celui du larron quelque part ailleurs, mais ni l'un ni l'autre n'était au paradis. Il convient donc que nous l'entendions relativement à l'âme. Si bien que l'âme du Christ et celle du larron se trouvèrent le jour même au paradis. Mais le paradis est double et voici comment: l'un corporel, c'est-à-dire le ciel empyrée, l'autre spirituel, c'est-à-dire la vision bienheureuse. Or ce n'est pas dans le premier, c'est-à-dire le ciel empyrée que se trouvèrent ce jour-là l'âme du Christ et celle du larron; puisque l'âme du Christ descendit aux enfers selon l'article de foi; et puisque l'âme du Christ ne monta pas au ciel empyrée jusqu'au jour de l'Ascension, et cela avec son corps. Il reste donc que l'âme du larron se soit trouvée ce jour-là avec celle du Christ dans le paradis spirituel qui est la vision bienheureuse ».

Cinquième argument [5.1.5]

Cinquièmement: « l'Apôtre dit dans la *Lettre aux Philippiens*, au premier chapitre: "Pour moi, vivre c'est le Christ, et mourir est un avantage", et il ajoute: "Je ne sais que choisir. Pris dans cette alternative, d'une part j'ai le désir de m'en aller et d'être avec le Christ, ce qui serait, et de beaucoup, bien préférable, mais de l'autre, demeurer dans la chair est plus urgent pour votre bien".

De la première parole où il dit: "Pour moi, vivre c'est le Christ, et mourir est un avantage", on peut tirer argument ainsi. Si mourir était pour l'Apôtre un avantage, quel avantage y trouvait-il, sinon ce qui est indiqué ensuite: "j'ai le désir de m'en aller et d'être avec le Christ"? Donc ce que l'Apôtre voulait dire, c'était qu'il se séparerait de son corps, et qu'il recevrait comme "avantage" d'"être avec le Christ". Et comment? Serait-ce seulement en une vision de l'humanité du Christ? Certainement pas car l'âme séparée du corps n'a pas d'yeux de chair qui lui permettraient delectetur, et si cognitione spirituali, solum per fidem cognoscat humanitatem Christi, nullum est ei lucrum magis quam esset vivere, quia etiam dum Christus viveret, ante resurrectionem et post, conversantes cum eo et ipsum corporaliter videntes et in ipsum spiritualiter credentes, non habuerunt ex hoc solo magnum gaudium quale expectebat Apostolus dicendo : “Michi vivere Christus est et mori lucrum”. Subditur enim quod “dissolvi et esse cum Christo” melius est quam “permanere in carne”. Illud autem non esset melius, si anima Apostoli resoluta a carne non videret Deum visione beata sed solum crederet in ipsum, quia hoc habebat existens in carne, et ultra hoc augebatur meritum eius constitute, quod non habet locum post mortem. Et sic mori et esse isto modo cum Christo, non esset melius, ymmo multum deterius quam permanere in carne, et esset magis dampnum quam lucrum[1] ».

Sexta ratio

Sexto quia idem « Apostolus loquens de se et consimilibus perfectis qui totaliter exeunt purgati ex hoc mundo dicit 2 Cor., 5, <1> : “Scimus <enim> quoniam si terrestris domus nostra huius habitationis dissolvatur, quod edificationem ex Deo habemus, domum non manufactam” sed “eternam in
f. 40 celis”. Igitur spiritus | et anime perfectorum qualis fuit Apostolus non habent nisi duplicem habitationem : unam terrestrem in corpore mortali ; aliam celestem ad quam transeunt, dissoluta prima habitatione terrestri. Habitatio autem celestis, si accipiatur corporaliter solum, nichil proficit anime separate que in puris corporalibus delectationem non habet, cum sit spiritus. Ergo oportet quod accipiatur spiritualiter, ita videlicet quod anime sancte dum absolvuntur a corpore, transeant ad celestem habitacionem, que est visio qua beati tam homines quam angeli vident faciem Patris qui est in celis »[2].

Septima ratio

Septimo quia Apoc. 6, <9-11> dicitur : « “Vidi sub<tus> altare[v] animas interfectorum propter Verbum[w] Dei et propter testimonium” Ihesu Christi “quod habebant ; et clamabant voce magna dicentes : ‘usquequo Domine sanctus et verax’”, “‘non vindicas sanguinem nostrum de hiis qui habitant in terra ?’ Et date sunt illis singule stole albe”, per quas intelligitur gloria anime. Ecce quod dicit animas illas sub altare celestis templi, quod altare

v. *cod. add.* Dei. w. *cod.* testimonium.

1. Durand de Saint-Pourçain, *Libellus de visione Dei*, art. cit., p. 429-430, l. 292-315.
2. Durand de Saint-Pourçain, *Libellus de visione Dei*, p. 430-431, l. 327-339.

de voir les réalités corporelles et d'y trouver son plaisir. Et si c'était d'une connaissance spirituelle dans la foi seulement qu'il connaissait l'humanité du Christ, cela n'est en rien plus avantageux pour lui que ne le serait le fait de vivre. Car ceux qui, du temps où le Christ était encore en vie, avant sa résurrection et après, le fréquentèrent, le virent corporellement, et crurent spirituellement en lui, ne reçurent pas de ce seul fait la grande joie qu'attendait l'Apôtre lorsqu'il disait : "Pour moi, vivre c'est le Christ, et mourir est un avantage". On lit en effet plus bas que "s'en aller et être avec le Christ" vaut mieux que de "rester dans la chair". Or cela ne vaudrait pas mieux si l'âme de l'Apôtre dégagée de la chair, ne voyait pas Dieu d'une vision bienheureuse, mais se contentait de croire en lui. Car cela, elle l'avait déjà lorsqu'elle était dans la chair, et qui plus est son mérite s'en trouvait précisément augmenté, ce qui n'a plus lieu après la mort. Et mourir ainsi pour être de cette manière avec le Christ ne serait pas mieux, mais plutôt bien pire que de rester dans la chair, et ce serait plutôt un dommage qu'un avantage ».

Sixième argument [5.1.6]

Sixièmement : « parlant de lui-même et de ceux qui, parfaits comme lui, quittent ce monde totalement purifiés, le même Apôtre dit dans la *Seconde aux Corinthiens*, au cinquième chapitre : "Nous savons en effet que si cette habitation qui est notre demeure terrestre vient à être détruite, nous avons un édifice qui est l'œuvre de Dieu, une demeure non pas faite de main d'homme, mais éternelle dans les cieux". Aussi les esprits et les âmes des parfaits comme fut l'Apôtre n'ont pas moins de deux habitations : l'une terrestre dans le corps mortel, l'autre céleste vers laquelle ils migrent, une fois détruite la première habitation terrestre. D'ailleurs, l'habitation céleste, si elle est entendue seulement en un sens corporel, n'est en rien utile à l'âme séparée qui, puisqu'elle est un esprit, ne trouve pas ce plaisir dans les réalités purement corporelles. Il convient donc de l'entendre spirituellement, de telle sorte, évidemment, que les âmes saintes, dès lors qu'elles sont libérées du corps, migrent vers leur habitation céleste qui est la vision par laquelle les bienheureux, aussi bien les hommes que les anges, voient la face du Père qui est dans les cieux ».

Septième argument [5.1.7]

Septièmement dans l'*Apocalypse*, chapitre 6, il est dit : « "Je vis sous l'autel de Dieu, les âmes de ceux qui furent égorgés pour le Verbe de Dieu et pour le témoignage qu'ils avaient rendu" à Jésus-Christ; "et ils criaient d'une voix forte : 'jusques à quand, Maître saint et vrai, tarderas-tu'", "'à tirer vengeance de notre sang sur les habitants de la terre?' Alors on leur donna à chacun une robe blanche", en quoi l'on reconnaît la gloire de l'âme. Il dit ainsi que ces âmes se trouvent sous l'autel est Christus, in cuius fide et gloria omnia sua sacrificia offerunt Deo. Et addit quod “date sunt illis singule stole albe”, per quas intelligitur gloria anime. Igitur iam habent remunerationem quantum ad animam, quamvis non totalem quantum ad totum compositum, ratione corporis solum in resurrectione generali. Et ideo dictum est illis ut “requiescerent” et expectarent “adhuc tempus modicum, donec impleatur numerus conservorum et fratrum suorum qui interficiendi sunt sicut et ipsi” »[1].

Octava ratio

f. 40 v | Octavo quia : « Apoc. 7, <9> dicitur : “Vidi turbam etc., stantes ante tronum et in conspectu Agni, amicti stolis albis”[2], et in eodem capitulo dicitur : “Hii sunt qui venerunt ex magna tribulatione et laverunt stolas suas” “in sanguine Agni[3].” Ex quibus omnibus datur clare intelligi quod sancti martires, statim post mortem glorificantur quantum ad animam, que gloria vocatur stola alba, sed expectant stolam corporis in generali resurrectione. Hiis duabus stolis finaliter vestientur omnes sancti secundum illud Proverbiorum ultimum : “omnes domestici eius vestiti sunt duplicibus” »[4].

Nona ratio

Nono arguitur sic : « Pronior est Deus ad remunerandum bonos quam ad puniendum malos. Sed mali decedentes in <peccato> mortali, statim puniuntur quantum ad animam, quantum anima separata capax est pene. Ergo boni decedentes purgati remunerantur quantum ad animam, quantum anima separata capax est visionis beate que est facie ad faciem, quia ad <hoc> corpus aut nichil operatur aut modicum. Minor patet : dicit enim Luca, idem, <16, 22> de divite epulone : “mortuus est dives et sepultus in inferno”, quod non potest intelligi quantum ad corpus, quia forte positum fuit in precioso sepulcro, sed quantum ad animam de qua dicitur ibidem ex persona Habrae : “et nunc hic consolatur”, scilicet Lazarus, “Tu vero etc” »[5].

Decima ratio

f. 41 Decimo quia « Jac. primo, <12> dicitur : “Beatus vir qui suffert | temptationem, quoniam cum probatus fuerit, accipiet coronam vite”. Sed tota probatio hominis est in hac vita. Ergo, ea finita, voti probati, accipient “coronam vite” que non est aliud quam visio Dei “facie ad faciem” »[6].

1. Durand de Saint-Pourçain, *Libellus de visione Dei*, p. 431, l. 340-352.

2. *Ap.* 7, 9.

3. *Ap.* 7, 14.

4. Durand de Saint-Pourçain, *Libellus de visione Dei*, p. 431, l. 353-360, citant *Pr.* 31, 21.

5. Durand de Saint-Pourçain, *Libellus de visione Dei*, p. 431-432, l. 361-372, citant *Lc.* 16, 25.

6. Durand de Saint-Pourçain, *Libellus de visione Dei*, p. 432, l. 373-376, citant I *Cr.* 13, 12.

du temple céleste, que cet autel est le Christ, et c'est par sa médiation glorieuse qu'ils offrent tous leurs sacrifices à Dieu. Et il ajoute qu'"on leur donna à chacun une robe blanche", on entend par là la gloire de l'âme. Ils possèdent donc déjà la récompense de l'âme, non pas je l'accorde, la récompense totale du composé entier, en raison du corps dont la glorification interviendra seulement lors de la résurrection générale. Et c'est pourquoi il leur a été dit de "reposer" et d'attendre "encore un peu, le temps que fussent au complet leurs compagnons de service et leurs frères, qui doivent être mis à mort comme eux" ».

Huitième argument [5.1.8]

Huitièmement dans l'*Apocalypse*, chapitre 7, il est dit: « "je vis une foule immense, etc., debout devant le trône et face à l'Agneau, vêtus de robes blanches", et au même chapitre il est dit: "ce sont ceux qui viennent de la grande épreuve, et ils ont lavé leurs robes dans le sang de l'Agneau". Tout cela fait comprendre clairement que c'est juste après la mort que les saints martyrs sont glorifiés en leur âme dont la gloire est appelée robe blanche, mais qu'ils attendent la robe du corps lors de la résurrection générale. C'est finalement de ces deux robes que seront revêtus tous les saints, selon ce passage du dernier chapitre des *Proverbes:* "toute sa maisonnée porte double vêtement" ».

Neuvième argument [5.1.9]

Neuvièmement on argumente ainsi: «Dieu est plus prompt à récompenser les bons qu'à punir les méchants. Mais les méchants, lorsqu'ils meurent en état de péché mortel, sont immédiatement punis quant à l'âme, pour autant que l'âme séparée est capable de peine. Donc les bons qui meurent purifiés sont récompensés quant à l'âme, pour autant que l'âme séparée est capable de la vision bienheureuse qui est face à face, car en fait, le corps n'y est pour rien, ou pour si peu. La mineure est évidente: Luc dit en effet, toujours à propos du riche banqueteur: "le riche mourut et fut enseveli en enfer", ce qui ne peut être rapporté au corps car il fut sans doute déposé dans un somptueux tombeau, mais à l'âme. C'est d'elle qu'il est dit au même endroit par la bouche d'Abraham, "et maintenant, ici, il est consolé", s'agissant de Lazare, "et toi, etc." ».

Dixième argument [5.1.10]

Dixièmement: «il est dit au premier chapitre de *Jacques:* "Heureux homme, celui qui supporte l'épreuve! Sa valeur une fois reconnue, il recevra la couronne de vie". Mais toute la mise à l'épreuve de l'homme a lieu en cette vie, donc une fois celle-ci terminée, les vœux accomplis, ils recevront "la couronne de vie" qui n'est autre que la vision de Dieu "face à face" ».

Undecima ratio

Undecimo quia Extravagante de celebratione missarum « *Cum Marte* », dicitur de beato Leone et aliis sanctis, sciendum quod « orationibus nostris non indigent, pro eo quod cum sint perfecte beati, omnia ei ad votum succedunt » [1].

Duodecima ratio

Duodecimo quia « ad idem concurrit generalis ritus et auctoritas totius Ecclesie. De Apostolis enim cantat Ecclesia : "Isti sunt viri sancti quos eligit Deus in caritate non ficta et dedit illis gloriam sempiternam [2]." Hec autem gloria non est gloria corporis que est in resurrectione, sed gloria anime que consistit in visione divine essentie » [3].

Et de Aaron dicit Ecclesiasticus capitulo 45, <8> quod Deus « beatificavit illum in gloria ».

Similiter « in hympno » Apostolorum « dicitur : "eterna Christi munera, Apostolorum gloriam letis canamus mentibus [4]". Et sic idem quod prius.

Item de martiribus canta<t> Ecclesia in hymno : "terrore victo, seculi etc." [5]. Sequitur : "vitam beatam possident". Ergo beati sunt saltem quantum ad animam. Beatitudo autem consistit in beata visione.

Similiter de eisdem cantat Ecclesia quod : "in suis corporibus immania pro Christo pertulerunt tormenta adepti eterne glorie coronam" » [6].

Similiter de eisdem in antiphona : « "Gaudent in celis anime sanctorum qui Christi vestigia | sunt secuti" [7]. Illud autem gaudium non potest intelligi
f. 41 v de eo quod sunt in celo, prout celum dicit locum corporeum. Igitur gaudent de eo quod sunt in celo spiritualiter intellecto, quod est visio beata » [8].

1. Innocent III, *Décrétales de Grégoire IX, De celebratione missarum*, III, 41, 6, C. Richter, A. Friedberg (éd.), *Corpus Iuris Canonici*, II, 639 ; cité par Jean XXII, *Sermon* du 15 décembre 1331, M. Dykmans (éd.), *Les Sermons de Jean XXII sur la vision béatifique*, M.H.P., 34, Rome, P.U.G., 1973, p. 111.

2. Antienne grégorienne pour divers saints, apôtres, confesseurs, Corpus Antiphonalium, Officii (C.A.O.), III, 3449, R.J. Hesbert (éd.), Rome, Herder, 1968, p. 298.

3. Durand de Saint-Pourçain, *Libellus de visione Dei*, p. 432, l. 377-381.

4. Hymne de l'office nocturne pour la naissance des martyrs, *Thesaurus hymnologicus*, D. Adalbert (éd.), t. I, Leipzig, 1862, p. 26-27, A.H.M.A., III, G.M. Dreves (éd.), Leipzig, 1888, p. 74 ; *Repertorium hymnologicum (R.H.)*, I, 590-2, U. Chevalier (éd.), Louvain, 1892, p. 36 ; *Responsoria, versus, hymni et varia*, C.A.O., IV, 8252, R.J. Hesbert (éd.), Rome, 1970, p. 507.

5. Hymne *Christo profusum sanguinem*, A.H.M.A., p. 19 ; R.H. I, 3167, p. 188.

6. *Pro Christo immania...* C.A.O., III, 4085, p. 377 ; C.A.O., IV, 7300, p. 324. Durand de Saint-Pourçain, *Libellus de visione Dei*, p. 432-433, l. 381-389.

7. Antienne grégorienne de Toussaint et du Commun de plusieurs martyrs, C.A.O., III, 2927, p. 234.

8. Durand de Saint-Pourçain, *Libellus de visione Dei*, p. 433, en substance, l. 393 *sq*.

Onzième argument [5.1.11]

Onzièmement : dans la bulle *Sur la célébration des messes*, au chapitre *Cum Marte*, on dit de saint Léon et d'autres saints : « Il faut savoir que nos prières ne leur manquent pas, pour cette raison que comme ils sont parfaitement bienheureux, ils obtiennent tout ce qu'ils souhaitent ».

Douzième argument [5.1.12]

Douzièmement : « la liturgie générale, ainsi que l'autorité de toute l'Église parviennent au même point. Ainsi, à propos des Apôtres, l'Église chante : "Ce sont des hommes saints que le Seigneur a choisis en une charité non feinte et il leur a donné une gloire qui n'a pas de fin". Or cette gloire n'est pas la gloire du corps qui intervient à la résurrection, mais la gloire de l'âme qui consiste en la vision de l'essence divine ».

Et à propos d'Aaron, l'*Ecclésiastique* dit au chapitre 45 que Dieu « l'a revêtu d'une gloire parfaite ». « Il est dit » de la même manière « dans une hymne » des apôtres « : "Don éternel du Christ, nous chantons l'esprit joyeux, la gloire des apôtres". Même conclusion qu'auparavant. De même, l'Église chante à propos des martyrs, dans l'hymne : "La terreur vaincue, du siècle etc.", et elle poursuit : "ils possèdent la vie bienheureuse". Ils sont donc immédiatement bienheureux quant à l'âme. Or la béatitude consiste en la vision bienheureuse. De manière identique, l'Église chante à propos de ces mêmes martyrs : "en leurs corps, ils ont supporté jusqu'au bout pour le Christ la torture cruelle, et ils ont acquis la couronne d'éternelle gloire" ».

De manière identique et à propos des mêmes, dans un répons : « "Elles se réjouissent dans les cieux, les âmes des saints qui ont suivi les traces du Christ". Or cette joie ne peut s'entendre du seul fait qu'elles sont au ciel, pour autant que le ciel désigne un lieu corporel. Elles se réjouissent donc de ce qu'elles se trouvent au ciel, entendu spirituellement, qui est la vision bienheureuse ».

Item de uno martire in hympno « dicitur : "hic nempe mundi gaudia, et blandimenta noxia, caduca rite deputans, pervenit ad celestia", et in alio versu : "pro te effundens sanguinem, eterna dona possidet" »[1], et in psalmo <8, 6> : « gloria et honore coronasti eum ».

Item « beatus Gregorius, libro quarto dyalogorum, capitulo 25, respondens questioni Petri discipuli querentis si ante resurrectionem corporum in celo recipiuntur anime sanctorum respondet quod : "iustorum anime <mox>[2] ut huius carnis claustra exeunt, in celestibus sedibus recipiuntur"[3], iuxta illud : "ubicumque fuerit corpus, illuc congregabuntur et aquile, et cetera"[4]. "Sed querit Petrus : 'si igitur in celo anime sunt nunc iustorum, quid est quod in die iudicii pro retributione sue iustitie recipiant[x] ?'. Respondet Gregorius : 'Hoc nimirum eis crescit[y] in iudicio quod nunc animarum sola, postmodum vero corporum beatitudine perfruuntur[z]' ". "'Date sunt illis' interim 'singule stole albe, et dictum est illi ut requiescerent et cetera'[5]. Qui[a] itaque singulas stolas acceperunt, in iudicio binas stolas accepturi sunt, quia modo animarum tantummodo, tunc autem animarum et corporum gloria letabuntur" »[6].

Hic solvuntur questiones <et> rationes superius inducte.

Quod autem rationes iste non concludant discurrendo per singulas
f. 42 apparebit. | Ad primam enim dico, quod ponit vel supponit tria falsa. Primum est quod anima ex hoc quod separatur a corpore, fiat capax visionis divine. Secundum est quod anima coniuncta corpori corruptibili non possit ad visionem huiusmodi pervenire. Tertium est, quod nulla ratio esset, quare differetur anime pena vel premium, ex quo utriusque anima particeps esse potest.

x. *cod.* recipient. y. *cod.* crescet. z. *cod.* perfruentur a. *cod.* quod.

1. Durand de Saint-Pourçain, *Libellus de visione Dei*, p. 433, l. 405-407, citant une hymne pour la naissance d'un martyr : *Deus tuorum militum...*, C.A.O., IV, 8294, p. 511 ; R.H. I, 4534-6, p. 272, A.H.M.A. LI, 1908, p. 130.

2. Cette omission n'est pas neutre si l'on voit en Guiral Ot un défenseur de l'opinion de Jean XXII.

3. Grégoire le Grand, *Dialogorum, liber* IV, c. 25, P.L. 77, 357 A, S.C. 265, A. De Vogüé (éd.), p. 84, l. 7-8.

4. *Lc.* 17, 37, cité par Grégoire, *ibid.*

5. *Ap.* 6, 11.

6. Durand de Saint-Pourçain, *Libellus de visione Dei*, p. 435, l. 441-456, citant Grégoire le Grand, *Dialogorum, liber* IV, c. 25, P.L. 77, 357 B ; S.C. 265, A. De Vogüé (éd.), p. 84-86, l. 20-25, 30-36.

De même, à propos d'un martyr, « est-il dit dans une hymne : "Lui, n'est-ce pas, estimant les joies du monde, et ses douceurs coupables, comme autant d'usages périssables, a atteint les réalités célestes", et dans un autre vers : "versant pour toi son sang, il possède les dons éternels" », et dans le psaume : « tu l'as couronné de gloire et d'honneur ».

De même, « saint Grégoire : au quatrième livre des *Dialogues*, chapitre 25, répondant à la question de son disciple Pierre qui lui demande si les âmes des saints sont reçues au ciel avant la résurrection des corps, affirme que : "tout de suite après qu'elles sortent de cette prison de chair, les âmes des justes sont reçues dans les demeures célestes", d'après ce verset : "quel que soit l'endroit où le cadavre se trouvera, c'est aussi là que se rassembleront les vautours, etc.". "Mais Pierre demande : 'Si donc les âmes des justes se trouvent dès maintenant au ciel, que peuvent-elles donc recevoir au jour du jugement en récompense de leur justice ?' Grégoire répond : 'C'est cela même assurément dont ils jouissent actuellement dans la seule béatitude de leurs âmes, qui doit augmenter pour eux lors du jugement; de fait, dès lors, ils jouissent parfaitement de la béatitude des corps'. Entre-temps, 'on leur remit des robes blanches simples, et on leur dit de reposer, etc.' C'est pourquoi, ceux qui reçurent des robes simples doivent lors du jugement recevoir des robes doubles, car pour l'instant, c'est de la seule gloire de leurs âmes qu'ils se réjouissent, mais alors ce sera de celle des âmes et aussi des corps" ».

Où l'on résout les questions et les arguments avancés ci-dessus. [5.2]

Que ces arguments ne soient pas concluants, on le verra manifestement en les discutant un par un.

Au premier, je réponds qu'il suppose trois propositions fausses. La [5.2.1] première est que le simple fait d'être séparée du corps, rendrait l'âme capable de la vision divine. La seconde est que l'âme unie au corps corruptible ne serait pas en mesure de parvenir à une vision de ce type. La troisième est qu'il n'y aurait aucune raison en vertu de laquelle la peine ou la récompense de l'âme devrait être retardée, dans la mesure où elle peut participer de l'une comme de l'autre.

Primum igitur probatur esse falsum, quoniam anima nec capacitatem nature nec capacitatem gratie recipit ex separatione sui a corpore. Non quidem capacitatem nature, quia illam habet innatam eo quod ymago Dei est, secundum Augustinum, 8 libro de Trinitate[1], non eo quod separatur a corpore. Nec etiam ex ista separatione recipit capacitatem gratie. Hec enim separatio in uno infantulo verberato non est causa meritoria gratie, quia non est voluntaria, nec causa[b] effectiva gratie, quia non est virtute divina. In homine autem adulto huiusmodi separatio non tollit indispositiones anime nec dat ei tantam gratiam quin oporteat animam ad penam ire purgatorii, si alias sit purganda. Quare huiusmodi separatio non prestat anime per naturam vel per gratiam capacitatem visionis divine.

Secundum etiam probatur esse falsum, quoniam anima Domini nostri Ihesu Christi coniuncta mortali corpori pervenit ad beatissimam visionem Dei. Item quo ad alias animas quero si negat potestatem divinam vel humanam. Si divinam, dicendo quod de potentia Dei, anima coniuncta corruptibili corpori non possit venire ad huiusmodi visionem, puto quod est error. Si autem negat humanam, ita dicendo quod anima coniuncta corruptibili corpori non potest de potentia sua ad illam pervenire visionem; nega etiam huiusmodi potentiam ab anima separata, quia nec anima separata de potentia humana potest ad visionem huiusmodi pervenire.

Tertium etiam probatur falsum, quia non nulla ratio est prefate dilationis, immo audivi plures et probabiliores rationes adduci et multo meliores quam sit ista, que tot implicat falsa. Philosophi namque duas
f. 42 v assignant | rationes. Prima est, quod sicut forma non se facit in quacumque materia, sed in materia disposita, sic melior forma non nisi in materia melius disposita, et optima forma non nisi in materia optime disposita. Visio autem disposita est optima forma omnium formarum que fiunt, quare requerit intellectum optime dispositum. Unde Philosophus 10 Ethicorum dicit: « quod optima operatio est potentie optime et optime disposite et circa objectum optimum[2] ».

Sed Augustinus dicit super Genesim ad Litteram libro 12, quod anima separata et a sensibus carnis rapta, non est ita bene disposita in ordine ad

b. *cod.* causa *iter.*

1. Augustin, *De Trinitate* VIII *sq.*, en particulier IX, II, 2 *sq.*

2. La formule ne se trouve pas telle quelle dans l'Aristote latin, mais résume *Éthique à Nicomaque*, 10, 7-8, 1177 a 1-29; *Aristoteles Latinus*, XXVI, 1-3, v. 3 p. 358-359, v. 4, p. 575-577; cf. J. Hamesse, *Auctoritates...*, 12, 207-209, *op. cit.*, p. 247.

La première s'avère donc être fausse, puisque l'âme ne reçoit du fait de sa séparation d'avec le corps, ni une capacité de nature, ni une capacité conférée par grâce. Certainement pas une capacité de sa nature, parce que celle-ci lui est innée du fait qu'elle est image de Dieu, selon Augustin au huitième livre *Sur la Trinité*, et non du fait qu'elle est séparée du corps. Elle ne reçoit pas non plus de ce fait une capacité conférée par grâce. Ainsi cette séparation, chez un petit enfant maltraité n'est pas une cause méritoire de la grâce, parce qu'elle n'est pas volontaire, ni cause effective de la grâce, du fait qu'elle ne provient pas de la puissance divine. Chez un homme adulte, une telle séparation ne fait pas disparaître les désordres de l'âme, ni ne lui confère une grâce si grande qu'il ne lui soit plus nécessaire de se diriger vers la peine du purgatoire, si elle doit par ailleurs être purgée. C'est pourquoi ce type de séparation ne procure aux âmes aucune capacité à l'égard de la vision divine, ni par nature, ni par grâce. [5.2. 1.1]

La seconde aussi s'avère être fausse, puisque l'âme de Notre-Seigneur Jésus-Christ parvint à la vision suprêmement bienheureuse de Dieu, alors qu'elle était encore unie au corps mortel. Pareillement, pour ce qui est des autres âmes, je demande si celui qui argumente ainsi, nie la puissance divine ou la puissance humaine. S'il nie la puissance divine, en disant que par la puissance de Dieu, l'âme unie au corps corruptible ne saurait parvenir à une telle vision, je pense que c'est une erreur. Mais s'il nie la puissance humaine, disant ainsi que l'âme unie au corps corruptible ne peut parvenir à cette vision par sa propre puissance, qu'il nie aussi une telle puissance de l'âme séparée, parce que l'âme séparée ne peut pas non plus parvenir à ce type de vision par une puissance humaine. [5.2. 1.2]

La troisième, selon laquelle il n'y a aucun argument en faveur du délai en question, s'avère aussi fausse. J'ai au contraire entendu avancer des arguments plus nombreux, plus probables et de loin meilleurs que celui-ci, qui implique tant de propositions fausses. [5.2. 1.3]

Le fait est que les philosophes apportent deux arguments. [5.2. 1.3. 1]

Le premier est que, de même que la forme ne se réalise pas dans n'importe quelle matière, mais dans une matière disposée, de même, une forme meilleure, ne saurait se réaliser que dans une matière mieux disposée, et la forme la meilleure dans une matière disposée au mieux. Or la vision ainsi disposée est la meilleure des formes parmi toutes celles qui peuvent advenir, c'est pourquoi elle requiert un intellect disposé au mieux. Aussi le Philosophe dit-il au dixième livre des *Éthiques* : « que l'opération la meilleure est celle de la meilleure puissance, disposée au mieux et à l'égard du meilleur objet ». [5.2. 1.3. 1.1]

Mais Augustin dit dans son *Commentaire Sur la Genèse au sens littéral*, au livre 12, que l'âme séparée et ravie loin des sens charnels, n'est pas, par huiusmodi visionem Dei, sicut erit in corpore glorioso[1]. Quare videtur non esse decens, quod illa optima et suprema visio detur animabus indifferenter, nisi coniunctis corpori glorioso.

Secunda ratio philosophorum est quod res ordinata essentialiter ad duos fines, prius, ordine naturali, consequitur finem propinquum, quam finem ultimum. Sed anima est essentialiter ordinata ad duos fines, scilicet ad integritatem hominis et ad felicitatem hominis : ad integritatem et ad esse hominis ut ad finem propinquum et intrinsecum, sed ad felicitatem et ad bene seu optime esse hominis sicut ad finem ultimum, qui consistit in ultimata comprehensione felicitatis divine. Quare videtur non esse decens quod anima pretermisso naturali ordine consequatur ultimate finem ultimum, dum non habet finem propinquum.

Juriste vero alias duas rationes inducunt, quarum est prima : quoniam solemniter assignato partibus per principem die faciendi iusticie complementum et faciendi ultimum pagamentum, non decet principem, sine solemni contramandatione diei, predicta facere alio die, potissime illa que sunt principalia et principaliter tunc agenda ; nec iustum est partes interim petere pagamentum, quia tunc plus quam ius peterent ratione temporis. Sed « Rex regum et Dominus dominantium »[2], Dei et hominis Filius Ihesus
f. 43 Christus, diem novissimum | solenniter assignavit pro iusticie complemento et pro ultimo pagamento, sicut Prophete, Apostoli et Evangeliste testificantur. Nec diem illum adhuc contramandavit, quare nec decens nec iustum est, quod assignatione prefata precedente, aliquid principale alio die quo ad communitatem animarum vel hominum innovetur.

Secunda ratio Juristarum est quod homines de lege communi non debent ultimate coronari vel plecti, non expletis meritis et demeritis pro quibus deberent coronari vel plecti. Sed merita et demerita pro quibus homines iam defuncti plectendi et coronandi sunt, iam explecta <non> sunt, quare nondum ipsi debent ultimate coronari vel plecti. Minorem probant, quia boni magistri iam defuncti pro suorum discipulorum et sequacium meritis sunt coronandi. Ait enim Apostolus prima ad Thess. 2, <19> : « Que est enim spes nostra aut gaudium aut corona glorie ? Nonne

1. Augustin, *De Genesi ad Litteram*, 12, 35, C.S.E.L. 28, p. 432-433.
2. Cf. I *Tm.* 6, 15, *Ap.* 17, 14 ; 19, 16.

rapport à une telle vision de Dieu, aussi bien disposée qu'elle le sera dans son corps glorieux. C'est pourquoi cela ne semble pas convenable que cette vision suprême et la meilleure soit conférée aux âmes indifféremment, mais bien une fois qu'elles sont réunies au corps glorieux.

Le second argument des philosophes est qu'une réalité ordonnée par [5.2.1.3.1.2]
essence à deux fins atteint selon un ordre naturel sa fin prochaine avant sa fin ultime. Mais l'âme est par essence ordonnée à deux fins, c'est-à-dire à l'intégrité de l'homme et à sa félicité : à l'intégrité de l'homme et à son être comme à sa fin prochaine et intrinsèque, mais à la félicité et au bien-être de l'homme, ou même à son être le meilleur, comme à sa fin ultime, qui consiste en la compréhension ultime de la félicité divine. C'est pourquoi il ne semble pas convenable que, au mépris de l'ordre naturel l'âme atteigne sa fin ultime alors qu'elle ne possède pas encore sa fin prochaine.

Les juristes, quant à eux, avancent deux autres arguments, dont voici le [5.2.1.3.2]
premier.

Après qu'a été solennellement assigné aux parties par le prince un jour [5.2.1.3.2.1]
où la justice doit être complètement rendue et où doit être distribué le dernier paiement, il ne convient pas que le prince accomplisse cela un autre jour, sans un contrordre solennel portant sur le jour prévu, d'autant plus s'il s'agit des actes principaux qui doivent être accomplis et de manière principale à ce moment-là; il n'est pas juste non plus que les parties demandent le paiement entre-temps, car alors elles demanderaient plus que ce qui est juste au regard du temps. Mais « le Roi des rois et le Seigneur des seigneurs », Jésus-Christ, Fils de Dieu et Fils de l'homme, a fixé solennellement au dernier jour l'accomplissement de la justice et le paiement ultime, comme en témoignent les Prophètes, les Apôtres et les Évangélistes. Il n'a pas non plus donné jusqu'à présent de contrordre quant à ce jour. Aussi n'est-il ni convenable ni juste qu'une assignation préalablement fixée à la date convenue soit déplacée à un autre jour pour son élément principal, concernant la communauté des âmes ou des hommes.

Le second argument des juristes est que les hommes ne doivent pas, [5.2.1.3.2.2]
selon la loi commune, être couronnés ou châtiés de manière ultime, tant que ne sont pas au complet les mérites et les démérites en vertu desquels ils devraient l'être. Mais les mérites et les démérites en vertu desquels les hommes déjà morts doivent être châtiés ou couronnés ne sont pas encore au complet. C'est pourquoi ils ne doivent pas encore être couronnés ou châtiés de manière ultime. Ils prouvent la mineure par le fait que les bons maîtres qui sont déjà morts doivent être couronnés en vertu des mérites de leurs disciples et de ceux qui les suivent. L'Apôtre dit bien dans la *Première Lettre aux Thessaloniciens*, au chapitre second : « Quelle est notre espérance, notre joie, notre couronne de gloire, si ce n'est vous, en présence

vos ante Dominum nostrum Ihesum Christum <estis> in adventu eius ? » Ubi glosa : « Quando Dominus venerit, vos eritis suprema corona nostra[c]. Manifestum est enim quia perfectio discipulorum gaudium et corona <est> magistrorum. Hii enim sunt qui labores fructuum suorum edituri sunt. Fructus enim magistri est obedientia discipuli, cuius bona conversatio coronam dat magistro, iudice Christo[1] ». Hec ibi. Alibi vero idem Apostolus ait : « Fratres karissimi et desideratissimi, gaudium meum et corona mea, sic state in Domino, karissimi », ad Phil., capitulo 4, <1>, ubi Glosa sic habet : « gaudium meum », « scilicet de quorum fide et opere gaudeo », « et corona mea », « in futuro, id est, per quos in presenti letificor et in futuro coronabor. Discipulus[d] in agone victoribus dignus erit corona magistri[e] »[2]. Patet igitur quod boni magistri, licet iam defuncti, pro suorum sunt discipulorum et sequacium meritis coronandi ; quare pari ratione mali f. 43 v magistri pro suorum[f] discipulorum et sequacium demeritis sunt plectendi. | Magistri enim, tam boni quam mali, sunt non voluntaria causa meritorum vel demeritorum suorum sequacium, sicut Arrius Arrianorum, Manicheus Manicheorum, et Roboam qui peccare fecit Israel, causa fuit ydolatrie ydolatrarum, qui secuti sunt Roboam in hoc scelere.

Theologi vero alias duas rationes assignant, quarum prima est, quia licet Dominus ac Redemptor noster secundum animam sit de nostra specie, tamen secundum carnem non solum est de nostra specie, sed et de nostra progenie, quia « factus est ex semine David secundum carnem », ad Romanos primo, <3>. Nos etiam secundum carnem sumus fratres eius, unde et ad Hebr. 2, <14> scriptum est : « quia pueri communicaverunt carni et sanguini, et ipse similiter participavit eisdem, ut per mortem destrueret eum qui habebat mortis imperium », et ut ibidem premittitur : « propter hanc causam non confunditur eos vocare fratres[3] ». Et forte propter hanc eandem causam Johannis primo, <14> potius dictum est : « Verbum caro factum est », quam : « Verbum anima factum est » et quam « Verbum homo factum est », licet utraque istarum locutionum vera sit sicut prima, tum <quia> in hoc passu veritas incarnationis sub nomine illius humane partis

c. *cod.* vestra. d. *cod.* discipulis. e. *cod.* magister. f. *cod. add.* sunt.

1. Pierre Lombard, *Collectanea in Epistule Pauli*, P.L. 192, 296 B.
2. Pierre Lombard, *Collectanea in Epistule Pauli*, P.L. 192, 252 B.
3. *H.* 2, 11.

de Notre-Seigneur Jésus-Christ, lors de son avènement? » Où la *Glose* précise : « Quand le Seigneur viendra, vous serez notre couronne suprême. Cela est manifeste puisque la perfection des disciples est la joie et la couronne des maîtres. Ce sont les travaux des premiers qui doivent rendre manifestes les fruits portés par les seconds, car le fruit du maître est l'obéissance du disciple dont la bonne conduite confère sa couronne au maître, selon le jugement du Christ ». Voilà ce qui est dit ici. Ailleurs encore, le même Apôtre dit : « mes frères bien-aimés et tant désirés, ma joie et ma couronne, tenez bon de la sorte dans le Seigneur, mes bien-aimés », dans la *Lettre aux Philippiens*, au chapitre 4, où la *Glose* précise ainsi : « ma joie », « c'est-à-dire eux dont la foi et les œuvres me réjouissent », « et ma couronne » « dans le futur, c'est-à-dire ceux par qui je suis réjoui dans le présent et serai couronné dans le futur. Le disciple, par ses victoires au combat, sera digne de la couronne du maître ». Il est donc manifeste que les bons maîtres, bien que déjà morts, doivent encore être couronnés pour les mérites de leurs disciples et de ceux qui les suivent ; c'est pourquoi, pour cette même raison, les mauvais maîtres doivent encore être châtiés pour les démérites de leurs disciples et de ceux qui les suivent. Les maîtres, tant les bons que les mauvais, sont la cause non volontaire des mérites ou des démérites de ceux qui les suivent, ainsi Arius des Ariens, Mani des Manichéens, Roboam aussi qui fit pécher Israël, fut cause de l'idolâtrie des idolâtres, eux qui suivirent Roboam dans cette abomination.

Les théologiens, quant à eux, avancent deux autres arguments, dont le [5.2.1.3.3]
premier est que, bien que Notre-Seigneur et Rédempteur soit de notre [5.2.1.3.3.1]
espèce selon l'âme, pourtant, selon la chair, il n'est pas seulement de notre espèce, mais de notre race, puisqu'il « est issu de la lignée de David selon la chair », d'après la *Lettre aux Romains*, au premier chapitre. Nous-mêmes, selon la chair, nous sommes ses frères, aussi est-il écrit dans la *Lettre aux Hébreux*, au chapitre 2 : « puis donc que les enfants avaient en commun la chair et le sang, lui aussi y participa pareillement, afin de réduire à l'impuissance par sa mort celui qui a la puissance de la mort », et ainsi qu'il est expliqué un peu plus haut dans la même lettre : « c'est pourquoi il ne rougit pas de les nommer frères ». Et peut-être est-ce pour cette même raison qu'il est dit dans saint *Jean* au premier chapitre : « le Verbe s'est fait chair », plutôt que : « le Verbe s'est fait âme » ou que « le Verbe s'est fait homme », bien que l'une comme l'autre de ces deux expressions soit aussi vraie que la première. Car dans ce passage, c'est la vérité de l'Incarnation qui est exprimée sous le nom de cette partie de

expressa est, secundum quam Dei et hominis Filius caro et frater noster est, tum etiam quia in Christi carne peccatum nostrum dampnatum est, « mittens enim Deus Filium suum in similitudinem carnis peccati et de peccato dampnavit peccatum in carne », Ro. 8, <3>, tum quia in Christi carne peccatum nostrum deletum est, ipse enim, « peccata nostra pertulit in corpore suo super lignum, ut peccatis mortui, iustitie vivamus, cuius livore sanati » sumus, prima Petri 2, <24>, tum etiam quia in Christi carne vita eterna nobis concessa est, ait enim : « Qui manducat carnem meam, et bibit sanguinem meum, habet vitam eternam et ego ressuscitabo eum in novissimo die », Jo. 6, <55>. Caro ergo nostra carnem Christi manducat, ut
f. 44 spiritus noster in spiritu Christi vivat. |

Unde nec anima Christi sine carne Christi ascendit in celum, propter quod in Ascensione Domini canit Ecclesia : « Tremunt videntes angeli visa vice mortalium, culpat caro, purgat caro, regnat Deus Dei caro [1] ». Quare decens esse videtur quod anime non sine carne, sed in carne illam beatissimam visionis finalem mercedem recipiant, quam non sine carne sed in carne mediante Christi [g] carne meruerunt. Ad hunc igitur intellectum beatus Bernardus videtur fuisse locutus, cum dixit : « In illam beatissimam domum nec sine nobis, nec sine corporibus intrabitur, id est, nec sancti sine plebe, nec spiritus sine carne », in sermone quodam de omnibus sanctis [2].

Secunda ratio theologorum est, quia qua ratione Deus differt ressuscitationem sanctorum hominum et glorificationem emeritorum corporum, pari ratione differt ultimatam animarum remunerationem. Deus enim non minus diligit homines quam animas hominum. Ait enim : « Delicie mee esse cum filiis hominum », Proverb. 8, <31>. Non obstante tamen tanta dilectione, Deus differt usque ad diem novissimum restituere personas sanctorum hominum et revelare miserias corporum illorum, dumtaxat qui pro eo in suis corporibus « lapidati sunt, secti sunt, temptati sunt, in occisione gladii mortui sunt, circuierunt in melotis, in pellibus caprinis, egentes, angustiati, afflicti, quibus dignus non erat mundus : in solitudinibus errantes, in montibus, in speluncis et in cavernis terre, et hii omnes testimonio fidei probati nondum acceperunt repromissionem »,

g. *cod.* Christi *iter.*

1. Hymne pour l'Ascension, *Aeterne rex altissime*, A. H. M. A., 2, 118, p. 86; 51, 88, p. 94; R.H., 650 *sq.*, t. I, p. 40.

2. Bernard de Clairvaux, *Sermon de Toussaint* III, 1, *S.B.O.*, V, p. 349, l. 14-15-350, l. 1, citation imprécise, sans doute de mémoire puisqu'il s'agit de la principale référence de la controverse déclenchée par Jean XXII. Cf. Jean XXII, *Sermon de Toussaint* 1331, M. Dykmans (éd.), *Les Sermons...*, *op. cit.*, p. 98.

l'homme, selon laquelle le Fils de Dieu et le Fils de l'homme est notre chair et notre frère. Car aussi, c'est dans la chair du Christ, que notre péché est condamné, « Dieu, en envoyant son propre Fils avec une chair semblable à celle du péché, et en vue du péché a condamné le péché dans la chair », dans la *Lettre aux Romains*, chapitre 8. Car c'est encore dans la chair du Christ, que notre péché est anéanti, « il a lui-même porté nos péchés en son corps sur le bois de la croix, afin que, morts à nos péchés, nous vivions pour la justice, lui dont la meurtrissure nous a guéris », dans la *Première Lettre de Pierre*, au second chapitre. Car enfin, c'est dans la chair du Christ que la vie éternelle nous est concédée, lui qui dit : « Qui mange ma chair et boit mon sang a la vie éternelle, et moi je le ressusciterai au dernier jour », dans *Jean*, chapitre 6. Notre chair mange donc la chair du Christ afin que notre esprit vive dans l'esprit du Christ.

Aussi l'âme du Christ ne monte pas au ciel sans sa chair, c'est pourquoi l'Église chante pour l'Ascension du Seigneur : « Les anges tremblent en voyant le sort des mortels, Dieu blâme la chair, Dieu purifie la chair, Dieu règne, lui qui est de la chair de Dieu ». C'est pourquoi il paraît convenable que ce ne soit pas sans la chair, mais dans la chair, que les âmes reçoivent cette récompense finale et suprêmement bienheureuse de la vision qu'elles ont méritée, non point sans la chair, mais dans la chair, et par la médiation de la chair du Christ. C'est semble-t-il le sens de ce qu'a voulu exprimer saint Bernard, dans un *Sermon de Toussaint*, lorsqu'il a dit : « Dans cette demeure suprêmement bienheureuse, on n'entrera pas sans nous, ni sans les corps, c'est-à-dire ni les saints sans le peuple, ni l'esprit sans la chair ».

Le second argument des théologiens est que c'est pour la même raison [5.2. 1.3. 3.2]
que Dieu retarde la résurrection des hommes saints et la glorification des corps de ceux qui l'ont méritée, et qu'il retarde la rémunération ultime des âmes. Car Dieu n'aime pas moins les hommes que leurs âmes. Car il dit : « je trouve mes délices parmi les enfants des hommes », dans les *Proverbes*, chapitre 8. Pourtant, malgré un si grand amour, Dieu renvoie jusqu'au dernier jour le rétablissement de l'intégrité des personnes des hommes saints, et la révélation des misères subies par leurs corps, tout au moins de ceux qui pour lui, dans leurs corps, « ont été lapidés, sciés, mis à l'épreuve, ont péri par le glaive, sont allés çà et là sous des peaux de moutons et des peaux de chèvres, indigents, opprimés, maltraités, eux dont le monde n'était pas digne, errant dans les déserts, les montagnes, les cavernes, les antres de la terre. Et tous ceux-là, bien qu'approuvés pour le témoignage de leur foi, ne bénéficièrent pas encore de la promesse », dans la *Lettre aux*

ad Hebr. 11, <37-39>. Nondum enim impletum est in eis quod Dominus promisit eis dicens : « Capillus de capite vestro non peribit »[1], et alibi : « Ego ressuscitabo eum in novissimo die »[2], et alibi : « In resurrectione neque nubent neque nubentur, sed sunt sicut angeli Dei in celo[3] ». Quare patet quod qua ratione Deus differt restituere naturales personas sanctorum hominum in esse, eadem ratione differt reddere finales coronas animarum
f. 44 v in summo bene esse. | Ita enim possent corpora glorificari nunc sicut anime possunt ultimate glorificari nunc, et ita nunc sicut tunc, dum tamen hoc vellet ille « qui omnia operatur secundum consilium voluntatis sue », ad Ephes. primo, <11>. Non dicas ergo amplius, quod nulla esset huius dilationis ratio, sed dic cum Apostolo : « O altitudo divitiarum sapientie et scientie Dei ! Quam incomprehensibilia sunt iudicia eius et investigabiles vie eius ! », Rom. 11, <33>.

Solutio secunde rationis

Ad secundam rationem dico primo quod si ratio ista quicquam concluderet, non quidem solum contra me, sed directissime contra Dominum Jesum utique concluderet. Illa namque ratio si aliquid probat, probat utique quod opus seu « merces hominum mercenariorum non morabitur apud dominum[4] » usque in mane finalis iudicii, cuius oppositum expresse dicit Dominus, qui Iohannem discipulum suum de futuris informans ut veniens ad finale iudicium, sic ait : « Ne signaveris verba prophetie libri huius. Tempus enim prope est. Qui nocet noceat adhuc, et qui in sordibus est sordescat adhuc, et <qui> iustus <est> iustificetur adhuc et sanctus sanctificetur adhuc. Ecce venio cito et merces mea mecum est, reddere unicuique secundum opera sua », Apo. 22, <10-12>. Tu ergo dicens : « Merces non morabitur apud Dominum » usque ad iudicium, contradicis ei dicenti quod usque tunc merces eius « secum est ». Propter quod ait Psalmista : « Ad vesperum demorabitur fletus et ad matutinum letitia »[5], ubi dicit Glosa : quod « « fletus », id est miseria hominis, « demorabitur ad vesperum », quod incepit ab Adam, « usque ad matutinum », id est usque ad diem Domini quo resurrectio nostra fiet »[6].

Secundo dico quod anima exuta corpore non est mercenarius, quia omnis mercenarius meretur vel demeretur. Sed anima exuta corpore non meretur nec demeretur, quare non est mercenarius. Nunc ergo non apparet

1. Cf. *Mt.* 10, 30 ; *Lc.* 12, 7.
2. *Jn.* 6, 55.
3. *Mt.* 22, 30 ;
4. *Lv.* 19, 13.
5. *Ps.* 29, 6.
6. Cf. *Glose interlinéaire* sur le *Ps.* 29, 6, Venise 1588, f. 125 A.

Hébreux, chapitre 11. Car n'a pas encore été réalisé en eux, ce que le Seigneur leur a promis en ces termes: « pas un cheveu de votre tête ne disparaîtra », et ailleurs : « moi je le ressusciterai au dernier jour », ailleurs encore: « A la résurrection on ne prend ni femme ni mari, mais on est comme des anges de Dieu dans le ciel ». C'est pourquoi il est manifeste que c'est pour la même raison que Dieu retarde la restauration des personnes physiques des hommes saints en leur être, et qu'il retarde la remise des couronnes finales des âmes en un bien-être souverain. Car, de même que les corps pourraient maintenant être glorifiés, comme les âmes peuvent maintenant être glorifiées de manière ultime, de même encore ils le pourraient maintenant comme au dernier jour, si seulement il le voulait, lui qui « mène toutes choses au gré de sa volonté », selon *Éphésiens* 1. Ne dis donc pas plus longtemps qu'il ne saurait y avoir aucune raison à ce délai, mais dis avec l'Apôtre: « Ô abîme des richesses de la sagesse et de la science de Dieu! Que ses décrets sont incompréhensibles et ses voies insondables! », dans la *Lettre aux Romains*, chapitre 11.

Résolution du second argument [5.2.2]

Au second argument je réponds, premièrement que si cet argument permettait d'arriver à quelque conclusion, il est certain que ce ne serait pas seulement contre moi, mais surtout très directement contre le Seigneur Jésus qu'il conclurait. Et de fait, si cet argument prouve quelque chose, il prouve surtout que le travail ou plutôt « le salaire des ouvriers ne sera pas retenu par le maître » jusqu'au matin du jugement final. Or le Seigneur dit expressément le contraire, lui qui parle ainsi lorsqu'il informe Jean, son disciple, sur ce qui doit arriver quand il viendra pour le jugement final : « Tu ne retiendras pas secrètes les paroles prophétiques de ce livre. Car le temps est proche. Que celui qui fait le mal continue de faire le mal, que l'homme souillé se souille encore, que celui qui est juste se justifie encore, et que le saint se sanctifie encore. Voici que mon retour est proche et que j'apporte avec moi le salaire que je vais payer à chacun selon ses œuvres », dans l'*Apocalypse*, chapitre 22. Toi donc, en disant: « le salaire de l'ouvrier ne sera pas retenu par le maître » jusqu'au jugement, tu le contredis, lorsqu'il affirme que jusqu'alors, son salaire se trouve « avec lui ». C'est pourquoi le Psalmiste dit: « Au soir demeureront les larmes et au matin la joie débordante », où la *Glose* précise que: « "les larmes", c'est-à-dire la misère de l'homme, "demeurera au soir", qui commence depuis Adam, "jusqu'au matin", c'est-à-dire jusqu'au jour du Seigneur où adviendra notre résurrection ». [5.2.2.1]

Deuxièmement je dis que l'âme sortie du corps n'est pas l'ouvrier, [5.2.2.2] parce que tout ouvrier mérite ou démérite. Mais l'âme sortie du corps ne mérite ni ne démérite, voilà pourquoi elle n'est pas l'ouvrier. Maintenant mercenarius, homo scilicet qui meruit, quia mortuus est. Quare f. 45 paterfamilias servare debet mercedem penes se quousque | mercenarius per resurrectionem appareat, ut tunc mercedem suam ipsemet qui operatus est recipiat. Unde Augustinus super Psalmum <43, 5>, in illo passu : « Qui mandas[h] salutes Jacob », « Ista visio facie ad faciem liberatis in resurrectione servatur »[1].

Tertio dico quod attenta causa legis illius « Opus mercenarii non morabitur apud te usque mane »[2] non facit ad propositum, dato quod anima esset mercenarius. Si quis enim facto vespere vocatis operariis reciperet operarios suos ad domum, ad cibum, ad potum et ad lectum, et in mane mercedem eis redderet, nullam utique iniuriam eis fecisset, immo magnam gratiam, quia lex illa providit ne pauperes in nocte post opus necessariorum penuria gravarentur. Deus autem sanctas et innoxias animas recipit ad domum paradisi, ad cibum magne agnitionis Dei, ad potum consolationis dulcissime, et ad lectum quietis suavissime, redditurus eis in mane resurrectionis coronam et integram mercedem, quam « oculus non vidit, nec auris audivit nec in cor hominis ascendit quam preparavit Deus diligentibus se »[3].

Solutio tertie rationis

Ad tertiam rationem dico primo, quod hec ratio contradicit fundamento suo. Fundatur enim in hac auctoritate Prophete loquentis ad Christum : « Tu autem in sanguine testamenti tui emisisti vinctos tuos de lacu », Za. 9, <11>. Ex quibus sequitur, quod isti emissi, quia erant vincti, erant utique captivi, et quia vincti in lacu, erant utique in carcere locati[i] et certo detenti. Constat autem quod esse vinctum, esse captivum, et esse in inferioribus partibus terre detentum, non est solum carere perfectam divine essentie visionem. Si enim esset solum talis carentia sequeretur necessario quod angeli mox creati, et Adam et Eva ante peccatum, et sanctissima Virgo Maria ante obitum, et nos omnes essemus vincti, captivi et in carcere infernali detenti, quod nemo sane mentis diceret. Tu ergo qui dicis, quod in limbo non fuit pena, nisi carentia visionis divine, contradicis prophete in f. 45 v quo fundas te, | quia ille dicit ut de se patens est, et ut ostensum est, quod ibi fuit pena[j] captivitatis alia ab illa divine visionis carentia.

h. *cod.* manducat. i. *cod.* locali. j. *cod.* pene.

1. Augustin, *Enarrationes in Psalmos*, Ps. 43, 5, C.C.S.L. 38, p. 484, l. 11-12.
2. *Lv.* 19, 13.
3. I *Cr.* 2, 9.

donc, l'ouvrier, c'est-à-dire l'homme qui a mérité n'est pas visible, parce qu'il est mort. C'est pourquoi le maître de maison doit conserver le salaire chez lui jusqu'à ce que l'ouvrier apparaisse par la résurrection, de façon à ce qu'alors, celui-là même qui a travaillé reçoive son salaire. D'où le propos d'Augustin commentant ce passage du *Psaume :* « qui confères le salut à Jacob », « Cette vision face à face est réservée à ceux qui auront été libérés à la résurrection ».

Troisièmement, je dis que si l'on prête attention à ce point de droit, « Tu [5.2.2.3] ne retiendras pas chez toi le salaire de l'ouvrier jusqu'au matin » n'est pas une référence pertinente en l'occurrence, à supposer que l'âme soit l'ouvrier. Si quelqu'un, une fois le jour tombé appelait ses ouvriers, les accueillait chez soi pour manger, boire et dormir, et au matin leur remettait leur salaire, il ne commettrait envers eux aucune injustice d'aucune sorte, il leur ferait plutôt une grande faveur, puisque cette loi veut garantir que la nuit qui suit le travail, les pauvres ne manquent pas douloureusement du nécessaire. Or Dieu invite les âmes saintes et sans péchés dans sa demeure du paradis, au festin d'une grande connaissance de Dieu, à s'abreuver d'une consolation très douce, et à s'étendre pour un repos très agréable, et il doit leur remettre au matin de la résurrection, la couronne et le salaire complet, que « l'œil n'a pas vu, que l'oreille n'a pas entendu, qui n'est pas monté au cœur de l'homme, que Dieu a préparé pour ceux qui l'aiment ».

Résolution du troisième argument [5.2.3]

Au troisième argument je réponds premièrement qu'il est en contra- [5.2.3.1] diction avec son propre fondement. Car il est fondé sur cette autorité du Prophète disant au Christ : « Toi aussi, par le sang de ton alliance, tu as fait sortir tes captifs de la fosse asséchée », dans *Zacharie*, chapitre 9. De ce propos, il résulte que, parce qu'ils étaient enchaînés, ceux qu'on a fait sortir étaient aussi captifs, et parce qu'ils étaient enchaînés dans la fosse asséchée, ils se trouvaient en tout cas dans une prison et assurément détenus. Or c'est un fait établi qu'être enchaîné, être captif et se trouver détenu dans les parties inférieures de la terre, ce n'est pas seulement être privé de la vision parfaite de l'essence divine. Si cela se limitait à une telle privation, il s'ensuivrait nécessairement que les anges, immédiatement après leur création, Adam et Ève avant le péché, la très sainte Vierge Marie avant son départ, et nous tous, serions enchaînés, captifs et détenus dans une prison infernale, ce qu'aucune personne saine d'esprit ne peut dire. Toi donc, qui dis qu'aux limbes il n'y eut pas d'autre peine que la privation de la vision divine, tu contredis le prophète sur lequel tu te fondes, parce qu'il dit, et cela est de soi-même manifeste, voire démontré, qu'il y eut là une peine venant de la captivité, autre que cette privation de la vision divine.

Secundo dico quod illa ratio contradicit facto per Evangelium enarrato. Moyses enim, qui erat in limbo, narratur venisse et in transfiguratione apparuisse cum Christo, Mt. 17, <1-8>, Mar. 9, <1-7> et Luc. 9, <28-36>. Tunc autem non simul erat in limbo et in monte sancto cum Christo, nec tunc creditur habuisse perfectam divine essentie visionem. Simili modo posset argui de animabus trium mortuorum[1] per Christum ante passionem suam resuscitatorum, que fuerunt liberate ab illa infernali captivitate absque divine essentie visione. Hec autem ratio, si tamen ratio debet dici, dicit quod Christus animas de prefato lacu liberare non potuit, non data eis divine essentie visione, cum tamen Sapiens ad Heliam loquens dicat : « Sustulisti[k] mortuum ab inferis, de sorte mortis in verbo Domini Dei », Ecclesiastici 48, <5>. Certum tamen est quod Helyas[2] non dedit illi puero suscitando eum, et liberando de lacu inferiorum, divine essentie visionem.

Tertio dico, quod dicens alios negare articulum fidei de descensu ad inferos est ipse prope negare, cum enim dicit quia Christus sicut non potuit liberare animas de carentia divine visionis non dando eis ipsam visionem, sic non potuit eas liberare de lacu, non dando eis divinam visionem, implicat in dicto suo, quod lacus ille non fuerit nisi carentia ipsa visionis. Aliter enim non opponeretur visioni, sicut privatio habitui, vel sicut ipsa carentia ipsi visioni. Hoc autem posito, negatur omnino descensus Christi ad inferos. Constat enim quod Christus nec descendit nec intravit ad illam divine visionis carentiam. Nos autem in predicto articulo confitemur, quod Christus in anima descendit ad lacum, et ad inferiores partes terre et intravit realiter locum illum, ubi erant illi detenti. Quare tu, qui talia dicis, in quo
f. 46 alios iudicas, teipsum condempnas. |

Si autem dixeris quod in hoc lacu esse et visione ista carere, non sunt idem simpliciter et absolute sumpta, sed in lacu vinctum esse et visione ista carere bene sunt idem : Contra, quia duo positiva non sunt idem cum uno

k. *cod.* Suscitasti.

1. Cf. *Mt.* 9, 18-26 ; *Mc.* 5, 21-43 ; *Lc.* 8, 40-56 pour la fille de Jaïre ; *Lc.* 7, 11-15, pour le fils de la veuve de Naïn ; *Jn.* 11, 1-44 pour Lazare. Les trois résurrections sont rapprochées notamment par Augustin dans son *Explication du Sermon sur la montagne*, 12, 35, C.C.S.L. 35, p. 38-39, l. 830-835.

2. Cf. I *R.* 17, 17-23.

Deuxièmement je dis que cet argument contredit un fait relaté par l'Évangile. Il relate en effet que Moïse, qui était aux limbes, vint et apparut avec le Christ lors de la Transfiguration, dans *Matthieu*, chapitre 17, *Marc* et *Luc*, chapitre 9. Or il n'était pas alors simultanément dans les limbes et sur la Montagne sainte avec le Christ, et on ne croit pas non plus qu'il eût alors la vision parfaite de l'essence divine. De la même manière, on pourrait tirer argument des âmes des trois morts que le Christ a ressuscités avant sa Passion, qui furent libérées de cette captivité infernale sans la vision de l'essence divine. Mais cet argument, si toutefois l'on doit appeler cela un argument, dit que le Christ ne put libérer les âmes de la fosse en question, sans leur donner la vision de l'essence divine, alors que pourtant, le Sage dit, parlant à Élie : « Tu as arraché un mort aux enfers, au sort de la mort par la parole du Seigneur Dieu », dans l'*Ecclésiastique*, 48. Il est pourtant certain qu'Élie, en relevant cet enfant et en le libérant de la fosse des enfers, ne lui donna pas la vision de l'essence divine. [5.2.3.2]

Troisièmement, je dis qu'en prétendant que les autres nient l'article de foi concernant la descente aux enfers, il n'est pas loin de le nier lui-même, puisqu'il dit que de même que le Christ n'a pu libérer les âmes de la privation de la vision divine, sans leur conférer précisément cette vision, de même, il n'a pu les libérer de la fosse asséchée sans leur donner la vision divine, il implique par son propre propos que cette fosse n'ait rien été d'autre que la privation de cette vision même. Autrement, il ne l'opposerait pas à la vision, comme la privation à l'habitus, ou comme le défaut de vision, à la vision elle-même. Si l'on admet cela, la descente du Christ aux enfers se trouve totalement niée. Car, il est manifeste que le Christ n'est ni descendu ni entré en cette privation de la vision divine. Quant à nous, nous croyons en l'article en question, selon lequel le Christ en son âme est descendu à la fosse, dans les parties inférieures de la terre, et est entré réellement en ce lieu où ils étaient détenus. C'est pourquoi toi, qui tiens de tels propos, dans lesquels tu juges les autres, c'est toi-même que tu condamnes. [5.2.3.3]

Si encore tu disais que se trouver en cette fosse et manquer de la vision en question, ce n'est pas exactement la même chose considérée de manière absolue, mais qu'être enchaîné dans la fosse est de fait la même chose qu'être privé de cette vision, on t'objecterait que, lorsque les deux éléments sont positifs, ce n'est pas la même chose que lorsque l'un est simplement mere privativo, sed carentia ista est mere privativa, ut patet de se. Esse autem in lacu est esse positivum, sicut esse in loco quod acquiritur per localem motum. Esse autem vinctum et loco certo est esse prohibitum et esse artatum, ne libere possit transire ad alium locum ille qui hoc modo vinctus est. Hec autem prohibitio et artatio non fit per nichil, aliter nulla esset differentia inter vinctos et non vinctos, quare oportet quod interveniat aliquid positivum. Si autem cum illo positivo concurrat aliqua privatio, manifestum esse potest, quod non est illa privatio que supradicta est carentia visionis. Habitus enim oppositi non sunt idem habitus. Visio enim et libertas transeundo de loco ad locum non sunt idem habitus, quare carentia visionis et carentia huiusmodi libertatis non sunt eadem privatio. Patet igitur quod ratio ista sine ratione dicta est ratio, et quod is qui eam fecit nimis alte et ultra vires intonare presumpsit, dicendo quod qui ab animabus negabat beatissimam divine essentie visionem, negabat articulum de descensu Christi ad inferos.

Solutio quarte rationis

Ad quartum dico primo, quod dupliciter ab insufficienti divisione procedit. Uno modo quia paradisum non accipitur nisi vel pro divina visione, vel pro celo empyreo, tamen cum beatus Augustinus in Epistola ad Dardanum accipiat paradisum pro sinu Habrae, pro paradiso Ade et pro paradiso Ecclesie et pro quocumque loco ubi feliciter vivitur. De sinu enim Abrahe sic ait : « Quis audeat dicere Dominum Jesum Christum ad penales inferni portas partes venisse, tantummodo nec fuisse apud eos qui in sinu f. 46 v Abrahe requiescebant? | Ubi si fuit ipse intelligendus est paradisus quem latronis anime illo die dignatus est polliceri [1] ». De paradiso autem Ade sic ait : « Paradisus est appellatus, ubi Adam fuit ante peccatum [2] ». De paradiso etiam Ecclesie sic dicit : Non « propterea scriptura prohibita est etiam Ecclesiam vocare paradisum, cum pomorum fructu » [3]. De paradiso tamen generaliter accepto sic ait : « Generale, inquit, paradisi nomen est, ubi feliciter vivitur [4] ». Ecce quod beatus Augustinus quadriformiter accipit paradisum, et in nulla istarum acceptionum, determinate paradisum accipit pro visione beata vel pro celo empyreo nisi in acceptione quarta, que communis est omnibus aliis. Unde manifestum est quod prima bimembris divisio fuit insufficiens.

1. Augustin, *Epistula 187, ad Dardanum,* 2, 6, P.L. 33, 834 ; C.S.E.L. 57, p. 86, l. 15, 19.
2. Augustin, *Epistula 187, ad Dardanum,* 2, 6, P.L. 33, 834 ; C.S.E.L. 57, p. 86, l. 21.
3. Augustin, *Epistula 187, ad Dardanum,* 2, 6, P.L. 33, 834 ; C.S.E.L. 57, p. 86, l. 21-23.
4. Augustin, *Epistula 187, ad Dardanum,* 2, 6, P.L. 33, 834 ; C.S.E.L. 57, p. 86, l. 19-20.

privatif, mais le défaut en question est simplement privatif, comme cela est par soi manifeste. Or se trouver dans la fosse est une réalité positive, comme le fait de se trouver en un lieu : on y parvient par le mouvement local. D'autre part, être enchaîné et en un certain lieu, c'est être confiné et empêché de pouvoir passer librement en un autre lieu pour celui qui est ainsi enchaîné. Or cet empêchement et ce confinement ne se produisent pas pour rien, autrement, il n'y aurait aucune différence entre ceux qui sont enchaînés et ceux qui ne le sont pas, c'est pourquoi il convient qu'intervienne quelque chose de positif.

Quand bien même cet élément positif coïnciderait avec quelque privation, il peut être rendu manifeste que ce n'est pas avec celle dont il a été question plus haut, la privation de la vision. Car, les *habitus* des opposés ne sont pas le même *habitus*. De fait, la vision et la liberté de passer d'un lieu à un autre ne sont pas le même *habitus*, c'est pourquoi la privation de la vision, et celle de ce type de liberté ne sont pas la même privation. Il est donc manifeste que cet argument est appelé raison sans raison, et que celui qui l'a conçue a crié trop vite, trop fort et au-delà de ses forces, lorsqu'il a dit que celui qui déniait aux âmes la vision suprêmement bienheureuse de l'essence divine, niait l'article de la descente du Christ aux enfers.

Résolution du quatrième argument [5.2.4]

Au quatrième argument je réponds premièrement que c'est à double [5.2.4.1] titre qu'il procède d'une division insuffisante. D'une part parce que le paradis n'est pris qu'en deux acceptions, soit la vision divine, soit le ciel empyrée, bien que, pourtant, Augustin dans sa *Lettre à Dardanus*, entende par paradis le sein d'Abraham, le paradis d'Adam, celui de l'Église, et tout lieu où l'on vit heureux. A propos du sein d'Abraham, il parle ainsi : « Qui oserait dire que le Seigneur Jésus-Christ serait venu aux portes des parties douloureuses des enfers, et ne se serait pas rendu seulement auprès de ceux qui reposaient dans le sein d'Abraham ? C'est là, s'il s'y trouvait lui-même, qu'on doit comprendre que se situait le paradis qu'il a jugé digne de promettre à l'âme du larron ce jour-là ». Quant au paradis d'Adam, il en parle ainsi : « On appelle paradis l'endroit où se trouvait Adam avant le péché ». Du paradis de l'Église, il dit encore : « cela n'empêche pas pour autant l'Écriture d'appeler encore l'Église un paradis, avec la jouissance de ses fruits ». Du paradis pris en son sens général, il dit pourtant ceci : « En général, le terme de paradis désigne un endroit où l'on vit heureux ». Voilà que saint Augustin entend paradis en quatre sens, et en aucune de ces acceptions, il n'entend précisément par paradis, la vision bienheureuse ou le ciel empyrée, sinon dans la quatrième acception qui est commune à toutes les autres. D'où il est manifeste que la première division à deux termes s'est avérée insuffisante.

Alio etiam modo ab insufficienti divisione procedit, quia esse cum Christo non accipit nisi pro esse cum corpore Christi, cum tamen Augustinus in eadem epistula dicat, quod non solum cum Christo est, qui cum eius corpore vel cum eius anima est, verum etiam cum Christo est qui cum eius divinitate est. Ait enim : « Est autem sensus <multo> expeditior, et ab hiis omnibus ambiguitatibus liber[l], si non secundum id quod homo erat, sed secundum id quod Deus erat Christus[m] dixisse accipiatur[n] : "Hodie mecum eris in paradiso[1]." Homo quippe Christus illo die secundum carnem in sepulcro, secundum animam in inferno futurus erat; Deus vero idem <ipse> Christus ubique semper est[2] ». Et infra : « Ubicumque sit ergo paradisus, quisquis beatorum[o] ibi est, cum illo <ibi> est qui ubique est[3] ». Et infra : « Recte, inquit, dici potuit : "Hodie mecum eris in paradiso", cum iuxta humanam humilitatem per carnem in sepulcro, per animam in inferno, illo die futurus esset, iuxta vero divinam inmutabilitatem numquam de paradiso, quia ubique semper est, recessisset[4] ». Hec Augustinus. Ex quibus apertissime patet, quod nec acceptio paradisi ad celum empi-
f. 47 reum | et ad visionem beatam restringenda est, nec esse cum Christo ad esse cum corpore Christi, et ad esse cum anima Christi restringendum est, quare argumentum istud dupliciter ab insufficienti divisione processit, et per consequens non conclusit.

Sed forte querentur duo : primum an esse cum Christo, id est cum divinitate Christi, sit videre deitatem Christi; secundum an anima latronis illo die fuerit in celo, an in terra, an in inferno. De primo autem dico quod non, secundum intentionem beati Augustini. Certum est enim, quod angeli ante peccatum et homines primi ante peccatum in paradiso fuerunt; illi quidem in celesti, isti autem in terrestri. Isti tamen et illi ante peccatum cum deitate fuerunt non solum communi modo essendi sicut alie creature, sed speciali modo per cognitionem aliquam et per naturalem vel gratuitam amicitiam ipsorum ad Deum et Dei ad ipsos, ita quod tunc dici poterant esse in paradiso cum Deo, non habentes tamen beatissimam divine essentie visionem. Et hoc modo intendit Augustinus in generali loqui de anima latronis, quod scilicet illo die ubicumque localiter fuerit, sive in paradiso Ade, sive in sinu Abrahe, sive alibi, quia feliciter vixit cum Christo, id est

l. *cod.* Suscitasti. m. *cod.* Christo. n. *cod.* intelligatur. o. *cod.* bonorum.

1. *Lc.* 23, 43.
2. Augustin, *Epistula 187, ad Dardanum,* 2, 6, P.L. 33, 834; C.S.E.L. 57, p. 87, l. 1-7.
3. Augustin, *Epistula 187, ad Dardanum,* 2, 6, P.L. 33, 834; C.S.E.L. 57, p. 87, l. 12-14.
4. Augustin, *Epistula 187, ad Dardanum,* 2, 6, P.L. 33, 834; C.S.E.L. 57, p. 89, l. 1-4.

C'est encore d'une autre manière que l'argument procède d'une division insuffisante, parce qu'il n'entend par « être avec le Christ » rien d'autre qu'être avec le corps du Christ, bien que pourtant, Augustin dise dans la même lettre qu'est avec le Christ non seulement celui qui est avec son corps ou avec son âme, mais encore celui qui se trouve en présence de sa divinité. Il dit : « Il y a d'autre part un sens beaucoup plus facile, et libre à l'égard de toutes ces ambiguïtés, si l'on entend que le Christ a dit : "aujourd'hui tu seras avec moi dans le paradis", non en tant qu'il était homme, mais en tant qu'il était Dieu. De fait, en tant qu'homme, le Christ devait se trouver ce jour-là, selon la chair dans le tombeau, selon l'âme dans l'enfer ; quant à Dieu, et pareillement le Christ lui-même, il est partout et toujours. » Et plus bas : « Car où que se trouve le paradis, quiconque est bienheureux s'y trouve, car il y est présent, celui qui est partout. » Et plus bas encore : « C'est à juste titre qu'il a pu dire : "aujourd'hui tu seras avec moi dans le paradis", alors qu'il devait se trouver ce jour-là, à la suite de son humiliation humaine, par la chair dans le tombeau, par l'âme dans l'enfer, car du fait de son immutabilité divine, il ne saurait jamais s'éloigner du paradis, parce qu'il est toujours et partout. » Voilà les propos d'Augustin. D'où il est manifestement évident que l'acception du terme paradis ne doit pas être restreinte au ciel empyrée et à la vision bienheureuse, ni celle d'être avec le Christ au fait de se trouver avec le corps du Christ ou de se trouver avec l'âme du Christ. C'est pourquoi cet argument procédait à un double titre d'une division insuffisante, et n'était par conséquent pas concluant. [5.2.4.2]

A moins peut-être qu'on ne pose ces deux questions : premièrement, si être avec le Christ, c'est-à-dire avec la divinité du Christ, c'est voir la déité du Christ; deuxièmement, si l'âme du larron se trouva ce jour-là au ciel, sur terre ou aux enfers ? [5.2.4.3]

A la première je réponds que non, d'après ce qu'a voulu dire saint Augustin. Il est en effet certain que les anges avant le péché et les premiers hommes avant le péché se trouvèrent dans le paradis; les premiers certes dans le paradis céleste, les seconds en revanche dans le paradis terrestre. Quoique les uns et les autres se fussent trouvés avec la déité avant le péché, ce n'est pas seulement selon un mode d'être commun comparable à celui des autres créatures, mais selon un mode spécial, par quelque connaissance et par une amitié naturelle ou donnée par grâce qu'ils avaient envers Dieu et de Dieu à leur égard, si bien qu'on peut dire qu'ils se trouvaient alors dans le paradis avec Dieu, sans posséder pour autant la vision suprêmement bienheureuse de l'essence divine. Et c'est de cette manière qu'Augustin entend parler en général de l'âme du larron. C'est-à-dire que, quel que soit le lieu où il se trouva situé ce jour-là, soit au paradis d'Adam, soit dans le sein d'Abraham, soit ailleurs, c'est parce qu'il vécut bienheureux avec le Christ, [5.2.4.3 1] cum deitate Christi, in paradiso fuit, ubi cum illo beatissimam Dei visionem <non> habuit, sicut constat Christi animam habuisse.

De secundo autem dico, ubi queritur de facto, quod illo die nec anima illa, nec aliqua alia fuit in celo, quia nondum Christus ductor animarum illuc ascenderat; nec puto quod anima illa fuerit in inferno, sed fuit in terra. Legitur enim in Evangelio Nichodemi [1] et in Legenda aurea [2], quod Christus illo die eduxit Adam et alias animas iustas de inferno, et reintromisit eas in paradisum terrestrem, ubi invenerunt Enoch et Helyam et animam latronis, que non fuerat in inferno. Unde multi dicunt quod anime ille fuerunt in paradiso terrestri ab illo die usque ad ascensionem Domini, cum quo ad celum pariter ascenderunt et anima latronis et alie. Istud autem apparet
f. 47 v michi valde | probabile. Unde si ego simpliciter opinarer quod anime sancte iam habent ultimatam divine essentie visionem, nullo tamen modo putarem quod habuissent eam ante ascensionem dominicam. Tunc enim, et non ante, patuit hominibus aditus regni celestis, ubi est convenientior locus pro communi et finali divine essentie manifestatione, non in inferno sicut aliqui sine ratione dicunt.

Solutio quinte rationis

Ad quintum dicendum quod multa continet multum absurda. Absurdum enim est dicere quod anima separata ideo non videt corporalia quia non habet oculos corporales, et ideo non delectatur in eis. Istud enim probatum est esse falsum supra, conclusione tertia [3]. Unde Augustinus libro De Verbo Dei : « Est », inquit, supernorum civium « gaudium, non solum in contemplatione Creatoris, sed etiam in contemplandis eius creaturis. Dum enim Deum in omnibus operibus suis mirabilem inveniunt, quid mirum si ubique <mirando venerantur>, venerando mirantur magnalia eius quem diligunt ? Inveniunt itaque non solum in creaturis incorporeis, sed etiam in creaturis corporeis, unde mirantur, unde Creatorem digne venerantur. Hec omnia iugiter contemplantur, contemplantes mirantur, mirantes letantur. Letantur de divina contemplatione, congratulantur de mutua visione, mirantur [p] in rerum corporalium speculatione [4] ». Patet igitur, si Augustinus reputasset absurdum dicere, quod spiritus angelici vel humani, corporales

p. *cod.* letantur, Richard de Saint Victor, delectantur.

---

1. Évangile de Nicodème, 25-26, A. Vaillant éd., Genève/Paris, Droz, 1968, p. 79-83 ; cf. *Repertorium Biblicum Medii Aevi*, F. Stegmüller (éd.), I, Madrid, 1940, 179, 3-4, p. 148.
2. Jacques de Voragine, *Légende dorée*, c. 54, Th. Graesse (éd.), Leipzig, 1850, p. 244.
3. Cf. *supra*, le début de la troisième conclusion, f. 12v- 15v, p. 128 *sq.*
4. Pseudo-Augustin, Pseudo-Bernard…, *De domo interiori*, P.L. 184, 551 D-552 A, Compilation de Richard de Saint-Victor, *De Contemplatione sive Benjamin maior*, P.L. 196, 94 C-D.

c'est-à-dire avec la déité du Christ, qu'il se trouva au paradis. Là, il ne posséda pas avec lui la vision suprêmement bienheureuse de Dieu, telle qu'il est établi que l'âme du Christ la possédait.

Quant à la seconde question portant sur sa localisation de fait, je réponds [5.2.4.3.2] que, ce jour-là, ni cette âme ni aucune autre ne se trouva au ciel, parce que le Christ, guide des âmes n'y était pas encore monté ; je ne pense pas non plus que cette âme ait été en enfer, mais elle se trouva sur terre. On lit en effet dans l'*Évangile de Nicodème* et dans la *Légende dorée*, que le Christ fit sortir ce jour-là Adam et les autres âmes justes de l'enfer et les fit entrer à nouveau dans le paradis terrestre, où ils trouvèrent Énoch et Élie, ainsi que l'âme du larron, qui ne s'était pas rendue dans l'enfer. Nombreux sont pour cela ceux qui disent que ces âmes se trouvèrent au paradis terrestre à partir de ce jour-là jusqu'à l'Ascension du Seigneur avec qui l'âme du larron et les autres âmes montèrent en même temps jusqu'au ciel. Voilà qui m'apparaît plutôt probable. C'est pourquoi, si j'étais sans réserve d'avis que les âmes saintes possèdent déjà la vision ultime de l'essence divine, je n'estimerais pourtant en aucune manière qu'elles aient pu la posséder avant l'Ascension du Seigneur. C'est bien alors, et non auparavant, que fut ouvert aux hommes l'accès du royaume céleste, et c'est là un lieu plus convenable pour la manifestation commune et finale de l'essence divine, que ne sauraient être les enfers, comme disent certains sans raison.

Résolution du cinquième argument [5.2.5]

Au cinquième argument je réponds en disant qu'il contient bon nombre de grandes absurdités. Il est absurde de dire que l'âme séparée, parce qu'elle ne possède pas d'yeux corporels, ne voit pas pour cette raison les réalités corporelles et ne trouve pas, pour cette même raison, de plaisir en elles. On a prouvé plus haut, à la troisième conclusion, que cela était faux. D'où le propos d'Augustin au livre *Sur le Verbe de Dieu :* « la joie » des citoyens d'en haut consiste, dit-il, « non seulement dans la contemplation du Créateur, mais encore dans la contemplation de ses créatures. Dans le même temps où ils trouvent Dieu admirable dans toutes ses œuvres, quoi d'étonnant à ce que, partout dans l'admiration ils le vénèrent, ils admirent en le vénérant, les merveilles de celui qu'ils aiment ? Aussi le trouvent-ils non seulement dans les créatures incorporelles, mais encore dans les créatures corporelles. C'est pourquoi ils l'admirent, ils vénèrent dignement leur Créateur. Ils contemplent tout cela sans interruption, contemplant, ils sont dans l'admiration, dans l'admiration ils se réjouissent. Ils se réjouissent de la contemplation divine, ils se félicitent de leur vision mutuelle, ils considèrent avec admiration les réalités corporelles ». On voit donc avec évidence si Augustin considérait comme absurde de dire que les esprits angéliques ou humains, parce qu'ils n'ont pas d'yeux corporels,

oculos non habentes, corporalia non vident, nec de corporalibus gaudent. Specialiter tamen est absurdum, et a pietate fidei alienum dicere quod humanitatem Christi non vident nec de humanitate Christi privilegio et gloria gaudent. Absurdum est etiam dicere, quod non esset melius sed deterius, nec esset lucrum sed dampnum anime Pauli Apostoli separatam esse a corpore suo et esse cum Christo, quam permanere in carne et in hoc mundo, posito quod[q] hic et ibi ad visionem Dei uniformiter se haberet.
f. 48 Certum est enim quod | citra illam beatissimam visionem sunt multa bona, que reddunt feliciorem statum anime separate et Christo Domino sociate, quam sit status anime corpori moribundo coniuncte[r], et hoc satis apparet ex dictis in tertia conclusione[1]. Non ergo sequitur, si Apostolus « cupit dissolvi et esse cum Christo »[2] et si reputat « sibi lucrum », quod ideo inmediate recepit ultimum premium ad quod ordinandum est omne lucrum.

Responsio ad sextam rationem

Ad sextum dicendum, quod aliqua ponit que possunt male sonare. Dicit enim primo quod Apostolus loquens de se et de consimilibus perfectis, qui totaliter exeunt purgati ex hoc mundo dicit, secunda Cor. quinto, <1> : « Scimus <enim> quoniam, si terrestris domus nostra huius habitationis dissolvatur, quod edificationem ex Deo habemus domum, non manufactam[s] , eternam in celis[3] ». Per hoc autem, quod iste dicit Apostolum loqui de perfectis et omnino purgatis, cum exeunt ex hoc mundo, dat intelligi quod non loquatur de aliis electis, immo quod isti ab isto beneficio excludantur, quod tamen sustineri vel defendi non debet, quia certum est quod Apostolus loquitur de futura edificatione corporis immortalis. Unde Glossa dicit : « "edificationem", id est corpus inmortale[4] ». Hoc autem erit commnune omnibus, et habere corpus gloriosum commune quidem erit cunctis electis.

Dicit etiam aliud, quod scilicet celestis habitatio corporaliter tantum accepta nichil proficit anime separate, que in puris corporalibus delectationem non habet, cum sit spiritus. Prima namque pars huius dicti sapit opinionem illorum qui dixerunt quod spiritualia erant a Deo bono et corporalia a Deo malo[5], contra quam opinionem « Verbum caro factum

q. *cod.* quam. r. *cod.* coniuncto. s. *cod.* sed.

1. Cf. *supra*, toute la troisième conclusion, p. 128 *sq.*
2. *Ph.* 1, 23.
3. II *Cr.* 5, 1.
4. Glose marginale sur II *Cr.* 5, 1., Venise, 1588, f. 66 E.
5. C'est ici l'hérésie cathare, assimilée au manichéisme, qui est visée.

ne voient pas les réalités corporelles et ne s'en réjouissent pas. Il est d'ailleurs spécialement absurde et étranger à la piété requise par la foi de dire qu'ils ne voient pas l'humanité du Christ ni ne se réjouissent du privilège et de la gloire du Christ. Il est encore absurde de dire que cela n'eût pas été mieux, mais pire, que cela n'eût pas été un avantage, mais un dommage pour l'âme de l'Apôtre Paul, d'être séparée de son corps pour se trouver avec le Christ, plutôt que de rester dans la chair et en ce monde, sachant que dans l'un et l'autre lieu, il jouirait de la même vision de Dieu. Il est certain qu'en deçà de cette vision suprêmement bienheureuse, il y a de nombreux autres biens qui rendent l'état des âmes séparées et réunies au Christ, plus heureux que n'est celui des âmes unies à ce corps de mort, et cela apparaît assez à partir de ce qui a été dit dans la troisième conclusion. De ce que l'Apôtre « désire s'en aller pour être avec le Christ », et de ce qu'il considère cela comme un « avantage pour lui », il ne s'ensuit donc pas qu'il reçoive pour autant immédiatement la récompense ultime à laquelle tout avantage doit être ordonné.

Réponse au sixième argument [5.2.6]

Au sixième, je réponds qu'il affirme certaines choses qui peuvent être malsonnantes. Il dit ainsi premièrement que l'Apôtre, parlant de soi et de ceux qui sont comme lui parfaits, qui sortent de ce monde totalement purifiés, dit dans la *Seconde aux Corinthiens*, au chapitre cinquième : « Nous savons en effet que si cette habitation qui est notre demeure terrestre vient à être détruite, nous avons un édifice qui est l'œuvre de Dieu, une demeure non pas faite de main d'homme, mais éternelle dans les cieux ». Or, par le fait même que notre adversaire dit que l'Apôtre parle de ceux qui sont parfaits et tout à fait purifiés, lorsqu'ils quittent ce monde, il laisse entendre qu'il ne parle pas des autres élus, mais qu'au contraire ceux-ci sont exclus de cette faveur, ce qu'il ne doit pourtant ni soutenir ni défendre, puisqu'il est certain que l'Apôtre parle de l'édification future du corps immortel. D'où ce que dit la *Glose :* « "édifice", c'est-à-dire corps immortel ». Or cela sera commun à tous, et le fait d'avoir un corps glorieux sera en tout cas commun à tous les élus ensemble.

Il dit encore par ailleurs que bien entendu, l'habitation céleste comprise seulement corporellement ne sert de rien à l'âme séparée, qui ne prend pas de plaisir dans les réalités purement corporelles, puisqu'elle est un esprit. Or la première partie de ce propos n'est pas sans rappeler l'opinion de ceux qui prétendirent que les réalités spirituelles provenaient d'un Dieu bon, et les réalités corporelles d'un Dieu mauvais. Contre cette opinion on rappellera que « le Verbe s'est fait chair » et que les âmes humaines sont sauvées est»[1], et humane anime per corporalia, quia per corpus et sanguinem Christi, salvate sunt. Secunda vero pars huius dicti sapit opinionem in argumento proximo reprobatam, quare patens est quod huiusmodi ratio non concluditur.

Solutio ad septimam rationem

Ad septimum dicendum quod stole albe sunt iustificationes sanctorum et impeccabilitates animarum, sicut ostensum est supra[2], non visiones vel operationes earum. Stola enim corporalis est habitus corporalis, quare
f. 48 v simili modo stola spiritualis est habitus spiritualis. | Quod etiam evidenter apparet ex eo quod etiam ipsi spiritus et anime iustorum dicuntur induti et amicti stolis albis, sicut habemus Apoc. 7 capitulo, <9> et 19, <8>. Constat autem quod habitus est actus primus et dispositio ad actum secundum. Visio autem est operatio et actus secundus, quare per stolam numquam debuit intelligi visio. Ipsa tamen stola est habitualis anime gloria et magis spiritualiter accepta venustas. Sicut enim in resurrectione generali sanctorum corpora surgent, sic disposita quod erunt sanitate incorruptibilia, virtute agilia, venustate gloriosa, subtilitate spiritualia, sic anime per stolam spiritualem sunt sic disposite quod ex iustificatione confirmata sunt impeccabiles, virtute potentes, gratiarum venustate gloriose, subtilitate perspicaces. Quod autem dicit de altari est ad oppositum, ut ostensum est supra, ratione quinta ad quartam conclusionem adducta[3].

Solutio octave rationis

Ad octavum autem dicendum est, quod argumentum de stolis iam solutum est, tamen ex passu hic allegato potest multum confirmari solutio. Hic enim Apoc. 7 capitulo, <9> dicitur quod sunt « amicti stolis albis », et postquam amicti sunt stolis albis, adhuc sunt per « Agnum qui in medio troni est regendi et ad vite fontes aquarum deducendi[4] ». Et adhuc dicitur quod : « absterget Deus omnem lacrimam ab oculis eorum[5] », quod nullo modo futurum esset, si iam Dei visionem ultimatam habuissent[t], si iam omnem compassionem et omnem appetitum futurum iudicialis vindicte deposuissent, sicut fiet in ultimata divine essentie visione.

Solutio none rationis

Ad nonum video dicendum quod assumitur unum falsum et quod adducit pro se unum exemplum, quod est simpliciter contra eum. Falsum est istud scilicet, quod Deus animam a corpore discedentem statim punit vel

t. *cod.* sed.

1. *Jn.* 1, 14.
2. Cf. *supra*, conclusion 3, f. 16 v, p. 140.
3. Cf. *supra* conclusion 4, f. 36, p. 204-206.
4. *Ap.* 7, 17.
5. *Ap.* 7, 17.

par des réalités corporelles comme le corps et le sang du Christ. Quant à la seconde partie de ce propos, elle n'est pas sans rappeler l'opinion rejetée dans le prochain argument. C'est pourquoi il est évident qu'un tel argument n'est pas concluant.

Résolution du septième argument [5.2.7]

Au septième je réponds en disant que les robes blanches sont les justifications des saints et l'absence de péché des âmes, ainsi qu'il est montré plus haut, non pas leurs visions ou leurs opérations. Car la robe corporelle est un *habitus* corporel, c'est pourquoi, de la même manière, la robe spirituelle est un *habitus* spirituel. J'ajoute qu'il apparaît avec évidence à partir de là qu'aussi bien l'esprit et l'âme des justes sont dits être revêtus et enveloppés de robes blanches, comme nous le trouvons dans l'*Apocalypse* aux chapitres 7 et 19. Or il est établi que l'*habitus* est l'acte premier et la disposition à l'acte second. Par ailleurs, la vision est une opération et un acte second, c'est pourquoi notre adversaire n'aurait jamais dû comprendre cette robe comme une vision. En revanche, la robe en question est la gloire habituelle de l'âme, et un ornement entendu plutôt spirituellement. Car de même que lors de la résurrection générale, les corps des saints se relèveront dans de telles dispositions qu'ils seront incorruptibles de par la santé, agiles de par la vertu, glorieux de par la beauté, spirituels de par la subtilité, de même, les âmes sont ainsi disposées par la robe spirituelle qu'elles se trouvent impeccables par une ferme justification, puissantes par la vertu, glorieuses par la beauté des grâces, perspicaces par la subtilité. Quant à ce qu'il dit de l'autel, cela va en sens contraire, ainsi qu'on l'a montré plus haut, dans le cinquième argument avancé pour la quatrième conclusion.

Résolution du huitième argument [5.2.8]

Au huitième, il faut répondre que l'argument relatif aux robes est déjà résolu, et pourtant, la résolution peut être grandement corroborée à partir du passage allégué ici. Car il est dit ici au septième chapitre de *l'Apocalypse*, qu'ils « sont revêtus de robes blanches » et après avoir été revêtus de robes blanches, ils doivent encore être « guidés par l'Agneau qui se trouve au milieu du trône et conduits aux sources des eaux de la vie ». Et il est encore dit que : « Dieu essuiera toute larme de leurs yeux », ce qui n'aurait nullement lieu d'être s'ils possédaient déjà la vision ultime de Dieu, s'ils avaient déjà abandonné toute compassion et tout désir futur revendiquant la justice, comme il adviendra dans la vision ultime de l'essence divine.

Résolution du neuvième argument [5.2.9]

Au neuvième argument il me semble qu'il faut répondre qu'il admet une proposition fausse et qu'il avance en sa faveur un exemple qui va purement et simplement contre lui. Ce qui est faux c'est ceci : que Dieu punit ou récompense immédiatement l'âme qui quitte le corps, pour autant

premiat, quantum anima ipsa separata capax est pene vel premii. Deus enim punit et premiat angelos et homines et animas secundum quantitatem
f.49 delictorum et meritorum. Unde Dominus | ait, Mt. 7, <2> : « In qua mensura mensi fueritis remetietur vobis », et Deuter. 25, <2> : « Pro mensura peccati[u] erit et plagarum modus ». Non autem punit vel premiat secundum capacitatem naturarum. Unde articulus Parisiensis sic habet : « Qui habet meliora naturalia de necessitate habet maiorem penam vel gloriam. Error[1] ». Exemplum autem est de Lazaro et divite. In principio autem argumenti dicit, quod « Deus pronior est ad remunerandum quam ad puniendum ». Sed tu idem dicis, quod Deus ultimate puniverat divitem, et nondum ultimate premiaverat pauperem ante Salvatoris adventum, quare necessario habes[v] concedere quod vel Deus non fuit per quatuor milia annos pronior ad remunerandum seu premiandum quam ad puniendum, vel quod dives ille non ultimate cruciabatur sicut nec pauper ultimate consolabatur. Neutrum autem dare potes, nisi contradicas tibi.

Solutio decime rationis

Ad decimum video dicendum, quod probatio prout spectat ad propositum duplex est. Una fidei, de qua scriptum est : « oportet et[w] hereses esse, ut <et> qui probati sunt, manifesti fiant in vobis », 1 Cor. 11, <19>. Alia est extremi examinis, de qua dicitur eadem epistola capitulo 3, <13> : « Uniuscuiusque opus manifestum erit, dies enim Domini declarabit, quia in igne revelabitur, et uniuscuiusque opus quale sit ignis probabit ». Cum ergo quis fuerit hac secunda probatione « probatus », indilate « accipiet coronam vite, quam repromisit Deus diligentibus se »[2], tum[x] autem quis « fuerit » prima probatione « probatus », non immediate « accipiet » repromissionem finalis « corone ». Hec enim dicit Apostolus enumeratis sanctorum virtutibus : « Hii, inquit, omnes, testimonio fidei probati, non acceperunt repromissionem », Ad Hebr. 11, <39>.

u. *cod.* delicti. v. *cod.* habet. w. *cod.* etiam. x. *cod.* cum.

---

1. Cf. la condamnation de 1241, a. 9 : « *Qui habet meliora naturalia de necessitate plus habebit de gratia et gloria* », *Chartularium Universitatis Parisiensis*, I, H. Denifle, E. Chatelain (éd.), n. 128, p. 171.

2. *Jc.* 1, 12.

que l'âme séparée est elle-même capable de peine ou de récompense. Car Dieu punit et récompense les anges, les hommes et les âmes en fonction de la quantité des fautes et des mérites. Voilà pourquoi le Seigneur dit, dans *Matthieu*, chapitre 7 : « De la mesure dont vous aurez mesuré on mesurera pour vous en retour », et dans le *Deutéronome*, chapitre 25 : « C'est à la mesure des fautes que sera celle des coups ». Ce n'est d'ailleurs pas selon la capacité de la nature qu'il punit ou récompense. D'où l'article parisien qui affirme ainsi : « Qui possède une meilleure nature a nécessairement une peine ou une gloire plus grande. Erreur ». Or il y a l'exemple de Lazare et du riche. Par ailleurs, il dit au début de l'argument que « Dieu est plus prompt à récompenser qu'à punir ». Mais tu dis aussi que Dieu avait puni le riche de manière ultime, et qu'il n'avait pas encore récompensé le pauvre de manière ultime avant l'avènement du Sauveur, c'est pourquoi tu dois nécessairement concéder, soit que pendant quatre mille ans, Dieu ne fut pas plus prompt à rétribuer ou à récompenser qu'à punir, soit que ce riche ne souffrait pas de manière ultime, de même que le pauvre n'était pas consolé de manière ultime. Mais tu ne peux concéder ni l'un ni l'autre sans te contredire.

Résolution du dixième argument [5.2.10]

Au dixième argument il me semble qu'il faut répondre que la preuve en ce qui concerne notre sujet est double. L'une vient de la foi, et il est écrit à son propos : « il faut bien qu'il y ait des hérésies [1] afin de permettre aux hommes éprouvés de se manifester parmi vous », dans la *Première aux Corinthiens*, chapitre onzième. L'autre vient du jugement dernier dont il est dit dans la même lettre au chapitre troisième : « L'œuvre de chacun deviendra manifeste, le jour du Seigneur en effet la fera connaître, car il doit se révéler dans le feu, et c'est ce feu qui éprouvera la qualité de l'œuvre de chacun ». D'une part donc, « qui aura enduré » cette seconde « épreuve, recevra » sans délai « la couronne de vie que Dieu a promise à ceux qui l'aiment », tandis que d'autre part, qui « aura enduré » la première « épreuve » ne « recevra » pas immédiatement la récompense de la « couronne » finale. C'est là ce que dit l'Apôtre après avoir énuméré les vertus des saints : « Tous ceux-là, dit-il, bien qu'approuvés pour le témoignage de leur foi, ne reçurent pas la récompense », dans la *Lettre aux Hébreux*, chapitre onzième.

1. Ce qui n'était encore que divergence d'opinions au temps de saint Paul était devenu hérésie lorsque Guiral Ot emploie le terme.

Solutio undecime rationis

Ad undecimum dicendum est tribus modis ab invicem non discrepantibus. Primo modo distinguendo de hoc vocabulo perfectio, quia quot
f. 49 v modis dicitur perfectum, tot | modis dicitur perfectio. Perfectum autem, ut dictum est supra, et ut dicit Magister Sententiarum, libro secundo, distinctione quarta, dicitur tripliciter : primo <modo> secundum tempus, alio modo secundum naturam, alio modo universaliter [1]. Dico igitur animas sanctas esse perfecte beatas secundum tempus, quoniam habent quicquid congruit eis pro tempore separationis earum a corpore. Non dico tamen eas esse perfecte beatas secundum naturam, quia nondum habent quicquid debetur nature earum. Nondum enim habent illum modum essendi debitum nature integre ; nondum habent quicquid necessarium est ultimate glorificationi earum. Non potest igitur ex hoc passu concludi quod anime sancte iam habeant beatissimam divine essentie visionem.

Alio modo dicendum distinguendo de beatitudine, quod beatitudo potest intellegi duplex[z]. Una quidem que habet bonorum suorum votivam successionem, alia que sine successione habet bonorum suorum perpetuam uniformitatem. De prima beatitudine scriptum est in Psalmo <127, 2-3> : « Labores manu<u>m tuarum quia[y] manducabis, beatus es et bene tibi erit. Uxor tua sicut vitis habundans in lateribus domus tue ; filii tui sicut novelle olivarum in circuitu mense tue ». Per hec enim verba nichil aliud videtur significare propheta nisi quod homo timens Deum beatus est, cum ei omnia sua secundum honesta vota succedunt. De secunda vero beatitudine scriptum est Prover. 3, <18>, quod : Sapientia Dei « lignum vite est hiis qui apprehenderint eam, et qui tenuerit eam beatus » [2]. Prima ergo istarum duarum beatitudinum non est finalis, nec omnino finis, sed ad finem. Secunda vero finalis est et ultimata, que non in successione, sed in summa et quietissima uniformitate consistit. Decretalis [3] autem in hoc passu non loquitur de ista secunda, sed de prima dicens quod illis hoc modo perfecte beatis omnia ad
f. 50 vota succedunt. Quare ratio ex hoc | passu accepta non concludit.

Tertio modo dicendum est exponendo causam dicti, quia secundum Ylarium : « intelligentia dicti ex causis est accipienda dicendi [4] ». Sed causa

y. *cod.* qui. z. cod. dupliciter del.

---

1. Pierre Lombard, II *Sent. d.* 4, Spicilegium Bonaventurianum 4, Grottaferrata, 1971, p. 350-351, cité par Guiral Ot dans la première conclusion, *supra*. f. 5 p. 104.

2. Pr. 3, 18, cité par Jean XXII dans son *Sermon de l'Annonciation* 1332 ou 1333, M. Dykmans (éd.), *Les Sermons...*, *op. cit.*, p. 154.

3. Innocent III, *Décrétales*, cf. *supra* p. 220 n. 1.

4. *Décrétales de Grégoire IX*, V, 40, *De verborum significatione*, 6, C. Richter, A. Friedberg (éd.), *Corpus Iuris Canonici*, II, 913, citant Hilaire de Poitiers, *De Trinitate*, l. 4, c. 14, C.C.S.L. 62, p. 116, l. 26-27, assez loin du texte.

Résolution du onzième argument [5.2.11]

Au onzième argument, il faut répondre de trois façons qui ne sont pas discordantes entre elles.

D'une première manière en établissant une distinction à propos de ce terme : perfection. Car on entend « perfection" en autant de sens exactement que « parfait ». Or parfait, ainsi qu'on l'a dit plus haut et que le dit le Maître des *Sentences*, au second livre, quatrième distinction, s'entend en trois sens : un premier selon le temps, un autre selon la nature, un autre universellement. Je dis donc que les âmes saintes sont parfaitement bienheureuses selon le temps, puisqu'elles ont tout ce qui leur convient pour le temps de leur séparation d'avec le corps. Je ne dis pourtant pas qu'elles sont parfaitement bienheureuses selon la nature, parce qu'elles n'ont pas encore tout ce qui est dû à leur nature. Car elles ne possèdent pas encore ce mode d'être dû à une nature intègre ; elles ne possèdent pas encore tout ce qui est nécessaire à leur ultime glorification. On ne peut donc pas conclure de ce passage que les âmes saintes possèdent déjà la vision suprêmement bienheureuse de l'essence divine. [5.2.11.1]

D'une autre manière, on doit dire, en établissant une distinction à propos de la béatitude, que celle-ci peut être entendue comme double. Une béatitude qui possède certes la succession désirée de tous ses biens, l'autre qui sans succession possède ses biens en une éternité uniforme. Sur la première béatitude, il est écrit dans le *Psaume :* « Parce que tu te nourriras du labeur de tes mains, tu es bienheureux, et tu t'en porteras bien. Ton épouse, comme une vigne fructueuse aux flancs de ta maison; tes fils comme des plants d'olivier à l'entour de ta table ». Par ces paroles, on voit que le prophète entend dire simplement que l'homme qui craint Dieu est bienheureux, car tout lui advient selon ce qu'il a souhaité honnêtement. Quant à la seconde béatitude, il est écrit sur elle au troisième chapitre des *Proverbes*, que la Sagesse de Dieu « est un arbre de vie pour ceux qui l'auront saisie, et que qui l'aura atteinte deviendra bienheureux ». Donc la première de ces deux béatitudes n'est pas finale, ni tout à fait une fin, mais reste ordonnée à la fin. La seconde en revanche est finale et ultime, qui consiste non pas en une succession, mais en une uniformité supérieure et suprêmement paisible. Or, dans les *Décrétales*, il n'est pas question en ce passage de cette seconde béatitude, mais de la première, lorsqu'il est dit qu'à ceux qui sont ainsi parfaitement bienheureux arrive tout ce qu'ils demandent. C'est pourquoi l'argument tiré de ce passage n'est pas concluant. [5.2.11.2]

Une troisième manière de le dire consiste à exposer la cause de ce qui est dit, car selon Hilaire : « afin de parler, il faut entendre le sens de ce qui est dit à partir des causes ». Mais la cause de ce propos est qu'il veut prouver [5.2.11.3] huius dicti est, ut per hoc probetur, quod sancti orationibus nostris non indigent : propter quod sciendum quod aliquid potest dici perfecte tale simpliciter, vel secundum quid, id est in casu de quo queritur ut aqua potest dici perfecte calida simpliciter, quando est in summo caloris, alio modo perfecte calida est quando est ita calida, sicut requiritur pro balneo vel pro opere alio. Isto ergo secundo modo, sunt perfecte beati, sancti homines qui sunt in paradiso sine corporibus, ita enim sunt beati sicut requiritur ad esse extra nostrarum orationum indigentiam, et hoc modo dicit Philosophus primo Ethicorum felices defunctos esse perfecte felices, dicens quod « eis[a] fortunia vel infortunia propinquorum viventium non tantum redundant ad eos, quod de infelice felicem vel <de> felice infelicem facere possint » [1]. Et hoc secundo modo Decretalis in hoc passu dicit sanctos esse perfecte beatos, ut patet ex causa dicendi.

Primo tamen modo non intendit eos dicere perfecte beatos, quia perfectum est, secundum Philosophum quinto Metaphisice : « cui nulla pars deest, cui nil conveniens generi vel speciei deest, cui nichil conveniens suo fini deest, et cui simpliciter nichil perfectionis deest, nec deesse potest[2] ». Constat autem quod hominibus de quibus est sermo, deest una pars, scilicet corpus ; et anime deest sua naturalis conpars[3]. Item anime deest integritas speciei sue. Ipsa enim non est alterius speciei quam homo, et tamen non est perfectus homo. Item deest ei suus finis propinquus et essentialis qui est esse perfectum totius hominis, et per consequens felicitas hominis, quare sicut non potest convenienter dici simpliciter perfecta, sic nec simpliciter perfecte beata.

Solutio duodecime rationis

Ad duodecimum autem essent multa dicenda. Sed ut omnia sub aliquali compendio comprehendam, visum est michi quod notanda sunt tria : unum de auctoritate officiorum, aliud de intelligentia officiorum et tertium de f. 50 v verbis officiorum. De auctoritate autem officiorum | ecclesiasticorum dico, quod officium sancte Romane ecclesie est autenticum super alia, quare ad alia exponenda laborare non curo. Officium autem sancte Romane ecclesie pro maiori parte est de Scripturis Sanctis acceptum. Verum est autem quod de legendis aliquorum sanctorum accepta sunt

a. *cod.* eu.

1. Aristote, *Éthique à Nicomaque* 1, 14, 1100 a 19-29, *Aristoteles Latinus*, XXVI, 1-3, v. 2, p. 85, v. 3, p. 156, v. 4, p. 388-389.

2. Aristote, *Métaphysique*, 5, 16, 1021 b 11-30, *Aristoteles Latinus*, XXV 2, p. 105-106 ; XXV 3, p. 114 ; Cf. J. Hamesse, *Auctoritates*..., 1, 138, *op. cit.*, p. 126.

3. compars = socius, *Thesaurus linguae Latinae*, III, 2021.

que les saints n'ont pas besoin de nos prières. A propos de quoi, il faut savoir qu'une chose peut se voir attribuer parfaitement une qualité dans l'absolu, ou sous un certain rapport, c'est-à-dire dans le cas sur lequel porte notre investigation, comme l'eau peut être dite parfaitement chaude dans l'absolu, quand elle est au maximum de chaleur. Elle est parfaitement chaude d'une autre manière, quand elle est chaude à point selon ce qui est requis pour un bain ou pour un autre usage. C'est selon cette seconde manière que sont parfaitement bienheureux les hommes saints qui sont au paradis sans corps, ils sont bienheureux selon ce qui est requis pour leur être, à l'abri du besoin de nos prières, et c'est de cette manière que dans le premier livre des *Éthiques* le Philosophe considère que les défunts heureux sont parfaitement heureux, disant que « les bonheurs ou les malheurs de leurs proches encore vivants ne rejaillissent pas jusqu'à eux au point que cela puisse les rendre heureux, de malheureux qu'ils étaient ou malheureux, d'heureux qu'ils étaient ». Et c'est de cette seconde manière que la décrétale considère dans ce passage que les saints sont parfaitement bienheureux, comme cela ressort manifestement de son propos.

Mais ce n'est pas selon la première manière qu'elle entend dire qu'ils sont parfaitement bienheureux, car, selon ce que dit le Philosophe au livre cinq de la *Métaphysique :* « est parfait ce à quoi il ne manque aucune partie, ce à quoi rien ne manque de ce qui convient à son genre ou à son espèce, ce à quoi rien ne manque de ce qui convient à sa fin, ce à quoi dans l'absolu rien de sa perfection ne manque, ni ne saurait manquer ». Or il est établi qu'aux hommes dont on parle ici, il manque une partie, c'est-à-dire le corps ; et à l'âme, il manque son compagnon naturel. De même, il manque à l'âme l'intégrité propre à son espèce. Elle n'appartient pas à une autre espèce que celle de l'homme et elle n'est pourtant pas l'homme parfait. Il lui manque encore sa fin prochaine et essentielle qui réside dans l'être parfait de l'homme en son entier, et par conséquent le bonheur de l'homme. C'est pourquoi, de même qu'elle ne peut en vérité être dite parfaite dans l'absolu, de même, elle ne peut être dite dans l'absolu parfaitement bienheureuse.

Résolution du douzième argument [5.2.12]

En réponse au douzième argument il y aurait d'autre part beaucoup à dire. Mais afin de tout rassembler en quelque résumé, il m'a semblé qu'il y avait trois choses à noter : l'une sur l'autorité des offices, une autre sur leur compréhension et une troisième sur les paroles des offices. Quant à l'autorité des offices ecclésiastiques, je dis que celui de la Sainte Église Romaine est par-dessus tous les autres authentique, c'est pourquoi je ne prends pas soin de travailler à exposer les autres. Or l'Office de la Sainte Église Romaine est tiré pour la majeure partie de l'Écriture sainte. Il est pourtant vrai que quelques offices sont tirés des légendes relatives à nonnulla officia, que legende non sunt de Biblia, sicut de sancto Andrea apostolo, de sancto Laurencio martire, de sancto Martino confessore, et de sanctis virginibus Cecilia, Lucia, Agnete, Agatha.

De intelligentia vero istorum officiorum dico, quod verba officiorum non debent ad alium intellectum trahi quam ad illum quem habent in originali. Posset enim contingere quod ille alius intellectus esset omnino erroneus. Verbi gratia, in quadam antiphona dicimus : « Ne timeas Maria, invenisti enim gratiam apud Deum. Ecce concipies et paries filium alleluia[1] ». Sic ergo verba sonant per se sumpta nec ad originale relata, sonabunt utique quod beata Maria Virgo est adhuc conceptura et paritura. Simili modo in officio virginum dicimus : « Hec est Virgo sapiens que acceptis lampadibus sumpsit secum oleum, et veniente Domino introivit cum eo ad nupcias »[2], et ibidem : « Media nocte clamor factus est : ecce sponsus venit, excite obviam ei[3] ». Si autem hec verba non fuerunt ad suum originale relata, sonabunt utique, quod iam facte sunt nuptie et iam clausa est ianua, et iam venit sponsus et introducte sunt ad nuptias sponse. Hec autem in originali secundum expositiones sanctorum intelliguntur debere fieri non modo sed in die novissimo.

Simili modo in officio sancte Agnetis cantamus : « Ecce quod concupivi, iam video, quod speravi, iam teneo, et ipsi sum iuncta in celis, quem in terris posita tota devotione dilexi[4] ». Si ergo verba hec non fuerint ad originale relata sonabunt visionem patrie et tentionem patrie et tamen in originali habetur, quod ipsa sancta dum adhuc in carne viveret mortali, dixit
f. 51 hec verba vel quasi eadem ; propter quod in originali hec | verba sonant visionem Dei, quam sancti habent in via et tentionem vie, non patrie.

De verbis autem officiorum sciendum, quod officia dicunt sanctos de quibus officiamus esse beatos, gloriosos, gaudentes, esse in celo, et esse in paradiso, esse cum Christo, esse amictos stolis albis, habere palmas in manibus, esse coronatos, esse ante tronum Dei : hec autem omnia eminentiori et feliciori modo sunt vera, quam nos adhuc miseri cogitare possimus, tamen nec beatitudo sumpta in genere, nec gloria sumpta de se, nec esse in celo, nec esse in paradiso, nec esse cum Christo, nec stola, nec palma, nec corona, nec gaudium, nec tronus, nec alia secundum intellectum, quem habent in originali, probant quod anime omnibus istis bonis et donis

1. Antienne grégorienne, chantée notamment pour l'Annonciation, C.A.O., III, 3862, p. 347 ; cf. *Lc.*, 1, 30-31.

2. Répons grégorien pour le Commun des vierges, C.A.O. IV, 6809, p. 203 ; cf. *Mt.* 25, 1-13.

3. Antienne grégorienne du Commun des vierges, C.A.O. III, 3730, p. 331 ; cf. *Mt.* 25, 6.

4. Antienne grégorienne du *Benedictus*, office de sainte Agnès, C.A.O. III, 2539, p. 189 ; IV, 6604, p. 155 ; cf. Ps-Ambroise, *Vita sanctae Agnetis, Acta Sanctorum*, Jan. 21, Anvers, 1643, p. 353.

certains saints, lesquelles légendes ne viennent pas de la Bible, comme celle de saint André Apôtre, de saint Laurent martyr, de saint Martin le confesseur, et des vierges saintes – Cécile, Lucie, Agnès, Agathe.

Quant à la compréhension de ces offices, je dis que les paroles des offices ne doivent pas être interprétées dans un autre sens que celui qu'elles possèdent dans le texte d'origine. Il pourrait bien arriver que cet autre sens fût totalement erroné. Nous disons par exemple en quelque antienne : « Sois sans crainte, Marie ; car tu as trouvé grâce auprès de Dieu. Voici que tu concevras et enfanteras un fils, Alléluia ». Le sens de ces paroles, prises en elles-mêmes et non rapportées à leur origine, est tel qu'elles laisseront entendre que la sainte Vierge Marie doit encore concevoir et enfanter. Nous disons de la même façon dans l'Office des vierges : « C'est une vierge sage qui, munie de lampes a emporté avec soi de l'huile, et à l'arrivée du Seigneur, est entrée avec lui aux noces », et au même endroit : « Au milieu de la nuit une clameur s'est élevée : voici l'époux qui vient, sortez à sa rencontre ». Or, si ces paroles devaient n'être pas rapportées à leur origine, elles laisseraient entendre en tout cas que les noces ont déjà eu lieu et que la porte est déjà fermée, que l'époux est déjà venu et que les épouses ont déjà été introduites aux noces. Or celles-ci, dans le texte d'origine et selon les explications des saints, sont comprises comme devant avoir lieu non tout de suite, mais au dernier jour.

De même, dans l'Office de sainte Agnès, nous chantons : « Voici que ce que j'ai désiré, je le vois déjà, ce que j'ai espéré, je le possède déjà, et je suis unie dans les cieux, à celui que j'ai aimé d'une entière dévotion, étant sur terre ». Si donc ces paroles devaient ne pas être rapportées au texte d'origine, elles laisseraient entendre la vision dans la patrie et la possession dans la patrie ; et pourtant on trouve dans le texte d'origine, que cette sainte a prononcé ces paroles ou presque les mêmes, alors qu'elle vivait encore en cette chair mortelle ; à cause de cela, dans le texte d'origine, ces paroles laissent entendre la vision de Dieu que les saints possèdent ici-bas, et la possession d'ici-bas, non celle de la patrie.

Quant aux paroles des offices, il faut savoir que ceux-ci disent des saints dont nous célébrons l'office, qu'ils sont bienheureux, glorieux, pleins de joie dans le ciel, dans le paradis, avec le Christ, revêtus de robes blanches, avec les palmes à la main, couronnés, devant le trône de Dieu : tout cela est vrai selon un mode plus éminent et plus heureux que nous qui sommes encore misérables ne pouvons le concevoir. Pourtant, ni la béatitude prise en général, ni la gloire prise en elle-même, ni le fait d'être dans le ciel, ou dans le paradis, avec le Christ, ni la robe, la palme, ou la couronne, ni la joie, ni le trône, ni le reste tel qu'on peut le comprendre d'après le texte original, ne prouvent que les âmes parées de tous ces biens et de tous ces dons, ont decorate, mercedem finalem seu ultimatam visionem iam receperunt, licet sine dubio bene arguant aliquam deitatis visionem, et multo excellentiorem quam unquam fuerit aliqua visio prophetica, et superioris generis.

Quod autem ista que dicuntur de sanctis non arguant beatissimam visionem, quam dico finalem, ultimatam, posset apparere discurrendo per singula.

Quod beatitudo et gloria hoc non arguant, patet. Dicimus enim in lectione epistule in missa de uno confessore : « Beatificavit illum in gloria », que verba primo et principaliter dicta sunt de Aaron, Ecclesiastici 45, <7>, et tamen anima eius de mille annis post eius obitum non fuit in celesti paradiso.

Item quod esse in celo vel in paradiso non probet hoc patet, quia certum est quod diabolus fuit in celesti paradiso, aliter non cecidisset inde, cum tamen Dominus dicat : « Videbam Sathanam sicut fulgur de celo cadentem », Luc. 10, <18> et Ezechiel. 28, <12-13> : « Tu, inquit ad diabolum, si<g>naculum similitudinis plenus sapientia et perfectus decore ; in deliciis paradisi Dei fuisti », et tamen diabolus nunquam habuit huiusmodi beatissimam visionem. Et ita potest dici de aliis. Ad aliud vero quod dicit beatus Gregorius in 4 Dialogorum[1], patet responsio ex predictis. Concedo namque quod anime sancte iam habent stolam suam, iustitiam inobliquabilem, virtuosam, venustam, perspicacem, et quod in iudicio corpora
f. 51 v recipiant stolam suam, et sicut stola, id est dispositio corporis | erit gloria corporis, sic stola, id est dispositio anime, nunc est gloria anime. Nunc ergo, ut ait beatus Gregorius, « sancti animarum tantummodo, tunc autem animarum <simul> et corporum gloria letabuntur »[2]. Sicut autem stola seu gloria corporis non erit visio corporalis, sed potius quedam dispositio habitualis, sic enim stola que vocatur gloria anime, non est visio intellectualis sed dispositio quedam habitualis. Et sicut corpora tunc habebunt visionem et quamlibet aliam sensationem et operationem in genere suo perfectissimam[b] et optimam, ultra illam stolam, sic anime habent hodie visionem et operationem in genere suo perfectam, ultra stolam suam, in iudicio autem perfectissimam quia ex toto perfectam, sicut est supra expositum[3]. Non est ergo intentio beati Gregorii, sicut ex dictis eius alibi patet, quod anime sancte ideo nunc habeant mercedem ultimam, quia nunc habent stolam primam, unde multa circa hoc possent dici.

b. *cod.* perfectissimo

1. Grégoire le Grand, *Dialogorum liber,* IV, 4, 25, P.L. 77, 357 A ; S.C. 265, A. De Vogüé (éd.), p. 84 ; cité *supra*, f. 41 v.
2. Cf. Grégoire le Grand, *Dialogorum liber,* IV, 4, 26, P.L. 77, 1713 ; A. De Vogüé (éd.), S.C. 265, p. 86, l. 34-36.
3. Cf. notamment f. 49 v, p. 86.

déjà reçu la récompense finale ou la vision ultime, bien que sans doute, cela prouve bien une certaine vision de la déité, de beaucoup plus excellente que ne put jamais être aucune vision prophétique, voire d'un genre supérieur.

Or, que ces propos tenus sur les saints ne prouvent pas la vision suprêmement bienheureuse, que j'appelle finale, ultime, cela pourrait être rendu manifeste par une discussion de chacun en particulier.

Le fait que la béatitude et la gloire ne le prouvent pas, est évident. Nous disons bien dans la lecture de l'Épître à la messe pour un confesseur : « Il l'a rendu bienheureux dans la gloire », lesquelles paroles sont dites premièrement et principalement d'Aaron dans l'*Ecclésiastique*, chapitre 45, et pourtant, son âme ne fut pas au paradis céleste pendant les mille années qui suivirent sa mort.

De même, le fait d'être au ciel et dans le paradis n'est pas probant, cela est évident, parce qu'il est certain que le diable se trouva au paradis céleste, autrement il n'en serait pas tombé, puisque certes, le Seigneur dit : « Je voyais Satan tomber du ciel comme l'éclair », dans *Luc*, chapitre 10, et dans *Ézéchiel*, chapitre 28 : « Toi, dit-il au diable, tu étais un modèle de ressemblance, plein de sagesse et d'une parfaite beauté, tu te trouvas dans les délices du paradis de Dieu », et pourtant le diable ne posséda jamais ce type de vision suprêmement bienheureuse. Et on peut en dire autant du reste.

Par ailleurs, quant à ce que dit saint Grégoire dans le quatrième livre des *Dialogues*, la réponse est évidente à partir de ce qui précède. De fait, je concède que les âmes saintes possèdent déjà leur robe, justice inflexible, vertueuse, belle, perspicace, et qu'au jugement les corps doivent recevoir leur robe, et que, de même que la robe, c'est-à-dire la disposition du corps, sera la gloire du corps, de même, la robe, c'est-à-dire la disposition de l'âme, est dès à présent la gloire de l'âme. Pour l'instant donc, comme dit saint Grégoire, « c'est de la seule gloire de leurs âmes que les saints se réjouissent, mais alors, ils se réjouiront à la fois de celle des âmes et des corps ». De même, tandis que la robe ou la gloire du corps ne sera pas la vision corporelle mais plutôt quelque disposition habituelle, de même aussi, la robe qui désigne la gloire de l'âme, n'est pas une vision intellectuelle, mais quelque disposition habituelle. Et de même que les corps, en plus de cette robe, jouiront alors d'une vision mais aussi de toute sensation ou opération que l'on voudra, la plus parfaite qui soit en son genre et la meilleure, de même, les âmes jouissent dès à présent, en plus de leur robe, de la vision et d'une opération parfaite en son genre ; mais qui ne sera qu'au jugement suprêmement parfaite, parce que parfaite en tout, ainsi qu'il a été expliqué plus haut. Saint Grégoire ne veut donc pas dire, comme cela est manifeste dans d'autres propos de lui, que parce qu'elles possèdent dès à présent la première robe, les âmes saintes aient pour autant dès à présent la récompense ultime. On pourrait tirer de là encore beaucoup de choses à ce sujet.

Sexta conclusio in qua ponuntur rationes probantes animas beatas ante iudicium de divina essentia non<dum> habere aliquam visionem <in qua etiam eas ostenditur non concludere>

Sexta conclusio scilicet quod rationes inducte ad probandum, quod anime sancte nondum habent illam divine essentie visionem que superius dicta est finis medius doctrine theologice, non concludunt. Probatur hoc modo, quia si rationes alique concluderent, rationes subscripte concluderent; sed iste non concludunt, ut patebit discurrendo per singulas, quare nec alie. Primo enim sic arguitur per aliquos nimis temerarios dicentes, quod anima a corpore separata non intelligit nec operatur, quare nec videt, nec beatificatur. Antecedens probant dicentes quod actiones et operationes sunt suppositorum, ut dicunt se habere per Philosophum primo Metaphisice[1], sed anima non est suppositum, quare nec intelligit nec operatur.

Secundo arguunt quia qui non est operarius et mercenarius non debet mercedem vel etiam partem mercedis recipere, quia solus « operarius dignus est mercede sua »[2]; sed anima non est mercenarius, quia sine corpore nec meretur nec demeretur, nec per consequens male vel bene operatur; quare anime separate nec merces nec pars mercedis debetur.

Tertio arguunt quia, ut supra allegatum est de Augustino[3], anime sancte non videbunt deitatem in iudicio, quare nec ante.

f. 52 *Hic solvuntur rationes supra inducte.* |

Quod autem rationes iste non concludant, patet de prima. Illa enim assumit pro antecedente unum dictum falsum, erroneum et, si defenderetur, hereticum. Probatum est enim supra, conclusione tertia, quod anime separate agunt et patiuntur, intelligunt et ratiocinantur et mutuo intellectualiter collocuntur[4]. Cum autem probatur, « quod[c] actiones sunt suppositorum », concedo cum adiectione « vel rerum habentium modum suppositi », puta quod subsistant, et hoc modo sufficit ad agere et ad pati. Corpus enim humanum sine anima non est suppositum, et commovet[d] sensus nostros sicut quando est cum anima. Et simili modo subsistens sine corpore anima[e] agit et patitur, intelligit, sentit et loquitur.

c. *cod.* quoniam. d. *cod.* cum in esset. e. *cod.* vivens.

1. Aristote, *Métaphysique*, 1, 981 a 16, *Aristoteles Latinus*, XXV 1, 1a, p. 90, XXV 2, p. 8; XXV 3, p. 12; Cf. J. Hamesse, *Auctoritates...*, 1, 5-6, *op. cit.*, p. 115.

2. *Lc.* 10, 7; Cf. Jean XXII, *Sermon du 15 décembre 1331*, M. Dykmans (éd.), *Les Sermons...*, *op. cit.*, p. 104.

3. Cf. notamment quatrième conclusion, f. 26 v, p. 174 ; f. 32, p. 194-196.

4. Cf. *supra*, toute la troisième conclusion, p. 128 *sq.*

Sixième conclusion, dans laquelle sont exposés les arguments prouvant que les âmes bienheureuses n'ont encore avant le jugement aucune vision de l'essence divine, et dans laquelle il est montré que ces arguments ne sont pas concluants [6]

Sixième conclusion : que les arguments avancés pour prouver que les âmes saintes ne possèdent pas encore cette vision de l'essence divine qui a été désignée plus haut comme la fin intermédiaire de la science théologique, ne sont pas concluants.

On le prouve de la façon suivante, parce que si certains arguments l'étaient, ceux avancés plus haut le seraient aussi ; mais les premiers ne sont pas concluants, ainsi qu'il sera manifeste si l'on passe en revue chacun en particulier, et c'est pourquoi les autres ne le sont pas non plus. [6.1]

Premièrement, certains trop téméraires, argumentent en disant que l'âme séparée du corps n'exerce aucune compréhension ni aucune opération, c'est pourquoi elle ne voit pas et n'est pas rendue bienheureuse. Ils prouvent les prémisses en disant que les actions et les opérations sont celles des sujets, selon ce qu'ils prétendent lire chez le Philosophe au premier livre de la *Métaphysique*, mais l'âme n'est pas un sujet, c'est pourquoi elle n'exerce aucune compréhension ni aucune opération. [6.1.1]

Deuxièmement, ils arguënt que celui qui n'est pas l'ouvrier et le journalier, ne doit pas recevoir le salaire, ni même une partie du salaire, car seul « l'ouvrier est digne de son salaire » ; mais l'âme n'est pas l'ouvrier, car sans le corps elle ne saurait mériter ni démériter, et ne fait par conséquent ni le bien ni le mal ; c'est pourquoi ni le salaire ni une partie du salaire ne sont dus à l'âme séparée. [6.1.2]

Troisièmement ils arguënt, ainsi qu'il a été allégué plus haut à propos d'Augustin, que les âmes saintes ne verront pas la déité lors du jugement, et donc pas non plus avant. [6.1.3]

On résout ici les arguments avancés ci-dessus [6.2]

Le fait que ces arguments ne soient pas concluants est évident pour le premier. Il prend en effet comme point de départ une expression fausse, erronée, voire hérétique si l'on voulait la défendre. On a prouvé plus haut, dans la troisième conclusion, que les âmes séparées agissent et pâtissent, comprennent, réfléchissent et ont entre elles une communication intellectuelle. Or, comme il est prouvé que « les actions sont celles des sujets », je le concède avec cet ajout : « ou des réalités qui possèdent le mode de sujet », à savoir qui subsistent, et ce mode suffit à l'agir et au pâtir. Car le corps humain sans âme n'est pas un sujet, même si pourtant, il touche nos sens de la même manière que quand il est avec l'âme. Et de même, l'âme subsistant sans le corps agit et pâtit, comprend, sent et parle. [6.2.1]

Secunda vero deficit dupliciter. Primo quia supponit, quod visio Dei non detur alicui nisi in ratione mercedis; hoc autem est falsum, quia visio data beato Paulo in raptu, qualiscumque fuerit, sive facialis sive non facialis, fuit data non in ratione mercedis. Ita etiam visio, quam nunc habent anime, data est eis non in ratione finalis premii, sed in ratione presentis solacii. Item deficit quia licet finalis merces hominis non detur nisi homini, tamen pars mercedis dari potest et debet parti illius mercenarii, si capax est sicut anima. Et hoc modo videtur debere intelligi, quod scribitur in oratione beati Gregorii, cum dicitur : « Deus, qui anime famuli tui Gregorii eterne beatitudinis premia contulisti [1] ». Contulit enim ei Deus stolam eternam, karitatem eternam, societatem eternam, iocunditatem eternam et visionem, que vel in se vel in alia perfectiori erit eterna. Et hec sunt partes quedam et premia eterne beatitudinis seu eterni premii.

Ad tertiam vero dicendum est, quod non puto intentionem beati Augustini fuisse, quod in iudicio nullam habeant homines deitatis visionem, sed puto quod intendit, quod non habeant illam quam pro finito iudicio recepturi [f] sunt. Forsan tamen intendit, quod illa quam anime nunc habent, suspendetur in puncto resurrectionis, ita quod homines non habeant illam quam habent nunc anime, sed peracto iudicio recipiant visionem supremam et finalem pro ultimata mercede.

f. 52 v Sed hic, fuerunt mihi facte in quadam cedula | quattuorquestiones [2] : prima utrum moderna visio animarum sit per aliquam creatam speciem an non ; secunda utrum anime clarius videant deitatem quam humanitatem an e converso ; tertia utrum plus gaudeant de visione deitatis quam humanitatis ; quarta utrum clarius videant animam Christi quam corpus Christi.

Ad primam dixi et dico, quod apparet michi probabile, quod anime ad presens vident Deum et deitatem per aliquam creatam speciem impressam vel expressam anime, quia videtur michi, quod sola visio que vocatur « sicuti est » [3], que promissa est nobis pro tempore finalis iudicii, habetur sine specie. De hoc tamen parum scire possum, quia Scripture divine vel nichil vel parum loquuntur de iudicio visionis moderne.

f. *cod.* recepture.

1. Messe de la saint Grégoire le Grand, Collecte, citée par l'anonyme, *de Visione Beata*, contre Ceccano, M. Dykmans (éd.), *Pour et contre Jean XXII en 1333. Deux traités avignonnais sur la vision béatifique*, Studi e Testi 274, Cité du Vatican, B.A.V, 1975, p. 333 ; Cf. *Corpus orationum*, 1354, C.C.S.L. 160 A, p. 225 ; J. Deshusses, *Sacramentaire grégorien*, t. 1, Fribourg, Suisse, 1971, *Spicilegium Friburgense*, 16, n°137, p. 127.

2. Ces quatre questions ne sont pas sans rappeler le procès contre Durand de Saint-Pourçain. Celui-ci pouvait avoir des partisans présents lors du Quodlibet de Guiral Ot qui tentèrent de prendre ce dernier en défaut.

3. I *Jn*. 3, 2.

Quant au second argument, il est doublement en défaut. Premièrement parce qu'il suppose que la vision de Dieu n'est jamais donnée qu'en tant que salaire ; or cela est faux, parce que la vision donnée à saint Paul dans son ravissement, quelle qu'elle ait été, faciale ou non, ne lui fut pas donnée en tant que salaire. De même encore, la vision qu'ont actuellement les âmes, leur est donnée non en tant que récompense finale, mais en tant que consolation présente. Il est encore en défaut parce que, bien que le salaire final de l'homme ne doive être donné qu'à l'homme, pourtant, une partie du salaire peut et doit être donnée à une partie de cet ouvrier, si, comme l'âme, elle est capable de la recevoir. Et il semble que ce soit de cette manière que doive être compris ce qui est écrit dans l'oraison pour la Saint-Grégoire, quand on dit : « Dieu, qui as conféré à l'âme de ton serviteur Grégoire la récompense de la béatitude éternelle ». Dieu lui a bien conféré la robe éternelle, la charité éternelle, la communauté éternelle, la joie éternelle et la vision, qui, soit en elle-même, soit en une autre modalité plus parfaite, sera éternelle. Et ce sont là certaines récompenses et certaines parties de la béatitude éternelle, c'est-à-dire de la récompense éternelle. [6.2.2]

Quant au troisième, il faut y répondre que je ne pense pas que saint Augustin ait voulu dire que lors du jugement, les hommes n'auraient aucune vision de la déité, mais je pense qu'il a voulu dire qu'ils ne possèdent pas celle qu'ils doivent recevoir une fois le jugement terminé. Peut-être pourtant veut-il dire que celle que les âmes ont maintenant, sera suspendue dans l'instant de la résurrection, de telle manière que les hommes ne doivent pas avoir celle que les âmes ont maintenant, mais recevoir, une fois le jugement rendu, la vision suprême et finale comme ultime salaire. [6.2.3]

Mais c'est ici que quatre questions me furent posées sur une sorte de petit feuillet : la première, demandait si la vision actuelle des âmes passe par quelque espèce créée ou non ; la seconde, si les âmes voient plus clairement la déité que l'humanité ou l'inverse ; la troisième, si elles se réjouissent plus de la vision de la déité que de celle de l'humanité ; la quatrième, si elles voient l'âme du Christ plus clairement que le corps du Christ. [6.3]

Sur la première, j'ai dit et je redis qu'il me paraît probable que pour l'instant les âmes voient Dieu et la déité par l'intermédiaire de quelque espèce créée dans l'âme, soit impresse soit expresse, parce qu'il me semble que la seule vision qu'on puisse avoir sans espèce, est celle dite « de Dieu tel qu'il est », qui nous est promise pour le moment du jugement final. De cela pourtant, je ne peux savoir grand-chose, parce que les Divines Écritures ne parlent pas ou guère du jugement de la vision actuelle[1]. [6.3.1]

1. Guiral Ot reprend cet argument d'autorité à Jean XXII. Les Écritures parlent toujours, selon lui, du jugement dernier, et jamais du jugement particulier que le pontife refuse d'ailleurs.

Ad secundam dico, quod humanitas Christi visa in genere proprio per animas vel per angelos videtur visione vespertina. In Verbo autem videbitur visione matutina et per consequens clarius quam in genere proprio, ita quod anime non solum deitatem Christi, immo etiam humanitatem eius videbunt clarius tunc quam nunc. Ad quesitum autem dico, quod anima videt clarius deitatem quam humanitatem, pro quanto visio sumit claritatem ab obiecto; sed clarius videt[g] humanitatem quam deitatem, pro quanto visio accipit claritatem a proportione quod habetur in presenti statu inter potentiam et obiectum.

Ad tertiam dico, quod magis gaudent de visione deitatis quam humanitatis, immo gaudium maius quod habent de visione humanitatis est propter deitatem, que « habitat in Christo corporaliter »[1] seu personaliter.

Ad quartam dico, quod anime sancte clarius vident animam Christi quam corpus Christi, licet utrumque videant beatifica visione. Et causa est, quia anima secundum naturam magis est visibilis quam corpus, sicut nos clarius videmus lumen stellarum quam figuram earum, ex eo quod lumen est magis secundum naturam visibilem quam figura. Sic anima plus habet
f. 53 de lumine intellectuali quam corpus quantumcumque glorificatum et | clarum. Hec igitur de sexta conclusione prime difficultatis et per consequens de tota difficultate, sufficiant.

SECUNDUS ARTICULUS IN QUO INTER PRATICUM ET SPECULATIVUM DIVISIO TRIPLEX ASSIGNATUR

De secunda vero difficultate dico quod speculativum in doctrina et praticum differunt penes obiectum et penes subiectum et penes finem. Penes obiectum quidem, quia obiectum doctrine pratice est res eligibilis, hec est res amore amicitie diligibilis, sicut est Deus vel angelus vel homo. Objectum autem speculative est res non eligibilis nec diligibilis vel saltem non ut eligibilis vel diligibilis considerata. Hec enim prima differentia sumitur a Philosopho Secundo Metaphysice[2].

Differunt etiam penes subiectum, quia scientia pratica est in intellectu pratico seu appetitivo, scientia vero speculativa est in intellectu

g. *cod.* vident.

1. *Cl.* 2, 9.

2. Aristote, *Métaphysique*, 2, 1, 993 b 20-23, *Aristoteles Latinus*, XXV 1, 1a, p. 119-120 ; XXV 2, p. 36-37 ; XXV 3, p. 44.

Sur la deuxième question, je dis que l'humanité du Christ vue sous son genre propre par les âmes ou par les anges, l'est selon une vision vespérale. Mais dans le Verbe, elle sera vue d'une vision matinale et par conséquent plus clairement que sous son genre propre, si bien que ce n'est pas seulement la déité du Christ, mais encore son humanité que les âmes verront alors plus clairement que maintenant. Je réponds donc à ce qui m'est demandé : que l'âme voit plus clairement la déité que l'humanité pour autant que la vision tire sa clarté de son objet, mais qu'elle voit plus clairement l'humanité que la déité, pour autant que la vision reçoit sa clarté de la proportion que l'on trouve dans l'état présent entre la puissance et son objet. [6.3.2]

Sur la troisième question, je dis que les âmes se réjouissent plus de la vision de la déité que de l'humanité, mieux, la plus grande joie qu'elles tirent de l'humanité vient de la déité, qui « habite dans le Christ corporellement », c'est-à-dire personnellement. [6.3.3]

Sur la quatrième question, je dis que les âmes saintes voient plus clairement l'âme du Christ que le corps du Christ, bien qu'elles les voient tous deux d'une vision béatifique. Et la raison en est que l'âme est par nature plus visible que le corps, de même que nous voyons la lumière des étoiles plus clairement que leur forme, pour la bonne raison que la lumière est par nature plus visible que la forme. Ainsi l'âme a-t-elle plus de lumière intellectuelle que le corps, si glorifié et clair qu'il soit. Voilà donc qui est suffisant sur la sixième conclusion de la première difficulté, et par conséquent sur la difficulté toute entière. [6.3.4]

SECOND ARTICLE DANS LEQUEL UNE TRIPLE DIVISION ENTRE SPÉCULATIF ET PRATIQUE EST MISE EN PLACE [0.3]

A propos de la seconde difficulté, je réponds qu'en matière de science les domaines spéculatif et pratique diffèrent selon l'objet, selon le sujet et selon la fin.

Selon l'objet assurément, puisque l'objet de la science pratique est une réalité qu'on peut choisir, c'est-à-dire une réalité qui peut être aimée d'un amour d'amitié, comme peuvent l'être Dieu, un ange ou un homme. Or l'objet de la science spéculative est une chose qui n'est pas objet de choix ou d'amour, ou du moins qui n'est pas considérée en tant qu'elle peut être choisie ou aimée. Cette première différence est tirée du Philosophe, au deuxième livre de la *Métaphysique*. [0.3.1]

Elles diffèrent encore selon le sujet, parce que la science pratique réside dans l'intellect pratique, ou désirant, tandis que la science [0.3.2] speculativo non appetitivo nec motivo tanquam in subiecto. Hec enim secunda differentia sumitur a Philosopho 6 Ethicorum[1].

Differunt etiam penes finem, quia finis scientie speculative est veritas secundum se simpliciter et absolute sumpta, finis vero pratice est veritas confesse se habens appetitui recto, ad quem ut ad finem ordinatur. Hec tertia differencia sumitur a Philosopho 2 Metaphisice et etiam 6 Ethicorum[2]. Et illa veritas, id est notitia veritatis, et rectitudo appetitus ordinatur ad rectum et virtuosum opus, propter quod Augustinus dicit 8 de Civitate Dei, capitulo 4, ut supra recitatum est in proponendo questionem[3], quod scientia pratica seu activa ad regendam vitam, id est ad mores componendos pertinet et hec de secunda difficultate sufficiant.

Ad questionem igitur principalem secundum premissa respondeo quod doctrina theologica est simpliciter pratica. Hec autem probo quia « omnis doctrina utilis ad docendum, ad arguendum, ad corripiendum, ad erudiendum in iustitia, ut perfectus sit homo Dei ad omne opus bonum instructus », est simpliciter pratica, ut patet ex premissis in secunda difficultate. Sed
f. 53 v omnis doctrina seu « omnis scriptura divinitus | inspirata », que quidem est doctrina theologica, est huiusmodi, ut habetur secunda ad Thi. 3 capitulo, <16>, quare ipsa simpliciter pratica.

Per hoc ergo patet responsio ad argumentum in oppositum, quia noticia fidei et credulitas catholica[h], propter quam ea que scripta sunt, est notitia non speculativa ab omni opere humano morali et bono abstracta, sed notitia appetitiva et operativa. Fides enim « per karitatem operatur » ad Gal. 5 capitulo, <6>. Illa etiam vita que est cognitio Dei beatissima ad quam ordinatur fides, non[i] est speculativa adiectione nostri appetitus abstracta, sed est pratica et appetitiva a materia et honorativa Dei, ad quam ipse nos perducat qui vivit et regnat in secula seculorum amen.

Explicit tractatus de multiformi visione Dei per fratrem G. Odonis de Cambolico magistrum in theologia ordinis fratrum minorum Parisius in quadam determinatione prolatus.

h. *cod.* catholice i. *cod.* ut.

1. Aristote, *Éthique à Nicomaque*, 6, 26, 3, 1139 a 26-30, *Aristoteles Latinus*, XXVI, 1-3, v. 3 p. 254, v. 4, p. 479 ; Cf. J. Hamesse, *Auctoritates...*, 12, 107, *op. cit.*, p. 240.

2. Aristote, *Métaphysique*, 2, 1, 993 b 20-23, *Aristoteles Latinus*, XXV 1, 1a, p. 119-120, XXV 2, p. 36-37 ; XXV 3, p. 44 ; *Éthique à Nicomaque*, 6, 26, 3, 1139 a 30, *Aristoteles Latinus*, XXVI, 1-3, v. 3, p. 254, v. 4, p. 479 ; Cf. J. Hamesse, *Auctoritates...*, 1, 39, *op. cit.*, p. 118.

3. Cf. le début du premier article, *supra* p. 86 n. 3.

spéculative réside comme en son sujet dans l'intellect spéculatif et non désirant ni moteur. Cette seconde différence se prend du Philosophe, au sixième livre des *Éthiques*.

Elles diffèrent encore selon la fin, parce que la fin de la science spéculative est la vérité prise en elle-même purement et simplement, dans l'absolu, tandis que la fin de la science pratique est la vérité que l'on atteint manifestement par un désir droit auquel elle est ordonnée comme à sa fin. Cette troisième différence se prend du Philosophe au second livre de la *Métaphysique*, ainsi qu'au sixième livre des *Éthiques*. Et cette vérité, c'est-à-dire la connaissance de la vérité et la droiture du désir, est ordonnée à l'œuvre droite et vertueuse, c'est pourquoi Augustin dit dans le huitième livre *Sur la Cité de Dieu*, au chapitre quatrième, ainsi qu'on l'a rappelé plus haut en posant la question, que la science pratique ou active vise à diriger la vie, c'est-à-dire à régler les mœurs, et voilà qui est suffisant pour la seconde difficulté. [0.3.3]

Donc, à la question principale selon ce qui a été dit auparavant, je réponds que la science théologique est purement pratique. Or je le prouve parce que « toute science utile afin d'enseigner, d'argumenter, d'exhorter, d'instruire dans la justice, afin que l'homme de Dieu soit parfait, instruit en vue de toute œuvre bonne », est purement pratique, comme cela est évident d'après ce qui a été avancé plus haut à propos de la seconde difficulté. Mais toute science ou « toute écriture divinement inspirée », ce qui est certainement le cas de la science théologique, est de ce type, comme on le voit dans la *Seconde Lettre à Timothée*, au troisième chapitre, c'est pourquoi elle est elle-même purement pratique. [0.3.4]

La réponse à l'argument qui était opposé est ainsi rendue manifeste, parce que la connaissance de foi et la croyance catholique, source de ces écrits, est une connaissance non pas spéculative, loin de toute œuvre morale humaine et de tout bien, mais bien une connaissance désirante et opérante. Car la foi « opère par la charité », dans la *Lettre aux Galates*, chapitre 5, et même la vie qui est la connaissance de Dieu suprêmement bienheureuse à laquelle la foi est ordonnée, n'est pas spéculative et ne fait pas abstraction de ce qu'apporte notre désir, mais elle est pratique, désireuse par sa matière, et à l'honneur de Dieu ; qu'il nous y conduise lui-même, lui qui vit et règne dans les siècles des siècles, amen.

Ici finit le traité sur la vision de Dieu aux multiples formes, prononcé à Paris par le frère Guiral Ot de Camboulit, maître en théologie de l'ordre des Frères mineurs, à l'occasion de quelque dispute.

BIBLIOGRAPHIE

I. SOURCES

A Sources manuscrites

ALCALA
Ms. Alcala, 105, GUIRAL OT, *Œuvres de philosophie naturelle.*

ASSISE
Ms. Assise, bibliothèque municipale, 46 et 71, GUIRAL OT, *In varios libros sanctorum bibliorum.*
Ms. Assise, bibliothèque municipale, 180 et 285, GUIRAL OT, *In primum et tertium librum Sententiarum ; Commentarii in libros X Ethicorum.*

BORDEAUX
Ms. Bordeaux, bibliothèque publique, 60, GUIRAL OT, *In varios libros sanctorum bibliorum.*

BOULOGNE-SUR-MER
Ms. Boulogne-sur-mer, bibliothèque municipale 111, GUIRAL OT, *In varios libros sanctorum bibliorum.*

CAMBRIDGE
Ms. Cambridge, Pembroke College, 98, f. 58 *sq.*, GUIRAL OT, *Sermons.*
Ms. Cambridge University Library, Ii 3, 10, ff. 95 v-118, ARMAND DE BELVEZER, Deux questions disputées en 1332.

CHARTRES
Ms. Chartres, 341, GUIRAL OT, *Catecismus scolarium novellorum.*

FLORENCE
Ms. Florence, Laurentiana, *Cod. Plut.* XIII, 3, GUIRAL OT, *Commentarii in libros X Ethicorum.*

MADRID

Ms. B. N. 65, GUIRAL OT, *Reportationes super Primum Sententiarum.*

Ms. B. N. 4229, GUIRAL OT, *Œuvres philosophiques diverses.*

Ms. *Real Biblioteca*, 101, GUIRAL OT, *Commentarii in libros X Ethicorum.*

NAPLES

Ms. Naples, Bib. Naz. VII B 28, ff. 65 B-79 D, JEAN DE NAPLES, *Quodlibet* 5.

– ff. 128-152, JEAN DE NAPLES, *Quodlibet* 8.

PADOUE

Ms. Padoue Bibl. Ant. XV, 327 et 334, GUIRAL OT, *In librum Sapientiae.*

Ms. Padoue Bibl. Ant. XVIII, 389, GUIRAL OT, *Commentarii in libros X Ethicorum.*

PARIS

Bibliothèque nationale

Ms. B. N. lat. 590, GUIRAL OT, *De figuris Bibliorum*, ff. 1-72.

Ms. B. N. lat. 3068, GUIRAL OT, *In Quattuor libros Sententiarum.*

Ms. B. N. lat. 3291, ff. 69-77, FRANÇOIS CHRISTIANI, *Sermon du 17 janvier 1333.*

Ms. B. N. lat. 3359, ff. 17 D-24 D, NICOLAS DE LYRE, *De visione divine essencie ab animabus sanctis a corpore separatis*, 1334.

Ms. B. N. lat. 4367, ff. 52-87, GÉRAUD DU PESQUIER, *Opus Quadripartitum*, 1333.

Ms. B. N. lat. 5288, ff. 107-111, ARNAUD DE CLERMONT, *Commentaire des Sentences.*

Ms. B. N. lat. 8023, ff. 59 *sq.*, GUIRAL OT, *Lectio de signis diei judicii.*

Ms. B. N. lat. 12971, ff. 74-104, *Traité des maîtres de l'Université de Paris.*

Ms. B. N. lat. 16127, GUIRAL OT, *Commentarii in libros X Ethicorum.*

Bibliothèque Mazarine,

Ms. 3496, GUIRAL OT, *Commentarii in libros X Ethicorum.*

ROME

Bibliothèque Vaticane

Archives de Saint-Pierre

Ms. Vat. Saint-Pierre, D. 202, ff. 74-84, NICOLAS DE LYRE, *De visione divine essencie ab animabus sanctis a corpore separatis*, 1334.

Fonds Vatican latin

Ms. Vat. lat. 3066, ff. 14 *sq.*, GUIRAL OT, *Questions disputées de Physique.*

Ms. Vat. lat. 3172, ff. 1-39 B, GÉRAUD DU PESQUIER, *Opus Quadripartitum*, 1333.

Ms. Vat. lat. 4004, 74 ff., ANONYME, Traité d'un Bachelier carme, 1334.

Ms. Vat. lat. 4005, 139 ff., ULRICH, Traité, 1333.

Ms. Vat. lat. 4006, ff. 16 A-225 C, JACQUES FOURNIER, *De statu animarum sanctorum ante generale iudicium*, Traité, 1333.

– ff. 225 C-307 A, JACQUES FOURNIER, *Decem questiones in Durandum*, Traité, 1333.

Ms. Vat. lat. 4008, ff. 14-15, 172-183, NICOLAS LE MINEUR, *Chroniques.*

Ms. Vat. lat. 4009, ff. 207-213, BONAGRAZIA DE BERGAME, *Grand Appel,* 10 avril 1332.
– ff. 180-186ᵛ, BONAGRAZIA DE BERGAME, *Forma Appellationis Treverensis*, juill./août 1333.
– ff. 164-168, BONAGRAZIA DE BERGAME, *Troisième Appel*, janv. 1334.
Ms. Vat. lat. 4010, ff. 233-262, NICOLAS LE MINEUR, *Chroniques*.
Ms. Vat lat. 6163, Catalogue de la bibliothèque de Marcello Cervini (plus tard Marcel II)
Ms. Vat lat. 8185, Catalogue de la bibliothèque du cardinal Sirleto.

Fonds Ottoboni

Ms. Vat. Ottob. lat. 280, 53 ff., GUIRAL OT, *De multiformi visione Dei*, Quodlibet parisien de décembre 1333.
Ms. Vat. Ottob. lat. 2520, ff. 238-245, ARNAUD DE CLERMONT, *Commentaire des Sentences*, 1333.

Bibliothèque Angelica

Ms. 151, ff. 256-278ᵛ, ROBERT D'ANJOU, *De visione beata*, Opuscule, 1332.

SAINT-OMER

Ms. Saint-Omer, 129, ff. 192ᵛ-198ʳ, DURANDELLUS, *Lettre*, 1332.

VIENNE (AUTRICHE)

Ms. Vienne, B. N. 2383, GUIRAL OT, *Commentarii in libros X Ethicorum*.
Ms. Vienne, Pal. 4195, f. 8-10, GUIRAL OT, Sermon.

B) Sources éditées

ALBERT LE GRAND, *Opera omnia*, Borgnet (éd.), Paris, 1890-1899.
– *Opera omnia*, éd. critique, Aschendorff, Münster, 1951.
ALCHER DE CLAIRVAUX, PSEUDO-AUGUSTIN, *De spiritu et anima*. P.L. 40, 779-832
ALEXANDRE DE HALÈS, *Glossa in IV lib. Sententiarum,* B.F.S.M., Quaracchi, 1951-1957.
– *Somme (dite) d'Alexandre*, Quaracchi, t. I, 1924, t. II, 1928, t. III, 1930.
ALGAZEL, *Commentaire de la Métaphysique*, II, V, 3, J.T. Muckle (éd.), *Algazel's Metaphysics*, Toronto, 1933.
AMBROISE, *De bono mortis*, P.L. 14, C.S.E.L., 32, 1.
ANNIBAL DE CECCANO, *Traité*, M. Dykmans (éd.), *Pour et contre Jean XXII en 1333. Deux traités avignonnais sur la vision béatifique*, Studi e Testi, 274, Cité du Vatican, B.A.V., 1975, p. 61-166.
ANONYME, *Le Correctorium corruptorii « Quare »*, P. Glorieux (éd.), *Les premières polémiques thomistes : I*, B.T., 9, Kain, 1927.
– *De Domo interiori*, P.L. 184, 507-552.
– *Fides Damasi*, C.C.S.L. 69.
– *Liber de ecclesiasticis dogmatibus*, C.-H. Turner (éd.), dans Journal of Theological Studies, 7 (1906).

– *Liber de causis,* A. Pattin (éd.), Uitgave van Tijdschrift voor Filosofie, Leuven, 1966.

– *Questio Friburgensis,* ms. Fribourg Cordeliers, 23. J. 60, A. Maier (éd.), « Eine unbeachtete Questio aus dem visio-Streit unter Johann XXII », dans *A.F.H.*, 63 (1970), p. 280-318.

– *Tractatus de visione beata,* M. Dykmans (éd.), *Pour et contre Jean XXII en 1333. Deux traités avignonnais sur la vision béatifique,* Studi e Testi 274, Cité du Vatican, B.A.V, 1975, p. 169-396.

ANSELME (PSEUDO), PSEUDO-AUGUSTIN, *Meditationes,* P.L. 158.

ARISTOTE, *De anima, Translatio vetus,* M. Alonso Alonso (éd.), Pedro Hispano Obras Filosoficas, III, Madrid, 1952.

– *Éthique à Nicomaque,* Introduction, traduction et commentaire, R.A. Gauthier et Y. Jolif, I et II. Institut Supérieur de Philosophie de l'Univ. de Louvain, 1958.

– *Aristoteles Latinus : Topiques, Éthique à Nicomaque, Physique, Métaphysique...,* Leiden, Bruxelles, 1969-1990.

– *Aristotelis de anima,* P. Siwek ed., Rome 1933.

AUGUSTIN, *Confessions* (B.A. 14; P.L. 32; C.C.S.L. 27); *De beata vita* (P.L. 32; C.C.S.L., 29); *De Genesi ad Litteram* (B.A., 49; P.L. 34; C.S.E.L. 28); *De Trinitate* (B.A. 15 et 16; P.L. 42; C.C.S.L. 50, 50 A); *In Joann. Tract.* (P.L. 35, C.C.S.L. 36); *Epist. 92 ad Italicam; 93* (P.L. 33; C.S.E.L. 34); *Epist. 147 ad Paulinam; 148, ad Fortunatianum* (P.L. 33; C.S.E.L. 44); *De Civ. Dei* (P.L. 41; C.C.S.L. 48, B.A. 33-36); *Retractationes* (P.L. 32, C.C.S.L. 57); *De spiritu et littera* (C.S.E.L. 60); *Sermon 54* (Analecta Bollandiana, 100); *Enarrationes in Psalmos* (C.C.S.L. 38).

AVERROÈS, *In Aristotelis De anima,* F.-S. Crawford (éd.), *Averrois Cordubensis Commentarium magnum in Aristotelis de Anima libros, Corpus commentariorum Averrois in Aristotelem,* 6, Cambridge (Mass.), 1953.

AVICENNE, *Liber de anima, Sextus de naturalibus,* S. Van Riet (éd.), *Avicenna Latinus,* Louvain-Leiden, 1968.

– *Liber de philosophia* I^{a} *sive Scientia divina,* S. Van Riet (éd.), *Avicenna Latinus,* Leiden, 1980.

BERNARD DE CLAIRVAUX, *Sancti Bernardi Opera,* J. Leclercq et H. Rochais (éd), Rome, 1957-1972.

BOÈCE, *De consolatione Philosophiae,* C.C.S.L. 94, P.L. 63.

BONAVENTURE, *Opera omnia,* éd. crit. Collège saint Bonaventure, Quaracchi, 10 vol., 1882-1902.

Chartularium Universitatis Parisiensis, H. Denifle et E. Chatelain (éd.), t. I, Paris, 1889, t. II, Paris, 1891.

CASSIODORE, *De anima,* C.C.S.L. 96, 533-575.

DANTE, *Monarchia,* A.-C. Volpe (éd.), Université de Rome-Modane, 1946.

– *Divine Comédie,* G. Petrocchi (éd), *La Comedia secundo l'antica Vulgata,* Turin, 1975.

DENYS LE PSEUDO-ARÉOPAGITE, *De divinis nominibus, Théologie Mystique, Lettre à Gaius,* P.G. 3.

– *Versions latines Dionysiaca,* P. Chevallier (éd.), Paris, 1937 et 1950.

DURAND DE SAINT-POURÇAIN, *Commentaire des Sentences*, Venise, 1571, rééd. anast., Ridgewood, New Jersey, 1964.

— *Libellus de visione Dei*, G. Cremascoli (éd.), « Il *Libellus de visione Dei* di Durando di S. Porziano », dans *S.M.*, serie terza, 25 (1984), p. 393-442.

EUDES RIGAUD, *Quaestio de scientia theologiae*, L. Sileo (éd.), *Teoria della scienza teologica,* Studia Antoniana cura Pontificii Athenaei Antoniani edita, 27, t. II, Rome, 1984.

FULGENCE DE RUSPE (PSEUDO-AUGUSTIN), *De fide ad Petrum*, P.L. 65.

GAUTIER DE CHATTON, *Reportatio et lectura super Sententias : Collatio ad Librum Primum et Prologus*, J.C. Wey (éd.), Studies and Texts, 90, P.I.M.S., Toronto, 1990.

– *Sermon du 22 février 1333,* M. Dykmans (éd.), « Les Frères Mineurs d'Avignon au début de 1333 et le sermon de Gautier de Chatton sur la vision béatifique », dans *A.H.D.L.M.A.*, 38 (1971), p. 105-148.

GENNADE (PSEUDO-AUGUSTIN), *Liber sive definitio ecclesiasticorum dogmatum*, XVI, C.H. Turner (éd.), *The Journal of Theological Studies*, 7, 1906 ; P.L. 42.

GRÉGOIRE D'ELVIRE, *Fides Catholica, Fides Romanorum, Œuvres de Grégoire d'Elvire*, CCSL 69.

GRÉGOIRE LE GRAND, *Moralia in Job* (P.L. 75 et 76, S.C. 32 et 212, C.C.S.L. 143, 143 B) ; *Homilie in Hezechielem Prophetam* (C.C.S.L., 142 ; S.C. 327) ; *Dialogorum, liber IV* (P.L. 77, S.C. 265) ; *XL homiliarum in evangelia libri duo* (P.L. 76).

GUILLAUME D'ALNWICK, *Sermon du 7 mars 1333*, M. Dykmans (éd.), « Le dernier Sermon de Guillaume d'Alnwick », dans *A.F.H.*, 63 (1970), p. 259-279.

– *Quaestiones disputatae de esse intelligibili et de Quolibet*, A. Doucet et A. Ledoux (éd.), B.F.S.M., 10, Quarrachi, 1937.

GUILLAUME D'AUXERRE, *Summa Aurea*, J. Ribailler (éd.), Spicilegium bonaventurianum, 16-20, Quaracchi, Paris-Rome, 1980-1987.

GUILLAUME DE LA MARE, *Correctorium fratris Thomae*, P. Glorieux (éd.), *Les premières polémiques thomistes : I, Le Correctorium corruptorii « Quare »*, B.T., 9, Kain, 1927.

GUILLAUME D'OCKHAM, *Dialogus*, M. Goldast (éd.), *Monarchia sancti Romani Imperii*, II, Francfort, 1614, p. 740-770.

– *Tractatus contra Johannem XXII* et *Tractatus contra Benedictum*, H.-S. Offler (éd.), *Opera politica*, III, Manchester, 1956.

– *Opus nonaginta dierum* et *Epistola ad Fratres Minores*, J. G. Sikes et H.-S. Offler (éd.), *Opera politica* II, Manchester 1963.

GUIRAL OT, *Commentarii in libros X Ethicorum*, Brescia, 1482 ; Venise, 1500.

– *Opera Philosophica, T. I, Logica*, L.M. De Rijk ed., Leiden…, 1997.

HAYMON D'AUXERRE, *Homélie 21*, P.L. 118.

HILAIRE DE POITIERS, *De Trinitate*, C.C.S.L., 62

HUGUES DE SAINT-VICTOR, · *Expositio in Caelestis Hierarchic,* P.L. 175 ; *De Sacramentis*, P.L. 176.

JACQUES DE VORAGINE, *Legenda Aurea*, Th. Graesse (éd.), Leipzig, 1850.

JEAN CASSIEN, *Collationes Patrum*, C.S.E.L. 13; S.C. 42.

JEAN D'ARAGON, *Lettre au pape Jean XXII*, M. Dykmans (éd.), « Lettre de Jean d'Aragon, patriarche d'Alexandrie, au pape Jean XXII sur la vision béatifique », dans *Analecta sacra Tarraconensia*, 42 (1969), p. 143-168.

JEAN DE FÉCAMP, *Confessio theologica*, J. Leclercq, J.-P. Bonnes éds., Vrin, Paris, 1946.

JEAN DE NAPLES, *Utrum anime sanctorum separate a corporibus ante resurrectionem generalem uideant clare seu aperte uel beatifice diuinam essentiam*, P.-T. Stella (éd.), « Giovanni Regina di Napoli O.P., e la tesi di Giovanni XXII circa la visione beatifica », dans *Salesianum*, janvier-mars 1973, p. 53-99.

– *Questions disputées*, D. Gravina (éd.), Naples, 1618; Rééd., anast., Ridgewood, 1966.

JEAN DUNS SCOT, *Joannis Duns Scoti opera omnia*, C. Balic (éd.), Cité du Vatican, 1950.

– *Joannis Duns Scoti opera omnia*, L. Wadding (éd.), 1639; repr. par Vivès, Paris, 1891-1895.

– *Tractatus de primo principio*, trad. fr. sous la direction de R. Imbach, Fribourg, 1983.

JEAN XXII, *Lettres communes, analysées d'après les registres dits d'Avignon et du Vatican*, 1316-1334, G. Mollat (éd.), 16 volumes, Paris, B.E.F.A.R, 3e série, 1904-1947.

– *Sermons*, novembre 1331-février 1332, M. Dykmans (éd.), *Les sermons de Jean XXII sur la vision béatifique*, M.H.P., 34, Rome, P.U.G., 1973.

JEAN RUBEI, *Sermon*, mars 1333, M. Dykmans (éd.), « Jean XXII et les Carmes. La controverse de la vision », dans *Carmelus*, 17 (1970), p. 151-192.

JOHN LUTTERELL, *Epistula de visione beata*, dans F. Hoffmann (éd.), *Die Schriften des Oxforder Kanzlers Iohannes Lutterell*, Erfurter Theologische Studien, 6, Leipzig, 1959, p. 103-109.

JÉRÔME, *Epistula 53 ad Paulinum*, P.L. 22.

MAXIME LE CONFESSEUR, *Ambiguorum liber*, P.G. 91, C.C.S.G. 18.

ORIGÈNE, *Traité des principes*, S.C. 252; *Contre Celse VI*, S.C. 147; *Homélie sur le Lévitique*, S.C. 286.

PIERRE LOMBARD, *Sententiae in IV libros distinctae* (Spicilegium Bonaventurianum, 4 et 5, Grottaferrata: Quaracchi, 1971 et 1981); *Commentarium in Psalmos* (P.L. 191); *Collectanea in omnes D. Pauli Apostoli Epistolas* (P.L. 191 et 192).

ROBERT D'ANJOU, *De visione beata*, M. Dykmans (éd.), *Robert d'Anjou, roi de Sicile et de Jérusalem, La vision bienheureuse, Traité envoyé au pape Jean XXII*, M.H.P., 30, Rome, P.U.G., 1970.

THOMAS D'AQUIN, *Opera Omnia*, Commissio leonina, Rome.

THOMAS WALEYS, Sermon du 3 janvier 1333, Th. Käppeli (éd.), *Le Procès contre Thomas Waleys O.P. Étude et documents*, Institutum Historicum FF. Praedicatorum, Dissertationes historicae, VI, Rome, Sainte-Sabine, 1936.

II. BIBLIOGRAPHIE

ADALBERT D. (éd.), *Thesaurus Hymnologicus*, Leipzig, 1862.

ALBE E., *Autour de Jean XXII. Les familles du Quercy*, t. II, Rome, 1902-1904.

ANDRES MARTINEZ G., « Gestiones de Felipe II en torno a la compra de la biblioteca del Cardenale Sirleto para el Escorial », dans *Revista de Archivos, bibliotecas y museos*, 67 (1959), p. 635-660.

ANGLADE P. M., « Sur la patrie de fr. Gérard Odonis », dans *A.F.H.*, VI (1913), p. 392-396.

BARTOLI M., « Jean XXII et les joachimites du midi », dans *Cahiers de Fanjeaux*, 26 (1991), p. 237-255.

BARTOLOME L., *Fray Gerardo de Odon, Ministro General de la Orden Franciscana (1329-42)*, Murcia 1928.

BIGNAMI-ODIER J., *Premières recherches sur le fonds Ottoboni*, Studi e testi 245, Vatican, 1966; « Les collections d'un pape juriste », *Studia Gratiana 13, Collectanea St. Kuttner*, 3, Bologne, 1967, p. 257-272.

BOULNOIS O., *Duns Scot : Sur la connaissance de Dieu et l'univocité de l'étant*, Paris, 1988.

– *Etre et représentation*, Paris, 1999.

BROWN S., « Gerard Odon's *De Suppositionibus* », dans *Fr. St.* 35 (1975), p. 5-44.

CATALOGUE des livres et manuscrits composant la bibliothèque des ducs d'Altemps, Rome, 1908, Ind., dans *Rivista delle bibliotheche e degli archivi*, 1909, p. 186.

CELANO A. J., « The Understanding of the Concept of *Felicitas* in the Pre-1250 Commentaries of the *Ethica Nicomachea* », dans *Medioevo*, 12 (1986), p. 29-54.

– « The *finis hominis* in the Thirteenth-century Commentaries on Aristotle's *Nicomachean Ethics* », dans *A.H.D.L.M.A.*, 53 (1986), p. 25-53.

– « Boethius of Dacia on the Highest Good », dans *Traditio*, 43 (1987), p. 199-214.

– « The Concept of Wordly Beatitude in the Writings of Thomas Aquinas », dans *Journal of the History of Philosophy*, 25 (1987), p. 215-226.

CHENU M.-D., *La théologie comme science au XIIIe siècle*, 3e éd., B. T., 33, Paris, 1957.

– « Le dernier avatar de la théologie orientale en Occident au XIIIe siècle », dans *Mélanges Pelzer, Recueil de Travaux d'Histoire et de Philologie*, Louvain, 1947, p. 159-181.

CHEVALIER U. (éd.), *Repertorium Hymnologicum (R.H.)*, Louvain-Bruxelles, Bollandistes, 1889-1920.

CIPRIANI S., « Gerardo di Odone (Othonis) O.F.M. », Dizionario ecclesiastico, II, 1955.

CREMASCOLI, « Il *Libellus de visione Dei* di Durando di S. Porziano », dans *S.M.*, Serie terza, 25 (1984), p. 393-442.

CROUZEL H., *Origène et la connaissance mystique*, D.D.B, 1961.

DENZINGER-SCHONMETZER, *Enchiridion symbolorum, definitionum et declarationum de rebus fidei et morum, Barcinone-Friburgi-Roma*, 1996[37].

DESHUSSES J., *Sacramentaire grégorien*, t. 1, Fribourg, Suisse, 1971, Spicilegium Friburgense, 16.

DEVRESSE. R. *Les Manuscrits grecs de Cervini*, dans *Scriptorium* 22 (1968), p. 250-265.

DOREZ L., « Recherches et Documents sur la bibliothèque du Cardinal Sirleto », dans *Mélanges d'Archéologie et d'Histoire de l'École française de Rome*, 11 (1891), p. 457-491.

DREVES G. M., BLUME CL. (eds), *Analecta hymnica medii aevi (A.H.M.A.)*, Leipzig, Reisland, 1889-1922.

– (éd.), Ein Jahrtausend Lateinischer Hymnen Dichtung, Leipzig, 1909.

DUMONT R., « Scotus's Intuition Viewed in the Light of the Intellect's Present State », dans *De doctrina Ioannis Duns scoti, S.S.S.*, 2, p. 47-64.

DUMONT St.-D., « Theology as a Science and Duns Scotus's Distinction between Intuitive and Abstractive Cognition », dans *Speculum*, 1989, p. 579-599.

DYKMANS M., « A propos de Jean XXII et de Benoît XII. La libération de Thomas Waleys », dans *A.H.P.*, 7 (1969), p. 115-130.

– « Lettre de Jean d'Aragon, patriarche d'Alexandrie, au pape Jean XXII sur la vision béatifique », dans *Analecta sacra Tarraconensia*, 42 (1969), p. 143-168.

– « Le cardinal Annibal de Ceccano et la vision béatifique », *Gregorianum*, 50 (1969), p. 343-382.

– « Le dernier sermon de Guillaume d'Alnwick », dans *A.F.H.*, 63 (1970), p. 259-279.

– « Fragments du traité de Jean XXII sur la vision béatifique », dans *R.T.A.M.*, 37 (1970), p. 232-253.

– « Jean XXII et les Carmes. La controverse de la vision », dans *Carmelus*, 17 (1970), p. 151-192.

– *Robert d'Anjou, roi de Sicile et de Jérusalem, La vision bienheureuse, Traité envoyé au pape Jean XXII*, M.H.P., 30, Rome : P.U.G., 1970.

– « Nouveaux textes de Jean XXII sur la vision béatifique », dans *R.H.E.*, 66 (1971), p. 401-417.

– « Les Frères Mineurs d'Avignon au début de 1333 et le sermon de Gautier de Chatton sur la vision béatifique », dans *A.H.D.L.M.A.*, 38 (1971), p. 105-148.

– *Les Sermons de Jean XXII sur la vision béatifique*, M.H.P., 34, Rome, P.U.G., 1973.

– « De Jean XXII au Concile de Florence ou les avatars d'une hérésie gréco-latine », dans *R.H.E.*, 68 (1973), p. 29-66.

– « Le cardinal Annibal de Ceccano (vers 1282-1350), étude biographique suivie du testament du 17 juin 1348 », dans *Bulletin de l'Institut historique belge*, 43 (1973), p. 145-344.

– *Pour et contre Jean XXII en 1333. Deux traités avignonnais sur la vision béatifique*, Studi e Testi 274, Cité du Vatican, B.A.V, 1975.

EHRLE F., *Historia bibliothecae Romanorum pontificium...*, Rome, 1890.

ETZKORN G. J., *Iter Vaticanum Franciscanum*, Leiden..., 1996.

EUBEL C., *Bullarium franciscanum*, Rome, t. V, 1898 ; t. VI, 1902.

FARAL E., « Jean Buridan, maître ès arts de l'université de Paris », dans *Histoire littéraire de la France*, 38 (1949), p. 462-605.

FOSSIER F., « Premières recherches sur les manuscrits latins du cardinal Marcello Cervini (1501-1555) », dans *M.E.F.R.M.* 91 (1979), p. 408-446.

GÀL G., « Geraldus Odonis on the univocity of the Concept of Being », dans Fr. St. 52 (1992), p. 23-51.

GILSON É., *Jean Duns Scot. Introduction à ses positions fondamentales*, Paris, Vrin, 1952.

– *La Philosophie au Moyen Age*, Paris, Payot, 1952.

– « Sur la problématique thomiste de la vision béatifique », dans *A.H.D.L.M.A.*, 31 (1964), p. 67-88.

– *Le Thomisme. Introduction à la philosophie de s. Thomas d'Aquin*, Paris, 1965.

– « Maxime, Erigène, S. Bernard », dans *Mélanges Grabmann*, Munich, 1959, p. 188-195.

GLORIEUX P., *La Littérature quodlibétique de 1260 à 1320*, I, B.T., 5, Kain, 1925 ; II, B.T., 21, Paris, 1935.

– *Les Premières Polémiques thomistes : I. Le Correctorium Corruptorii « Quare »*, éd. crit., B.T. 9, Kain, 1927.

– *Répertoire des maîtres en théologie de Paris au* XIII*e siècle*, E. Ph. M., 17 et 18, Paris, Vrin, 1933 et 1934.

– « Saint Thomas et l'accroissement de la béatitude », dans *R.T.A.M.*, 17 (1950), p. 121-125.

HAMESSE J., *Les Auctoritates Aristotelis*, P.M., 17, Louvain, Paris, 1974.

HESBERT R. J. (éd.), *Corpus Antiphonalium Officii* (C.A.O.), III Rome, Herder, 1968 ; *Responsoria, versus, hymni et varia*, C.A.O., IV, Rome, 1970.

HEYSSE A., « Duo documenta de polemica inter Gerardum Odonem et Michaelem de Caesena », dans *A.F.H.*, IX (1916), p. 134-183.

HISSETTE R., *Enquête sur les 219 articles condamnés à Paris le 7 mars 1277*, P.M., 22, Louvain-Paris, Vander-Oyez, 1977.

HOFFMANN F., *Die Schriften des Oxforder Kanzlers Iohannes Lutterell*, Erfurter Theologische Studien, 6, Leipzig, 1959.

HOFFMANN G., Der Streit über die selige Schau Gottes (1331-1338), Leipzig, 1917.

JEILER, *Gerhard Odonis*, Kirchenlexikon, Fribourg en B., 1888, t. V, col 374-376.

JULIEN DE POMMEROL M.-H., MONFRIN J., *La Bibliothèque pontificale à Avignon et à Peniscola*, Collection de l'École Française de Rome, 141, Rome, 1991.

KÄPPELI Th., *Le Procès contre Thomas Waleys O.P. Étude et documents,* Institutum Historicum FF. Praedicatorum, Dissertationes historicae, VI, Rome, Sainte Sabine, 1936.

KENT B., "The good will according to Gerald Odonis, Duns Scotus and William of Ockham", Fr. St. 46 (1986), p. 119-139.

KOROLEC J. B., « Les principes de la philosophie morale de Jean Buridan », dans *Mediaevalia Philosophica Polonorum*, 21 (1975), p. 53-72.

LANGLOIS C.-V., *Histoire littéraire de la France*, article : « Guiral Ot, frère Mineur », t. XXXVI, 1927, p. 203-225.

LA TAILLE M. DE, « Actuation créée par acte incréé, lumière de gloire, grâce sanctifiante, union hypostatique », dans *R.S.R.*, 17 (1928), p. 253-268.

LE GOFF J., *La Naissance du purgatoire*, Paris, 1981.

LIBERA A. DE, *Penser au Moyen Age*, Paris, 1991.

LOHR Ch. P., *Commentateurs d'Aristote au Moyen Age latin. Bibliographie de la littérature secondaire récente*, Vestigia, 2, Fribourg, Paris, 1988.

MAIER A., *Studien zur Naturphilosophie, der Spätscholastik*, Rome, 1949-1958 (5 vol.) ; Traduction italienne, *Scienza e filosofia nel Medioevo, saggi sui secoli XIII e XIV*, M. Parodi et A. Zoerle (trad.), Rome, 1984.

– « Die pariser Disputation des Geraldus Odonis uber die *Visio beatifica Dei* », dans *Archivio italiano per la storia della pietà* 4 (1965), p. 213-251.

– « Zwei unbekannte Streitschriften gegen Johann XXII, aus dem Kreis der münchener Minoriten », dans *A.H.P.* 5 (1967), p. 41-78.

– « Das Problem der *species sensibiles in medio* und die neue Naturphilosophie des 14. Jahrhunderts », dans *Ausgehendes Mittelalter*, II, Rome, 1967.

– « Der Kommentar Benedikts XII zum Matthaeus-Evangelium », dans *A.H.P.* 6 (1968), p. 397-405.

– « Zu einigen Disputationen aus dem Visio-Streit unter Johann XXII », dans *A.F.P.* 39 (1969), p. 97-126.

– « Zwei Proemien Benedikts XII », dans *A.H.P.* 7 (1969), p. 131-161.

– « Eine unbeachtete Quaestio aus dem Visio-Streit unter Johann XXII », dans *A.F.H.* 63 (1970), p. 280-318.

– « Schriften, Daten und Personen aus dem Visio-Streit unter Johann XXII », dans *A.H.P.* 9 (1971), p. 143-186.

– *Ausgehendes Mittelalter, Gesammelte Aufsätze zur Geistesgeschichte des 14. Jahrhunderts*, Raccolta di Studi e Testi, 3 vol., Rome, Storia e Letteratura, 1964, 1967, 1977.

MAIERÙ A., *Terminologia logica della tarda scolastica*, Rome, 1972.

MANFREDI A., I codici latini di Nicola V, *Edizione degli inventori e identificazione dei manoscritti*, Studi e Testi, B.A.V., Vatican, 1994.

MERCATI G., *Codici latini Pico Grimani Pio e i codici greci Pio di Modena*, Studi e Testi 75, Cité du Vatican, B.A.V., 1938

MOLLAT G., *Jean XXII, 1316-1334, Lettres communes, analysées d'après les registres dits d'Avignon et du Vatican*, 16 volumes, Paris, B.E.F.A.R., 3e série, 1904-1947.

– *Les papes d'Avignon, 1305-1378,* 10e éd., Paris, 1965.

– article « Guiral Ot », dans *Catholicisme*, V, 1957, col. 418-419.

MRUK A.M., « Singularis opinio Gerardi Odonis O.F.M. circa naturam divortii in casu adulterii », Gregorianum 41, 2 (1960), p. 273-283.

MURDOCH J.E., et E. SYNAN, « Two questions on the *continuum :* Walter Chatton and Adam Wodeham », dans *Fr. St.*, 26 (1966), p. 212-288.

NARDI B., *Attività rappresentativà da parte del soggetto cognoscente, Soggetto e oggetto del conoscere nella Filosophia antica e medievale*, Roma, Ed. dell'Ateneo, 1952.

NIMMO D., *Reform and division in the Medieval Franciscan Order, from saint Francis to the foundation of the Capucins*. Bibliotheca Seraphico-Capucina 33, Rome 1987.

PABST B., « Zeit aus Atomen oder Zeit als continuum. Aspekte einer mittelalterlichen Diskussion in Zeit Konzeptionen », dans *Zeiterfahrung, Zeitmessung, Stationen ihres Wandels vom Mittelalter bis zum Moderne*, Trude Ehlert ed., Paderborn-München-Wien-Zurich, 1997, p. 80-102.

PAVIE O. DE, *L'Aquitaine séraphique*, t. I, Auch, 1900.

PELLEGRIN E., FOHLEN J., JEUDY C., RIOU Y.-F., avec la collaboration d'A. MARUCCHI, *Les Manuscrits classiques latins de la Bibliothèque Vaticane*, Catalogue, t. I, Documents études et répertoires publiés par l'I.R.H.T., Éditions du C.N.R.S., Paris, 1975.

PELZER A., *Études d'histoire littéraire sur la scolastique médiévale*, P.M., Louvain-Paris, 1964.

PORRO P., « Enrico di Gand e il problema dell'unicità dell'aevum », *Medioevo* XIII (1987), p. 123-193.

– « Il vocabolario filosofico medievale del tempo e della durata », dans *Il tempo nel Medioevo*, R. Capasso, P. Piccari eds., Academia Europea per gli studi storici, Rome, 2000, p. 63-102.

POTTHAST A., *Regesta Pontif. Roman.*, II, Berlin, 1874-1875.

RIJK L. M. DE, « Works by Gerald Ot (Gerardus Odonis) on Logic, Metaphysics and Natural Philosophy rediscovered in Madrid, Bibl. nac. 4229 », dans *A.H.D.L.M.A.*, 1993, p. 173-193.

– « Guiral Ot (Giraldus Odonis) O.F.M. (1273-1349) : His view of Statemental Being in His Commentary on the Sentences », dans *Acts of the 11th European Symposium of Medieval Logic and Semantics* (San Marino, Mai 1994), 1998.

– « Gerardus Odonis O.F.M. on the Principle of Non-Contradiction and the Proper Nature of Demonstration », dans *Essays in Honor of Fr. Gedeon Gàl O.F.M., on his Eightieth Birthday : Franciscan Theology and Philosophy from Alexander of Hales to Adam Wodeham*, R. Andrews (ed.), St. Bonaventure, New-York, 1997, p. 51-67.

– (éd.) *Giraldus Odonis O.F.M., Opera Philosophica, T. I, Logica*, Leiden..., 1997

RUELLO F., « Le problème de la vision béatifique à l'Université de Paris vers le milieu du XIVe siècle », dans *A.H.D.L.M.A.* 47 (1980), p. 121-170.

SAARINEN R., *Weakness of the Will in Medieval Thought, From Augustine to Buridan*, Leiden..., 1994.

SBARALEA J.H., *Supplementum et castigatio ad Scriptores trium Ordinum S. Francisci*, Rome, 1908, t. I.

SCHMITT C., *Un pape réformateur, Benoît XII et l'ordre des Frères Mineurs (1334-1342)*, Quaracchi, 1959.

SPRUYT J., « Gerardus Odonis on the Universal », dans *A.H.D.L.M.A.* 63 (1996), p. 171-208.

STELLA P.-T., « Giovanni Regina di Napoli O.P., e la tesi di Giovanni XXII circa la visione beatifica », dans *Salesianum*, janvier-mars 1973, Rome, p. 53-99.

STEGMÜLLER F. (éd.), *Repertorium Biblicum Medii Aevi*, I, Madrid, 1940.

TABARRONI A., « Visio beatifica e *Regnum Christi* nell'escatologia di Giovanni XXII », dans *La cattura della fine, Variazioni dell'escatologia in regime di cristianità*, G. Ruggieri (éd.), Rome, Marietti, 1992, p. 125-149.

TACHAU K.H., *Vision and Certitude in the Age of Ockham. Optics, Epistemology and the Foundations of Semantics 1250-1345*, Studien und texte zur Geistesgeschichte des Mittelalters, 22, Leiden-New York..., 1988.

TEETAERT A., « Ot, Guiral, en latin Gerardus Odonis », dans D.T.C. XI, 1932, 1658-1663.

TROTTMANN CH. *La Vision béatifique, des disputes scolastiques à sa définition par Benoît XII*, Rome, B.E.F.A.R., 1995.

– « Deux interprétations contradictoires de saint Bernard : les sermons de Jean XXII sur la vision béatifique et les traités inédits du cardinal Jacques Fournier », dans *M.E.F.R.M.*, 1993 (1), p. 327-379.

– « Théologie monastique et théologie scolastique dans le traité *De statu animarum sanctorum ante generale iudicium* du cardinal Jacques Fournier (futur pape Benoît XII) », *Documenti e Studi sulla Tradizione Filosofica Medievale*, Pise, 1993, p. 633-651.

– « Vision béatifique et intuition d'un objet absent : Des sources franciscaines du nominalisme aux défenseurs scotistes de l'opinion de Jean XXII sur la vision différée », dans *Studi Medievali*, (1993), p. 653-715.

– « Psycho-somatique de la vision béatifique selon Guerric de Saint-Quentin », dans *R.S.P.T.*, 78, 2 (1994), p. 203-225.

– « A propos de la querelle avignonnaise de la vision béatifique : une réponse dominicaine au chancelier John Lutterell », dans *A.H.D.L.M.A.*, 61 (1994), p. 263-301.

– « La vision béatifique dans la seconde école franciscaine : de Matthieu d'Aquasparta à Duns Scot », dans *Collectanea Franciscana*, Rome, 64 (1994), p. 121-180.

– « Sciences optiques et théologie de la vision béatifique à la cour pontificale de Viterbe », dans *Medievalia* (Porto, Portugal), 7-8 (1995), p. 361-401.

– « Henri de Gand, source de la dispute sur la vision réflexive », dans *Actes du Colloque international de Leuven organisé pour le septième anniversaire de la Mort d'Henri de Gand*, 15-17 sept. 1993, Louvain, 1996, p. 309-342.

– « Vision béatifique et science théologique. Interférences scotistes dans le *quodlibet* parisien de Guiral Ot (décembre 1333) », C.I.S., *Via Scoti*, Rome, 1996, t. II, p. 739-748.

– « Sul ruolo del corpo e dell'anima nella 'beatitudo'. La riflessione scolastica », dans *Anima e corpo nella cultura medievale*, Atti del V Convegno di studi della Società Italiana per lo Studio del Pensiero Medievale (SISPM), Venise, 25-28 septembre 1995, Sismel, Edizioni del Galluzo, Florence, 1999, p. 139-155.

– *Théologie et Noétique*, Vrin, Paris, 1999.

– « Guiral Ot, De l'éternité au temps et retour. Conjectures à partir du *De multiformi visione Dei* » *The medieval concept of time, the scolastic debate and its reception in early modern philosophy*, P. Porro ed., Leiden, Brill, 2001

TUGWELL S., *Human Immortality and the Redemption of Death,* Londres, 1990.

TUMMERS M.J.E., « Geometry and Theology in the XIIIth Century. An example of their interrelation as found in the Ms. Admont 442. The influence of William of Auxerre? », dans *Vivarium*, 18 (1980), p. 112-142.

VALOIS N., « Jacques Duèse, pape sous le nom de Jean XXII », dans *Histoire littéraire de la France*, 34, 1915, p. 391 *sq.*

VREGILLE B. DE, « L'attente des saints d'après saint Bernard », dans *N.R.T.*, mars 1948, p. 225-244.

WADDING L., *Annales minorum*, t. VII-VIII, Rome, 1733.

– *Scriptores ordinis minorum*, Rome, 1906.

WALSH J.J, « Buridan and Seneca », dans *Journal of the History of Ideas* 27 (1966), p. 23-40.

– « Nominalism and the *Ethics* : some Remarks about Buridan's Commentary », *Journal of History of Philosophy*, 4 (1966), p. 1-13.

– « Some Relationships between Gerard Odo's and John Buridan's Commentaries on Aristotle's Ethics », dans *Fr. St.* 35 (1975), p. 237-275.

WEBER E.-H., « Le bonheur dès à présent, fondement de l'éthique selon Thomas d'Aquin », dans *R.S.P.T.*, 78, 3 (1994), p. 389-413.

WETTER F., *Die Lehre Benedikts XII. Vom intensiven Wachstum der Gottesschau*, Analecta Gregoriana, 92, Rome, 1958.

WICKI N., *Die lehre von der himmelischen Seligkeit in der mittelalterlichen Scholastik von Petrus Lombardus bis Thomas von Aquin*, Freiburg, 1954.

WILMART A., « Le grand poème bonaventurien sur les sept paroles du Christ en croix », dans *Revue bénédictine*, 47 (1935), p. 235-269.

ZUBOV V.P., « Walter Catton, Gérard d'Odon et Nicolas Bonet », dans *Physis*, 1(1959), p. 261-278.

INDEX NOMINUM

Auteurs anciens

Auteurs modernes

INDEX SCRIPTUAIRE

TABLE DES MATIÈRES

Guiral Ot

LA VISION DE DIEU AUX MULTIPLES FORMES

Imprimerie de la Manutention à Mayenne – Octobre 2001 – N° 307-01
Dépôt légal : 3e trimestre 2001